刘禾，学者，作家。现为哥伦比亚大学终身人文讲席教授，研究领域包括比较文学、中国现代文学、全球史、新翻译理论、后维特根斯坦语言哲学等，曾获美国古根汉（Guggenheim）学术大奖。英文学术专著有：*The Freudian Robot*（芝加哥大学出版社，2010），*The Clash of Empires*（哈佛大学出版社，2004年），*Translingual Practice*（斯坦福大学出版社，1995年），*Token of Exchange*（主编，杜克大学出版社，1999年），*Writing and Materiality in China*（与Zeitlin合编，哈佛大学亚洲中心出版，2003年）等。中文专著有：《语际书写》（香港天地出版社，1997年；上海三联书店，1999年），《持灯的使者》（主编，香港牛津大学出版社，2001年；广西师范大学出版社，2009年），《跨语际实践》（三联书店，2002年，2007年），《帝国的话语政治》（三联书店，2014年，2020年），《六个字母的解法》（中信出版社，2014年），《世界秩序与文明等级》（主编，三联书店，2016年），以及第一部学术校注版晚清刊物《天义·衡报》（与万仕国合注，中国人民大学出版社，2016年）。

跨语际实践

文学，民族文化与被译介的现代性

修订译本

刘 禾 著

生活·讀書·新知 三联书店

Simplified Chinese Copyright © 2022 by SDX Joint Publishing Company.
All Rights Reserved.
本作品中文简体版权由生活·读书·新知三联书店所有。
未经许可，不得翻印。

图书在版编目（CIP）数据

跨语际实践：文学，民族文化与被译介的现代性／刘禾著；
宋伟杰等译．—北京：生活·读书·新知三联书店，2022.1
（当代学术）
ISBN 978-7-108-07294-8

Ⅰ.①跨⋯　Ⅱ.①刘⋯ ②宋⋯　Ⅲ.①英语－翻译－研究
②文化语言学－研究　Ⅳ.① H315.9 ② H0-05

中国版本图书馆 CIP 数据核字（2021）第 207448 号

Translingual Practice: Literature, National Culture, and Translated Modernity–China, 1900-1937, by Lydia H. Liu, published in English by Stanford University Press.
Copyright ©1995 by the Board of Trustees of the Leland Stanford Jr. University. All rights reserved. This translation is published by arrangement with Stanford University Press, www.sup.org.

责任编辑	冯金红
装帧设计	宁成春
责任印制	宋　家
出版发行	生活·讀書·新知三联书店
	（北京市东城区美术馆东街 22 号 100010）
网　　址	www.sdxjpc.com
图　　字	01-2021-6072
经　　销	新华书店
印　　刷	河北鹏润印刷有限公司
版　　次	2022 年 1 月北京第 1 版
	2022 年 1 月北京第 1 次印刷
开　　本	635 毫米 × 965 毫米 1/16 印张 27
字　　数	372 千字
印　　数	0,001-5,000 册
定　　价	98.00 元

（印装查询：01064002715；邮购查询：01084010542）

当代学术

总　序

生活·读书·新知三联书店从1986年恢复独立建制以来，就与当代中国知识界同感共生，全力参与当代学术思想传统的重建和发展。三十年来，我们一方面整理出版了陈寅恪、钱锺书等重要学者的代表性学术论著，强调学术传统的积累与传承；另一方面也积极出版当代中青年学人的原创、新锐之作，力求推动中国学术思想的创造发展。在知识界的大力支持下，通过多年的努力，我们已出版众多引领学术前沿、对知识界影响广泛的论著，形成了三联书店特有的当代学术出版风貌。

为了较为系统地呈现中国当代学术的发展和成果，我们以上世纪八十年代以来刊行的学术成果为主，遴选其中若干著作重予刊行，其中以人文学科为主，兼及社会科学；以国内学人的作品为主，兼及海外学人的论著。

我们相信，随着当代中国社会的繁荣发展，中国学术传统正逐渐走向成熟，从而为百余年来中国学人共同的目标——文化自主与学术独立，奠定坚实的基础。三联书店愿为此竭尽绵薄。谨序。

生活·读书·新知三联书店
2017年3月

目　录

序　　　　　　　　　　　　　　　　　　　　　　　　　　1

第一章　导论：跨文化研究中的语言问题　　　　　　　　1
　　等值关系的喻说，东方与西方　　　　　　　　　　　4
　　如何翻译差异——矛盾的修辞　　　　　　　　　　　13
　　旅行理论与后殖民批判　　　　　　　　　　　　　　26
　　主方语言与客方语言　　　　　　　　　　　　　　　34
　　历史变迁论：新词与话语史　　　　　　　　　　　　37

I　国族与个人之间

第二章　国民性话语质疑　　　　　　　　　　　　　　　59
　　国民性的神话　　　　　　　　　　　　　　　　　　60
　　鲁迅与阿瑟·斯密思　　　　　　　　　　　　　　　63
　　翻译国民性　　　　　　　　　　　　　　　　　　　74
　　跨语际写作的主体：《阿Q正传》的叙述人　　　　　83

第三章　个人主义话语　　　　　　　　　　　　　　　　90
　　作为意义之源的主方语言　　　　　　　　　　　　　91

  民国初年关于个人主义的论辩   *96*

Ⅱ 跨语际表述模式

第四章 "经济人"与小说写实主义问题   *111*
  解读《骆驼祥子》   *115*

第五章 欲望的叙事：关于现实与梦幻   *142*
  重构真实与虚幻的界限   *143*
  魔幻如何被心理化   *147*
  真实界的幻影   *160*

第六章 第一人称写作的指示功能   *168*
  屈折语形态中人称的指示功能   *169*
  男性欲望和阶级叙事的指示功能   *174*
  忏悔之音   *185*
  女性的自我言说   *194*

Ⅲ 国族建构与文化建构

第七章 作为合法性话语的文学批评   *207*
  国族文学与世界文学   *210*
  性别与批评   *222*
  女性身体与民族主义话语：重读《生死场》   *227*

第八章 《中国新文学大系》的制作   *244*
  1930 年代的出版业与激进主义文学   *245*

赵家璧与良友图书公司　　　　　　　　　　　252
　　《中国新文学大系》的编纂　　　　　　　　　255
　　经典、理论与合法化　　　　　　　　　　　　258

第九章　反思文化与国粹　　　　　　　　　　　　271
　　关于《国粹学报》　　　　　　　　　　　　　274
　　关于《学衡》　　　　　　　　　　　　　　　280

附　录　　　　　　　　　　　　　　　　　　　　292
　　A. 源自早期传教士汉译文本的新词及其流传途径　296
　　B. 现代汉语的中—日—欧借贷词　　　　　　　309
　　C. 现代汉语的中—日借贷词　　　　　　　　　322
　　D. 回归的书写形式借贷词：
　　　　现代汉语中源自古汉语的日本"汉字"词语　324
　　E. 源自现代日语的后缀前缀复合词采样　　　　346
　　F. 源自英语、法语、德语的汉语音译词　　　　354
　　G. 源自俄语的汉语音译词　　　　　　　　　　372

文献目录　　　　　　　　　　　　　　　　　　　375
再版后记　　　　　　　　　　　　　　　　　　　412

序

不同的语言之间是否不可通约（incommensurable）？倘若如此，人们如何在不同的词语及其意义间建立并维持**虚拟的等值关系**（hypothetical equivalences）？在人们共同认可的等值关系的基础上，将一种文化翻译成另一种文化的语言，这究竟意味着什么？譬如，倘若不使一种文化经验服从于（subjecting）另一种文化的表述（representation）、翻译或者诠释，我们还能不能讨论——或者干脆闭口不谈——跨越东西方界限的"现代性"问题？这二者之间的界限是由谁确定和操纵的？这些界限是否易于跨越？我们有没有可能在普遍的或者超越历史的立场上提出一些可信的比较范畴？

我在本书提出"跨语际实践"（translingual practice）的概念，目的在于重新思考东西方之间跨文化诠释和语言文字的交往形式究竟有哪些可能性。虽然过去 20 年间，对后殖民性、文化、身份认同（identity）、自我与他者等问题的复杂讨论取得了长足的进展，但这些研究也充分表明，如果继续将跨文化研究中的语言问题仅仅视为一种奢侈，或者仅仅视为对殖民主义和帝国主义之后果所进行检讨的一部分，这将是不可思议的。后殖民理论家的著述发人深省，而且他们的研究方法所开启的新思路使我们获益匪浅。与此同时，我认为中国现代历史与文学的研究，也必须直面种种现象与问题，而这些现象和问题无法被简单归结为西方统治与本土抵抗这一后殖民研究范式。经常让人奇怪的、具有反讽意味的现象是，恰恰在批判西方主导论这一行为当中，批评者最终却常常将统治者的权威僵化到这样一种程度，即，非西方文化的能动作用仅仅被简化为单一的可能性：抵抗。

那么，有没有什么其他方式可以更好地处理这个基本问题呢？霍米·巴巴（Homi Bhabha）的《文化的定位》（*The Location of Culture*）一书精心阐述的混杂性（hybridity）一词，旨在通过消除自我与他者之间的对立，使后殖民的研究趋向摆脱僵化的模式，从而能够把握各种复杂细微的差别。他将注意力集中在家国之外（diasporic）的情境，在这样的情境中，欧洲宗主国语言被殖民地本土方言所浸染而获得混杂性，这些方言又反过来讽刺了殖民者语言假定的完整性。巴巴酷爱援引的拉什迪（Salman Rushdie）笔下那个口吃的印度人西索迪亚（S. S. Sisodia），便精彩地道出了这一后殖民漫画像："The trouble with the Engenglish is that their hiss hiss history happened overseas, so they dodo don't know what it means"（英国……国人的麻烦是，他们的隶……隶……历史发生在别处，所以他们不……不……不明白这历史的含义。Rushdie, p. 343）。但是我们不该忘记，在这个世界的许多地区，欧洲宗主国语言并不通用，它们既不能与本土语言相匹敌，更无法获得国族语言或方言的地位。那么，关于历史、能动性、霸权、现代性以及主体性等问题，那里的人和地区的经验，又能给我们一些什么启示？

本书使我有机会把语言实践作为多重历史关系赖以呈现的场所加以考察。在这样一个特殊的场所，我们能以新的角度重新开启并追问东西方关系和现代性的意义。作为一名生长在大陆，从小读写汉语，直到"文革"之后才开始把英语作为外语运用的中国人，我深深被现代汉语形成过程中发生的一切所吸引，尤其是汉语和英语、现代日语以及其他外国语言发生接触以来，其书面形式的变化。在本书中，我将探讨汉语同欧洲语言和文学（通常是以日语为中介）之间广泛的接触/冲撞，特别关注19世纪与20世纪之交直到抗日战争开始（1937年）这一阶段。中国现代文学的兴起及其早期的经典化过程就是在这段时间里发生的。不过，我对语言和文学的强调，并没有预先假定在表述与现实之间存在一种形而上的分裂。我要做的就是将语言实践与文学实践放在中国现代经验的中心，尤其是放在险象环生的中西方关系的中心地位加以考察。如果说中国现代文学破土而出，成为这一时期的重要事件，那么，这与其说是因为小说、诗歌以及其他文学形式是自我表现的透明工具，忠实地记录了历史的脉搏，不如说是因为阅读、书写以及其他的文学实践，在中国人的国族建构及其关于"现代人"幻想的想像的（imaginary/imaginative）建构过程中，被视为一种强大的能动力。

我在本书开篇处将"现代性"一词置于引号当中，并非心血来潮。我的目的是让人们不要忘记已经发生过的种种引证。这些引证的来源（origins）在数不胜数的重复、复述（evocations）、翻译以及再生产中消失殆尽。当我们说"modernity"或者"modern"在汉语中的等义词是**现代性**或者**现代**的时候，我们到底是什么意思？在哪一时刻，在什么样的语境中，这种等值关系或者翻译才有意义？从后结构主义的视角出发，述行的/述愿的（performative/constative）叙事（比如说，经由特定情境的写作和言语而对某种观念不断地复述）往往构成思想史家所理解的观念的"连续性"。举例说来，翻译行为必然要介入现代语言的述行性（performativity）之中，而这种述行性限制着翻译行为的历史偶然性，同时也为翻译行为的历史偶然性所限制。对于诸如此类述行的/述愿的言语行为和写作行为（复述、翻译、语境内外的引证，等等）的环境而言，任何高高在上或者超越这些环境而进行的学术尝试，注定会导致所分析的观念、概念或者理论的僵化，其结果也必定会导致我们对历史实践理解上的贫困化。因此，我对"现代"的使用或者批判立足于关注引用和翻译实践的研究取向。这一取向既考虑到关于现代性概念的早期探讨，也考虑到我本人当下对这个概念的关注；即使我在本书中不再使用引号，也是如此。简而言之，我是用这个被人们反复引用和翻译的概念、这个可引用的（？）和可以互译的（？）概念，来讨论**中国现代性的话语建构**。

就本书而言，我对自己提出的主要问题是：人们如何想像并谈论中国的**现代状况**？以及从这一问题必然产生的另一个问题：当某些类型的话语相对于其他话语而取得优势地位并得以合法化的时候，究竟造成了什么后果？我关注的重心并不是中国现代性的本土特性（the local character of the Chinese modern）这一问题。倘若不充分研究 20 世纪中国知识分子的跨语际实践，本土性的问题就无法合理地进行探究或争论。当然，我并不认为从话语实践的角度探讨现代性是唯一可取的途径，人们可以对中国现代性提出许多其他的问题。但就本书而言，这种方法可以使我不致陷入以往那种二元对立范式的罗网。那种预先限定了何为现代、何为传统的旧范式在许多有关东西方关系的当代历史写作中依旧阴魂不散。

东西方的二元对立早已聚讼纷纭，广受质疑，而且本当如此。然而，仅仅因为它们是虚构的发明或人为的构造，就足以摒弃这一二元对立吗？我的观点是，更有效地解构东西方二元对立的方式，是要准确描述和分析特定的历史情景，也就是说，东西方二元对立在特定的语言中是如何开始具有语境的意义，并获得合法性。我之所以在本书中继续使用 East 与 West，是因为我希望提醒读者注意这两个英文词在现代汉语中作为"东方"与"西方"的翻译表现（performance）。对现代翻译进行这样的研究使我们能够质疑**常识世界的不证自明性**（皮埃尔·布尔迪厄语），而 20 世纪的中国人正是以东西方的逻辑**命名**他们自身与任何一种偶然的身份认同之间的差异的，这些身份认同被他们理解为是在自身所处的时代之前就存在，或是被外界强加于身上。换言之，我们关注的是修辞策略、翻译、话语构成、命名实践、合法化过程、喻说（trope）以及叙事模式，因为自从 19 世纪后半叶以来，所有这些都对中国现代经验的历史条件产生过重要的影响。

我想至少有一点很清楚，本书所讨论的并非通常意义上的翻译行为，更不用提所谓的外国词语和话语的中国化问题。要想轻松自如地谈论中国化，必须充分假设中国人自信其文明相对于世界的其他地方具有绝对的中心性（centrality），而在我所考察的这段时间里，由于西方的在场，这种自信几乎消磨殆尽，其程度之深，甚至迫使中国人为了自身维系独立的身份认同，必须或隐或显地参照世界的其他地方的榜样，后者时常以西方为代表。那些表面上看来似乎是中立的和普遍化的课题,诸如外国词语在任何一种语言环境中的本土化过程(domestication),这是历史语言学家经常考虑的问题。我真正的理论兴趣在于**中国文学话语中"现代"与"西方"的合法化过程,以及在这些符号意义介入的(mediated)合法化过程当中中国人的能动作用的暧昧性**。因此,导言一章主要是批判地反思当代有关东方与西方、语言与权力、历史与变化的种种理论话语的状况。毋庸赘言,我借助跨语际实践的观念,重新处理比较文学、历史研究与文化研究中一些重要的方法论问题。

第二至第九章分为三个部分,它们从跨语际实践的视角,分别考察翻译中生成的现代性(translated modernity)的不同层面。第一部分探讨中国现代文学话语中"国族"与"个人"这两个主题之间的话语疆界。我将注意力集中在两种特别突出的话语上:"国民性"理论与"个人主义",两者都是新来的借贷词,来自日语对欧洲概念和理论的翻译。我认为,正是在这些被译介的理论和话语的范围内,以及在参与这些思想的过程中,五四作家提出了他们自己关于现代性的基本论点。

为了不使我的工作被误解为雷蒙·威廉斯(Raymond Williams)式有限的关键词研究,我所研究的不仅是词语、概念以及话语的变化含义,以及这些变化如何反映了更为广大的历史进程。由于我关注的焦点是汉语文学实践中"现代"的合法化过程,所以我也必然要思考跨语际的表述模式问题。举例说来,我对鲁迅《阿Q正传》的解读旨在理解这篇小说是如何通过挪用国民性话语去实现叙事的主体结构。这一研究取向在第二部分得以进一步强调,因为我提出如下的问题:中国的现代经验如何产生于文学表述的具体形塑(figures),如叙事模式、小说现实主义、文体革新、第一人称写作的指示功能、现代性的性别化喻说、内心世界的表述以及精神分析式象征主义的错位(transpositions)等。虽然大部分此类特征对中国文学来说显然是新颖的,并时常伴随着自封自命的与欧洲语言文学的亲和性,但仍旧存在许多其他特征,不能确凿无疑地回溯成外国影响的结果。举例说来,影响这一概念所无法解释的那些剩余的意义是什么？有学者提供的似乎可行的诠释是，这些意义乃是转化成现代表达形式的传统感受力（sensibilities）。然而，一个随即产生的困境是，如何确定传统与现代之间的界线。

在分析中国文学与外国文学之间这一类充满着中介因素的表述形式的时候，我一直抵制着如下一种诱惑，即要么用外国影响要么用本土演进来解释**历史变迁**，因为无论哪一种选择都会过早地结束对问题的探讨，而实际上我们恰恰应当把它揭示出来并展开进一步的研究。**翻译中生成的现代性**这个概念之所以有所助益，是因为它使我们能够识别并诠释历史偶然的时刻与过程，这些时刻与过程既无法归结为外国的影响，也不能简化为本土传统不证自明的逻辑。读者将会注意到，影响我对具体文学文本的选择与读解的正是跨文化诠释这一主导性的问题意识，而不是中国现代文学的经典（canon）本身。

诚然，经典本身也需要质疑。第三部分"国族建构与文化建构"继续思索能动性、中介与翻译的知识，但这一部分的探究方式是围绕经典的形成、文学批评以及其他文化建构的规划，来着手处理合法化问题的。具体说来，我审视民国时期现代文学批评的功能，并查考经典形成的环境，譬如1935至1936年间权威性的《中国新文学大系》的编纂过程。我特别感兴趣的是现代中国文化如何**诠释自身的发生和展开方式**，以及文学规划如何被不同作家、批评家的政治志向所左右，尽管这些作家、批评家认为他们本身是在群策群力地解决自身存在的矛盾状况。也就是说，什么是**中国人**这个问题取决于你如何回答什么不是中国人或中国文化。这一矛盾既推进也质疑了作家们提出的前所未有的宏图，即把中国文学与文化设想为世界上为数众多的民族国家文学与文化中的一员。本书的最后一章重新思考有关国粹作为一种文化建设话语的论战。晚清与民国时期这一话语变化的动力引发了一系列相互竞争的叙事和对抗性的话语，而这些叙事和话语无疑将会使我们对中国的国族文化在翻译中生成的现代性之意义的理解变得复杂起来。

第一章 导论：跨文化研究中的语言问题

严格地讲，旨在**跨越**不同文化的比较研究所能做的仅仅是翻译而已。翻译，作为一种在认识论意义上穿越于不同界限的喻说（trope），总是通过一种事物来解说另一种事物，虽然它必须自称是出于"信"（或者更确切地说，是出于"达"）的目的论来表述"真"。不过，倘若暂且不去讨论拉丁语系里的"信"和"真"的逻各斯中心主义概念（这两个概念都受到解构主义的批评），那么关于翻译及其对于跨文化理解的意义，我们还能够知道什么或者说些什么呢？而且，如果当代学者试图跨越横亘在两种或两种以上的文化和语言共同体之间的"语言障碍"，那么对他们来说，这究竟意味着什么呢？

诚然，这里所涉及的绝不仅仅是众所周知的本源语（source language）和译体语（target language）之间的语际相互作用。[1]我在着手处理本书的主题之前，就已经觉察到自己正面临着一些更大的问题，如西方学术界在思考文化差异时表现出的某些根深蒂固的方式。举例来说，学术研究的学科界限以及我们习以为常的研究模式，在处理不同于自身的文化和语言时，常常造成一些困难重重的诠释问题。[2]比

---

[1] 翻译理论中这些传统概念在我阐述跨语际实践时，会被"客方语言"（guest language）和"主方语言"（host language）所替代。

[2] 人类学家、社会学家以及后结构主义批评家已经就此层面讨论了文化的政治，而且就知识、权力、学术成果、学术规则提出了大量的问题。譬如请参见布尔迪厄（Bourdieu）的《分层》（*Distinction*）以及《学术人》（*Homo Academicus*）。

如，使用谁的术语，为了哪一种语言的使用者，而且以什么样的知识权威或思想权威的名义，人们才在形形色色的文化之间从事翻译活动呢？当人们从西方跨向东方，或者从东方跨向西方时，这一问题就变得尤其尖锐了。毋庸置疑，如果这种研究的对象本身，比如中国现代文学，并不是一个"未曾被浸染"的本土知识的处女地，那么，这里所说的诠释方面的困难就会更加严重。就曾经"浸染"过中国语言和文学的那些历史力量而言，早在近现代时期它们就已经强制实现并且决定了我在上文所说的那种认识论意义上的界限穿越，即强制实现并且决定了对西方的翻译以及现代汉语的发明。虽然我不敢擅称能够解答这些问题，但我将不揣冒昧地进入这些多层次的交叉与纵横的地带，描述并展开对这一主题的探索。[1]

也许，把我的总论题（problematic）重新放置在一个略微不同的语境中，可能会更有助于理解它的意义。这里我要简短地介绍一下人类学家已经展开的关于"文化翻译"之观念的论辩，我相信这场论辩对于文学研究、历史研究以及人文学科中的其他学科也具有重要的意义。多年以来，英国的社会人类学家，为了提出新的阐释方法，已经在其理论阐述的不同阶段使用了"文化翻译"的概念。他们的理想是，这一概念能够解释他们自身的文化和他们所研究的非欧洲社会之间的差异。譬如埃德蒙·里奇（Edmund Leach）是这样描述民族志研究中这个典型的转折点的：

> 让我扼要重述一遍。我们是从强调"他者"如何跟我们不同开始的——这不仅使他们显得与我们截然不同，而且显得非常遥

---

[1] 简要交代一下我在本书中的个人立场。由于我同时以英语和汉语这两种语言进行写作，所以我发现自身占据着一个移动的场域：在这两种语言之间左右摇摆，并且努力协调那些不可化约的差异。因此，跨语际实践的概念，恰恰就像适用于我所探索的中国早期与西方的历史遭遇一样，也适用于作为分析者的我本人的境遇。原书如果是用中文写就，肯定会有另一副样子。但为汉语读者写作，正如我经常做的，并不会自然而然地解决思想权威以及特定境况下个人的立场这一问题，它只是在不同的语境中提出了不同的问题，而且必须在那一语境中予以处理。

远和无比低下。但是在情感上，我们却采取了相反的方式，认为所有人都是相似的；我们之所以能够理解特拉布理安德人或者巴洛特斯人，是因为他们的行为动机与我们的一模一样；可是这也没有什么作用，"他者"仍旧固执地保持为他者。不过现在我们已经开始发觉基本的问题是翻译问题。语言学家早已告诉我们，所有的翻译都是困难重重的，而完美的翻译通常是天方夜谭。然而我们也知道，出于**实际的目的**，某种差强人意的翻译总是可能的，不管"原文"多么佶屈聱牙，毕竟不是绝对不可翻译的。语言是各不相同的，但还不至于不同到完全无法沟通的地步。从这一态度出发，社会人类学家所从事的就是建立一种适用于文化语言之翻译的方法论。（黑体字为笔者所加）[1]

人们大概会愿意像里奇那样信赖文化翻译的力量，可是"实际的目的"一语无意间露出了破绽。对我来说，问题的关键不在于不同文化之间的翻译是否可能（人们以各种方式从事这项工作），也不在于"他者"是否可以被了解，甚至不在于某一晦涩的"文本"是否可以被翻译，问题的关键在于究竟出于何种实际的目的或者需要（此目的维系着一整套的方法论），文化人类学家才孜孜不倦地从事文化的翻译。换言之，问题的关键恰恰是我在上文所提出的问题：用谁的术语，为了哪一种语言的使用者，而且以什么样的知识权威或者思想权威的名义，一个民族志学者才在形形色色的文化差异之间从事翻译活动呢？

塔拉尔·阿萨德（Talal Asad）在其对于英国民族志传统的回顾批评中，将文化翻译的概念置于权力关系当中。他要求我们在思考跨文化诠释这个总论题时要特别关注下述历史情境，即民族志学者及为其提供信息的本土居民虽然在共同的历史环境中生活，但并不讲述同一种语言：

---

[1] 埃德蒙·里奇，《我们自己与他者》一文；引文见于塔拉尔·阿萨德《英国社会人类学中关于文化翻译的概念》一文，收入 *Clifford and Marcus*，142 页。

粗略来说，由于第三世界各个社会（当然包括社会人类学家传统上研究的社会）的语言与西方的语言（在当今世界，特别是英语）相比是"弱势"的，所以，它们在翻译中比西方语言更有可能屈从于强迫性的转型。其原因在于，首先，西方各国在它们与第三世界的政治经济联系中，更有能力操纵后者。其次，西方语言比第三世界语言有更好的条件生产和操纵那些有利可图的知识或是值得占有的知识。[1]

阿萨德对于文化翻译概念的批评，对于比较文学研究和跨文化研究具有重要的意义。[2]它提醒我们，将一种文化翻译成另一种语言这一行为与个人的自由选择或者语言能力并不相干，就算有关系，也是微不足道的。如果我们从福柯那里学到了什么，那么显然我们必须要正视体制性实践的各种形式以及知识／权力关系，这些形式和关系在将某些认知方式权威化的同时，也压抑了其他的认知方式。创造关于其他人以及其他文化的知识的常见方式，就是在所谓语言对等关系的基础上建构一套可比的关系，可是，这种对等关系的客观基础本身通常并未受到检验。

等值关系的喻说，东方与西方

> 词典是基于这样一个假设——一个显然未经过验证的假设——即语言是由对等的同义词组成的。
> ——博尔赫斯

所谓各种语言都是相通的，而对等词自然而然存在于各种语言之

---

[1] 阿萨德，收入 *Clifford and Marcus*, 157—158页。
（编者注：本书注释里提到的参考书和论文，通常只标出著者姓名。详细篇名和出处，见"文献目录"。）
[2] 虽然阿萨德批评的主要目标是 Ernest Gellner，但这篇文章也提到该领域其他的人类学家，包括 Godfrey Lienhardt, John Beattie, Edmund Leach, Max Gluckman and Rodney Needham。

间,这是哲学家、语言学家和翻译理论家徒劳无功地试图驱散的一个普遍的幻觉。尼采在试图摧毁这个幻觉时指出,令不相等的事物相等,这仅仅是语言(自诩能够把握真理)的一种隐喻功能。"说到底真理究竟是什么?它是一支由隐喻、转喻和拟人修辞共同组成的移动大军:简而言之,它是人类关系的总和,这些关系被诗意地而且修辞性地强化、变形、装饰,并且经过长期的使用之后,对于一个民族来说,它们似乎成为一成不变的、经典性的和有约束力的真理;形形色色的真理不过是人们已经忘记其为幻觉的幻觉。"[1]斯皮瓦克(Gayatri Spivak)指出,尼采认为隐喻的作用就是在互不相关的事物之间建构同一性,正如尼采文章中使用的德文原词 Gleich machen(使相同)所表明的,它"提醒人们注意德文 Gleichnis 一词的意义——形象、明喻、讽喻、比方、比喻式的故事、寓言,这个词明白无误地指向一般意义上的修辞实践"。[2]富于反讽意味的是,通过德语和其他语言之间在隐喻意义上的对等关系,这位哲学家本人也未能逃脱被翻译转换成另一种幻觉的命运。双语词典这一繁荣兴旺的行业便依赖于这种驱之不散的幻觉——即它的权力意志。这一行业的所作所为恰恰是要让下述老生常谈永垂不朽:"所有语言都是由对等的同义词构成的"。[3]跨文化比较通常的做法表明,人们在形成有关其他民族的观点时,或者在为其他文化同时(反过来)也是为自身文化整体的同一性设置话语的哲学基础时,他们所依赖的往往是那种来自双语词典的概念模式——也就是说,A 语言中的一个词一定对等于 B 语言中的一个词或词组,否则的话,其中某一语言就是有缺陷的。我在这里要对海德格尔《关于语言的对话》一文中,欧洲哲学家(海德格尔)与日本对话者(手冢富雄)之间一段著名的对谈略加分析,以此为例说明这个问题。下文摘自其对话录的后半部分(日指日本人,海指海德格尔):

---

[1] 尼采,《论超道德意义上的真与伪》,收入《尼采全集》第二卷,180 页。
[2] 斯皮瓦克,《译者前言》,见德里达,《书写学》,xxii 页。
[3] 博尔赫斯,51 页。

日：您细细倾听于我，或者更好地说，您细细倾听着我所作的猜度性的提示，这就唤起了我的信心，令我抛开了那种犹豫，那种前面一直抑制着我，让我不能回答您的问题的犹豫。

海：您指的问题就是：在您的语言中用哪个词来表示我们欧洲人称之为"语言"的那个东西？

日：直到此刻，我一直未敢说出这个词语，因为我不得不给出一种翻译，这个翻译使得我们这个表示语言的词语看起来犹如一个地道的象形文字，也就是使之成为概念性的观念范畴内的东西了；这是由于欧洲科学和哲学只有通过概念来寻求对语言之把捉。

海：日语里"语言"怎么说？

日：（进一步的犹豫之后）它叫"言叶"（Koto ba）。

海：这说的是什么？

日：ba 表示叶，也指花瓣，而且特别是指花瓣。请您想一想樱花或者桃花。

海：Koto 说的是什么？

日：这个问题最难回答。但我们已经大胆地解说了"粹"（Iki）——即是召唤着的寂静之纯粹喜悦，这就使我们较容易作一种努力来回答这个问题了。成就这种召唤着的喜悦的是寂静，寂静之吹拂是一种让那喜悦降临的运作。但 Koto 始终还表示每每给出喜悦的东西本身，后者独一无二地总是在不可复现的瞬间以其全部优美达乎闪现（Scheinen）。

海：那么，Koto 就是优美的澄明着的消息之大道发生（das Ereignis der lichtenden Botschaft der Anmut）啰。

日：妙口生花！只是"优美"一词太容易把今天的心智引入歧途了。[1]

---

[1] 海德格尔，《走向语言之途》（*Unterwegs zur Sprache*），141—143 页；参见英译本 *On the Way to Language*，45 页；参见孙周兴的中译本，收入《海德格尔选集》（下），上海三联书店，1996，1049—1050 页。

这段对话给人以多方面的启发。首先，它戏剧性地同时展现了东西方之间翻译的不可能性和必要性。欧洲探问者无疑意识到了存在着翻译的陷阱，但他仍旧坚持认为在日语里存在着和欧洲的语言概念相对等的词汇。其次，日本对话者被迫回答探问者关于在日语中表示"语言"的是哪个词这一问题——这种典型的句法必然造成的结果是，倘若不把对等词的不存在解释为某种"欠缺"，那么它就是无法想象的。但是，在回答这个问题之前，日本对话者还需要解释自己犹豫的原因（这一犹豫在几行文字之后，被置于括号之内重新引入进来，有效地搅扰了对话的流程）。日本对话者唯恐他的翻译会使日语与Sprache（语言）的"对等词"看起来像是一个象形文字。这种担心不无道理，因为他接下来用德文对"言叶"（Koto ba）的描摹，恰恰导致了他所担心的结果。第三，在对话者进行了冗长的解释之后，探问者在总结Koto的含义时，所强调的与这个日本词语的德文翻译有所不同。它作为一种挪用的姿态，被海德格尔用来解说他本人关于道说或者Sage的理论，日本对话者在后面把这种理论描述为："Denn es müβte sich etwas ereignen, wodurch sich dem Botengang jene Weite öffnete und zuleuchtete, in der das Wesen der Sage zum Scheinen kommt."（"因为必定要有某个东西自行发生，借此为传信开启并照亮道说之本质得以在其中闪现的那个浩瀚境地。"）[1]虽然"die Sage"（道说），"der Botengang"（传信）和"zuleuchten"（照亮）这些词语似乎和他对于日语词汇"言叶"相当自由的翻译遥相呼应，即"das Ereignis der lichtenden Botschaft der Anmut"（优美的澄明着的消息之大道发生），但是它们更为切题地说到这位哲学家在其本人关于Ereignis（大道发生）、Eigenen（居有）、lichtung（澄明）等问题的沉思中所使用的某些关键喻说。[2]通过翻译来阐明翻译的困境，海德格尔的语言展示了它所言及的挪用。

---

[1] 海德格尔，《走向语言之途》，153页；英译本，53页；中译本，1058页。

[2] 有关海德格尔对于亚洲哲学的兴趣的讨论，参见Park。

海德格尔晚年提出其关于语言的重要论述，即语言是"存在的家园"，而在这位哲学家有关语言的论述中，《关于语言的对话》占据着举足轻重的地位。但值得深思的是，如果这位哲学家已经学会日语并且用日语进行和转写这次对话，那么这场对话会变成什么样子？最有可能的是，有些问题压根就不会提出来，或者会以相当不同的方式予以阐述。这场对话凸显了现代历史上所谓的东西方交流中存在的许多问题，理论语言就是其中一个非常重要的问题。这种理论语言的表达虽然暗示了一种普遍诉求，但实际上却暴露了欧洲语言本身的局限性。在我看来，将某种分析性的概念或者范畴不加区别地到处套用，好像在一个地方有效的必然在别的地方也同样有效，这种做法似乎是荒诞不经的。

东西方语言之间的这种相互作用，其含义是多层面的。在某种意义上，穿越不同语言的边界，不再是一个纯粹的语言学问题，因为从事跨文化研究的学者需要各种各样的概念框架，经由这些学者之手，所有词语都能被轻而易举地翻译成分析性的（通常是普遍性的）范畴，也就是欧阳祯称之为"伪普遍性"的学术范畴。比如为什么中国文学没有史诗？中国有市民社会吗？等等。隐藏在这些比较研究的问题背后的偏见，有些比较含蓄有些则不那么含蓄，与其说它们揭示了研究对象的问题，不如说暴露出研究者自身的问题。正如欧阳祯恰切地指出的："相反的问题即便有，也很少被提出来。为什么西方没有断代史？为什么西方没有创造出《诗经》那样的作品？西方有没有和律诗或者杂剧相对等的文类？如果向西方文化的空白提出这样的挑战，多少给人以荒诞之感，那么我们也必须思考这样一种可能性：也许那些针对中国的问题同样不得要领。"[1]欧阳祯将这些伪普遍性的问题归因于比较研究的前提和方法论中存在的思维上的混乱。不过，在语言能够或者不能做什么这个问题上是不是存在着更为根深蒂固的信念，使得这样的混乱无法避免呢？我们必须正视海德格尔的对话

---

[1] 欧阳祯，238页。

录所提出的翻译问题。分析性范畴与它们在自身的语言中所运用的程度相比较,难道不那么经常地被翻译成其他语言?在诸如此类的翻译实例中究竟发生了什么?所得所失到底是什么?也许问题的症结并不在于,分析性范畴由于无法具有普遍意义,就不能被挪用(实际上,翻译的冲动是不可遏制的);而在于分析性范畴跨越语言边界时,一如任何其他的跨越或者僭越,必定要遭遇各种各样的对抗和互相冲突的权力诉求。普遍性非真亦非假,但是声称具有普遍性的任何一种思想,都应该就其本身语言的特殊性和权威的来源,予以严格的检验。

让我们考察一下人文学科和社会科学各学科中经常使用甚至滥用的若干词语:"the self"(自我)、"person"(人格)和"individual"(个人)。"self"一词在汉语、日语和阿拉伯语当中的对等词是什么?这一令人烦恼的问题所赖以立足的假设前提是,可以轻而易举地在两种不同的语言之间建立意义的对等关系,双语词典的存在不就证明了这个事实吗?我们经常可以听到这样的说法:中国哲学传统中自始至终存在着"自我"这一范畴,这难道不是事实吗?儒家关于"己"等范畴的论述就是明证。我发现这些问题是相当含混的,因为它们忽视了一个重要的事实:因为英语"self"和汉语"己"、"我"、"自我"以及其他词语之间的"对等关系的喻说",只是在近代的翻译过程中才建立起来并且借助于现代双语词典而得以固定下来的。[1]因此任何现存的意义关联都来自于历史的巧合,这些巧合的意义则取决于跨语际实践的政治。这种联系一旦建立起来,某一文本就在翻译这个词通常的意义上成为"可翻译的"。此处我想强调一个怎么强调也不会过分的要点,如果一种跨文化的比较理论的基础是"自我"或者"个人"等本质性范畴,而这些范畴的语言同一性超越了翻译的历史,并且将自己的话语优先权强加于不同的文化,那么就会产生一个严重的方法

---

[1] 关于"对等关系喻说"这一概念,参见罗宾森(Robinson)。罗氏用这个概念批评传统的翻译理论和语言理论中盛行不衰的实质性对等关系(substantial equivalance)的思想。

论问题。[1]如果我们假定在"己"、"我"、"自我"与"self"之间存在着某种同质性，那就不可避免地会遮蔽了每一个词的历史，以及"self"一词在现代汉语中翻译的历史；因为，如果不首先将它本身展示在其得以生成的层面（这里表现引入语言之间相互作用的问题），那么，差异就无法在本体论的层面被想像出来。[2]在近期评论莱布尼茨《关于中国自然神学的信函》时，苏源熙（Haun Saussy）指出，语言之间相互的可译性"只有当is（是）这个系动词已经被剥夺其意义之后，才能得以保证。一旦系动词的存在被取消，那么对于本体论者而言也就没有剩下什么东西可以争论了"。[3]

20世纪80年代前后，哲学家、人类学家以及社会学家已经在讨论，面对后结构主义的批评，自我、人格和个人的概念（无论怎样界定，而且无论怎样不稳定）是否还应该继续作为一个分析性范畴使用。查尔斯·泰勒（Charles Taylor）对西方哲学中自我、身份和语言问题的研究，以及他对能动性、人的意义以及公共空间等问题的思考，在

---

[1] 试举几个例子。在何谷理（Robert E. Hegel）和 Richard C. Hessney 共同编辑的《中国文学中自我的表达》一书里，自我的概念是一个大标题，意在统辖讨论许多不同问题的文章：作者的心理、身份、个人、女性形象、文学性人物塑造，等等。饶有趣味的是，该论文集中似乎没有任何两篇文章共享着一种同质性的自我观，而且干论点甚至相去甚远。这不但说明自我的概念是非常难以表述的——这是一种几乎无法用更好的定义予以补救的境况，因为意义不容固定——而且表明当人们把这一观念当作超历史的范畴使用时，他们踏在一个不甚牢固的基础上。Anthony J. Marsella 等人所编的《文化与自我》试图通过将自我概念引入到社会科学理论之内，并且把它视为文化研究的一个比较的基础，从而批评逻辑实证主义。这本论文集的所有文章都表现出试图理解文化差异（西方、中国、日本、印度，等等）的真诚愿望，但又不假思索地把自我当成普遍的范畴加以运用，这一点正如编者所言："所有的文章都出于这一前提：自我是一个必不可少的建构，被用来解释那些出自人/语境关系的人类行为显露出来的特征"（ix）。其实比较研究中所运用的自我范畴只是近些时候才在西方的学术实践中逐步形成的。

[2] 美国的儒家学者杜维明阐述了新儒家的"己"与西方自我观念之间的差异，他假定了这两个词语之间存在互译的可能性。实际上，他的人文主义式"己"的观念依据于这样一种前提："己"不必经过现代翻译史的斡旋，便可以轻而易举地变成英语的"self"。在他的著述里，如《人性与自我培养：儒家思想论文集》和《儒家思想：作为创造性转化的自我》，杜维明以循环逻辑论证：虽然新儒家的"己"不同于（他指的是优越于）西方的自我观念，但它仍旧保留了"自我"的概念。关于我对新儒家在国际语境中如何重新合法化的分析，参见本书第九章有关《学衡》的一节。

[3] Saussy, 185页。

西方世界引起广泛的关注。[1]特别是其《自我的源泉》一书，通过多层面地、历史性地理解西方的自我，试图向批判西方主体性观念的解构主义提出挑战。泰勒对于现代身份之起源的探讨，以及他宽广的视野、整合性的思路，受到许多不同领域和学科的学者们的呼应。可是，他在一个层面上似乎是对于解构主义的大有可为的批判，在另一层面上却转而再次确认了犹太教和基督教价值观。这一点在泰勒的伦理学思考中强有力地表现出来，特别是当他排他性地宣称唯独犹太教和基督教传统拥有善的理念的时候。尽管泰勒本人从来不曾忽略这些理念本身的历史含义，但他更倾向于削弱与这些理念相联系或是以这些理念的名义实行的历史实践。[2]当泰勒以一个道德的终极目标结束他这本巨著时，读者会感觉到一种强烈的福音式的解决办法：他告诉我们，人类道德赎救的希望寄托在"集犹太教和基督教于一身的有神论（无论其信徒在历史上曾经有过多么可怕的记录）之上，寄托在它对于人之神圣肯定的重要承诺中，它比无助无援的人类所能达到的境界要更为完整"（第521页）。如果历史的暴力能以加括号的方式来涵纳和压抑，那么人们不禁会怀疑，批判性思考的基础不也就一同销声匿迹了吗？[3]

　　首先，"自我"为什么要成为一个分析性的范畴？"很有可能的是，

---

[1] 早些时候，泰勒在一篇题为《人格》的文章里，将"agent"界定为这样一种人，他（她）包含各种目的，而且各种事物对他（她）具有意义（即人的意义）。至于他关于公开的和开放性的公共空间的观念是与他视语言为社会交往这一语言观联系在一起的。

[2] 泰勒，《自我的源泉》，特别是《道德空间中的自我》，第一部分，第2章，2—5页；以及《关于历史解释的题外话》，第二部分，第12章，199—207页。在第12章里，泰勒先发制人，阻止别人对他的哲学的宗教的研究方式进行批评。他解释道，这种研究方式的优点是它突出强调了 idées-forces（思想力量）的问题，因为简单化的马克思主义尚未就此问题给出恰当的解释。然而奇怪的是，泰勒拒绝考虑阿尔都塞之后的马克思主义，而后者已经超越了经济基础—上层建筑的范式。虽然泰勒似乎具有一种充分展开的"实践"观（204—205页），但是看不出这一"实践"观与他对哲学思想的研究如何互相整合。

[3] 泰勒的整合冲动有时导致了人格的概念和人类的概念之间的滑移，这种滑移引人瞩目地表现以下方面：即强调人与非人譬如动物和机器（与其说是 non-person，不如说是 non-human）的范畴之间的区别，就好像关Byproducts所在同启蒙哲学是一样的，后者痴迷于人兽之分以及其间的等级秩序。这一点在泰勒早期的论文《人格》里也是如此。在那篇文章里，他重新引入了一种虽然现代但却普遍的、能够解释一切人类状态的人格概念。

人们不必借助任何特定的人格观念,就可能成为人并以人的方式思考。"英国学者斯蒂芬·柯林斯(Steven Collins)对于自我的哲学范畴所做的批判,为把人格和自我观念奠基于现代学术系科之上的可能性打开了新视野。在重新评价法国社会学年鉴学派时,他指出,尽管强调实证研究或者社会学研究的杜克海姆(Emile Durkheim)和马赛尔·毛斯(Marcel Mauss)都谈到了发展与变化的范畴,但是二者都依仗康德的哲学范畴作为出发点。因此,即使当实证科学驱使毛斯去阐述一种非本质主义的人格观念时,他仍旧准许自我的意义凸显成为一个首要的哲学范畴。"如果这一范畴是必要的而且普遍的,并且在某种意义上是一个先验的条件,"柯林斯认为,"那么恰恰是在这个意义上,它不能有历史。"[1]

其他许多英法人类学家也都表现出同样的倾向,他们参与了对于社会学年鉴学派遗产的重新思考,特别是反思了毛斯1938年发表的影响深远的论文:《人类心智的范畴:人格概念;自我概念》。[2]这些学者对毛斯的欧洲中心主义和他的哲学范畴的批评集中在这些范畴的普遍性诉求这一点,他们还试图在自己的学术研究中尽量克服马丁·哈里斯(Martin Hollis)所说的人格的"历史的和分析性的范畴"所具有的双重束缚。这样,他们就有效地强调了自我、人格与个人在西方学术界得以确立并且自然化为分析性范畴的特殊的历史条件。[3]

出于各种原因,这种自我反思性批评几乎完全未能改变主流学术的学科实践:人们仍旧一如既往地依赖自我、人格、个人等范畴,去获得关于另一种文化(作为他们自身整体化自我意识的对立面)的"本真"认同的知识。以这种方式获得的知识只能是同义反复的:要么说非西方文化在自我、人格和个人的概念方面是有欠缺的;要么说

---

[1] 柯林斯,《范畴、概念还是困境?——论毛斯对哲学术语的使用》,收入 Carrithers et al.,68—69页。

[2] 参见 Marcel Mauss,《人类心智的范畴:人格观念;自我的观念》,1—25页;J. S. La Fontaine,《人格与个人:若干人类学的反思》,123—140页;Mark Elvin,《天地之间:中国的自我概念》,156—189页;Martin Hollis,《论面具与人》,217—233页;以及 Michael Carrithers,《自我的另一种社会史》,234—256页;均收入 Carrithers et al。

[3] 参见 Martin Hollis,《论面具与人》,217页,收入 Carrithers et al。

他们的概念与西方相对应的概念有着本质的区别。我们的问题是,有关这种知识的先决条件是否在这些范畴本身被应用之前就已经存在了?或者这个前提是否真的那么重要?我希望对这一境况予以关注,并不是因为我认为文化相对主义比超历史话语的研究更令人向往——谁也不愿意在这样的基础上使问题变得微不足道——而是因为这一境况关系到知识生产的条件,任何在不同语言和文化之间的穿越往来都要涉及这些条件。我们需要做的是对这些条件本身加以解释,而不仅仅是假定着这些条件。由此而来的问题是:究竟是什么力量诱使西方学者在其他文化中寻找一个笼统的自我概念?除了专业化知识所造成的无法避免的权力作用之外,我相信这一现象也关系到西方语言哲学话语中关于翻译和差异问题的某些由来已久的预设。

如何翻译差异——矛盾的修辞

> 我们正在掘巴别塔的坑
> ——卡夫卡

Tradutore, traditore. 这句意大利格言长久以来已经成为英语中的一句陈词滥调:"The translator is a betrayer."(翻译者即叛变者。)然而,如果有谁要拿英语译文太当真,他即刻就会失足落入认识论的陷阱,即必然会向背叛格言原文的英译者表示敬意。关于翻译之难的这一经典例证,罗曼·雅各布森曾在其《论翻译的语言层面》一文中评论道,这句意大利格言的英文翻译"从那句合仄押韵的意大利韵语中,剥夺了其所有的文字游戏的价值。所以直白的解读会驱使我们将这一格言转变为一个更加明确的陈述,并回答下列问题:是什么信息的翻译者?是什么价值的背叛者?"[1]此处,雅各布森所关注的仅仅是诗歌

---

[1] 罗曼·雅各布森,《论翻译的语言层面》,收入同前,435页。雅各布森(第423页)将"文字游戏"界定为"音位相似的词语所具有的语义对抗,不考虑任何词源上的关联"。

的不可译性，音节的类似和差别如何介入到语义关系中，因而有助于文本总体意义的生成。作为一名对诗歌研究贡献卓著的结构语言学家，雅各布森指出 tradutore, traditore 这一格言在意大利语言中言之成理，主要是因为这两个词以一种相邻的关系，被两相对照着并置到意大利语的音位符码之内，这在英语中是无法复制出来的。结果是，英文翻译中文字游戏层面或者诗的层面丧失殆尽，给了这句格言一种散文的解释，即将其转变为一种平白的表达真理的陈述：翻译者即叛变者。

不过，我结合雅各布森的例子想要提出的问题，并不涉及背叛或忠实这个隐喻，因为德里达等人在批判西方形而上学逻各斯中心主义传统的原初性观念以及目的论在场时，已经有效地解构了这一点。[1] 我也并非特别着意于音码的不可译性或者语码的文字游戏层面，对此，雅各布森和其他比较语言学家已经提供了洞见卓识。[2] 在我看来，雅各布森所举的例子，在数百年来主导着西方翻译家、语言学家和语言哲学家的翻译理论中，引发了一个至关重要的总论题。我本人对这个问题的关注可以作以下表述：关于不同语言之间的**差异**，除了技术性的语言学理由之外，究竟是什么样的理论假设，促使理论家们一而再再而三地提出可译性与不可译性这一论题？

翻译理论家不厌其烦地讲述巴别塔的故事，象征性地用它来表达人类交往的混沌状态。巴别塔的故事本身（《创世记》11：6）似乎预示着圣经翻译的漫长历史，它部分出于早期苏美尔人的传说，并经过

---

[1] 德里达，《书写学》，参见 Barbara Johnson, 142—148 页，以及 Niranjana, 57—58 页。Antoine Berman（35 页）在研究现代翻译理论和德国浪漫主义时指出，布来廷格（Breitinger）、福斯（Voss）和赫尔德在 18 世纪下半叶曾经赋予 Treue（忠实）以明确的婚姻制度的色彩。几乎与此同时，法国翻译家却以某种多少有些自由的倾向持续着他们的美化和诗化的传统。双重忠实的思想亦可回溯到罗森茨威格（Rosenzweig）那里，他认为翻译要"服侍多位主人"：外国作品和外国语言是其一，本土的公众和本土语言是其二。于是，双重的忠诚持续不断地受到双重背叛的威胁，这一点自不待言。

[2] 追随着雅各布森，当代比较语言学家已经作了许多类似雅氏在论文中就翻译过程所作的那种形式分析，包括可译性的技术问题。参见 Catford, Popoviŏc 和 Mounin。

改写和翻译，进入希伯莱文的《圣经》之中。[1]巴别塔不但象征着由于语言的多样性而无法克服的翻译的不可能性，而且开创了对于尽善尽美、对于"太初"的逻各斯的渴望。正如乔治·斯泰纳（George Steiner）所指出的，一些神学家和玄学论者力求淡化第二次放逐，即从亚当的普遍语法中被驱逐的这个事件；他们通常相信，"一种单一的原初语言，Ur-Sprache（元语言），就隐藏在我们当前的无序状态的背后，隐藏在宁录（Nimrod）的通天塔坍塌之后随之而来的、突然相互冲突对抗的各种语言的背后。"[2]然而，当人们需要把《圣经》翻译成各种世俗语言时，对于太初之言（the Original Word）的信念并不能帮助人们解决在共同语言方面陷入的困境。《圣经》的翻译史以及基督教的政治充斥着模棱两可的实践。这恰如巴恩斯通（Willis Barnstone）所指出的，"一方面，存在着一种神圣的观点，它坚信语言增熵的过程，即语言之间的任何穿越必然意味着浪费、混乱和重大的损耗。可是另一方面，又存在着历久弥新的道德说教式的、弥赛亚式的需求，要将上帝的词语传播给潜在的皈依者，《圣经》的翻译便成为一个必不可少的工具。"[3]

在古代关于翻译的神秘主义理解和现代关于语言的理论或理性的语言学研究这二者之间，斯泰纳觉察到一种至关重要的联系，因为后者持续不断地争辩着翻译是否可能这一问题。在其学识渊博的专著《巴别塔之后》中，斯泰纳将西方翻译理论的历史分为四个阶段。第一个阶段的特征是以直接的翻译经验为焦点，从西塞罗公元前46年的《论演说术》以及20年后贺拉斯的《诗艺》一书对于西塞罗"不必逐字翻译"的论点的重申，一直到荷尔德林1804年对他本人翻译的索福克勒斯的作品所作的评论。第二个阶段的特点是理论研究和解释学研

---

[1] 关于巴别塔故事的史前史及其对于翻译理论的意义，参见 Barnstone, 135—152 页。
[2] 斯泰纳，58 页。
[3] Barnstone, 43 页。而且，围绕《圣经》翻译存在着各种复杂的政治利益。众所周知的是，马丁·路德革命性地将《圣经》翻译成现代德语，成为德国新教改革运动的基石，他也被赫尔德和克劳普斯托克誉为一名伟大的作家，文学性德语的缔造者。

究,它由施莱尔马赫的重要论文《论翻译的不同方法》所倡导,并被施莱格尔、洪堡、哥德、叔本华、爱兹拉·庞德、瓦尔特·本雅明等人所采纳。经过这个哲学——诗歌的理论阶段之后,苏联与捷克的学者,即形式主义运动的传人,带来了翻译理论的第三个阶段,他们将结构语言学和信息论应用到语际间交往的讨论。安德列·费多罗夫的《翻译理论导论》(莫斯科,1953)便是这一协力完成的科学成果的代表作。始于20世纪60年代的第四个阶段与第三个阶段也就是科学化的阶段有些重叠,这也是斯泰纳的分期理论无法避免的矛盾。第四阶段的标志是本雅明最初发表于1923年的文章《翻译者的任务》被重新发现,再加上海德格尔与伽达默尔的影响,最终导致了新的转向,即把阐释学研究引进到翻译和诠释之中。[1]虽然斯泰纳的分期值得商榷,但他的批判性的考察对各种翻译理论的主要问题提出了不少洞见卓识。[2]譬如他认为:

> 所有的翻译理论——无论是形式的、应用的,还是编年的——都不过是单一的、不可规避的问题的变体。即翻译应怎样才能做到忠实?在本源语中的A文本与译体语中的B文本之间,最理想的关联是什么?这一问题两千多年来一直争论不休。圣杰罗姆(St. Jerome)曾经提出两种不同的要求:对于经典作品来说,只能逐词翻译,对于其他作品来说,则按意思翻译。此外,我们还有什么重要的话可说呢?(261—262页)

斯泰纳的论述所承担的风险是,它对翻译理论状况的描述过于简单化。但他值得冒这个险,因为他的论述提出的许多问题足以补偿这种简单化的探讨。通过关注可译性这个历久弥新的问题在翻译理论中被提出的方式,斯泰纳历史性地批判了西方哲学传统的形而上学基础,特别

---

[1] 斯泰纳,236—238页。
[2] 对于斯泰纳分期的批评,参见Berman,2页。

是这个传统的普遍主义语言观。他的批判使一个被人们普遍接受的假设成为问题,即,

> 语言潜在的基本结构,对所有的人来说,都是普遍的和共同的。人类各种语言之间的差异性本质上是一个表面现象。翻译之所以可能,恰恰是因为遗传方面、历史方面以及社会方面这些根深蒂固的普遍特征是存在的,所有从这个基本结构中派生的语法都能够被有效地放置在人类使用的每一种语言之中并被人们所理解,而无论其表面的形式何等独特或者怪异。从事翻译就是要穿透两种语言表面的分歧,把它们之间相似的东西、归根结底是共同的存在根源揭示并发挥出来。(73页)

斯泰纳是否有些夸大其词?读者也许会反驳道,萨皮尔(Sapir)和沃尔弗(Whorf)的文化相对主义就和这种整体化图景格格不入。实际上,萨皮尔和沃尔弗就是在致力于削弱对语言和现实的普遍主义理解。按照他们已为人所熟识的观点,没有任何两种语言能够充分相似到可以表述相同的社会现实的地步,而且各个不同的社会分别生活在各有其特色的、由语言所决定的世界中,它们决不是碰巧贴着不同标签的同一个世界。当然"思维世界"或者文化相对主义的语言学(以其自己的方式渴望着某种普遍状况),已经在实证的和哲学的诸多思想阵线上受到了民族志学者和语言学家的抨击与批判。此处值得我们注意的,不是萨皮尔—沃尔弗对于特定共同体的语言世界观的假设是否有效,而是普遍主义者和文化相对主义者都继承了一种未经质疑的思维方式,亦即在表面上质疑翻译的可能性的同时,实际上却又依托翻译建立了某种知识模式。这种矛盾状况不过是把可译性与不可译性这个古老的问题又从后门带回来了,沃尔弗在下面这段文字中清楚地表明了这一点:

> 如果翻译成英语,霍皮人会说这些处于因果关系中的个体

"will come"（会来）或者他们——霍皮族人——"will come to"（会走向）这些个体。可是在霍皮人自己的语言里，没有与我们表示简单而抽象的运动，即我们纯粹的运动学概念"come"（来）或"go"（去）相对应的动词。此处被翻译成"come"的这几个霍皮语词汇指的是发生的过程，而没有将此过程叫做运动——这些词是"发生在这里"（pew'i）或者"因为它而发生"（angqo）或者"到达"（pitu，复数为oki），最后这个词仅仅表示最终的表现形式，即真正到达某一个特定的点，而非表示之前的任何运动。[1]

通过对英语和霍皮语当场进行逐字逐句的直译，沃尔弗恰恰在无意之间瓦解了他本人关于界限明晰确定的种族—语言共同体的理论构想。人们也许会跟着斯泰纳发问："如果众多语言各自孤立地和相互不谐调地描摹现实，那么，我们怎样才能进行语际之间的交流？我们又怎样才能掌握另一种语言或者通过翻译而进入另一个语言世界？"[2]为了沿着语际交流错综复杂的权力关系这一方向把这些问题推进一步，情况似乎是这样的：沃尔弗赖以得出其结论（霍皮语是无法理解的，除非使用它自己的术语）的理论语言，在某种程度上也使他有权力将这种"异族"语言自由地翻译给英语世界的读者。

在此之际，我们来看一看本雅明的论文《翻译者的任务》，也许是不无裨益的。这不仅仅是因为本雅明对自己作为翻译者的角色时时刻刻保持着一种难能可贵的自我反思意识，而且还因为他对于跨语言交流的论述开辟了一种新的研究方式，从而使我们有可能走出普遍主义和文化相对主义的老套套。我们要讨论的这篇文章（是本雅明为翻译波德莱尔《巴黎风光》所作的导言）试图超越原文和译文的框架，重新思考可译性问题。"一部作品是否可译，这个问题有两层含义，"

---

[1] 沃尔弗，60页；转引自斯泰纳，90—91页。
[2] 斯泰纳，94页。

本雅明指出，"其一是：在该作品的读者整体中，可能找到一个称职的译者吗？其二则更进一步：是否这部作品的性质便是适合翻译的，并且因而由于（翻译）这一形式的重要性，它也要求翻译？"[1]本雅明不再把读者接受的因素，或者"理想的"接受者视为研究翻译理论的一个有效途径。按照他的观点，本源语中的原文和接受语言中的译文都必须服从于第三种概念 die reine Sprache 或者说纯语言，它"不再意指或表达任何东西，而是就像那不可表达的、创生性的太初之言，在所有语言中都有意义"。[2]这一概念取代了忠实性、原初性、在场以及本真性等概念，预示着后来的法国解构主义理论的登场，也可以解释为什么本雅明会在我们时代的后结构主义者中间深得人心。[3]但是，本雅明的思想中也存在着种种张力，它似乎偏离了解构主义者将会关注的问题而转向了某种别的东西。例如，本雅明曾经说过翻译的终极目标在于上帝的弥赛亚式回归的可能性。[4]我们必须严肃地对待贯穿于本雅明全文的弥赛亚喻说，因为它表现了本雅明的思想与斯泰纳所描述的早期的理论/神学命题这二者之间的重要联系。什么是纯语言？纯语言将原文和译文同《圣经》那至尊的箴言联系在一起，纯语言属于上帝的记忆王国，原文和译文在那里以一种互补的关系共同存在着（德里达后来发掘了互补性这一思想）。正是在这个意义上，我们"应当考虑语言作品的可译性问题，即使最终也没有人能翻译它"。[5]不足为奇，圣经的翻译可以作为"所有翻译的原型或者理想"。[6]当本雅明试图使翻译免除其对原文的依赖性时，无论是否有意，他毕竟揭示了他本人从巴别塔故事中所承受的深恩厚泽。

---

[1] 本雅明，70 页。
[2] 同上书，80 页。
[3] 参见德里达，《巴别塔》，下文会有所讨论。还可参见德曼，《对理论的抵抗》，73—105 页。
[4] 马丁·杰伊（特别是第 12 章，《翻译的政治：西格弗里特·克拉考尔与本雅明论布伯—罗森茨威格的圣经译本》，198—216 页）将本雅明的语言放置在所谓的德国犹太复兴运动的语境之中，特别是放置在马丁·布伯和弗朗兹·罗森茨威格的 20 世纪重要的《旧约》译本之内。
[5] 本雅明，70、82 页。
[6] 同上书，他心中所想的是路德等人，正是这些人通过翻译"扩展了德语的边界"（80 页）。

难道我们就不能对巴别塔的故事本身再次提出质疑吗？这个故事难道没有早已被翻译成各种各样的语言吗？人们难道不是通过各种各样的语言来阅读这个故事吗？巴别塔的故事不是和起源的神话彻头彻尾地互相矛盾吗？德里达正是在其论文《巴别塔》中提出了这个问题。德里达用"互补性"的方式重新解读本雅明文章的法文译本，为翻译理论提供了解构主义思路。他提醒我们注意，关于巴别塔故事最具有反讽意味的是，"人们对下述事实几乎视而不见：我们恰恰是在翻译中最经常地读到这个故事"，但人们还是重申翻译的不可能性。[1]我们从雅各布森关于翻译者即叛变者的例子开始，兜了一个圈子又回到了原处，只不过有一个重要的例外，即结构语言学对于原文及其不可译性的关注，现在被人们对于原文的形而上学地位的质疑所取代。

本雅明的互补性观念，在德里达重新思考翻译过程所包含的起源、意图的概念，以及不同语言之间的关系时，获得新的重要性。也就是说，翻译不再是"某一绝对纯粹的、透明和明确的可译性的视野内"语言之间意义转换的问题。[2]原文和译文互相补充，从而创造出比单纯的翻版或复制更为丰富的意义："这些语言以一种前所未有的形式在翻译中相互关联。它们相互补足，"本雅明说道，"可是世界上没有任何其他一种完整性能够代替这样一种完整性，或者说这样象征性的互补性。"[3]就此意义而言，早期的理论家与结构语言学家所提出的可译性/不可译性的问题，就成为一个悬而未决的问题。各种语言不可化约的多样性，除了其自身之外，不能化约为任何东西。但是就像专有名称一样，这些语言必然要求诠释、翻译和互补。"巴别塔"和"上帝"就是这样的名称，它们要求翻译但同时又禁止人们去翻译。

德里达对于本雅明的解读，其结果是相当激进地重新思考了翻译理论的总论题，斯泰纳会把他的做法称为当代西方的哲学—诗学研究

---

[1] 德里达，《巴别塔》，171页。
[2] 德里达，《定位》，20页。
[3] 德里达，《巴别塔》，201页。

方式。在这里，翻译成为一个矛盾的修辞：没有一个事物可以被化约成为另一事物而仍然维持它自身，而翻译只能通过一种事物去解说另一事物，这样一来认识论的暴力就成为无可回避的了——它成为制约着认知理解本身的条件，因此必须在适当的语境中加以理解。经由本雅明，德里达得以在对西方形而上学进行强有力的批判的同时，为一个古老的论题提供了新的洞见卓识。然而恰恰因为他把全部的注意力都放在西方形而上学之上，他的批评就无法摆脱其批评对象所具有的控制力，也就无法提出这样一个平平常常的问题：人们通常所设想的对等关系在具体的语言之间是如何建立并保持的？在历史上让不同的语言互相对等的行为究竟服务于什么需要？我提出的并不只是在逐个的个案研究中可以一一解决的技术性的或语言方面的问题；毋宁说，它直接指向跨文化和跨语际研究中值得给以首要关注的实践和权力形式的问题。

我们现在所要做的，也许就是超越那个试图证明对等词并不存在的解构主义阶段，转而直接考察这些对等关系是如何从无到有地生产出来的。因为翻译的一贯方法以及翻译的政治之所以成为可能，靠的就是在不同语言之间建立人们假定其存在的对等关系。例如，在历史上的什么时候通过什么方式，对等关系或者等值关系的喻说得以在不同语言之间建立起来？某些对等关系在实践的某些层面上是否有可能不再仅仅是幻觉？究竟是什么使这些变化成为可能？在什么条件下，差异性可以用"其他词语"来翻译？如果差异性是铭写不同意义的对等关系的基础，当我们面对与印欧语系截然不同的语言如古代汉语和现代白话文的时候，为了理解翻译以及跨语际实践，应当如何从概念上把握这种差异？

举例来说，为了证明非欧洲语言和欧洲语言之间有着天壤之别，斯泰纳对中国语言（一种他并不通晓的语言）作了一番饶有趣味的描述："汉语主要是由单音节的单位组成的，每个单位都有许多不同的意思。汉语的语法缺乏明显的时态特征，汉字是方块字，许多汉字可以看得出从象形文字演变而来的痕迹。汉语注重意合，不注重形合，标点符号虽然也用来表示句子的逻辑关系和语法关系，但更主要的是用来表示停顿以调整呼吸。"[1]我对斯泰纳此处使用的资料的来源产生好奇，就去核实了他引用的文章，那是20世纪五六十年代知名的汉学家方志彤（Achilles Fang）所撰写的。我比较了一下方氏和斯泰纳两人的文本，发现方氏是在讨论中国古典诗文翻译之难，斯泰纳把它从具体的语境中抽取出来，以便概括汉语的一般特征。当然，方氏很可能从来不曾用过"缺乏"这一类词，来说明古代汉语是如何地与欧洲语言截然不同，他也不会把汉语说成由单音节的单位组成，就像他不会认为印欧语言充满了多余的语法单位一样。在他题为《关于翻译之难的几点思考》这篇旧文的语境中，方氏强调中国古文的翻译者应该关注修辞、典故和句读、抑扬顿挫、意念连接结构、虚词、上下文等要素。他批评一些汉学家"仍旧认为汉语（古汉语）是一种约定俗成意义上的语言"，与此同时，他也提出了语法问题。[2]有趣的是，斯泰纳恰恰忽视了方氏的文章当中隐含着的对于西方"语言"观的批判，而这一点本来可能会有助于加强斯泰纳本人对于西方语言哲学的批判。当然，为了在不同的语言之间进行真正的比较研究，人们不但需要掌握这些语言的第一手知识，而且必须小心不要轻易地假定在任何一对词语、惯用语或者语言之间存在着对等关系。

然而，还有一个相当棘手的问题：我们是否能够用英语来谈论"未受浸染"的中国的语言观念？尤其重要的是，在经历了过去一个半世纪以来所发生的一切之后，我们是否还能仅仅用中文来谈论这个问题？语言变化着，汉语也不例外。自从19世纪下半叶以来，汉语、日语和欧洲现代语言之间大量的（单向的）作用和影响已经发生。如果说汉语仍旧是最难翻译的语言之一，那么可能的情况是，这种难度恰恰在于汉语和其他语言之间假设的对等词句的数量越来越多，而不在于缺少这种对等。现代汉语以及来自古代汉语（越来越多地以现代汉语为中介）的词语和概念，即便在表面上似乎是相对透明的，

---

[1] 斯泰纳，357页。
[2] 方志彤，130页。

却也时常露出潜藏的陷阱。耿德华（Edward Gunn）的著作《重写汉语》通过描述19—20世纪之交以来中国现代散文风格的一些重要的创新，对这个问题提出不少洞见卓识。他通过详尽的文体学分析发现44种主要的创新句法类型（这是他根据语法、修辞以及句子的标准归类总结出来的），其中有21种之多是从欧洲语言和日语中翻译过来的。[1]

在外来词研究领域，中国语言学家高名凯和刘正埮确认了1266个新词语（或者说它们一度是新词语，但现在已经成为现代汉语主要词汇的一部分），其中459个复合词借自日语对于欧洲词语（主要是英语）的kanji（汉字）翻译。[2]这一开创性的著作付梓于1958年；语言学家王立达独自统计出588个从日语"汉字"翻译中借用的外来词。[3]基于这些语言学家的发现，日本中国学家实藤惠秀确定了830个从"汉字"翻译中借用的外来词，其中98%为名词（可是请注意，一个中文词通常可以属于两个以上的词类，许多实藤归类于名词的词语，也可作为动词）。[4]谭汝谦对于晚清和民国初年出版物的研究又在实藤的名单上增加了233个，使得借自日语"汉字"翻译的外来词总计达到1063个之多。[5]正如谭汝谦提醒我们的，即便如此，这个名单远远没有穷尽现代汉语里的外来词，但它有助于阐明19世纪以降改变中国语言的外来语新词汇融入汉语的程度。此外，这些词汇中有许多也在世纪之交进入了朝鲜语和越南语（长期以来方块字书写系统在这些语言中占据主导地位）。意大利语言学家马思尼（Federico Masini）最

---

[1] 我指的是耿德华的附录中从3.1到4.12的数目，217—270页。
[2] 参见高名凯和刘正埮。刘宇宁和Zdneka Novotna提到并引用了高刘二人的一部分研究。在高刘所引证的年代（大约从20世纪初到50年代）直接借自印欧语言的词语所占的比例远远低于借自日语"汉字"的外来词。参见其附录。
[3] 参见王立达，90—94页。
[4] 参见实藤惠秀，《近代日中交涉史话》，311—327页。
[5] 参见谭汝谦，《近代中日文化关系研究》，317—349页，及其《明治时期的日本与中国晚清的教育改革和语言改革》，71页。如果我们所包括的外来词的来源不仅仅限于日语的"汉字"，那么这些学者所统计的总数将有1600个左右。本书的附录包含了大约1800个外来词和新词语，这主要是因为我也收入了新词语的词缀的采样。

近的研究成果又将这一图景进一步复杂化了。他指出,曾经一度被视为现代汉语中的日语外来词,其总数中几乎有四分之一实际上是在中国本土由19世纪的新教传教士和中国本土的合作者在翻译非宗教文本(主要是英语)的过程中发明出来的,而且直到19世纪下半叶,日本人才开始在他们自己对于同一文本的二手翻译过程中采用这些新词语,并且造成他们自己的仿译词和语义外来词。[1]

毋庸赘言,词汇借用或者仿译词,无论对于中国还是整个现代时期,都不是独一无二的。日语早在19世纪与汉语之间双向的和相反的被借用的过程开始之前,就已经长期从古汉语中借用词汇。[2]来自中亚、阿拉伯和北亚的仿译词、语义外来词以及其他的借用,早在汉代就已经以各自的方式进入汉语,而六朝时代佛经的翻译,更为汉语带来了相当丰富的梵语词汇。[3]但是,19世纪后期和20世纪前二三十年新词语的大量融入,无论从规模上还是在影响的程度上,都是前所未有的。它几乎在语言经验的所有层面上都根本改变了汉语,使古代汉语几乎成为过时之物。这一境况不禁令人想起巴赫金对于16世纪欧洲白话文翻译的描述:"不同语言之间频繁的相互定位、相互影响和相互澄清,便发生在这个阶段。两种语言直率地、热烈地凝视着对方的面孔,每一种语言都通过另一种语言对自身有了更为清晰的意识,意识到它自己的可能性与局限性。"[4]也许与16世纪的欧洲作这样一番类比显得不是非常恰当,因为汉语、现代日语以及欧洲语言之间的相互

---

[1] 参见马思尼,157—223页。
[2] 有关日语中的外来语词典和外来词研究,参见荒川物兵卫,《日语化的英语》以及他的《外来语词典》,并可参见史群、陈山龙的研究。在早期对于日语和汉语的比较研究中,米勒(235—268页)提出一个奇怪的理论,"汉语,就其所有的历史形式以及现代汉语而言,通常是以这种极端保守的方式回应着外国语言的刺激,她乐于翻译那些由于同外部世界交往而变得必不可少的新词汇,而不愿意把它们作为外来词拿过来"(236页)。就现代汉语而言,米勒的结论可以用语言学家及其他学者(如高名凯、刘正埮、实藤惠秀、耿德华、谭汝谦以及马思尼)的研究很轻易地给予反驳。
[3] 参见高名凯和刘正埮,特别是第二章对汉语早期从波斯语、索格底语、梵语、蒙古语、满语和其他亚洲语言吸收的外来词的描述及词汇表。有关进一步的讨论,参见罗常培;Chmielewski;以及Mair的文章《佛教》。
[4] 巴赫金,《拉伯雷及其世界》,465页。

第一章 导论:跨文化研究中的语言问题

作用与其说是相互的,不如说绝大多数是单向的。[1]为了解释这种不平衡状况的原因和方式,我们迫切需要一种截然不同的方法。巴赫金对于欧洲语境中混杂的语言交流的研究,尽管非常出色,却也无法提供我们所需要的那种方法。

在本章前面部分,我曾经对某些当代学术领域中超越历史地使用个人和自我概念提出批评。现在我想做的,是要探索跨文化研究和跨语际研究的另外一条途径,因为扬弃特定语言基础上的普遍范畴,并不能排除在语言基础上谈论跨文化研究的可能性。让我们再一次回到这个经典的问题,什么是英语单词 X 或 Y 的中文对等词?如果类似这样的问题几乎无法回避(这些问题在比较研究中的确是如此),那么,我们能否针对不同语言之间意义对等关系的虚拟性提出问题,而不是假定存在着这样的关系(所有的双语词典都小心谨慎地捍卫这个假设)?我在上文已经说明,超历史和超话语地使用分析性的范畴,是不可能真正地富有成效的。但我也并不认为文化相对主义在我们这个迅速缩小的世界上,提供了一种切实可行的解决方案,因为在这个世界里,地缘政治的边界常常被重新划分和跨越,哪怕对于那些过去跟外部世界没有什么接触的人群来说,翻译目前已经成为日益迫切的需要。在我看来,如果我们想要避免超历史/超话语的研究方式,同时又想避免文化相对主义的陷阱,那就必须考察历史上实际发生的不同语言之间的接触、交流与翻译,以及词语和思想的旅行。

试举一例,姑且选用现代汉语中"个人主义"一词。它是英语"individualism"经由日语的"汉字"译法"个人主义"(kojin shuji),在汉语里创造出来的新词语对等词。在中国,"个人主义"话语演变的轨迹(我将在第三章里详尽论述),有力地证明了思想是如何通过翻译以及跨语际的实践,以复杂的方式运作的。在这里,人们能够在历史的/跨语际的语境中有意义地谈论"individualism"和"个人主义"之间的联系,

---

[1] 虽然爱兹拉·庞德对于中国诗歌的翻译和介绍标志着现代主义文学的转折点,但就英语动摇汉语的规模而言,庞德的所作所为却并未动摇英语的基础。

而无须将其中的任何一边当作绝对的分析范畴。我本人的观点可以简述如下：跨文化研究必须考察其本身的可能性。这种研究作为一种跨语际的行为，其本身便进入了词语、概念、范畴和话语关系的动态历史中，而不是凌驾于其上。要想弄清楚这些关系，就必须在常识、词典的定义甚至历史语言学的范围之外，重新面对这些词语、概念、范畴和话语。

旅行理论与后殖民批判

当词语、范畴或者话语从一种语言向另一种语言"旅行"时，究竟会发生什么？在19世纪的殖民话语和帝国话语中，从欧洲向其他世界旅行的思想和理论，通常触发了扩张、启蒙、进步和目的论历史等观念。近年来，各学科将知识予以历史化和解殖民化的倾向，已经促使越来越多的研究者去细察这些观念。"旅行"一词不再被视为纯真无邪的，而是常常被打上问号。爱德华·萨义德"旅行理论"的概念在80年代流传甚广，值得在此处进行批判性反思。这一概念倾向于把当代马克思主义推进一步，从而超越生产、消费之类的经济主导模式到达一个更富于流动性的文学实践的意义层面。借助于他所命名的"批判意识"——一个不是界定得很明确的概念，但是大胆地为（不是外在于）理论开辟一处空间——萨义德引入了文学实践的概念，强调创造性地借用、挪用以及在国际环境中从此处向彼处的运动。[1]关于理论和思想旅行的方式，萨义德定义了四个主要阶段：

> 首先，存在着出发点，或者似乎类似于一组起始的环境，在那里思想得以降生或者进入话语之内。其次，存在着被穿越的距离，一个通过各种语境之压力的通道，而思想从较早一个点进入另一种时间和空间，从而获得了新的重要性。第三，存在着一组条件——称之为接受的条件好了，或者是抵抗（接受过程必不可

---

[1] 对于"批判意识"这一观念的批评，参见 Dhareshwar。

少的一部分）的条件——而抵抗的条件对抗着被移植过来的理论或思想，也使得对这种理论与思想的引进和默认成为可能，无论它们显得多么疏远。最后，现在已经完全（或者部分）被接纳（或吸收）的思想，在某种程度上被其新的用法及其在新的时间与空间中的新位置所改变。[1]

在提出他的普世性框架之后，萨义德随即考察了三位重要的马克思主义文学批评家卢卡奇、戈德曼和雷蒙·威廉斯的思想轨迹，在结尾处还顺带提到福柯，并对照着每位批评家各自的历史背景，评价了他们的生平。但是出于某种无法解释的原因，萨义德的讨论最终没有超出惯常的论点，即理论总是回应着变化的社会环境与历史环境，这样一来，理论的旅行实践就被抛弃了。为什么会出现这种状况呢？也许这个概念本身就缺乏思想严密性，也就难以实现其本身的功德圆满。的确，是谁在旅行？理论旅行吗？如果是，它怎样旅行？赋予理论这样的主体性，就会引发进一步的问题：交通工具是什么？是飞机、汽车、人力车、火车、军舰，还是太空船？克利福德在评论萨义德的疏忽失察时，认为"他行文中卢卡奇式的马克思主义者似乎乘着移民船旅行；而当今的理论则乘着飞机旅行，有时候还带着双程往返机票。"[2]将这一点再推进一步：旅行理论的问题在于，这一概念赋予理论（或者是萨义德此书上下文中的西方理论）以羽翼丰满、来去自由的主体性，这样一边过分肯定了理论的首要性，另一边又未能成功地解释翻译的行为。通过压抑翻译本身，旅行成就一种抽象的思想，至于理论从哪个方向旅行（从西方向东方，还是相反），出于什么目的（是文化交流、帝国主义，还是殖民化？）旅行，或者使用哪些语言、为了哪些受众旅行，这些问题都变得无足轻重了。

然而，并不能说萨义德本人在别的地方很少关注翻译的问题。实

---

[1] 萨义德，《世界，文本，批评家》，226—227页。
[2] 克利福德，185页。

际上，他影响深远的《东方主义》以及后期的写作，全都触及了西方的东方主义文本传统里面关于文化差异的表述与翻译，而且萨义德本人已经成为西方殖民史、帝国史以及种族中心主义历史等问题的首屈一指的批评家。[1] 富于反讽意味的是，萨义德旅行理论的概念通常被理解为，理论（可视为西方的理论）仿佛是欧洲流浪汉小说中的主人公，他出门旅行，途中遇到障碍，而结局往往是以或此或彼的方式受到东道国的接纳。[2] 鉴于语言的相互作用常常是国族斗争与国际斗争

---

[1] 参见萨义德的著作，《文化与帝国主义》。
[2] 《铭写》杂志在1989年出版一期题为《旅行理论和旅行理论家》的专号，这是应用和修正萨义德理论的一次重要的集体性努力。这期专号中几乎所有八篇论文以及三篇评论，都集中于定位问题。拉塔·玛尼的文章《多元传介：多国受众时代的女性主义研究》通过比较美国、英国和印度对她本人所作的殉夫自焚的历史的不同接受情况，阐明了定位的政治。玛尼遵循的是莫汉蒂关于定位政治的界定："为政治界定和自我界定提供基础的历史的、地理学的、文化的、心理的与想象的边界"，她强调"定位"并不是一个固定的点，而是一种"斗争的时间性"，定位政治具有"文化、语言以及意义和权力的复杂型构之间"的运动过程的特点（5页）。通过聚焦于后殖民语境中理论家自我定位的复杂性，这一论述有助于修正萨义德的旅行理论，因为，旅行理论被后殖民旅行理论家的有特权的主体所替换了。虽然定位这个概念有助于为后殖民理论以及生活在第一世界的第三世界的"家国之外者"开辟话语空间，就此而言它或许行之有效，但它不甚明晰的地方恰恰是，后殖民理论家除了旅行进出"第三世界"，并指出"第三世界"与"第一世界"的差异，她（他）又怎么与"第三世界"建立关系呢？

David Scott 在同一专号中的文章《为人类学主体定位：其他地方的后殖民人类学家》分析了后殖民的状况，他认为后殖民者旅行的方向恰恰与她（他）离开一个地方前往另一个地方时定位的差异一样重要：

用 Derek Walcott 贴切的反讽之词来说，后殖民者现在是一个"走运的旅行家"。然而，就在我们承认对于后殖民版图（对于这一版图，Louise Bennett 在其诗作《反向殖民》中已经无与伦比地进行了讽刺）的这一不可逆转的重新分布时，我们也不应该对这样一个事实视而不见：旅行是朝着一个方向而不是任何其他方向。殖民者和后殖民者过去和现在都在走向西方。（75页）

富于反讽意味的是，当移民者大量到达西方的时候，理论也在同时渗透东方。Mary E. John 在其论文《西方思想领地中的后殖民女性主义者：人类学家与土著的消息提供者？》中指出，"这一术语的选择本身就颇具意味——它不是移出的，而是移入的。"（57页）

对这两种现象之间的关联我们是不可能视而不见的。就此意义而言，我们完全有理由怀疑后殖民状况与殖民时代的状况是否真的存在很大的不同。但我想把移民文化的主题留给研究家国之外课题的学者，他们出色的研究工作已经在美国越来越引人瞩目，我把自己的注意力集中在东西方之间旅行理论的问题。我的问题如下：当一种语言生产的理论被翻译成另一种语言时，究竟有什么事发生？

第一章　导论：跨文化研究中的语言问题

中你争我夺的领地，我们必须重新思考在思想和理论的迁徙过程中什么问题是首先值得重视的，我们必须问自己，翻译以及相关的实践在建构所谓的第一世界与第三世界的权力关系时，究竟扮演着什么角色？而且在东西方相互遭遇的过程中，各种语言碰到一起时，究竟发生了什么事？语言之间的权力关系是否可以无一例外地化约为统治与抵抗的模式？如果文化批评家轻视这些相互作用里面非西方语言的能动作用，这样做的代价是不是太大了？

后结构主义与后殖民研究中的近期著述已经开始从历史的角度，对语言和翻译的问题进行重要的反思。这类学术研究所使用的历史概念，与大写的目的论的历史概念（History）不同的是，它强调"效果史"，这是从尼采（Wirkliche Historie）和伽达默尔（Wirkungsgeschichte）那里借来的思想，指的是当下仍旧在发挥作用并富有意义的那部分历史。[1] 这样理解历史性使后殖民批评家提出了文本的"效果史"问题："谁诠释文本？文本是怎样被使用的，它服务于何种目的？"[2] 这些批评家以此种方式提出问题，并不要把历史简化为文本，而是强调文本作为一种社会事实（与其他事实一样），它可以为了政治或意识形态的目的而被人加以运用。正如普莱特（Mary Louise Pratt）近期研究旅行写作和欧洲殖民主义时指出的：

> 在欧洲扩张发展的各个特定时期，旅行写作和探险写作究竟是怎样为欧洲的读者制造出"其他世界"的？这种写作是如何让欧洲制造出种种相对于所谓"其他世界"的欧洲自我概念的？诸如此类的文本实践是以何种方式把经济扩张与帝国统治的强烈愿望加以编码并合法化的？而这些实践有时又是如何背叛那些愿望的？[3]

---

[1] 参见 Niranjana，37 页。关于 wirkliche Historie 和 Wirkungsgechichte 的概念，参见尼采的《对历史的使用与滥用》，以及伽达默尔的《真理与方法》。
[2] Niranjana，35 页。
[3] Pratt，5 页。

语言的研究在这些形形色色的历史研究中因此而获得了新的紧迫性。词语、文本、话语和词汇作为名副其实的历史叙事本身,而不仅是作为比它们自身更为重要的历史信息的来源,开始进入了我们的学术研究。福柯的著作显然深刻地影响了那些研究欧洲在亚洲、美洲和非洲等地的殖民地问题的学者的思维方式。譬如,在研究殖民控制与斯瓦希里语(比利时昔日殖民地刚果所使用的语言)这二者之间的关系时,人类学家约翰内斯·费边(Johannes Fabian)用福柯话语理论的相关性来阐述自己的著作:

> 此处话语的观念具有方法论的价值,其基本假设是,表达并渗透殖民实践的各种思想与意识形态,是在关于文明工程(oeuvre civilisatice)的谈论与写作的方式中得以阐述和持续存在的。把这样的论述作为话语来看待,我们所关心的并不是陈述本身的真理价值,譬如我们不再关心某作者是否真的表达了他的信仰,是否真的对事实进行了精确的报道等问题。我们在这里是试图捕捉关键性的概念及将其与用于立论的理论工具结合起来的种种规则,来理解某种"文体"的文献记录价值。简而言之,我们关注的是这样一些要素,即那些与个人意图无关的但决定着殖民理念的形式与内容。[1]

费边对于斯瓦希里语的语言手册以及与加丹加省有关的殖民文献所进行的分析表明,倡导斯瓦希里语,是倡导殖民统治的象征权力的核心部分。[2]也许有人会反对说,强调语言服务于政治以及意识形态目的,并没有什么新意。[3]然而费边提出了一个至关重要的问

---

[1] 费边,《语言和殖民权力》,79 页。
[2] 同上书,137 页。有关非洲殖民主义的进一步讨论,参见 Chinweizu 等,卷一;以及 Jan-Mohamed。
[3] 有关现代民族国家的形成以及殖民主义和帝国历史跟语言的密切关联,参见 Certeau; Mazrui; B. Anderson; Cooper; Burke and Porter;布尔迪厄的《语言和象征权力》;以及 Pratt。

题：他将语言实践置于殖民史的核心，并且将这一"效果史"联结到帝国扩张的谱系，联结到作为科学学科的现代语言学和人类学的发展历程。[1]譬如他提醒我们，在欧洲，为了把非洲语言和亚洲语言纳入比较文化研究而最早开展的语言学事业之一，是一项雄心勃勃的词汇收集计划，名为《世界语言词汇比较研究》(Linguarum totius orbis vocabularia comparativa)。这一规划由俄国女皇叶卡捷琳娜二世构想并发动，由彼得·西蒙·帕拉斯（Peter Simon Pallas）完成（莫斯科，1787和1789年）。词汇表被送往俄罗斯帝国的各个总督手里，以便转交给官方的解释者和翻译家，还通过俄罗斯驻马德里、伦敦以及海牙的外交使节，送抵西班牙、英国以及荷兰所属的殖民地，甚至到达中国。乔治·华盛顿对此表现出个人的兴趣，他敦促美国各联邦州州长参与材料的汇集。[2]因此，"翻译被视为官方事业，词语表则成为国家的文献，盖着印章，署着签名。"[3]

妮兰雅娜（Tejaswini Niranjana）在最近研究印度殖民地和后殖民性时，对于翻译问题提出了类似的观点，并将翻译视为"东方主义殖民话语的一部分"以及"英国为获得东印度公司商人统治下的庶民之信息所作的努力"。她将殖民主义话语界定为"知识实体、表述模式、权力策略、法律、规训等等，所有这一切都被用于殖民主体的建构与统治"。基于对本雅明、德曼和德里达的饶有趣味的解读，她提出后殖民的翻译史观，并在其"重新翻译"和"重写历史"的努力中强调翻译和历史的关联。"在阅读现存的翻译时采取反其意而行之的方法"，她写道，"也就是要从后殖民的视角解读殖民主义的史学，批评家如果对于殖民话语之诡计有所警觉，就能够呈现本雅明所说的第二个传统，即抵抗的历史。"[4]妮兰雅娜对于

---

[1] 费边，《语言和殖民权力》，73页。还可参见费边的另一本颇有影响的著作，《时间与他者：人类学如何创造它的对象》。
[2] 参见费边，《语言和殖民权力》，1—2页。
[3] Fodor；转引自费边，《语言和殖民权力》，1页。
[4] 妮兰雅娜，11、7、172页。在印度殖民地研究中，后结构主义与后殖民理论的合流在1980年代已经取得了一些令人振奋的研究成果。有关殖民时期英国文学的意识形态功用的研究，参见Viswanathan。

殖民话语的再解读，通过她所命名的"后殖民视角"而成为可能。可是在这样操作的过程中，她无意识间让欧洲语言作为本源语言（或者译体语言），享有决定意义的特权。如果这位后殖民批评家继续在其有关东西方语言相互作用的论述中强调欧洲语言的重要性，并且使这一历史/故事里没有说出的部分仍旧处于不可名状的状态，那么在她本人许诺的重写历史的道路上，她究竟能走多远呢？富于反讽意味的是，人们时常记忆着却是为了遗忘。通过刷新我们对帝国主义过去的罪恶所保有的记忆，后殖民批评家无意间抹平了以往反帝斗争史的印迹，而他或她本该是属于那个历史的一分子。[1]为什么当德里达或者本雅明被描绘为与西方霸权相对抗的声音时，毛泽东和甘地却常被遗忘？如果后结构主义作为一种驱动力，为当代对于殖民主义和帝国主义的批判提供了新的刺激与新的意义，那么我们也必须考虑到这样一个事实：对于"文化帝国主义"的批判具有其自身的谱系，而且长久以来它已经成为非西方人民反对帝国主义运动的遗产的一部分。

当欧洲文本被翻译成非欧洲语言时，究竟有什么事情在发生？东西方之间的权力关系能否在这一过程中被重新发明（如果不是予以反转的话）？如果能够，那么是通过什么方式？这是拉费尔（Vicente Rafael）在对菲律宾群岛上的西班牙人的传福音活动以及他加禄殖民社会的形成进行研究时，试图处理的问题。他比较了他加禄语和卡斯蒂利亚语中间不同的翻译模式，并指出这一差异使菲律宾本土皈依基督教的过程变得极其复杂，而且还常常挫败了传教士的期待。当两种语言在这种转型时期被带入对抗的状态时，一些饶有趣味的事情发生了：

> 在语言开始运转的时候，翻译往往让意图摇摆不定，时而莫

---

[1] Eric Cheyfitz 的《帝国主义的诗学》强有力地批判了欧洲现代文学的殖民主义和帝国扩张的内容，该书在同类的研究中很有代表性。

定,时而颠覆着殖民霸权的意识形态基础。在传播上帝的词语时不得不使用本土方言,这样就限制了一种殖民——基督教的普遍化假设和整体化冲动。我们在他加禄人皈依基督教的历史里所看到的正是由于翻译而急速引发的这种矛盾的展现。[1]

拉费尔的洞见值得重视。他对于东西方语言相互作用的复杂性的敏锐理解,和我在此处所讨论的跨语际实践的概念不无联系。[2]然而,贯穿拉氏全书并在后殖民理论总体里面盛行的抵抗与颠覆的思想,却需要批判性的再思考。后殖民批评家希望对过去数百年间主宰着世界的知识体系加以非殖民化,就此而言,"抵抗"其实描述了他或她本身存在的状况,也描述了他/她所描述的后殖民世界的存在状况。但是,正如我在上文已经指出的,这一思想也存在着如下的风险,即把东西方之间的权力关系简化为本土抵抗与西方统治的关系。[3]不管抵抗与统治的描述怎样复杂,把东方/西方的划分绝对化,仍然存在着一定程度的危险,因为东西方之间的边界常常是相互渗透的,而且随着条件的变化而变化。正如丽萨·罗薇(Lisa Lowe)在她对于西方与东方的观念所做的批评中确切指出的,"当我们坚持同一性和差异性的一成不变的二元论思想,而且高举二元论的逻辑来解释某种话语是如何表现统治与臣服的时候,我们并不能解释内在于统治或臣服里的差异。"[4]在我本人对于跨语际实践的研究中,我认为非欧洲的语言并不自然地构成抵抗欧洲语言的场所。相反,我认为人们极大地忽视了非欧洲语言所经历的共谋、抵抗和挪用的复杂过程,我们可以在这些语言的语境之内,也可以在它与其他语言环境的关联中,

---

[1] Rafael,21页。
[2] 亦请参见 Homi Bhabha 在触及英属印度的问题时,就这一问题所撰写的文章,"Signs Taken for Wonders: Questions of Ambivalence and Authority Under a Tree outside Dehi, May 1817",收入 Gates,"*Race*", *Writing, and Difference*,163—184页。
[3] 在研究后殖民历史的学者中,Partha Chatterjee 意识到了这一问题,并试图在其 *Nationalist Thought and the Colonial World: A Derivative Discource* 一书中解决它。
[4] Lowe,7页。

来观察和解释这些过程。

主方语言与客方语言

  我将在下文提出跨语际实践的概念，为研究近代史上中西语言的互动实践设置一个理论基础。由于中国现代思想传统肇始于翻译、改写、挪用以及其他与西方相关的跨语际实践，所以不可避免的是，这项研究必须以翻译作为起点。严复编译赫胥黎的《进化与伦理学》（即《天演论》，1898）还有欧洲的其他文本，对中国产生了巨大的影响，并有助于改变整整一代的中国知识分子。[1]在文学方面，林纾将一百多部外国作品转写成典雅优美的文言文风靡一时，比鲁迅第一个短篇小说的出版（1918）早许多年。[2]据文学史家阿英的估计，晚清最后十年间至少出版了一千五百余种小说作品，其中三分之二是外国文学的翻译，而且大多是英国和法国的作品。[3]（"翻译"一词在这里应该被理解为改写、挪用以及其他相关的跨语际实践的简略的表达方式。）正如许多学者指出的，现代新闻行业以及主要出版业务的兴起，譬如大都市中心地带的商务印书馆，与翻译文学的逐渐流行有直接的关联。[4]中国大部分现代作家一开始都是在翻译方面初试身手，然后

---

[1] 参见史华慈，《寻求富强》。
[2] 参见李欧梵，《浪漫的一代》，44页。
[3] 钱杏邨（阿英），《晚清小说史》，1页。林培瑞（Perry Link，135页注27）比较了阿英研究的两个不同的版本——台湾人人文库版（1968）和香港版（1973）——他发现二者在估计的数目上有所差别。前者给出大约1500本书，而后者提到的是1000部。林氏令人信服地指出，台湾版更言之成理："钱杏邨说，据《寒风楼新书分类目录》所载，共有大约400种翻译的小说以及大概120部创作的小说。他随即指出，他本人的估计大约三倍于《寒风楼》索引中的数目。"在近期的研究中，陈平原（20页）提出1898至1911年间出版的小说为1145种。其中647部为翻译小说，498部为本土的创作。在陈平原这里，翻译小说与本土创作之间的比率大约是三比二。
[4] 有关晚清和民国时期现代出版机构的兴起，参见林培瑞，特别是第三章；Lee和Nathan；也参见Barnett，"Silent Evangelism"；钱杏邨（阿英）《晚清文艺报刊述略》；张静庐，《中国近代出版史料》；作者同前，《中国现代出版史料》，第1—4卷；作者同前，《中国出版史料补编》；以及林语堂。

再转向其他的文学写作。[1]鲁迅曾经将大量的俄国和日本作品翻译成中文,他的第一本书,即鲁迅与周作人在日本留学期间合作的产物,便是名为《域外小说集》(1909)的译文集。[2]鲁迅一生中都在从事翻译,即使他不再写小说,他也一直在鼓励翻译外国作品。在五四文学其他的著名人物中间,郁达夫之译卢梭,郭沫若之译歌德的《少年维特之烦恼》,这些现代白话文译本都迅即成为城市青年中的畅销作品。

然而,我必须补充几句,跨语际实践的关键并不是去研究翻译的历史,也不是去探讨翻译的技术层面,尽管当我们涉及这两个层面中的任何一个时,都能够有所助益。[3]我所感兴趣的是理论问题,是有关翻译条件以及不同语言之间最初进行接触所产生的话语实践方面的理论问题。如果进行宽泛的界定,那么研究跨语际的实践就是考察新的词语、意义、话语以及表述模式,如何由于主方语言与客方语言的接触/冲突而在主方语言中兴起、流通并获得合法性的过程。因此,当概念从客方语言走向主方语言时,意义与其说是发生了"改变",不如说是在主方语言的本土环境中发明创造出来的。在这个意义上,翻译不再是远离政治和意识形态斗争或与利益冲突无关的中立事件。实际上,它恰恰成为这种斗争的场所,客方语言在那里被迫遭遇主方语言,二者之间无法化约的差异

---

[1] 文学史家倾向于强调《小说月报》(1910—1932)这一杂志在现代小说兴起方面所作的重要贡献——这一说法一部分是有关现代文学之兴起的官方表述——并且时常顺带提及该杂志对译介外国文学的用心尽力。实际上,这一现象还需要不同的解释。《小说月报》从一个鸳鸯蝴蝶派杂志,被1921年成立的文学研究会改变为"严肃的"现代文学期刊,直到1932年1月停刊,在这期间该杂志开辟了各种栏目和为数众多的计划,力图介绍外国文学、理论和批评。相比之下,我们现在称之为"现代"文学的中国本土的小说和诗歌创作,当时只占整个篇幅的一部分。该杂志处于显著位置的几个固定栏目即有"翻译系列"、"域外文学"专题,还有一个"批评"栏目。最后这个栏目有一多半文章是关于外国文学的讨论。此外,也有外国文学的系列研究,包括俄国文学(增补号,1921)和法国文学(增补号,1924);以及"受压迫民族文学专号"(1921),包括波兰、芬兰、希腊等欧洲边缘民族的文学作品的译作。有关俄国文学对于中国现代早期作家之影响的翔实研究,参见吴茂生(Mau-Sang Ng),*The Russian Hero in Chinese Fiction*。
[2] 虽然这已经是常识,但我还要强调,当留日的中国留学生将为数众多的译本以及大量炮制出来的外来词和新词语带回到汉语之中时,现代日语在这一时期发挥了重要作用。
[3] 有关这一时期外国文学的中译本以及相关的出版物方面的研究,参见马祖毅,《中国翻译简史》。

将一决雌雄,权威被吁求或是遭到挑战,歧义得以解决或是被创造出来,直到新的词语和意义在主方语言内部浮出地表。我希望跨语际实践的概念使我们最终能够提出这样一个理论词汇表,帮助我们解释那些改写、翻译、引进的过程,还有驯化那些词语、范畴、话语的过程,以及从一种语言转换成另一种语言的表述模式。这个理论词汇表还应当有助于解释在主方语言的权力结构中话语得以传播、操纵、部署以及统治的模式。我的目标是在一组新的关系中重新提出"语言"这一总论题的概念,而这一组关系并非取决于语言理论——后者总是倾向于把宗主国和欧洲语言视为出发点——的那些耳熟能详的假设。

  我应对本书所使用的一些术语作一点说明。如果主方语言与客方语言的互动,总是由主方语言的翻译者或者其他人从客方语言中邀请、选择、组合乃至重新发明各种词语和文本而发动的,而且除此之外,如果主方语言的翻译者与他/她的接受者的共同需要决定着并且协商着从客方语言中抽取文本的意义(即效用),那么,传统的翻译理论家用以命名与翻译直接相关的语言时所采用的术语,例如"本源语"以及"译体语/接受语"等,就不仅是不合适的,而且会有误导作用。本源语的思想往往离不开本真性、本原、影响等诸如此类的概念,其弊端在于它把可译性/不可译性这一由来已久的总论题重新引入到讨论当中。另一方面,译体语的概念暗含着目的论式的目标,一个有待于跨越的距离,以便达致意义的完足;因此它歪曲了等义关系的喻说如何在主方语言中得以构想的过程,并且将其能动作用降低到次要的地位。我不愿再介入这种关于本源语和译体语的形而上学思考,因此本书所使用的术语是"主方语言"和"客方语言",术语的改变也就改变了原文与译文之间的关系,而赋予主方语言以前所未有的重要性。就此而言,本章开头引用的塔拉尔·阿萨德以如此明晰的文字描述的知识/权力的二元组合,就应该予以重新考察,因为阿萨德的描述忽略了下述可能性,即非欧洲的主方语言在翻译的过程中被客方语言所改变的同时,既可能与之达成共谋关系,也可以侵犯、取代和篡夺客方语言的权威性。中西之间历史往来的过程中这些错综复杂的传介方式,是本书各个章节的主要关注点。

历史变迁论：新词与话语史

本书的论点是，中国现代史的研究必须充分考察跨语际实践的历史。语言问题在中国的现代性想像中的重要性是毋庸置疑的。"中国现代历史与文学中，这个如此'现代'的东西究竟是什么？"李欧梵在最近的一篇文章中这样问道："五四一代及其前辈究竟是以什么方式，来界定他们与过去之间的差别，并且清晰表达出他们视之为'现代'的那些全新的感受来？"[1] 的确，李欧梵所强调的"现代"一词用引号括起来的状态，使我们意识到中西之间跨语际实践的历史中"翻译过来的"现代性问题。如果不想继续纠缠于把传统和现代作为基本范畴的争论，那么我们就不得不问，20世纪的中国人究竟如何命名他们的生存状态？他们使用何种语言来谈论各种身份认同之间的差异？一方面是现代身份与过去的身份之间的差异，另一方面是中国自我认同与外部力量强加的身份认同之间的差异，究竟是什么样的修辞策略、话语组成、命名实践、喻说以及叙事模式冲击着中国人感受现代时的那些历史条件？

在过去数十年间，人们对历史研究的方法论问题并不是没有作一些考察。例如，柯文（Paul Cohen）便批评了自费正清和列文森（Joseph Levenson）以来美国关于中国的历史著述，他促使历史学家们重新思考在解释中国近代的历史变革时首先要解决哪些问题。柯文在其《在中国发现历史》一书里集中考察了三种主要的思想范式，并提出了他称之为"中国中心观"的替代模式。如果以相对简约的方式来概括他的深刻批评，那么，冲击—反应理论是他所讨论的三种范式中的第一种。这个范式强调中国对于西方挑战的回应，而且时常"促使历史学家将那些与西方的在场没有什么直接联系的中国近代史的各个层面，界定为不重要的，或者说只有当这些层面有助于阐明中国对于西方挑战的回应时，才是重要的。"第二种研究方法是传统—现代的模式，

---

[1] 李欧梵，《寻求现代性》，110页。

它深深地植根于19世纪种族中心主义,并且把一种外在的——"同时也是狭隘的——西方观点强加于中国历史,按照这种观点来界定什么是变化以及何种变化才是重要的。"第三种,或者说是对帝国主义的研究,落入了"非历史的陷阱,它假设中国历史本来有一个'自然的'或'正常的'发展过程,而这一过程受到西方(后来是日本)帝国主义的干扰"。[1]作为对上述范式的修正,柯文关注那些开始从事中国中心式研究的年青一代历史学家的工作。按照柯文的观点,这种研究的益处在于,它是从中国语境中存在的中国问题(不管这些问题是由西方造成的,还是与西方毫无关系)开始,而不拘泥于某些外在的标准。

这种新的研究取向的确有效地挑战了书写中国历史的既定的范式,而且对于文学研究也有重要意义。我们可以不再去做传统比较文学意义上的所谓影响研究,转而强调主方语言(在此处是现代汉语)在翻译过程中产生意义的能动作用,这样,客方语言在新的语境中获得的意义,就不是总打着原文本意的权威烙印了。但另一方面,至少在中国学研究中,研究者尽可以是中国中心式的,但在学术研究中处理什么重要和什么不重要的理论问题上,却依然奉行西方中心的立场。这使我不禁想起不久以前周蕾所作的批评:"在历来强调'遗产'的汉学以及中国研究里,对于西方的敬意,长久以来似乎是用一种相反的形式表现出来的,即理想主义地维护独立的、自足的'中国传统',以对抗西方的传统,因为中国的传统如果不是更伟大些,至少也是和西方传统同样伟大的。像这样的'摒弃'西方,的确令人肃然起敬:通过高举'中国'的大旗,它重复了它所摒弃的霸权色彩。"[2]

在20世纪后半叶,在本土中国的与外来西方的之间划出一道明确

---

[1] 柯文,《在中国发现历史》,3—4页。(中译本参见林同奇译,《在中国发现历史》,北京,中华书局,1989年,3—4页,译文略有改动。——译者注)
[2] 周蕾,xv页。

的分界线，在认识论上几乎是不可能的。为英语读者撰写有关中国的事情，这一事实使上述境况变得更加复杂化。有趣的是，中国中心观的理论冲动并不是产生在中国本土，而是从当代西方客观主义的社会学家和人类学家的著述中获得灵感和源泉。这些社会学家和人类学家强调，"区域研究"比他们已使其名声扫地的其他研究要更为有效。正如布尔迪厄恰当指出的，"此处的关键是这样一种权力，它通过各种划分（division）原则推行一种对社会群体的幻象（vision）。当这些原则被强加给一个整体的时候，它们就确立了意义以及关于意义的共识、尤其是关于这个群体的认同和统一性的共识，这样的共识最后创造出这个群体统一性与同一性的现实。"[1]换言之，区域主义话语是一种述行（performative）的话语，它试图把对于边陲（frontiers）的新界定加以合法化，这样一来，被命名为"区域"的现实就不再是"现实"本身，而是成为界定现实的斗争场所。不难看出，在这里中国中心论的理论边陲再一次被当代西方的学术话语所设立并构造。[2]

另一方面，请设想另一种状况：用中文书写完全为中国的学术受众所阅读的历史研究。这里的中文难道不是已经被新词语和新理论（这自然是拜中西百年碰撞之赐）彻底浸染了吗？富于悖论意味的是，中国本土的学者当他们讲述并且书写一种欧化的汉语时，也能够在自己的著作中假定"中国中心论"。[3]此处与彼处相差无几的是，"本土中国"不再能够轻而易举地同"外来西方的"分离开来。考虑到这些形形色色的困难与限制，我的问题是，如果我们一方面不赋予西方、现代性、进步或者其他启蒙之后的观念以特权，另一方面也不执著于

---

[1] 布尔迪厄，《语言与象征权力》，221页。
[2] 对冷战时期中国学领域的社会科学以及区域研究方面的批评内容，参见巴娄的（Tani Barlow）《战后中国研究》。
[3] 中国现代所发生的一切并不仅仅局限于精英阶层，记住这一点是至关重要的。虽然精英阶层的确是新词语的介绍者和发明者，而且对他们来说，东西方的问题一直是他们全神贯注的问题（这也恰恰是我们无论以何种方式批判东西方二元对立的说法时，必须严肃对待这一问题的原因之所在），但是，词语并不就是停留在它们的发明者那里，而是也在其他的社会话语领域旅行和流通。与其他符号相类似的是，现代汉语中的新词语早已渗透到了中国社会的大众和底层当中。

本土中国的僵化观念，那么，我们是否还能谈论在20世纪所发生的东西方之间的关系与相互作用？

恰如胡志德（Theodore Huters）最近指出的，自从列文森1969年去世以后，在"西方的到来强加给中国的创伤性选择这一问题"上出现了"一种奇怪的而且十分明显的沉默。这种沉默之所以引人瞩目，恰在于中国现代文学传统上认为自身的发生肇始于这样一场运动，即抛弃本土的文学语言，转而青睐明显基于西方模式的文学语言"。[1]列文森关于儒教中国及其现代命运的整体化陈述明显地行不通了，可是如何解释中国人与西方帝国主义发生暴力性遭遇之后所作出的"创伤性选择"，这个问题却没有轻飘飘地随风而去。它既是一个历史问题，也是对于当代学术研究的理论挑战。斯皮瓦克要求我们关注当代南亚的历史学家提出的有关历史变迁的新理论，它与我在这里讨论的问题有一定的关联。

> 庶民研究小组的工作提供了一种关于历史变迁的理论。印度卷入到殖民主义中来，这通常被界定为从半封建主义转向资本主义奴役的一个变迁。这种定义遵循生产方式的宏伟叙事逻辑，而且通过令人不安的暗示，也遵循着从封建主义向资本主义过渡这一叙事逻辑。与此同时，这一变迁还被视为被殖民者获得政治意识的开端。殖民地主体是从一批本土精英那里浮现出来的，他们通常被松散地描绘成"资产阶级民族主义者"。而庶民研究小组似乎正在修正这一普遍化的定义和理论。他们提出以下两点：其一，历史变迁的契机是多种多样的，而且它们是多重对立因素而不是过渡因素（因此我们只能把它们与压迫和剥削的历史联系起来看，而不是在生产方式的大叙事中对待它们）；其二，这些变迁

---

[1] 胡志德，《中国现代现实主义的意识形态》，149页。

是以符号系统中的功能变化为其信号或标志的。[1]

南亚历史学家提出的理论模式是发人深思的，因为他们避开了"过渡"的思想，至少在斯皮瓦克对这种模式的解释中是这样，无论是从东方过渡到西方，从传统过渡到现代，还是从封建主义过渡到资本主义。他们转而关注"多重对立"的共时概念。这个概念为我们理解自从东西方相互遭遇后开始的各种变化提供了一个视角。他们的研究使传统与现代这一陈旧的框架变得索然无味，从而为解释现代历史打开了替代的途径。[2]

有人会反对说，这种理论不能运用到中国的情况，因为印度曾经是英国的殖民地，而中国不是。我认为这里真正的问题并不是后殖民理论是否能够在"经验"的层面上适用于中国。这种反对意见自有其明显的真实性，但其背后是否存在着某种焦虑或者思想偏见，它是否倾向于把欧洲理论视为普遍意义和价值的载体？因为较少有人依据同样的理由来反对把欧洲理论应用到中国研究的领域，至少不是在经验的基础上提出来的，也就是说西方理论不能应用到中国，是因为西方理论与其殖民主义/帝国主义的经验相关联，而中国则有完全不同的"经验"，即遭受帝国主义侵略的经验。与之相反的是，我们常见的思路从来都不是用经验对经验，而总是"西方理论"对"中国现实"这样的模式。[3] 就此意义而言，庶民历史学家的工作是富于启发性的，因为他们没有事先在西方理论与其他人的现实之间假定出先入为主的划分。对他们来说，西方、印度以及其他地方的现实同样需要在相互牵连相互竞争的历史当中给予理论的批评和质问。毋庸讳言，这样一种批评所使用的术语有必要在不同的场域（localities）之间进行不断

---

[1] 斯皮瓦克，《在他者的世界里》，197 页。亦请参见古哈（Guha）和斯皮瓦克。古哈为该文集所作的序言总结了这种编史学的发生。
[2] 这并不是要开脱这个小组的历史写作中存在的某些疑难领域，例如他们对各阶级的形成所作的论述，O'Hanlon, Hershatter 以及陈小眉已对此有所批评。
[3] 最近的一个例证是《现代中国》（*Modern China*）第 19 期（1993）上关于公共领域和市民社会概念的讨论。

的协商。

我所强调的是场域之间的共时关联,而不是它们的共性,鲁迅在1907年写作《摩罗诗力说》时就已体察出了这种关联的意义。在论及中国同胞如何对待那些被帝国主义强权所殖民化的命运多舛的邻居或民族的时候,他这样写道:

> 今试履中国之大衢,当有见军人蹀躞而过市者,张口作军歌,痛斥印度波阑之奴性;有漫为国歌者亦然。盖中国今日,亦颇思历举前有之耿光,特未能言,则姑曰左邻已奴,右邻且死,择亡国而较量之,冀自显其佳胜。[1]

鲁迅这里提到的是据说由张之洞创作的两首颇为流行的歌曲《学堂歌》和《军歌》。第一首包含这样的词句:"波兰灭,印度亡,犹太遗民散四方。"第二首则有:"请看印度国土并非小,为奴为马不得脱笼牢。"[2]鲁迅在更为广大的殖民主义和帝国主义语境中,对中国人的自欺所作的批评,可以有效地警告我们夸大中国的独一无二性所具有的危险,这种夸大的代价是消除中国与其他地区和历史发生牵连(以及共谋)的印迹。因此问题不在于谁被殖民或者谁没有被殖民,而是如何理解多重的对立关系,即那些试图征服世界的人与那些力图在这样的沉重压力下救亡图存的人,两者之间的对立关系应如何去认识。

研究重心的转移,不可避免地将我们的注意力从现代历史的连续性或过渡这样一些抽象的问题,转移到各个国族以及不同的人群之间如何在每一个冲突关头面对事件的偶然性、复杂性以及意外的转折。在近代跨语际实践中,我们的关注点则是中国、日本以及西方在翻译的场地或碰巧遭遇的那些地点所发生的"冲突"得以产生的条件,因

---

[1]《鲁迅全集》,1:65页。(本书所引《鲁迅全集》为人民文学出版社1981年16卷本。)
[2]《鲁迅全集》,1:102页注20。

第一章 导论:跨文化研究中的语言问题

为这正是主方语言和客方语言之间不可化约的差异一决雌雄的地方,是权威被吁求或遭到挑战的领域,也是歧义得以化解或是被创造出来的场所。简而言之,这些多重的冲突记录了意义生成的历史,还造就了不同的民族语言和历史。

在跨语际实践的语境中,历史变迁的具象恰恰就是新词语或者新词语的建构。语言和语言之间的隐喻关系,在我们细察了现代的新词语,特别是中—日—欧的新词语的旅行并且最终在现代汉语里落地生根的实际旅程之后,就会更容易理解。[1]按照高名凯和刘正埮的说法,在19世纪末20世纪初进入中国文言文和白话文的仿译词、语义外来词以及其他外来词汇遵循着一种典型的模式:日语用"汉字"翻译欧洲词语,这些新词语随即又重新被运用到汉语之中。这些借用词主要表现为三个类目:(1)只见于古代日语,而没有出现在古汉语中的由汉字组成的两个字以上的复合词,如人力车（rickshaw; jinrikisha）,场合（occasion; baii）,宗教（religion; shūkyō）。[2]（2）古汉语原有的词汇被日语借用来"意译"西方词语,这些日语词后来又返回到汉语当中,但词义完全改变了,如革命（revolution; kakumei）,文

---

[1] 王力卫在最近的一篇文章中认为,日本人对19世纪传教士的词典,特别是马礼逊（Robert Morrison）的《华英字典》（1815）中英文词语的现代"汉字"的翻译,这远远发生在反向借贷的过程之前。他（第281页）指出,这种单向的词汇借用让位于汉语大量输入日文的"汉字"复合词,大概是在1875年（?）左右;而且日文的译者很早就已经订购在华的新教传教士马礼逊、卫三畏（Williams）和麦华陀（Medhurst）所编纂的双语词典,并且在他们的翻译之中对之大加依赖,这种状况一直延续到1862年第一本英日词典的出现。虽然王力卫的研究使我们对于中日之间新词语的流程的看法复杂起来,但是他似乎夸大了这一状况,认为早期传教士的这些词典对现代日语"汉字"复合词的兴起起了更大的作用,并未得到他所引用的文献的充分证实。我对照马礼逊的词典中数量有限的一部分早期复合词,认为它们与高名凯、刘正埮等人所指出的中—日—欧外来词完全符合。有关这些特定的复合词,参见本书附录的注释。日语从传教士的著述借用词汇的更为可靠的来源是他们对于魏源《海国图志》的翻译。参见下文的讨论。

[2] 高名凯和刘正埮（82—83页）就这个范畴列表统计的结果总共是91条。母语是汉语的人通常也不知道这些词语中有一部分在20世纪以前的汉语中是不存在的。另外的例子还有不景气（recession; fukeiki）,场所（site; basho）,派出所（police station; hashutsujo）,服务（service; fukumu）,个别（individual; kobetsu）,距离（distance; kyori）,内容（content; naiyō）,支部（party branch; shibu）。在附录C,我根据我本人以及其他学者的发现修正并更改了这个词语表。

43

化（culture；bunka），经济（economy；keizai），科学（science；kagaku）。[1]（3）与古汉语没有对等词的日语汉字复合词，如种族（race；shūzoku），美术（art；bijutsu），美学（aesthetics；bigaku），国际（international；kokusai）。[2]本书第二章即着重考察一个特殊外来词翻译的发展轨迹：national character 一词的日语"汉字"译法是"国民性"（kokuminsei），而通过这一外来词的翻译，该词成为汉语中的"国民性"一词。这个词语属于那几件深刻改变20世纪几代中国人感受力的为数不多的话语事件之一。这里"事件"（occurence）一词，我是在保罗·德曼曾经运用的意义上使用的。德曼是在讨论本雅明论翻译那篇文章时使用这个词的："当路德翻译《圣经》时，某件事发生了——在那一时刻，某件事发生了，并不是说从那以后发生了宗教战争，然后历史的进程被改变了，这些只不过是副产品。真正发生的事件就是翻译。"[3]正如我在第二章所表明的，national character 一词通过外来词而翻译成汉语，恰恰是这样一种事件的范例。正是这个事件催生了另一重要事件，按照鲁迅的想法，那就是中国现代文学本身的诞生。

在高名凯和刘正埮鉴别出的三种类型的外来词当中，第二种最具

---

[1] "革命"一词（现在对应revolution）在外来词出现之前的意思是"顺乎天命"；"文学"（现在对应literature）的古意为"文章博学"；"经济"（现在对应economy）古意为"经世济民"。"科学"的古意为"科举之学"，高名凯、刘正埮和马思尼都不认为"科学"是"重返汉语的书写形式的外来词"，但我把它重新归入这一范畴（参见附录），理由是 science 在明朝被先译成"格致"，后来它被日语的"汉字"kagaku 和现代汉语的"科学"所代替。对于这个过程的详细论述，参见汪晖。高名凯和刘正埮（83—88页）在这个类别中共列举67个词条。此处还包括文学（literature；bungaku），文明（civilization；bunmei），分析（analysis；bunseki），封建（feudal；hōken），法律（law；hōritsu），自由（freedom；jiyū），阶级（class；kaikyū），劳动（labor；rōdō），政治（politics；seiji），思想（thought；shisō），运动（movement；undō），惟（唯）一（only/sole；yuiitsu）。马思尼已经对其中某些词语（如文学）提出质疑。参见下文的讨论，以及附录，特别是 A 和 D。
[2] 这是三组外来词中数量最丰富的一组。高名凯和刘正埮（88—89页）在这一组罗列了100个复合词；除了少数例外，所有词都是英语词汇的汉字翻译。其他例子还有议会（parliament；gikai），物质（matter/substance；busshitsu），反对（oppose/opposition；hantai），现实（reality；genjitsu），哲学（philosophy；tetsugaku）。详见附录 B。
[3] 德曼，《对理论的抵抗》，104页。

有透明性的假象,因为这些"重返的书写形式的外来词"容易被误解为是直接从古代汉语中派生出来的。[1]高名凯和刘正埮提醒读者应当谨慎从事,不要把外来词简单地等同于它们在古汉语中的对应词。例如,"文化"(culture)的现代含义源出于日语的"汉字"复合词 bunka,汉语的"文化"与英语的 culture(法语的 culture;德语的 die Kultur)之间的对等关系是通过日语借用的方式才确立起来的。在古代汉语中,"文化"指的是与武力或军事征服相对的"文治与教化",它完全没有今天通常与这两个"汉字"组成的复合词用法相关的"文化"的民族志内涵。[2]本书第九章旨在探讨"文化"或 culture 的跨语际观念是怎样逐步发展为晚清和民国时期的知识话语中国家和民族之间意义和差异的重要载体。

大量流入的语义翻译以及"重返的书写形式的外来词",深刻地改变了它们的意义和地位,**打断**了这些词的古代含义。由于这种历史性的阻隔,我们无法绕过日语的 bunka 和英语的 culture 一词来说明"文化"的含义,我们不能认为字形完全一样的古汉语词汇可以自然而然地解释其在现代汉语中对应词的含义。当然,这些汉—日—英的语义翻译和外来词翻译所走过的词源学轨迹,正如高名凯和刘正埮所指出的,绝不仅仅限于这三种语言之内。马思尼新近出版的研究成果表明,日语在19世纪从汉语借用了一些新词汇、仿译词以及语义翻译,这比汉语从日语借用词汇要早若干年。这些新术语的发明,得力于新教传教士及其中国助手在19世纪初期和中叶,同心协力翻译西方的非宗教文本时的工作。日本人在他们的"汉字"翻译中采用了这些

---

[1] "重返的书写形式的外来词"是马思尼的命名。另一种命名"双程词语"(round-trip words)是由迈尔(Victor Mair)提出的("Anthologizing and Anthropologizing",3页)。这两个术语都有助于明确说明高名凯和刘正埮所划分的三个范畴中的中—日—欧新词语。
[2] 我并不是说"文化"的古汉语含义和英语的 culture 一词在它们各自独立存在的时候,没有发生任何变化。它们各自当然有变迁(参见威廉斯《关键词》,76—82页)。我仅仅是请读者注意,19世纪和20世纪初存在某种独特的历史状态。在这一时段中,经由日语对欧洲词语的"汉字"翻译的中介,很多汉语复合词在很大程度上被重新发明出来。

词语中的一部分，并且开始以类似的方式，用汉字创造他们自己的新词汇。使这一图景进一步复杂化的是，汉语对欧洲术语的早期翻译，很大一部分在中国本土只有相对有限的影响；相形之下，日语的借用倒时常有助于这些词语在中华故土的广泛传播。事实上，日语在"双程"播散这些中华本土的新词语的过程中，竟然具有如此重要的作用，以至于这些词语的一部分竟被中国人视为来自日语的外来词。[1]

---

[1] 众所周知，严复在19—20世纪之交开始翻译约翰·穆勒、赫胥黎、斯宾塞、亚当·斯密等西人的著述时，不得不捍卫汉语的词库以抵制日语外来词的流入。他喜欢使用古语，或者自创新词，但拒绝采用当时晚清出版物中现存的术语。例如，他用"母财"来翻译capital，而没有采用重返的外来词"资本"（shihon），他还把bank翻译成"钞店"、"钞商"，或者"版克"（一种音译），取代当时已经流行的日语外来词"银行"（ginkō）。尽管严复的翻译对他那一代人发生了极大的影响，但他的新词语却由于日语外来词译法的逐渐风行，而迅速落伍和过时（史华慈，《寻求富强》，95—96页）。弗格尔（Joshua Fogel）在《近期翻译理论》一文里试图重新提出这个问题，即究竟应该如何联系当时的日语外来词看待严复本人特有的新词语？严复造出了闻名遐迩的"天演论"一词来译theory of evolution，但这一译法在汉语新词库中却很快就被日语词汇shikaron（进化论）所替代。弗格尔在思考个中缘由时说道，

> 这些术语之所以在中国不能"奏效"，并不是因为它们太文学化了，或者是因为它们要求过于深奥的中国古典知识而被摈除。在严复写作时，还没有广泛流传和使用的白话文，而且能够阅读其译作的大多数读者毫无疑问都能理解他使用的典故（尽管这些典故背后的西方思想仍然半遮半掩）。但严复是否知道他孜孜不倦地翻译的那些文本也有中村上民的日语译本？是否曾经有人比较过中村和严复为了翻译西方的哲学、政治、经济概念而分别设计的词汇呢？

马思尼最近对汉语词库中晚清新词语和外来词的研究间接阐明了这些问题——所谓间接是指他没有按照弗格尔提示的方向直接处理比较的问题。他指出（115页），严复本人也发现，在自己的翻译中完全排除与日语相关的新词语，是困难重重的。马思尼给出的例证是："议院"（parliament；giin）、自由（freedom；jiyū）、文学（literature；bungaku）等。（这里有必要指出，现代词语"文学"和"自由"不同，不是严格意义上的"重返的书写形式的外来词"；而它通过日语bungaku这一中介所完成的双程播散，却对现代汉语中"文学"一词新的跨语际含义的确立，至关重要。参见下文的讨论。）同样值得一提的是，马思尼关于英语economy和sociology等词在严复那里的译法的说明，恰恰证实了弗格尔的论点。严复的译法"计学"和"群学"很快被来自日语的"经济学"和"社会学"所取代，而且后者最终成为标准的译法。严复果真反对日语外来词吗？抑或他并不知道它们的存在？就严复来说，结果可能仍是一样的。更有意思的问题是严复选择那些译法的复杂情境。马思尼指出，在他所考察的西方文本的早期汉语翻译中，即在严复1898年发明"计学"和"群学"之前，没有发现日语外来词"经济学"和"社会学"的任何迹象。如果这是真的，那么它将证明严复"首先而且主要是一个创新者，而不仅仅是日语外来词的对抗者"（马思尼，115页）。

中国本土新词语的这种双程播散通常与来自日本的"重返的书写形式的外来词"所走的词形变化的途径难以分别，所以语言学家们很难确定现代汉语词库中一部分词语的起源。试举一例，高名凯和刘正埮以来的学者一向认为，复合词"文学"的现代用法来自日语 bun-gaku，即英语 literature 的"汉字"翻译的"重返的书写形式的外来词"。[1]然而，按照马思尼的研究，具有这种新含义的"文学"一词至少早在美国传教士裨治文（Elijah C. Bridgman）的《美利坚各国志略》（*Short History of America*，1831）一书里即已出现。这是一部用汉语撰写的美国史，其中包括文学（literature），贸易（trade），法律（law），火轮船（paddle boat powered by steam），火轮车（steam-powered train），火车（train），公司（United East India Company）等新词语。[2]这些词语以及其他一些汉语新词语在 19 世纪 60 和 70 年代旅行到日本，日本人这个时候正开始翻译魏源的《海国图志》（1844）。这是一部多卷本文集，其中收录了裨治文和其他传教士著作的部分章节。"如果不是《海国图志》收录了这些文本，那么这些著作和新词汇可能会仍旧局限在一个非常狭窄的圈子里。因此，新词汇的命运与先是在中国、随后是在日本流传的魏源的著作紧密联系着。"[3]总之，新词语的词源与这些词语在中国、日本以及再回到中国的流传方式有着极为密切的关系，所以我们在反思这些词汇的历史过程中不能仅仅依赖某个单一语言的起源点作为词义的所在地，而是必须考虑到词源的流动性。换言之，流传的方式有时候与发明的起点同样重要。设若严复是在 19 世纪 60 年代以前发明了他的新词汇并且被翻译成日文，那么他的发明就有可能通过日语这个中介保存下来一部分并且重新返回到汉语词库来。

"文学"，这个由一位美国传教士发明的英文术语 literature 的直接译名，也许不能归类为纯粹从日语重返的书写形式的外来词，而应该

---

[1] 参见迈尔，3 页。
[2] 马思尼，24—25 页。关于"公司"一词的意义变化过程，参见马思尼，174 页。
[3] 同上书，25 页。

说，由于日本的双程流传过程，使得这一词语广为传播，并逐步发展为 literature 在中国的标准译法。[1]鉴于没有一个更好的表述，我们可以称之为双程新词语，以强调它与日语 bungaku 之间的这种有趣的联系。本书第八章着重讨论《中国新文学大系》这一现代经典的编辑过程，并着重分析这种跨语际的"文学"概念所起到的作用。这部出版于1935—1936年的著名选集把小说、诗歌、戏剧和散文视为"纯"文学，而将所有其他写作形式排除为非"文学"。这当然与古典的"文学"概念大相径庭，不过在今天甚至连古典文学也无法避免受到这种跨语际文学观念的束缚。人们可以看到在20世纪，卷帙浩繁的中国古典"文学"史和选集接连不断地出现，诗歌、小说、戏剧和散文（在较弱的意义上）被命名为"文学"，与此同时，其他古典文类则被重新分配到"历史"、"宗教"、"哲学"以及其他的知识领域，而这些知识领域本身也是在西方概念的新译名基础上被创造出来的。简而言之，中国古典"文学"被迫按照现代文学的观点，被全新地创造出来，中国现代文学同时也在创造着自己。

在现代汉语中安营扎寨的欧洲—日本的外来词，初来乍到时往往要与直译（音译）进行竞争。附录 F 和 G 足以表明，有些新词语最开始是外文词语的汉字音译，或者至少是和欧洲—日本对同一词语的意译或外来词译法同时存在。不久以后，翻译占了上风，取代了音译。这种现象的原因可能是汉语书写系统的表意性，因为这种特性使汉语更适合于意译或借译，而不是根据音节的直译。[2]Democracy 一词的翻译就是一个合适的例证。曾几何时，音译"德谟克拉西"和借译"民主"两种译法并行不悖，但借译很快就取代了使用不便的音译，成为

---

[1] "文学"最初的含义可以回溯到《论语》（11.2），意为"文章博学"。马思尼（204页）认为，现代意义的"文学"一词应该进一步回溯到耶稣会传教士艾儒略（Giulio Aleni）的著作《职方外记》（1623）。他援引"欧罗巴诸国尚文学"一语为证，这个句子的英文翻译是 all Western countries highly esteem literature。我认为这种译法犯了年代颠倒的错误，因为在17世纪，literature 或意大利语的任何一个对应词，都比启蒙之后我们所指的 literature 一词覆盖着有所不同且范围更广的语义范畴。
[2] 但是仍然有一些直译的译名保留下来，没有被外来词的翻译所取代。参见附录 F 和 G。

第一章　导论:跨文化研究中的语言问题

当今使用的唯一被接受的 democracy 的对等词。借译词"民主"恰好与古代汉语中一个最为古老的语汇相吻合(参见附录),这就使情况更加复杂了。可是如果根据它们相同的书写形式,就把古代意义上的"民主"与借译词等同起来,那就会犯下严重的错误。古代的"民主"具有一种所有格结构(大意为"民之主"),这与现代复合词的主谓式语义结构("人民作主")可谓有天壤之别。[1]

毋庸赘言,并非所有的新词语都是音译或借译的。实际上,这个时期所发明的最迷人的新词语之一,就是书面汉语中第三人称代词的性别区分,这个词与日本无关,是直接在欧洲语言和汉语之间发明的。[2] 汉字表示代词"他"的最初形式包含着一个没有性别区分的"人"字旁,对这个代词的性别区分来自翻译的环境。几千年来,汉字中的人称代词没有性别区分的形式,也没有其他性别区分的指示形式,而人们没有感到什么不适。突然间,他们发现汉语没有英语、法语以及其他欧洲语言中第三人称阴性代词的对等词。[3] 有些中国人认为没有这个对等词是汉语本身的严重缺陷,他们作出种种努力设计新词来弥补这一缺陷。(在我看来,这种焦虑似乎反映了这样一种历史状况,人们所感受到的与其说是汉语本身的缺陷,不如说是语言之间的不平等。举例来说,在把法语的阴性复数 elles 翻译成英语的没有性别区分的 they 时,人们没有感到什么不便。)经过几年地方形式的实验,如吴

---

[1] 在"民主"成为 democracy 的标准译法之前,传教士丁韪良(W. A. P. Martin)1864 年出版的《万国公法》(即惠顿〔Henry Wheaton〕的《国际法原理》〔Elements of International Law〕的中译本),就已经用民主一词的现代意义"人民作主"来翻译 republic (日译为"共和")。通过翻译 republic 重新评估"民主",对于颠倒这个词的古典意义是有间接的贡献。马思尼(189—190 页)推测日本人可能是在 1865 年翻译《万国公法》时,从中汲取了"民主",并随后用它来翻译 democracy。

[2] 这可能是因为指示词比其他词类,如名词和动词,更为紧密地联系到中国本土词语结构的逻辑。

[3] 1920 年围绕阴性单数第三人称的发明所展开的讨论,参见《时事新报》副刊《学灯》发表的一系列文章,其中有一篇是发表在《新人》杂志上:孙祖基,《"她"字的研究》;寒冰,《驳〈她字的研究〉》;孙祖基,《非〈驳她字的研究〉》;梦沈、寒冰,《这是刘半农的错》;以及刘复,《她字问题》。关于现代汉语和古代汉语人称代词的比较研究,参见王力,2:1—60 页;高名凯;吕叔湘和黄盛璋。

方言里的"伊",中国作家和语言学家最终选定了带"女"字旁的"她"。[1]举例来说,鲁迅小说中第三人称的使用,便反映了这一有趣的实验阶段。正如有些学者指出的,鲁迅在早期的小说里交替使用通常不区分性别的"他"和吴方言的"伊",来指称小说中的女性人物,如《明天》(1920)。[2]直到1924年发表《祝福》,鲁迅才开始使用"女"字旁的阴性代词。一年以后,鲁迅在《伤逝》(1925)中开始采用另一个新词,"牛"字旁的"牠"来指动物。

阴性代词以及动物/中性代词的出现,成功地将原本无性别区分的"他"转化为阳性代词,尽管其不区分性别的书写形式没有任何形态变化。换言之,由于发明了区分性别的新词,迫使原来的"他"成为阳性代词,而这与其不区分性别的部首"亻"是相矛盾的。这个现象完美地体现了索绪尔结构主义语言学的差异原则,即只有在语言要素进入类似或差异的关系中,才有可能产生意义。就"她"字以及相关的新词语而言,用来区分意义的,与其说是语音,不如说是书面汉语的形态。就发音而言,阴性的"她"和动物/中性的"它"以及阳性的"他"是无法区分的。

刘半农,阴性"她"的发明者,曾经试图在音节层面也引入区分的要素。[3]他在1920年发表的《她字问题》里论述道:

> 最困难的,就是这个符号应当读作什么音?周作人先生不用"她"而用"伊",也是因为"她"与"他",只能在眼中显出分别,不能在耳中显出分别,正和寒冰君的见解一样。我想,"伊"

---

[1] 阴性代词的发明不能同以"女"字旁书写的另一汉字相混淆,后者过去是名词,而且与"亻"字旁的"他"这个汉语最早的代词之间没有任何词源上的联系。

[2] 参见山石。在发明阴性代词的同时,中性形式的"它"也被考虑到了。参见刘复,《她字问题》。

[3] 耿德华认为周作人对刘复发明阴性代词"她"有一定的影响(305页注24)。此外,鲁迅在《忆刘半农》一文里也提到这个事实,《鲁迅全集》,6:71页。王力(2:351页注22)引证了另外两个来源:胡适在刘半农的葬礼上致悼词时称他是这个新词的发明者,林语堂在《开明英文文法》一书里也指出,1917年是这个汉字诞生的确切年份。

与"他"声音是分别得清楚了,却还有几处不如"她":一,口语中用"伊"字当第三位代词的,地域很小,难求普通;二,"伊"字的形式,表显女性,没有"她"字明白;三,"伊"字偏近文言,用于白话中,不甚调匀。我想,最好是就用"她"字,却在声音上略略改变一点。"他"字在普通语区域中,本有两读:一为 ta,用于口语;一为 tuo,用于读书。我们不妨定"他"为 ta,定"她"为 tuo。[1]

出于刘半农提及的原因,"伊"作为阴性第三人称代词很快就退出书面白话文,而被广为接受的阴性代词"她"所取代,但刘半农建议的另一种发音从来没有被人接受。在这里,我们大致可以看到刘半农所说的"国语"或"普通语"是怎样获得凌驾于区域方言之上的霸权地位的。[2]另一方面,我们也必须注意汉语书面语的表意性:即现代汉语的书面语和口语虽然有所重叠,但二者不能简单等同起来,它并不像拉丁语系的字母仅仅是用来表示发音的。例如,"女"字旁的"她"字,现在已经被说普通话和说其他方言的人共同视为汉语书面语的阴性第三人称代词,但就我所知,没有任何人成功地在普通话或方言里创造出不同的发音,能够把"她"字与其阳性和动物/中性的对应词区分开来。

书面语中第三人称代词的性别区分,对于研究中国现代文学中性别的跨语际表述具有重要的意义。以往不区分性别的汉字"他"分裂为阴性与阳性的形式,引入了一个表征性的维度,而这一点在汉语书面语中是不曾存在的。这并不是说 20 世纪以前的男男女女的性别差异没有被理解,或者是没有被归入"阴"/"阳"的范畴,而是说在代词的表征性层面上,这样一种裂解所导致的指示关系——表现为异性

---

[1] 参见刘复,《她字问题》。
[2] 有趣的是,刘复在任北京女子学院校长期间,曾明令禁止女学生在交谈中使用英语 miss 的时髦音译"密斯"一词,他坚持采用中国本土的词语,如"姑娘"、"小姐"和"女士"。参见《世界日报》记者对他的访谈,1931 年 4 月 1 日。

的相互指称的视觉化符号——使得性别可以在新的书写中塑造社会性的权力关系。举例来说,我在第六章解读的沈从文小说就包含一种阶级叙事,这个叙事的展开始终使用性别和欲望的指示结构。在这篇小说中,作者隐去一个绅士之女的姓名,只用"她"这样的称呼。同时叙述者用第一人称复数"我们"来谈论三个爱慕"她"的出身低贱的男子,在故事中他们被特意建构为男性的和下等阶级的。三个男子不敢奢望进入"她的"世界,因为横亘在"她的"阶级与"我们的"阶级之间的指示性鸿沟是不可逾越的。[1]此外考虑一下鲁迅的《祝福》,在这篇小说里,关于阶级和性别的指示性叙事呈现出相反的情境:出身于上层阶级的叙事者"我"与一个下层妇女"她"对话并转述"她"。在更为宽泛的意义上,指示性的性别建构,反映并参与了20世纪初就已开始实施的规模更大的性别化过程。在这个过程中,中国的男性、女性和国家分别发现一个利害攸关的问题,即应当如何建构性别差异,以及在中国寻求现代性的过程中性别差异应该或者能够释放出什么样的政治能量。[2]本书的第五、六、七章将详细论述文学批评所建构的各种性别立场之间的紧张关系。

现代汉语的新词语所承担的不仅仅是亲自见证历史的变迁。我不禁想起阿多诺在不同的语境里所说的一段话:"每一个外文词都包含着令人耳目一新的因素,在它有节制的运用中包含这样一种知识,即那些直接的东西不能以无中介的形式言说,只能通过反思和中介作用才得以表达。"[3]在与外文词语的跨语际交流中,新词语和新词语的建构猛然出现了,它们处于过去与现在之间的中介性位置,要求对历史变迁进行不同的解读。首先,变迁不可能是从未经触动的过去直接过渡到现在,因为存在着许许多多的中介,这就使我们不可能自称拥有一

---

[1] 添加在名词和代词后面的复数后缀"们",是语言改革期间的辩论中另一个热门话题。参见耿德华,266—268页。
[2] 从后结构主义和女性主义的视角讨论现代国家的性别建构,参见巴娄,"Theorizing Women"。
[3] 阿多诺,2:190。

个僵化的过去。[1]其次,本土语言的转型不能如列文森所辩称的那样,仅仅用外来冲击予以解释,因为外国词语和通过翻译传介的中国古代语言一样,都得服从同样的跨语际解读的逻辑。列文森在《儒教中国及其现代命运》里坚称,"西方可能带给中国的,是改变了它的语言;而中国对西方所做的,则是扩大它的词汇。"[2]虽然这种看法准确地捕捉到中国与西方之间的权力关系,但列文森关于何谓历史变迁以及变迁如何发生等的假设前提,妨碍了他去严肃地或实实在在地(因为他毕竟用"语言"和"词汇"来作隐喻)对待语言传介的过程,也妨碍了他重新思考中国人的能动作用。现代汉语中的双程词语和其他新词语包含着一种关于历史变迁的思想,这种思想使历史究竟是连续的还是断裂的那种争论变得不那么重要了。人们可以不必纠缠中国如何现代(经常解读为西化),或者中国如何传统——这个不同流派的学者频繁论述的两极问题。[3]我们或许更应该关注的是,在历史偶然性的各个关头,西方和中国过去的思想资源究竟是怎样被引用、翻译、挪用和占有的,从而使造成历史变迁的事物得以产生。我认为这种变迁既不同于中国的过去,也不同于西方,但又与二者有着深刻的联系。

德里克(Arif Dirlik)在研究中国无政府主义的著作中,对这一有关历史变迁的命题提出了有益的洞见。[4]他指出,中国现代知识话语中的国族主义指向"一种新的普遍主义,当中国被迫按照民族国家的模式重新组织社会时,这种普遍主义试图超越民族国家的局限性"。这

---

[1] 关于现代民族历史中对传统的发明,参见霍布斯鲍姆和兰格。
[2] 列文森,157 页。
[3] 虽然墨子刻(Thomas Metzger)的连续性模式旨在批判列文森的冲击理论,但他和列文森运用了同样的二元对立模式:传统/现代;中国/西方。墨子刻认为(17 页),"在很大程度上,恰恰是那力图从形而上学的、心理的、政治的以及经济的困境中摆脱出来的本土的、强烈的、持续数世纪之久的欲望,引导为数众多的中国人激情澎湃地将他们的一生奉献出来,以求推翻久被尊崇的传统制度,而采用奇异的外国方式。"墨子刻认为中国本土的过去似乎无须解释,而且西方的存在对中国也不重要,这种思维方式却无法解释"现代"和"西方"在中国20世纪的思想话语中如何获得合法性地位。
[4] anarchism 有两种中文译法:汉语的音译是"安那其主义",日语的"汉字"翻译是"无政府主义",后者最终取代了音译。参见附录 F。

里的关键问题并不是列文森意义上的儒家秩序的崩溃，而是一种关于国族与全球社会的新的辩证观点，从而有可能"把中国重新界定为世界民族之林中的一个国族"，与此同时也引出了"其辩证对立的一个崭新的世界观，即所有的民族将再一次消失，而人类将实现大一统"。这种普遍主义的乌托邦目标所表述的并不仅仅是中国古代的"大同"（中国知识分子书写未来的时候常常使用的一个名词）理想。说得确切一点，正如德里克在讨论康有为的《大同书》时出色地描述的：

> 康有为的大同社会代表了一种经过家族主义和国族主义之后人类进程的最后阶段。虽然这种乌托邦的名称和特征来自中国本土的乌托邦传统，但它真正的灵感的源泉是得自未来的图景——而且它是这样一种未来，它超越了中国本身的世界，具有全球社会的视野，中国则是这个全球社会的一个完整部分。[1]

康有为重新解释和运用儒家思想，旨在解决中国如何在现代世界定位这一危机，他的弟子谭嗣同也是这样做的。康有为是在"《礼记》中的'大同'理想与贝拉美（Edward Bellamy）的《回望》（*Looking Backward*）"之间建立了一种虚拟对等关系。这种把中国经典中的思想与从西方移植的概念等同起来的做法是意味深长的，因为它引入了介于二者之间既非此又非彼的现实或变化的层面，而这种情形的发生恰恰是跨语际实践的结果。

新词语的建构是有关历史如何变迁的极好的喻说，因为创造新词语旨在同时表述和取代外国的词汇，而且由此确立了自己在语言张力场中兼具中外于一身的身份。人们并不是在对等词之间进行翻译，恰恰相反，人们是通过翻译在主方语言和客方语言之间的中间地带，创造着对等关系的喻说。为新词语的想像占据着的这个虚拟的对等关系的中间地带，就是历史变迁的基础。这种变迁的概念是不能被化约为

---

[1] 德里克，《中国革命中的无政府主义》，50、55页。

按照本质主义理解的现代性的,原因在于非传统的并不必然是西方的,而所谓现代的也并不必然是非中国的。这里可能出现的问题是:那么我们又怎样解释那些完全土生土长、未被新词语和外来词碰过的词语和象征性建构?回答这个问题,就应回到我在本章前面提到的阳性代词"他"的性别化过程。从形态学的意义上说,这个字可谓毫无变化,可是由于阴性代词"她"和动物/中性代词"它"在整个现代汉语系统中所起的区别作用,"他"这个词就失去其原有的广泛的指称含义,而只是用来表示阳性第三人称单数。所以表面上看来毫无变化的表述,因其周边发生的这种关系上的转变,也广泛波及现代书面白话文的其他方面。新词语的出现喻指了一个基础更为宽广而且更深刻的革命过程,这个革命过程已经从根本上改变了汉语书写的语言景观。

言语—行为理论有一个老生常谈,即词语的存在不仅是反映外在的现实,而是促使事物发生。我本人对于跨语际实践的强调,绝不是要把历史事件化约为语言实践;恰恰相反,我的初衷是要扩展什么是历史的观念,也就是说把语言、话语、文本(包括历史写作本身)视为真正的历史事件,其中很重要的一点是话语行为在构造历史真实的过程中所具有的制造合法化术语的力量。[1]为了给以上讨论作一个总结,我提前对第三章的论点(即词语构造现实)作一扼要的评论。这一章讨论的是"个人主义"的跨语际观念在民国初年现代民族国家的讨论中,其意义的变化过程。我在这里简略提及分析的要点:1949年以后,当中国重新发明东西方之间的关系以及国家与知识分子的关系时,围绕着个人主义的意义所展开的话语斗争开始发挥引人瞩目的作用。主导意识形态认为个人主义不是中国的思想,这乃是出于政治的考虑,但结果是,个人主义反过来成为西方的代名词。具有悖论意味的是,中国反西方辞藻的最大功效是使其反对者反复地以亲西方的反

---

[1] 我所关注的秩序层面,有时候和国家对于书面和口头词语的控制和操纵相重叠,但并不等于这一层面。参见 Schoenhals。

抗姿态团结在个人主义的周围。在这些无休止地拥护西方和反对西方的争辩里，最容易被忽视、遗忘或者压抑的，恰恰是在中国内部围绕个人主义话语所发生的那段重大的历史，那长达一个世纪的充满紧迫政治课题的跨语际实践的历史。迟至20世纪80年代中期，围绕批评家刘再复的文学主体性的提法，中国大陆掀起了一场大论战。这场论争以多种方式延续着早期个人主义论战的耳熟能详的语调，当然它还具有一种"文革"式的暴力特点。[1]然而，还有一种暴力虽然不那么容易觉察，却更具有破坏性，那就是记忆缺失症，即对过去的话语史的遗忘。我本人和那一段历史有着深刻的联系，不仅因为我是在"文化大革命"中长大成人，更重要的是因为我有一种抵抗遗忘的乌托邦渴望。那么就让这本书成为这种渴望的化身吧。

---

[1] 参见刘再复，《论文学的主体性》。刘再复的文章受到官方批评家陈涌的攻击。

[I]

国族与个人之间

第二章　国民性话语质疑[*]

> 凡是愚弱的国民，即使体格如何健全，如何茁壮，也只能做毫无意义的示众的材料和看客，病死多少是不必以为不幸的。所以我们的第一要着，是在改变他们的精神，而善于改变精神的是，我那时以为当然要推文艺，于是想提倡文艺运动了。
>
> ——鲁迅《呐喊·自序》

国民性，一个挥之不去的话题。

从晚清到今天，中国人的集体想像被这个话题断断续续地纠缠了近一个世纪。无论理论家之间的分歧有多么尖锐，争论多么激烈，其中的大多数人都有一个共识：相信国民性是某种"本质"的客观存在，更相信语言和文字在其中仅仅是用来再现"本质"的透明材料。[1]这种认识上的"本质论"事实上模糊了国民性神话的知识构成，使人们看不到"现代性"的话语在这个神话的生产中扮演了什么角色。绝大多数学者不是把目光集中在如何给中国的国民性定调子、下结论上，就是在它和阶级性这两个概念之间争论不休，可是，一个比它们更有意

---

[*] 本章的中文译本由作者两篇文字改写而成，一篇为桑梓兰据《Translating National Character: Lu Xun and Arthur Smith》的中译。另一篇为《一个现代性神话的由来：国民性话语质疑》，《文学史》第一辑，陈平原、陈国球主编（北京大学出版社，1993，138—156页）。

[1] 孙玉石的文章《鲁迅改造国民性思想问题的考察》是少数的几个例外之一。见《鲁迅研究集刊》第一集（上海文艺出版社，1979，86—117页）。

义（且属于前提性）的问题，却被彻底地排除在视野之外："国民性"究竟是一个什么样的知识范畴？它的神话在中国的"现代性"理论中负载了怎样的历史意义？

"五四"以来，西方传统"思想史"的写作模式对历史研究影响甚大。人们经常热衷于大思潮、大体系和大结论（无论是肯定的还是否定的），而忽略对具体的话语实践进行深入细致的分析。本章对国民性神话的研究一方面着眼于这个话语本身的历史面貌（以及批评它的可能性），另一方面也是想尝试一种与传统"思想史"完全不同的历史写作，去探讨"五四"前后的中国"现代性"的理论意义。

国民性的神话

"国民性"一词（或译为民族性或国民的品格等），最早来自日本明治维新时期的现代民族国家理论，是英语 national character 或 national characteristic 的日译，正如现代汉语中的其他许多复合词来自明治维新之后的日语一样。19 世纪的欧洲种族主义国家理论中，国民性的概念一度极为盛行。这个理论的特点是，它把种族和民族国家的范畴作为理解人类差异的首要准则（其影响一直持续到"冷战"后的今天），以帮助欧洲建立其种族和文化优势，为西方征服东方提供了进化论的理论依据，这种做法在一定条件下剥夺了那些被征服者的发言权，使其他的与之不同的世界观丧失存在的合法性，或根本得不到阐说的机会。

国民性的概念最初由梁启超等晚清知识分子从日本引入中国时，是用来发展中国的现代民族国家理论的。在《新民议》和《论中国国民之品格》等文中，梁启超明确地把中国的悲剧归结为国民性的问题，批评国人缺乏民族主义、缺乏独立自由意志以及公共精神，认为这些缺点是中国向现代国家过渡的一大障碍。1889 年和 1903 年之间，梁氏写了大量文章，从各个不同的角度阐述这一点。仅举其中一小部分就有：《中国积弱溯源论》、《十种德性相反相成议》、《论中国人种之将来》、《国民十大元气论》等。《新民说》是其中最主要的一篇。[1]孙中山在讨论中国问题时,也使用了相似的语言。他认为中国是一个爱好和平的民族,但他们的奴性、无知、自私和缺乏自由理想是国民性的一大缺陷。[2]值得玩味的是,梁启超和孙中山两人都曾是抨击西方帝国主义的先驱,然而,他们的话语却不得不屈从于欧洲人本用来维系自己种族优势的话语——国民性的理论。这是他们当时的困境,也是后来许多思考民族国家问题的中国知识分子所共同面对的困境。

1911年前后出现的主要报章杂志,无论是进步的还是保守的,都程度不同地被卷入了有关国民性的讨论。比如,《东方杂志》在1905年至1919年之间登载了大量文章,专门议论或部分地涉及这个问题。其中对国民性的说法有褒有贬,但立论是基本一致的。其主要观点见于以下诸文:《论中国人民之依赖性之起源》(1905)、《论中国之国民性》(1908)、杜亚泉的《静的文明与动的文明》(1916)、钱修智的《惰性之国民》(1916)等。归纳起来看,这些文章大致都与梁启超的观点相呼应,认为中国的国民性必经改造,才能适应新时代的生存需要。虽然不同文章的作者对国民性的定义有所出入,有关优势或劣势的说法也不尽相同,但没有一人对国民性理论的前提发出质疑。他们相信,国民性责无旁贷地承担着中国自鸦片战争以来的所有历史包袱。可见,此话语在当时已获得何等的透明度和知识权威。

1917年初,《新青年》发表了一篇题为《中国国民性及其弱点》的文章,作者署名光升。这是一篇颇有研究价值的论文,因为它对新文化运动以前的国民性研究理论做了比较系统的总结。作者在这里把国民性界定为"种性"、"国性"和"宗教性"的集合体,在此基础上对中国和其他的民族进行了一番比较。他从欧洲人和中国人对异国文化及宗教的不同态度入手,概括它们之间的文化差异:欧洲民族排外,

---

[1] 参见梁启超《饮冰室合集·文集》和《饮冰室合集·专集》(上海:中华书局,1936)。
[2] 参见孙中山《建国方略》和《民族主义》等文章,《孙中山选集》(北京:人民出版社,1956;1981)。

憎恶异类；中国人则多含容忍精神。在作者看来，正是这种容忍性使中国人丧失了个性和独立自由的精神，造成了极其薄弱的法制和民主观念。文章最后得出的结论是，误入迷津的中国国民性已不适应现代世界的生存方式，应加以彻底改造。[1]

有趣的是，国民性之孰优孰劣在上文还是一个相对的概念。在光升的眼里，欧洲民族的国民性未必在本质上比中国人优越，所谓改造国民性，不过是为了适应"现代化"的生存条件所必需的一种社会达尔文主义的手段。然而，到了陈独秀倡导的新文化运动，特别是后来的五四运动时期，这一切都发生了根本的转变。国民性的话语开始向我们所熟悉的那种"本质论"过渡。陈独秀在《东西民族根本思想之差异》和《我之爱国主义》一文中将国民性问题和传统文化相提并论，把国民性的讨论引入一个新的历史环境，赋予了新的内容。新文化运动中的"现代性"理论把国民性视为中国传统的能指，前者负担后者的一切罪名。"批判国民劣根性"于是上升为批判传统文化的一个重要环节。[2]新文化运动的倡导者提出国民性是中国启蒙运动的主要对象，于是，唤醒和教育国民的责任自然落在了包括他们自己在内的一小部分知识分子精英的肩头上。例如，蔡元培在为《国民》杂志写的序中指出，中国的国民缺乏自我意识，必须通过启蒙教育唤醒他们。[3]不难看出，知识与权力、西化与传统、精英与民众等关系在这个时期的国民性话语中得到了生动和具体的显现。与此同时，文学，随着"改造国民性"这一主题的凸现，也开始受到中国"现代性"理论的青睐，被当作实现国民改造之宏图的最佳手段。相比之下，梁启

---

[1] 光升：《中国国民性及其弱点》，《新青年》，2卷6号，465—505页。
[2] "国民性"的意义向国民劣根性滑动，成为不折不扣的贬义词，主要是新文化运动和五四运动的功劳。这一点从反面也可以得到证明。到了1922年，《学衡》派的梅光迪和胡先骕等人又出来提倡国粹时，国民性也是贬义词。所不同的是，它在这里第一次被人用来批判同儒家传统价值相对立的现代社会。见梅光迪《评今人提倡学术之方法》，《学衡》，1922，第2期，1—9页；胡先骕《说今日教育之危机》，同上书，1922，第4期，1—10页。
[3] 《国民》杂志，1919，第1期，1页。

超原先倡导的政治小说倒显得气魄不足了。然而，在这样做的同时，五四文学恰恰把国民性的话语转化成一种超越自身历史的话语，而且做得极其成功。事到如今，说起五四文学和改造国民性，谁都看成是天经地义。可是，在"自然"的表象下，现代文学与国族建设的历史姻缘究竟是如何缔结的，这个问题始终无人问津。

鲁迅与阿瑟·斯密思

中国国民性的毛病在哪里？谁为它的缺陷负责？该如何改善？这些问题深深困扰着继承晚清知识传统的"五四"知识分子，尤其是那些对于中国积弱原因的种种解释失去信心者。鲁迅青年时学医，后来对医学失去信念后，抓住了"国民性"，认为它是中国病弱的症结和解决问题的起点。在五四文学的雏形期，国民性的理论为鲁迅那一代作家提供了一套有力的自我批判语言，同时将儒家思想视作批判对象。新文学因此肩负重任："解剖"一国的病弱心灵以拯救其躯体。对鲁迅而言，新文学成为"了解国人的途径——了解他们的国民性是什么，有哪些缺陷——因为在他看来身体已不是病根所在"[1]。医学及解剖术语充斥在有关现代文学的讨论中，将文学和医学并举，医学的治疗力量被转移于文学，而且基于心物对立，文学的地位被抬高在医学之上。

鲁迅最初是在梁启超和其他晚清改革家的著作中接触到国民性理论的。但是他在留学日本期间，看到阿瑟·斯密思的日译本《支那人气质》后，才开始认真思考经由文学改造中国国民性的途径。[2]在他的影响下，将近一世纪的中国知识分子都对国民性问题有一种集体情结。人们定义、寻找、批评和改造中国国民性，却往往不考虑此话语

---

[1] Lee, Leo Ou-fan 李欧梵, *Voices from the Iron House: A Study of Lu Xun*. Bloomington: Indiana University Press, 1987, 19 页。

[2] 鲁迅第一次用"国民性"一词是在《摩罗诗力说》，《鲁迅全集》，1:81, 88 页。此文写于1907年，发表在留日中国知识分子刊物《河南》第2、3期（1908年2月、3月）。

本身得以存在的历史前提。1980年后的中国知识分子再度提出一世纪以来的老问题:"中国国民性到底出了什么问题?"好像真有什么答案存在。[1]如果我们不去分析这问句本身,就很难对中国现代史和文学提出新的看法。

"五四"启蒙思想家用国民性理论来提倡现代文学之前,国民性理论已经由西方人,特别是传教士,传入中国。鲁迅通过斯密思的著作接触此理论,这个情况特别能说明20世纪初中国文学现代性的背景。Arthur Smith(中文名也称明恩溥)是19世纪下半期在中国居住多年的北美传教士。[2]他在中国农村传教期间,写了几本有关中国人的书。《支那人气质》最初以文章的形式,连载于上海的英文报纸《字林西报》(*North-China Daily News*),时为1889—1890年。跟很多其他的传教士游记一样,书出版后极受在亚洲的西方人欢迎,在英、美、加等国也有众多教徒及非教徒的读者。当时此书是研究中国的美国著作中最具影响力的。一直到1920年,它都还是生活在中国的西方人最常阅读的五本关于中国的书之一。即使到现在,这书还在持续影响美国人对中国人的了解。一个晚近研究斯密思的批评家就说:"斯密思为我们建立了对中国人基本气质的复杂看法。虽然现在看起来,他的观点有点陈腔滥调,但我们应该记得在他以前的作者,从马可·波罗一直到威廉士(S. Wells Williams),都把许多我们认为最有趣的事略去不谈。"[3]

斯密思的书只是国民性理论在中国人中传播的众多渠道之一,但

---

[1] 见沙莲香编《中国民族性》,北京:中国人民大学出版社,1989。
[2] 李景汉为潘光旦《民族特性和民族卫生》(上海:商务印书馆,1937)所作的序,以及潘光旦自序1—25页,1—9页,都讨论了斯密思著作。
[3] 见 Hayford, Charles. "Chinese and American Characteristics: Arthur Smith and His China Book." In Susan Barnett and John Fairbank, eds., *Christianity in China*. Cambridge, Mass.: Harvard University Press, 1985, 165页。顺便提一句,三联书店再版《跨语际实践》一书之前,美国的 EastBridge 出版社也在2003年再版斯密思的英文原著 *Chinese Characteristics*,并请笔者作序。

它恰巧是鲁迅国民性思想的主要来源。1896 年，日人涩江保将 1894 年版的日译《支那人气质》出版。根据张梦阳的推测，鲁迅是在留日期间（1902—1909 年）看到这个译本的，当时日本的民族国家主义者正热烈地讨论国民性。鲁迅曾不止一次地在信函、日记和杂文中提到原著及这个日译本。例如，在 1926 年 7 月 2 日的《马上支日记》中，他提及在北京买了一本日文书，书名他译为《从小说看来的支那民族性》。他指出该书的作者安冈秀夫受到了阿瑟·斯密思著作的深刻影响："他似乎很相信 Smith 的 *Chinese Characteristics*，常常引为典据。这书在他们，20 年前就有译本，叫作《支那人气质》，但是支那人的我们却不大有人留心它。"[1] 显然鲁迅指的日译本就是涩江保 1896 年的翻译。一方面，鲁迅不同意安冈秀夫许多具体的看法，甚至讽刺他。例如，在 1926 年 7 月 4 日的《马上支日记》中，他嘲笑安冈认定中国菜反映出中国人淫风炽盛。可是另一方面，鲁迅又极力表明，虽然他跟安冈在具体看法上有出入，这并不表示中国人不必批判自己的国民性。鲁迅在同一篇日记中说："要得结论，还很费周折罢。可是中国人偏不肯研究自己。"[2]

七年以后，1933 年 10 月 27 日，鲁迅在致陶亢德的信中再次提到这本书：

> 日方在发生新的"支那通"，而尚无真"通"者，至于攻击中国弱点，则至今为止，大概以斯密思之《中国人气质》为蓝本，此书在 40 年前，他们已有译本，亦较日本人所作者为佳，似尚值得译给中国人一看（虽然错误亦多），但不知英文本尚在通行否耳。[3]

---

[1] 鲁迅，《马上支日记》（1926 年 7 月 2 日），《华盖集续编》，《鲁迅全集》，3∶326 页。这份文学性的日记发表于 1926 年。
[2] 同上书，331 页。
[3] 鲁迅，《鲁迅书信集》，1∶425 页。

直到去世前，鲁迅一直希望见到斯密思的书被译成中文。他在去世前不久发表的《"立此存照"（三）》有如下文字："我至今还在希望有人翻出斯密司的《支那人气质》来。看了这些，而自省、分析，明白那几点说得对，变革、挣扎、自作功夫，却不求别人的原谅和称赞，来证明究竟怎样的是中国人。"[1] 80 年代的学者如张梦阳，说鲁迅的遗愿多年来始终没有实现。[2] 其实，早已有两种中文翻译。第一种是《支那人之气质》，1903 年由上海作新社出版，是据 1896 年涩江保的日译本用文言译出，并包括日译者的注解。[3]（图一、图二）鲁迅没见到这个译本，因为出版的时间正是他离开中国前往日本留学的第二年。第二种则是直接根据英文原著编译的，于鲁迅死后一年，1937 年出版。译者是从美国留学回国的优生学者、著名精神分析批评家潘光旦。（图三）他用白话译了斯密思书中的 15 章，收入他的《民族特性与民族卫生》一书。该书属于王云五商务印书馆发行的优生、文化、生物系列书籍之一。[4] 不过，鲁迅和潘光旦似乎都不知道有 1903 年作新社的译本。

《支那人气质》究竟是怎样的一本书？研究斯密思的海佛（Charles W. Hayford）说这本书的重大缺点是"理论不成熟，斯密思没有反省、了解自己美国中产阶级文化的相对性"。虽然我同意海佛所指出的斯密思的局限，但不同意他的论说前提，即只要能自我反省，或有良好的人类学研究训练，就能避免文化本位主义的问题。[5] 在我看来，不是理论不成熟，而是 19 世纪欧洲国民性理论的深刻影响，使

---

[1] 鲁迅,《"立此存照"（三）》,《鲁迅全集》, 6:626 页。
[2] 张梦阳,《鲁迅与史密斯的〈中国人气质〉》,《鲁迅研究年刊》2（1980）, 208—217, 216—217 页。张梦阳赞同斯密思对中国国民性的见解，强调在 80 年代中国四个现代化的政策下，斯密思的批评很有用。
[3] 我在哈佛燕京图书馆的珍本书库发现这本 1903 年的翻译，完全是意外。出版商作新社自称是翻译者，但未注明是哪些人。
[4] 斯密思经由潘光旦仍在持续发生影响。沙莲香 1989 年所编的《中国民族性》选入了潘光旦翻译斯密思的部分章节。
[5] Hayford, 173 页。

第二章 国民性话语质疑

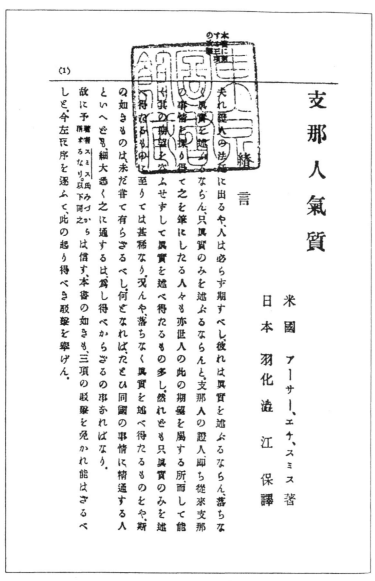

图一　涩江保1896年的译本

跨语际实践

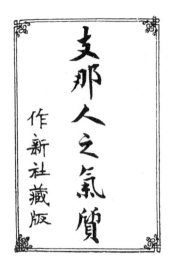

图二 作新社1903年文言译本

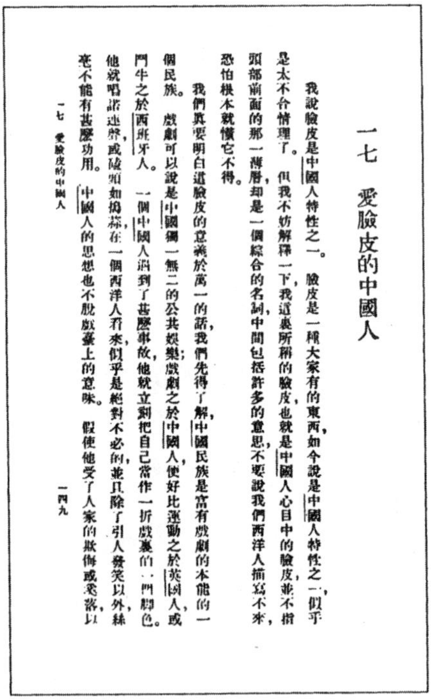

图三 潘光旦1937年
　　　白话译本

一七　爱脸皮的中国人

我说脸皮是中国人特性之一。脸皮是一种大家有的东西，如今说是中国人特性之一，似乎是太不合情理了。但我不妨解释一下我这里所称的脸皮也就是中国人心目中的脸皮并不指那部前面的那一薄层却是一个综合的名词中间包括许多的意思不要说我们西洋人描写不来，恐怕根本就懂它不得。

我们真要明白道脸皮的意义於万一的话，我们先得了解中国民族是富有戏剧的本能的一个民族。戏剧可以说是中国独一无二的公共娱乐戏剧之於中国人便好比运动之於英国人，或鬥牛之於西班牙人。一个中国人遇到了甚麽事故他就立到把自己当作一折戏裏的一门脚色。他就唱诺迎弊或陷顺如揭荼在一个西洋人看来假只脸上引人发笑以外株芒不能有甚麽功用。中国人的思想也不脱戏臺上的意味。假使他受了人家的欺侮或老落以

一七　爱脸皮的中国人

一四九

得斯密思采取其特定立场。[1]斯密思用26章的篇幅提出了26个范畴来定义中国国民性：爱面子、经济、勤劳、礼貌、不守时、不精确、善于误解、迂回、表面上有弹性其实固执、思想混乱、神经麻木、轻视外国人、无公共精神、保守、不在乎舒适和方便、身体富活力、有耐性毅力、知足常乐、孝顺、仁爱、无同情心、社会台风、讲信用重法、互相猜疑、缺乏真诚、多神泛神无神。[2]斯密思在每一章中，或用小事例，或对中华民族作笼统描述（时时与其他种族比较），来说明他的范畴。

让我们以《神经麻木》一章为例。斯密思认为中国人感觉不到疼痛、噪音或西方人所不能忍受的其他生活不便处。他说中国式的睡眠习惯是这样的：

> 在睡眠上，中国人和西方人之间的差异，与我已经提到过的中西基本大分歧吻合。一般而言，中国人哪儿都可以睡。使我们觉得难堪的干扰并不能打扰他。以砖作枕，以稻草或泥砖作床，他就可以好梦不惊。房间不必暗下来，别人也不用安静。"夜里哭泣的婴孩"可以尽管继续啼哭，因为并不会影响到他。某些地区，有时似乎所有的人都睡着了，好像狗熊冬眠一样。大家规律地在夏日午后的头两个小时，不拘地点，依本能睡着。在这季节，午后两点的静寂可比午夜两点。对于劳工阶级和很多其他的人而言，睡觉的姿势无关紧要。设想在中国找一百万、一千万的人来作下列考试，是毫无问题的：试验他们躺在三轮推车上，像蜘蛛一样头朝下，张大了嘴含着苍蝇，是否睡得着。[3]

---

[1] 最近的人类学理论已指出现代人类学中的种族中心主义偏见，参见 James Clifford and George E. Marcus, eds. *Writing Culture: The Poetics and Politics of Ethnography*. Berkeley: University of California Press, 1986。

[2] 这种分类法可上溯到欧洲18世纪中叶自然研究的分类学，最具影响力的著作是林奈亚（Linnaeus）的《自然系统》(*Systema naturae*, 1735)。又，参见 Pratt, *Imperial Eyes: Travel Writing and Transculturalism*. New York: Routledge, 1992, 15—85页。

[3] Arthur H. Smith, *Chinese Characteristics*. New York: Revell, 1894.

这个段落很能代表斯密思的笔调,他在语法上使用现在时态和"中国人"这个全称来表达"真理",描述中国人与西方人之间的本质差异。睡眠,一个人们共同的生理状态,在这儿被用来描述文化差异,而其意义早已被西方人优越的前提决定。这儿要紧的,不是描写错误的问题,而是语言所包含的权力问题。作者透过修辞和比喻将他人矮化成非人的动物,使用一些自以为幽默的轻蔑比喻,如"冬眠的狗熊"和"蜘蛛",不由得令人怵目惊心,这种轻蔑显然反映了他对中国人的种族歧视,但也同时肇因于他与中国佣仆之间的阶级差异。在当时,中国乡绅对传教士公开敌视,于是传教士和中国人之间发生的最紧密关系只有主仆关系,因此在讲述事例时,斯密思从他自己或他人与中国劳动阶级之间的不快经验取材,是丝毫不足为奇的。这种外国人与当地仆人之间的阶级差异总是被利用来建立"中国国民性"的理论,而与此同时,理论背后的主仆关系却被掩盖和忽视。

当这种关系表现在国际政治上,斯密思在尾章中提出的问题可谓意料中事:"中国能自己实行改革吗?"[1]他的回答是,中国需要外国的干涉,基督教文明的宗教信息必须传布以改进中国人民的性格。"为了改革中国,性格的本源必须被深入和净化,良心必须登上宝座,不能像日本的天皇一样,被幽禁在宫殿里。"[2]面对这种传教语言,中国人作何反应?小说家老舍年轻时与传教士有不少来往,他在《二马》中对传教士作了无情的讽刺。以下小说片段可以点明斯密思隐藏的真意:

> 伊牧师是个在中国传过二十多年教的老教士,对于中国事儿,上自伏羲画卦,下至袁世凯作皇上(他最喜欢听的一件事),他全知道。除了中国话说不好,简直的他可以算一本带着腿的"中国百科全书"。他真爱中国人:半夜睡不着的时候,总是祷告上帝快快的叫中国变成英国的属国;他含着热泪告诉上帝:中国人要不叫

---

[1] Arthur H. Smith, *Chinese Characteristics*. New York: Revell, 322 页。
[2] 同上书,329 页。

英国人管起来，这群黄脸黑头发的东西，怎么也升不了天堂！[1]

或许伊牧师只是老舍凭不羁的想像力肆意挥洒的人物，然而斯密思笔下的中国人何尝不是如此。伊牧师与斯密思出奇地相似，只不过在斯密思的书中，不存在一个超然的叙述者来指出他使用的动词隐含的暴力。事实上，他的动词可以轻易翻译成帝国主义行动：深入即侵入，净化即征服，登上宝座即夺取主权。[2]

正如詹姆士·何维亚（James Hevia）最近在一篇研究中所说："传教士话语的目的不仅在反映现实，而且在塑造现实，它也的确产生了这样的效果。"[3]他分析八国联军为报复义和团之乱所逞的暴行时，指出早期的描述——例如将现实与圣经中事件比附，将死去的传教士描写为殉难者，对中国国民性作全体概论——都对历史上的"真实"和后来人们的理解起了重大塑造作用。[4]传教士话语和八强帝国主义行动之间的依存，早已超过修辞比喻的层次（巧合的是，老舍的父亲，一名守卫皇城的护军，就是在八国联军进占北京时牺牲的）。[5]

有关中国国民性的西方传教士话语，我们不应该只看成是一种歪曲，而应理解为发生过的真实的历史事件，因它曾经塑造中西间的现代历史和关系。斯密思的书属于一个特定文类，它改变了西方的自我

---

[1] 老舍，《二马》，《老舍文集》，407 页。
[2] 参见 Feuerwerker, Albert, *The Foreign Establishment in China in the Early Twentieth-Century*. Ann Arbor: University of Michigan, Center for Chinese Studies, 1976。佛尔维克（Albert Feuerwerker）（57 页）警告说，基督教传教士不应和与中国强订不平等条约的八强混为一谈。可是，将这两者之间的关系轻松地一笔带过是站不住脚的。毕竟，1842、1844、1858 年的不平等条约都明文规定了传教士的特权。佛氏自己也指出："治外法权——再小的教堂也能在中国内部升起母国的国旗、干涉诉讼案件、使用武力、沾沾自喜于道德上的优越——使得不仅是反基督教的国粹派，就连中国基督徒，也有愈来愈多的人产生反感。"
[3] James Hevia. "Leaving a Brand in China: Missionary Discourse in the Wake of the Boxer Movement." *Modern China* 18. 3 (July 1992): 306 页。
[4] 过去二三十年来，Michel Foucault, Richard Rorty, Jacques Derrida, Paul de Man 分别增进了我们有关文学再现（Representation）和认识论（Epistemology）的了解。
[5] 老舍在《〈神拳〉后记》里生动地描写了儿时丧父和对"洋鬼子"的恐惧的记忆。

概念和对中国的想法，也改变了中国人对自己的看法。在它之前已有各国传教士的类似著作，如美国人卫三畏（S. W. Williams）的《中国》（*Middle Kingdom*，1848），英国人亨利·查尔斯·萨（Henry Charles Sirr）的《中国与中国人》（*China and the Chinese*，1849），法国人埃法利思特－莱基·虞克（Evariste-Regis Huc）的《中华帝国》（*The Chinese Empire*，1854），托马斯·泰勒·麦多士（Thomas Taylor Meadows）的《中国人及其叛乱》（*The Chinese and Their Rebellions*，1856）。麦多士曾为斯密思在《支那人气质》中引用。此外还有以《在遥远契丹（中国）的外国人》（*The Foreigner in Far Cathay*，1872）著名的华尔特·亨利·麦华陀（Walter Henry Medhurst），以及伦敦时报1857至1858年间驻华记者乔治·温格鲁夫·库克（George Wingrove Cooke）。斯密思曾引用库克的《中国通信集》序作为《支那人气质》的前言。他的引文特别能帮助我们看清19世纪的国民性神话的本质。这种互文关系显示，西方有关中国国民性的知识受当时的理论决定，而与现实少有关联。库克这段文字是极佳说明：

> 我在书信集里有意地回避了在中国人国民性的题目上大做文章。这的确是一个不小的空白。天底下没有比这个题目更诱人、或者提供更广阔的空间叫人肆意发挥自己的想像力了。它可以让人乘机讲一些深奥的大道理，得出一些充满自信的教条式的结论。每个世俗的批评家都会嘲笑我，说我不该放过这样的大好机会。其实，我并非不想尝试对支那人的种性作某种整体的素描。这种东西我曾写过几稿，而且还写得不算坏。不幸的是，所接触到的支那人总是用他们的言行一次又一次地粉碎了我预想的结论。为了真理的缘故我只好忍痛割爱，将那些美好的文字付之一炬。此外，我还想补充一句，为这事我曾多次请教过当今最有名望和最坦诚的汉学家。他们也都支持我的看法，认为任何关于支那国民性的笼统概念都是不可靠的。这种困难只有那些实际接触过支那人的人才会懂得。世上有些孤陋寡闻但又自命不凡的人，他们编

出一些让人拍案叫绝的故事来，好像那就是真理。

我不否认，也许将来有一天我们会获得比较完备的知识，帮助人们了解支那人究竟是怎么一回事，而不至于像今天这样困惑不已。但至少在目前，我不得不避开武断的定义，仅就支那人的一些最显著的特点做一描述。[1]

斯密思引用库克序言时，完全没有意识到其中的反嘲语调，而误以为库克在对自己没能描述支那国民性一事认真道歉。斯密思利用库克模棱两可的言辞，说西方人在经过数百年与中国的接触后，已经做好充分的准备来对支那人作综合了解了，过程就像了解其他复杂的自然现象一样。他的书就是发展这项知识的开路先锋。[2]

斯密思笔下的支那，是不是爱德华·萨义德（Edward Said）所批评的那种东方主义所构筑出的神话？的确，斯密思的著作与萨义德讨论的情形极为类似。但是这样的分析是不够的，特别是当我们考虑到支那国民性的理论被翻译而流传在中国境内的情形。传教士话语被翻译成当地文字且被利用，我们必须问这种翻译创造了什么样的现实？在考虑中文的跨语际实践时，这些问题必须提出，因为只要考虑（也必须考虑）到当地文字，情况就显然比东西方文化批评家通常设定的"观照主体与被观照的客体"要复杂。斯密思不同于早期书写远东的东方哲学和语言学者，因为他（以及前面提过的亨利·萨等传教士）的著述曾被选译成中文。这些翻译大都经过日语的媒介，改译自日译本，或因日本人先行引介而被择取中译。[3]由于这些理论被中国人翻

---

[1] Cooke, p. vii. 可与斯密思《支那人气质》引用部分作比较。
[2] Arthur Smith，11页。
[3] 1935年，日人大谷孝太郎编译了一册谈支那国民性的集子，其中收列了前述西方传教士和记者的文章和19世纪日本学者的撰述。此集在第二次世界大战和日本侵华前夕出版，可说是意料中事。此集后来由袁方译写成中文出版，叫《中国人精神结构研究》。其影响力一直持续到80年代，成为新近一本中国国民性论文集的主要资料来源，见沙莲香编《中国民族性》。值得注意的是，新文集的编者在"国民性"和"民族性"之间画上等号，企图抹去前者的特定含义。

译阅读,并且进入中文有关国民性的论战,其中牵涉到的问题就与萨义德讨论的东方主义有所区别。

翻译国民性

知识从客方语言进入主方语言时,不可避免地要在主方语言的历史环境中发生新的意义。译文与原文之间的关系往往只剩下隐喻层面的对应,其余的意义则服从于主方语言使用者的实践需要。在跨语际实践的过程中,斯密思传递的意义被他意想不到的读者(先是日文读者,然后是中文读者)中途拦截,在译体语言中被重新诠释和利用。鲁迅即属于第一代这样的读者,而且是一个很不寻常的读者。他根据斯密思著作的日译本,将传教士的支那国民性理论"翻译"成自己的文学创作,成为现代中国文学最重要的设计师。

从一开始,鲁迅就对国民性理论充满复杂矛盾的情绪。一方面,国民性理论吸引他,因为它似乎能够帮助解释中国自鸦片战争(1839—1842)以来的惨痛经验。但另一方面,西方传教士观点对中国人的轻蔑又使作为中国人的鲁迅无法根本认同。许寿裳在《亡友鲁迅印象记》中曾描述道:

> 鲁迅在弘文学院的时候,常常和我讨论下列三个相关的大问题:
> 一 怎样才是最理想的人性?
> 二 中国国民性中最缺乏的是什么?
> 三 它的病根何在?
> 他对这三大问题的研究,毕生孜孜不懈,后来所以毅然决定放弃学医而从事于文艺运动,其目标之一,就是想解决这些问题,他知道即使不能骤然得到全部解决,也求于逐渐解决上有所贡献。因之,办杂志、译小说,主旨重在此;后半生的创作数百万言,

主旨也重在此。[1]

许寿裳这项观察可从鲁迅著名的《呐喊》自序得到印证。鲁迅回忆那段著名的弃医从文的经过如下:

> 我已不知道教授微生物学的方法,现在又有了怎样的进步了,总之那时是用了电影,来显示微生物的形状的,因此有时讲义的一段落已完,而时间还没有到,教师便映些风景或时事的画片给学生看,以用去这多余的光阴。其时正当日俄战争的时候,关于战事的画片自然也就比较的多了,我在这一个讲堂中,便须常常随喜我那同学们的拍手和喝彩。有一回,我竟在画片上忽然会见我久违的许多中国人了,一个绑在中间,许多站在左右,一样是强壮的体格,而显出麻木的神情,据解说,则绑着的是替俄国做了军事上的侦探,正要被日军砍下头颅来示众,而围着的便是来赏鉴这示众的盛举的人们。
>
> 这一学年没有完毕,我已经到了东京了,因为从那一回以后,我便觉得医学并非一件紧要事,凡是愚弱的国民,即使体格如何健全,如何茁壮,也只能做毫无意义的示众的材料和看客,病死多少是不必以为不幸的。所以我们的第一要着,是在改变他们的精神,而善于改变精神的是,我那时以为当然要推文艺,于是想提倡文艺运动了。[2]

向来,批评家们力图在鲁迅的生平和小说之间建立起直接联系。学者们努力地寻找那张关键的幻灯照片,可是徒劳无获。于是有学者猜测整件事可能只是鲁迅根据目睹或听说的事编出来的。[3]但是时至1983年,日本学者太田进发表了一张他发现的1905年的照片,照片边

---

[1] 许寿裳,《亡友鲁迅印象记》,北京:人民文学出版社,1977,19页。
[2] 鲁迅,《自序》,《鲁迅全集》,1:416—417页。
[3] 见李欧梵,Lee, 203页注61。

上写着:"处决俄国间谍。观看的群众中有笑着的士兵(1905年3月20日摄于满洲国开原城外)。"(图四)这个日期和鲁迅叙述中日俄战争的日期重合,照片的内容也与鲁迅声称见到的幻灯片相似。尽管如此,学者们一直未能确切地建立起二者间的关系。[1]

图四

我认为,即使找到了该幻灯照片,确定了此事的真实性,也不见得就能说明鲁迅这段文字描述的震撼力。我们仍然可能只不过将鲁迅的启蒙思想以学术论文的语气转述一遍。[2] 有关他对暴力场景的叙述,我的解读着重思考下列问题:谁是叙事者?谁被描述?谁阅读这些描述?

叙事者鲁迅,在这件事中是一个无意间被迫看幻灯的观众,这个身份十分重要。如果要充分了解鲁迅讲述的这个复杂揪心的故事,则不仅幻灯画面,而且画面内外的观众,还有无意间加入观看而后来又

---

[1] 见太田进,《资料一束》,《野草》31 (June 1983):61—62页。
[2] 有关学术写作中的间接转述见 Dan Sperber. *On Anthropological Knowledge*. Cambridge, Eng.: Cambridge University Press, 1985, 13—48页。

成为文字记叙者的观众鲁迅,都应该被考虑进去。鲁迅后来在一篇文章中,曾尝试分析他当时矛盾的心情。1926 年,他在怀念日本仙台医学院教授的《藤野先生》一文中又一次讲述这件事:

> 第二年添教霉菌学,细菌的形状是全用电影来显示的,一段落已完而还没有到下课的时候,便影几片时事的片子,自然都是日本战胜俄国的情形。但偏有中国人夹在里边:给俄国人做侦探,被日本军捕获,要枪毙了,围着看的也是一群中国人;在讲堂里的还有一个我。
> "万岁!"他们都拍掌欢呼起来。
> 这种欢呼,是每看一片都有的,但在我,这一声却特别听得刺耳。此后回到中国来,我看见那些闲看枪毙犯人的人们,他们也何尝不酒醉似的喝彩,——呜呼,无法可想!但在那时那地,我的意见却变化了。〔1〕

这一变化就是放弃学医。此段叙述与先前《呐喊》自序很不同,在此鲁迅强调他与日本同学之间的差异,他无法如他们一样拍手叫好,同时,也无法与中国旁观者认同。他既与看客又和被观看者重合(因为都是中国人),但又拒绝与他们任何一者认同。这种重合与拒绝,一再重复出现在他描写暴力场景的短篇小说中,例如《药》、《示众》、《阿Q正传》,以及《野草》中的部分诗作,这些作品描绘了兴致勃勃地看自己同胞被处决的无情群众。小说在演出中国国民性的同时,也将读者牵连进场景中,读者成为另一名旁观暴力的看客。这种读者、叙事者、暴行旁观者之间的交叠与差异,正可以让我们了解鲁迅面对国民性理论时的两难处境。

《阿Q正传》是20世纪中国文学文化遗产的代表。诚如李陀所

---

〔1〕 鲁迅,《藤野先生》,《鲁迅全集》,2:306 页。

言:"汉语里原本没有'阿Q'这么个词,它是鲁迅先生造出来的,但是,这个词一离开鲁迅的笔下,就在千百万人的口说和书写中被千百万次引用和使用,并由此派生出更多的词语和话题——这让人联想起由一颗冰砾的滚动而引起的一场雪崩。"[1]如此这般,国民性理论,牢牢钳制住大多数中国读者和批评家。批评家根据鲁迅要改变中国国民性的愿望,称《阿Q正传》是关于中国国民性的集大成之作,并从鲁迅文集中引用作者自己的观点,证明阿Q的确是国民性的具象。[2]但很少有人注意,这样的文学批评恰恰巩固了国民性理论,使学者一再重蹈鲁迅当时的文化困境。鲁迅观看幻灯镜头的噩梦在文学批评中重演:批评家一次又一次地充当鲁迅的小说中的国民劣根性的看客。由于鲁迅如此有力地描绘了分裂的主体,所以幻灯镜头以各种不同的暴力形式一再萦绕批评家的心神。

在文本细读中,当批评家将阿Q对体面的重视当作鲁迅有关中国国民性的中心理论,故事中几个最有趣的段落似乎很明白。比如,阿Q第二次被抓进牢房时,他开始并不懊恼,因为"他以为人生天地之间,大约本来有时要抓进抓出,有时要在纸上画圆圈的,惟有圈而不圆,却是他'行状'上的一个污点。但不多时也就释然了",他想:"孙子才画得很圆的圆圈呢。于是他睡着了。"[3]这段描写当然表现了阿Q主义的精髓,但同时,它又如何说明了中国国民性呢?几乎可以肯定地说:西方传教士话语来到之前,"重体面"在文化比较中不是一个有意义的分析范畴,更不是中国人特有的品质。《支那人气质》的第一章即专门讨论"体面"。文中说:"'爱面子'是了解支那人的许多最重要特质的关键。对我们而言,失去性命而保留面子并不很吸

---

[1] 李陀,《雪崩何处》(序),见余华,《十八岁出门远行》。台北:远流,1990,5页。
[2] 最常被引用的是鲁迅《〈呐喊〉自序》,以及《鲁迅全集》中下列文章:《论睁了眼看》(1:237—241页),《随感录三十八》(1:311—314页),《两地书》第八号信(11:30—33页),《忽然想到(一至四)》(3:14—18页),《这个与那个》(3:138—144页),《宣传与做戏》(4:337—338页),《再谈保留》(5:144—145页),和《俄文译本〈阿Q正传〉序及著者自叙传略》(7:81—85页)。
[3] 《阿Q正传》,《鲁迅全集》,1:524页。

引人,然而我听说,曾有中国县官被砍头时被允许身着官服保住体面,而视此为特别恩赐的!"斯密思将中国人的重体面归因于戏剧本能:"不需要太大的刺激,任何支那人就能把自己当成戏子。他摆出戏中的身段,鞠躬、屈膝、在地上磕头,在西方人看来,这般举动既多余又可笑。然而支那人的思想是戏剧式的。"[1]

詹姆士·何维亚讨论八国联军在北京的暴行时,对斯密思描述"体面"的文字有一段精辟的分析:

> 斯密思描述这项"支那人气质"时,以为自己正确地呈现了中国人的社会行为,他这种态度向来很少受到质疑。其实,关键不在体面是不是一项统筹指导中国人行为的原则,而是它在西方仪式化的实行暴力和教训别人中占据什么样的地位。也就是说,我们应当思考,在联军破坏北京的城墙、宝塔和庙宇的过程中,面子在他们那里所扮演的角色。布朗和斯密思等人的中国见闻录将"爱面子"写成殖民地人民独具的特性,而否认联军官方对自身体面的重视,他们的话语由此制造了"体面"说。西方人这样解释中国人的结果(即他们让研究的对象对创造体面的假象自负其责),就使他们理直气壮地认为中国人崇信的象征物是迷信,混淆了表面与真实,因此,摧毁其城墙不足为惜。[2]

不过,传教士讲述的中国人爱面子故事出乎意料地被中国人拿去运用时,又发生了什么事呢?话语的传播在跨语际实践中的情形格外复杂。在斯密思断言唯独中国人重体面的30年之后,阿Q似乎一字不改地戏剧化地演出了这一剧本。阿Q在被处决之前,被抬上车游街示众。当他省悟自己正赴法场时,他羞愧自己竟没有唱几句戏而搜索枯肠:"他的思想仿佛旋风似的在脑里一回旋:《小孤孀上坟》欠堂皇,

---

〔1〕 Arthur Smith, 18 页。
〔2〕 Hevia, 316 页。

《龙虎斗》里的'悔不该……'也太乏，还是'手执钢鞭将你打'罢。他同时想将手一扬，才记得这两手原来都捆着，于是'手执钢鞭'也不唱了。"[1]虚荣、可怜、可笑，加上夸张和戏剧化，阿Q的举手投足似乎吻合斯密思对中国人爱面子的描述。然而，其中有些重要细节需要重新探究。首先，鲁迅构思阿Q的故事是在他熟稔斯密思的理论之后，因此他的写作不可能是独立地证实斯密思所言，而是有互文关系的。第二，斯密思笔下的县官身着官服，而阿Q穿的是一件"洋布的白背心"。这两者之间的隐喻关系值得玩味。穿洋布白背心的阿Q代表的是国民性，还是别的什么？中国国民性的理论是否也如白背心一样，是洋布编织出来的？

1926年，也就是《阿Q正传》发表五年以后，鲁迅在另一篇文章中提到斯密思讲体面的一章。他半开玩笑地说：

> 我所遇见的外国人，不知道可是受了Smith的影响，还是自己实验出来的，就很有几个留心研究着中国人之所谓"体面"或"面子"。但我觉得，他们实在是已经早有心得，而且应用了，倘若更加精深圆熟起来，则不但外交上一定胜利，还要取得上等"支那人"的好感情。这时须连"支那人"三个字也不说，代以"华人"，因为这也是关于"华人"的体面的。[2]

鲁迅此处的讽刺有更深的含义。他准确地指出，上层中国人和帝国主义之间存有某种利益交易，对"体面"的言论出于其共同利益者多，为合理解释中国种族者少。此外鲁迅在理解中国国民性时已经明显考虑到了阶级因素，由此引发的问题必然是：阿Q在这幅社会图景上扮演何种角色？像阿Q这样居无定所的赤贫文盲，他的代表性是否能使中国国民性

---

[1]《阿Q正传》，《鲁迅全集》，1:526页。
[2]《马上支日记》，3:327页。"支那"和"支那人"是日本自明治时代至1945年最常用来指称"中国"和"中国人"的名词。

的理论失去可信度？难道鲁迅自相矛盾？他对斯密思的态度究竟为何？

韩南（Patrick Hanan）曾研究阿Q在文学上的原型，他的分析有助于我们回答这些问题。周作人指出过，鲁迅在《阿Q正传》中的反讽技巧系模仿果戈理（Gogol），波兰小说家先珂维茨（Henryk Sienkiewicz），和日本小说家夏目漱石。韩南据此，进一步去发掘《阿Q正传》和鲁迅最欣赏的小说家先珂维茨的两篇故事的联系。他发现《阿Q正传》和先珂维茨的《胜利者巴泰克》（*Bartek the Victor*）以及《炭笔素描》（*Charcoal Sketches*）惊人地相似。在后两篇中，"叙事者以高度的反讽语气描述村中最卑下的角色"。[1]《胜利者巴泰克》的主角是一个最富自我欺骗天分的波兰农民，可说是阿Q讲精神胜利法的先驱。巴泰克在人生的竞赛中是常败军，而左吉克（Zolzik），故事的另一个可笑主角，对农民惹巴（Repa）妻子的欲望则预告了阿Q荒谬的罗曼史。韩南指出，《阿Q正传》和先珂维茨两篇短篇小说之间，尚有更广泛的相似点。例如，有关阿Q名字的讨论与《胜利者巴泰克》开头的段落有所呼应，又如，虽然鲁迅的叙述者根据阿Q的情况解释了采用"正传"一词的始末，这词的灵感可能是由《炭笔素描》中"正当的传记"（proper biographies）而来。[2] 韩南的发现并不在简单表示鲁迅的故事脱胎于先珂维茨，重点在于：阿Q这个角色是跨国际的，他所包含的阶级因素可能与波兰小说的原型有密切关联。

当然，有关阶级性的诠释早在二三十年代就有。以钱杏邨为首的正统马克思主义批评家一直从阶级斗争的角度诠释阿Q的故事。[3] 他们强调，《阿Q正传》的故事并没有刻画中国国民性，而反映了中国下层社会农民历经辛亥革命动乱时期的困苦悲惨。这些批评家坚持认为，鲁迅谈论

---

[1] Hanan, Patrick. "The Technique of Lu Hsün's Fiction." *Harvard Journal of Asiatic Studies*, 34（1974）:53—96 页。
[2] 同上书，70 页。陀思妥耶夫斯基（Dostoyevsky）的《卡拉马佐夫兄弟》（*Brothers Karamazov*）有一类似的开场白。
[3] 1928 年太阳社攻击鲁迅，开了马列主义批评《阿Q正传》传统之先河。见钱杏邨《死去了的阿Q时代》及其他论文，钱杏邨（阿英），《现代中国文学作家》，1—53 页。

中国国民性时,区分了"上等人"和"下等人"两种阶级[1],主要证据是鲁迅的《灯下漫笔》。在此文中,鲁迅讨论罗素关于中国国民性的见解时,批评罗素将中国苦力脸上的微笑当作纯粹的中国美德。罗素说:

> 记得有一天我们坐着轿子翻山,路崎岖陡峭,苦力非常辛苦。在途中最高点,我们停下来十分钟让轿夫休息。他们马上一排坐下,拿出烟管,无忧地相互关怀谈笑起来。若是在习于前瞻的民族,轿夫大概会利用这段时间抱怨天气炎热,以便取得更高的小费。[2]

鲁迅讥讽地说:"轿夫果能对坐轿的人不含笑,中国早也不是现在的中国了。"[3]

---

[1] 马列主义批评家最常引用《鲁迅全集》下列文章:《春末闲谈》(1:203—207页),《灯下漫笔》(1:210—217页),《学界的三魂》(3:206—208页),《英译本〈短篇小说选集〉自序》(7:389—390页),《答〈戏〉周刊编者信》(6:144—148页),《说面子》(6:126—128页),和《北人与南人》(5:435—436页)。不过,鲁迅的"上等人"与"下等人"概念并不完全符合马列主义的阶级理论,而主要由中国社会的经济和教育等级来定义。详见我对《阿Q正传》的分析。

[2] Bertrand Russel, *The Problem of China*. New York: Century, 1992, 212页。

[3] 《鲁迅全集》,1:216页。历来中国作家描写轿夫时的观察角度对鲁迅而言并不陌生,对罗素则可能很费解。以18世纪的袁枚诗《舆夫叹》为例,袁枚跟轿夫之间的巨大差距,正能支持鲁迅基于对社会阶级差异的认识,并以此批评罗素对中国文化所作的本质概括:

> 舆夫负重行,上山复下谷。
> 历尽诸险艰,垂暮方息足。
> 我意获弛担,自当速睡熟。
> 谁知重张灯,彻夜作镇搏!
> 此哄彼复嗔,甲逃乙更逐。
> 所得几何钱,未足供馆粥。
> 胡乃大鸱张,抛撒如星落?
> 明朝重耸肩,勇气盛贲育。
> 至夜又复然,如有鬼捉缚。
> 母乃枭与卢,竟是医劳药?
> 物性果不齐,熊鱼各有欲。
> 上智与下愚,不可常理度。
> 且勿忧人忧,姑且乐吾乐。

身为自由派思想家的罗素不会用轻蔑加体恤的语气谈下层阶级。然而他使用了国民性话语去描写类似的经历。

马列主义批评有其可取之处，它强调了鲁迅对中国社会阶层的思考。可是，马列主义批评家往往单纯地将鲁迅对国民性问题的观点视为他早期思想的局限，并认为鲁迅一直到后期关心阶级问题时才克服此局限。[1]在我看来，这种说法缺乏说服力，因为它将话语斗争，特别是鲁迅的思想，简化为单线演变。鲁迅思想极端复杂，若是我们先设定一个终点而评断鲁迅某时期的历史局限，必然会将其大大简化。要想更深刻地分析国民性概念，不该简单着眼于鲁迅思想对从西方引进的这一理论的接受或拒绝，而应充分了解两者之间的张力，即便是在鲁迅似乎毫无保留地赞同时也不例外。以下我对《阿Q正传》的诠释即是着眼于这种张力，分析故事中的叙述主体如何在西方国民性理论中间制造出裂痕。

跨语际写作的主体：《阿Q正传》的叙述人

鲁迅曾不止一次说他写《阿Q正传》的目的是描写中华民族的灵魂。例如，他在俄文译本《阿Q正传》序中说："我虽然已经试做，但终于自己还不能很有把握我是否真能写出一个现代的我们国人的魂灵来。"[2]这句话一再被意图对这篇小说作单一诠释的批评家引用。但我认为，还有一篇文章值得注意。在《再谈保留》中，鲁迅以第三人称说："十二年前，鲁迅作的一篇《阿Q正传》，大约是想暴露国民的弱点的，虽然没有说明自己是否也包含在里面。然而到得今年，有几个人就用'阿Q'来称他自己了，这就是现世的恶报。"[3]此话一方面讥讽有人将《阿Q正传》当作影射真人真事，另一方面则提出了作者、文本、读者的复杂关系和诠释的问题。我感兴趣的，不在于鲁迅的批评对象包不包括他自己，或他自己是否能免于阿Q和未庄村民的

---

[1] 这类研究非常多。毛泽东在1956年4月发表的谈话《论十大关系》中，对阿Q也持相同看法。
[2] 《俄文译本〈阿Q正传〉序及著者自叙传略》，《鲁迅全集》，7:81页。
[3] 《再谈保留》，《鲁迅全集》，5:144页。

国民性缺陷。鲁迅曾多次在作品中明确表示批评家跟其他人一样不能逃脱批评。例如,他说:"我的确时时解剖别人,然而更多的是更无情地解剖我自己。"[1]在《狂人日记》中,叙事者也承认说他可能和别人一样犯了吃人的罪行。

那么,在《再谈保留》中,鲁迅怎样理解文本与诠释活动的关系呢?我认为这里突出的是《阿Q正传》中叙事人的中介角色。如果谁是阿Q,谁跟阿Q同类(作者还是读者?)等问题不足以指导我们的阅读,问题就变成:叙事中的什么意识使得阿Q和国民性向批判敞开?批判者的意识从哪里来?诠释的中心问题于是集中在叙事者的中介角色和他的主体性的建构过程。这里的情况有点类似在《呐喊》自序中鲁迅回忆在课堂上看幻灯一事。他无意间看见血腥画面和在场景中注视血腥行为的人群,后来在回忆中成为此事件的叙事人。《阿Q正传》的文本、预设读者和叙事人之间也有同样复杂的关系。

在《阿Q正传》中,鲁迅有意安排读者在故事结尾处加入观看"悲剧英雄"阿Q被处决的观众行列。这是鲁迅的一石双鸟之计。他似乎从操纵读者和取笑笔下的虚构人物中达到同等的效果。这个看似简单的叙述如何取得如此复杂的文体效果呢?

我们不妨借巴赫金(Bakhtin)提出的"戏拟风格"(parodic stylization)这一概念加以了解。巴赫金认为在多层次言说(heteroglossia)的构成中,常见"在同一个句子里,作者同时表达自己和别人言说的两项过程"。巴赫金以果戈理(鲁迅喜欢的俄国作家之一)为例,指出他作品的叙事观点是假客观叙事文体的最佳范例,即叙事人假装别人的话,或"公众意见"是自己的意见,从而造成"多层次言说"的效果。[2]我认为这样来分析叙事人在"己"和"他"之间的中介性很有启发。

---

[1] 《写在〈坟〉后面》,《鲁迅全集》,1:284页。
[2] 巴赫金对于言说的多层次结构被长期误译为"众声喧哗"。正确的理解应该是叙述学意义上的不同言说层面在行文中的统一。见 Mikhail Bakhtin, *The Dialogic Imagination.* Trans. Michael Holquist and Caryl Emerson. Austin: University of Texas Press, 1981, 304, 305页。

就诠释《阿Q正传》而言，叙事人在揭示他人的国民性时扮演的正是这样的中介角色。换言之，叙事人是构成此故事多层意义的扭结，这些意义包藏在联系叙事人（戏剧化的作者）、阿Q、未庄居民和读者的结构关系中。

叙事人和阿Q一样，同是鲁迅虚构的人物。可是，跟"写实"的农民人物不同的是，叙事人同时存在于两个虚构的文体的世界（或者，用惹内〔Genette〕的话说，内部和外部的世界），以全知叙事人的隐身术在两者间来回穿梭。故事的第一章，叙事人以第一人称介绍自己是拟题为《阿Q正传》故事的作者。叙事人谈论自己计划写一篇（从读者的观点来看是）已经写好的故事，这就在超剧情层次（extradiegetic level，即叙事人从故事世界以外发言）和剧情世界（autodiegetic level，即叙事人同时在故事世界内部发言）中间画了一道界线。[1]这两个层次在故事进展时很快合而为一，使得我们阅读时要捕捉隐藏在两个层次之间的意义十分困难。然而，这些不同的层次对于我们了解叙事人与他描述的世界之间的关系有绝对的重要性。

虚构的剧情世界比较容易了解，因为它符合我们对一个"好故事"的期待：有时间、地点、事件、人物，等等。简单地说，时间是辛亥革命前后，地点是江南一个小村叫未庄，在那儿发生一连串事件，而以阿Q丧命作结。这个虚构世界的形式界限是第二章，叙事人停止使用第一人称，而开始用第三人称全知观点发言。但由于第一章中的第一人称叙述为后来的第三人称提供了叙述框架，它必定影响后来一连串事件的意义。也就是说，我们在阅读阿Q的故事时，必须全面考虑叙事人消弭之后的存在。

第一章的叙事人，也就是被虚拟化的作者，表现得像一个新旧交替时代中的文人。他数次提到《新青年》，提醒我们写作时间已是五

---

[1] 纪德（André Gide）小说《伪币制造者》（*Les Faux monnayeurs*）是这种高度自觉（self-reflexive）叙事的有名范例。法国批评家称为 mise en abyme，见 Lucien Dallenbach. *Le Récit speculaire: essai sur la mise en abyme*. Paris: Seuil, 1977。

四时期,与故事发生的时间相距将近十年。叙事人显然娴熟旧派学问,可以大谈各种传统传记文类的优缺点。同时,他对西学也略有所知。可是,他对新旧学都不满意。例如,他夸张地深究阿Q不详的姓名宗谱,这等于在嘲弄传统的儒家价值观。他也运用西文字母,但这并不表示他就是新文化运动一派人物。关于阿Q的姓名,他说:"生怕注音字母还未通行,只好用了'洋字',照英国流行的拼法写他为阿Quei,略作阿Q。这近于盲从《新青年》,自己也很抱歉,但茂才公尚且不知,我还有什么好办法呢。"[1]十分明显阿Q的名字本身就是跨语书写的产物!小说的生成牵涉到四国语言:英语(斯密思)、日语(涩江保等人)、波兰语(先珂维茨)和白话现代汉语。主角阿Q看不起假洋鬼子,但他的外号却是一个寻常中国名字的英语标音。在上述引文中,叙事人和鲁迅有明显差距。鲁迅本人时常向《新青年》供稿,并且是新文化运动的主要领袖之一,叙事人则若即若离地趋随一个姓赵的国粹派意见。叙事人的文体声音暧昧地游移在传统(中国)和现代(西方)之间,制造反讽效果。这个游移的声音,后来导向第三人称叙事,成为我们诠释这篇故事需掌握的关键。

在这里我想提问的不是阿Q是否象征国民性,也不是他是否是下层农民的代表,而是:叙事人和阿Q,以及和未庄居民之间的关系是怎样的?民族国家身份与此有何关联?即使后来叙事人转换成第三人称全知,这些问题仍然重要,因为叙事人的视角明显地限制在未庄的范围内。连阿Q因为调戏女人、偷窃和被赵家殴打而被迫离开未庄时,隐身的叙事人也没有离开过未庄。这在一个宣称要为某人作传的作者来说不太寻常,他理应亦步亦趋地跟着传记的主角跑。鲁迅的叙事人不是普通的作传者,他跳过阿Q不在未庄的那段时间,而从阿Q回到未庄后的事接下去讲。如第六章的开头:"在未庄再看见阿Q出现的时候,是刚过了这年的中秋。人们都惊异,说是阿Q回来了,于是又

---

[1]《阿Q正传》,《鲁迅全集》,1:489页。以下引文以括弧标示页数。

回上去想道,他先前哪里去了呢?"(507 页)整章中,叙事人以未庄村民全体的眼睛来观察。虽然他跟村民保持距离,也对村民不无嘲讽,但对阿 Q 去向所知似乎不比村民多。例如,当阿 Q 为自己在城里的行为撒谎时,叙事人只是冷静地说:"据阿 Q 说,他是在举人老爷家里帮忙,这一节,听的人都肃然了。"(508 页)

在其他地方,叙事人的视角并不总与村民的重合。在部分章节里,叙事人无疑地出入阿 Q 的内心。用心理叙述(psycho-narration)、内心语言(thought language)和自由间接引语(free indirect style)建立起现实与阿 Q 的错觉之间的对比。不过,叙事总是围绕在未庄阿 Q 和村民的来往上。这是不是说未庄是中国的缩影呢?照此推理,村民则代表中国国民性,如鲁迅在俄文译本序中指出的那样。但如何处置叙事人呢?他也列身于未庄社会中,要是他完全属于那个社会,他又为何能够同时置身事外,嘲讽阿 Q 的愚蠢以及村民的残忍呢?

这里书写符号也许是问题的关键。写作使叙事人获得权势,不识字使阿 Q 丧失地位。小说以叙事人讨论历史写作和为阿 Q 的命名开始,以阿 Q 不认字不会书写的惨况作结。最后,阿 Q 不但不会在自己的死刑状上签名画押,而且连圆圈也画不圆。那是一幕令人难忘的场景:

> 于是一个长衫人物拿了一张纸,并一枝笔送到阿 Q 的面前,要将笔塞在他手里。阿 Q 这时很吃惊,几乎"魂飞魄散"了:因为他的手和笔相关,这回是初次。他正不知怎样拿;那人却又指着一处地方教他画花押。
>
> "我……我……不认得字。"阿 Q 一把抓住了笔,惶恐而且惭愧的说。
>
> "那么,便宜你,画一个圆圈!"
>
> 阿 Q 要画圆圈了,那手捏着笔却只是抖。于是那人替他将纸铺在地上,阿 Q 伏下去,使尽了平生的力画圆圈。他生怕被人笑话,立志要画得圆,但这可恶的笔不但很沉重,并且不听话,刚

刚一抖一抖的几乎要合缝，却又向外一耸，画成瓜子模样了。（523—524页）

假如阿Q把圈画圆了，看起来会像英文字母O，离Q不远。但既然书写的权力掌握在叙事者手里，阿Q画不圆并不奇怪。他只能跪伏在文字面前，在书写符号所代表的中国文化巨大的象征权威面前颤抖。相对而言，叙事人的文化地位则使他避免作出阿Q的劣行，并且占据阿Q所不能企及的主体位置。叙事人处处与阿Q相反，使我们省悟到横亘在他们各自代表的"上等人"和"下等人"之间的鸿沟。叙事人无论批评、宽容或同情阿Q，前提都是他高高在上，占有作者和知识的权威地位。[1]叙述人的优势不限于历史知识或西方文学，而且还包括全知叙事观点所附带的自由出入阿Q和未庄村民内心世界的能力。

《阿Q正传》呈现的叙述人的主体出人意料地凸显了有关中国国民性理论中的裂缝，尤其是那个斯密思的一网打尽的理论。这并不是说国民性神话不存在于这篇小说里，毕竟斯密思讨论的面子问题是鲁迅与阿Q所共同关心的。我想强调的是，鲁迅的小说不仅创造了阿Q，也创造了一个有能力分析批评和否定阿Q的中国叙事人。由于他在叙述中注入这样的主体意识，作品深刻地超越了斯密思的支那人气质理论，在中国现代文学中大幅改写了传教士话语。

国民性是"现代性"理论中的一个神话。说它是神话，我不过在这里用了一个隐喻，指的是知识的健忘机制。理由是，国民性的话语一方面生产关于自己的知识，一方面又悄悄抹去全部生产过程的历史痕迹，使知识失去自己的临时性和目的性，变成某种具有稳固性、超然性或真理性的东西。在我看来，问题的复杂性倒不在于文化与文化之间、国与国之间到底有没有差异，或存在什么样的差异。我们的困

---

[1] 在小说《孔乙己》中，鲁迅探索了上等和下等人之间另一种紧张关系。贫穷的孔乙己，是个旧式读书人，满口之乎者也，叙事者用白话文记述了儿时当伙计时常见的孔乙己，语带反讽。这个故事中的阶级区分，与其说在识字与不识字的差别，不如说在古文与白话文的高下等级。见《鲁迅全集》，1：434—438页。

难来自语言本身的尴尬，它使我们无法离开有关国民性的话语去探讨国民性（的本质），或离开文化理论去谈文化（的本质），或离开历史叙事去谈历史（的真实）。这些话题要么是禅宗式的不可言说，要么就必须进入一个既定的历史话语，此外别无选择。因此，话语实践、知识的来龙去脉以及各种概念和范畴的运作，就不能不上升到理论研究的第一位。不然的话，知识将永远跟我们捉迷藏。

第三章　个人主义话语[*]

"个人主义"(individualism)这个概念,经过近百年的使用,早已被常识化,即本质化了。提到它,人们自然会想到"集体主义"、"国家主义"、"民族救亡"等与之对立的一些其他概念,这种隐含的二元对立造成我们解读历史的一个死结。因为"个人"和"群体"的二元思维很难对自身的思维逻辑和研究对象提出质疑,同时做出历史分析。那么,怎样才能有效地摆脱这个死结?为此,我想提出以下问题:"个人主义"在20世纪初进入汉语时,怎样作为一种话语策略参与了中国现代民族国家理论的创造?它如何在被翻译、引述、重复、争论,也就是在一次又一次地被合法化和非法化的过程中,取得其特定的历史意义?

我的论点是,"个人主义"的话语自入中土以来,从来就没有过稳定的意义。它在现代民族国家理论内部所扮演的角色极其关键,但同时又十分暧昧。因此这里研究的重点不在于汉语的译名"个人主义"对英文 individualism 之本义究竟有多少"偏离",而在于"个人主义"(individualism)在跨越彼此语境时——即在建构语言之间"对应关系"的过程中——做了些什么事?意义是如何给定的?被谁给定的?这个译名与我们所熟悉的其他现代性的范畴,如民族、社会、国族之间都有哪些复杂的互动关系?这种"跨语际实践"为我们揭示了一种怎样的历史想像?能够为我们解释中国近代思想史的演变和中西

---

[*] 本章由孟悦译自作者在1993年 *Positions* 上发表过的英文文章,后收入此书。

理论之间的关系，提供哪些新的思路？

本章将以跨越东西方不同语言的实践活动为背景来探讨关于个人主义的话语问题，主要着眼于分析20世纪初中国知识分子是如何通过操纵个人主义这一"西方"话语来建构他们关于现代民族国家的理论的。我强调中国知识分子对"西方"话语的这种"操纵"活动，目的也是为了把人们目前对欧洲启蒙运动以来主体论批判的重心转移到另外一个语境中来。在此语境中，词语的意义并不是由欧洲传统哲学规定的（虽说欧洲传统哲学是这些概念的发源地），而是在不同文化场域中"游走"（travel），并在历史的发展起落中得到重新创造。不同语言在翻译活动和跨语际的实践中发生的交往是历史进程中至关重要的一部分。今天，若是不充分考虑到不同语言之间发生的历史性交换活动的复杂性，就无法进行跨文化的思想史研究。我希望能够从这一角度进一步探索下去，并以此参与当代理论界有关主体、差异、文化以及国族等问题的讨论。

作为意义之源的主方语言

在导论中，我曾提到自我、我、个人、个体、己等范畴如何向我们敞开了一部分中国现代史的丰富收藏。但怎样解释和理解这部分历史遗产？除去通常所说的西化、反传统主义，以及反偶像崇拜之外，我们能否将它视为中国现代性背景中的一个尚待解决的理论疑点，而不是作为既成事实或超时间的主题？

在新文化运动高峰期，由北京大学一部分学生主办的期刊《新潮》创刊号上发表了一篇陈家蔼的议论文，题为《新》。这篇文章用一系列的形容词展示了典型的现代修辞方式："'旧'是'众数'的，'新'是'单数'的。……旧的'众'众到无限，新的'单'单到无偶。"[1] 为什么呢？作者以家族关系作核心比喻，用了一连串排比句来

---

[1] 陈家蔼，《新》，载《新潮》1919年1期，6页。

阐释他的新旧观:"夫妻两个,在一时间,只能产生出儿子一个。倒转来说,这个儿子虽由父母二人产出,他的父母又有父母,由此一级一级推上,那些父母多至无限……但儿子只有一个,结果只有一个,这'新'也只有一个。"文中的亲子关系与孝悌毫不相干,倒是为了说明"旧"的概念,就像"老一辈"人一样,注定要由"新"观念和新人取代。而"新"在文中是一个单数的,独特无双的,现代的,因而也是更优越的观念。

新与旧的修辞法在新文化运动中奠定了传统与现代的二项对立观,而传统与现代的二项对立又同东西方文化的对立观互相交迭:"西方文化"优越于"东方文化",一如"现代"胜于"传统"。这两个对立观的交迭显示了中国人对于现代性的历史体验与西方体验的不同。中国人的现代体验的确产生了如同西方 Querelle des anciens et des modernes(古今之争)一样的观念,但这只是问题的一面。另一面是,当欧洲各国以进步的名义扩张各自的版图时,中国却是帝国主义暴行的受害者,并不得不在这临暴的体验中接受"现代性"("西方现代文明")。[1]不难看到,这种军事和经济上的暴力在上述短文的作者那里,被内化到语言中:他笔下的"新"及独特的概念是用印欧语系中的语法数词来隐喻的:"新"相对于"旧"如同单数(the singular)相对于众数(the plural)。这样的语法数词在汉语中毫无意义。根据这段论述使用印欧语法数词的方式,我们可以对整篇短文的意图作寓言式的读解:作者赋予现代、西方以及个人等概念以同等的价值,由单数的"子"来象征;而传统、中国以及家庭等等反价值,由"老一辈"来象征。此类修辞法通用于"五四"时代大多数关于自我、民族及现代性的激进话语,强化了它的煽动力。

但由于现代自我观及其语法是在一个各种意义交锋的历史中形成的,并与族群的观念同源而生,我们很难甚至不可能把"自我"孤立

---

[1] 我想强调这一历史区别,因为如果以西方启蒙运动为尺度来衡量中国的现代经验就会抹去帝国主义先于启蒙主义进入中国的历史。

为自成一体的、个人独有的内心场地。我这样讲倒不是出于本体层面或心理层面的理由（如拉康的理论），也不是由于解构主义已经否认了主体的一元性，也不是想重振中国大一统文化观，而是因为中国和中国人自19世纪中叶以来被卷入的特殊历史经历使然。换言之，中国与西方的暴烈撞击将族群观嵌进了自我观，自我观嵌进了族群意识。但现代自我观却不能简约为族群身份。相反，两者之间长久存在着互斥、争斗以及互相依存互相渗透的张力。正是这种互斥与互渗表达了作为一段历史体验的中国现代性。

如果"个人主义"本是用来帮助解决现代自我观和族群观的冲突的，那么，它实际上反倒使问题进一步复杂化了。像许多其他新创的词语一样，个人主义这个概念早先是被明治时代的日本知识分子创造出来，以翻译西方自由派和国族主义理论意义上的 individualism 的。在19、20世纪之交介绍到中国来后，这个词很快变成了现代中国有关自我的话语领域的特定标志。为了理清个人主义在中国语境中的内涵，我想先比较一下在个人主义及其中国化问题上的两种不同看法。1916年载于《东方杂志》上一篇题为《个位主义》的文章可以代表第一种看法。文章的作者家义写道："我国人惟不知个人本位主义。故其于社会也，惟现一片笼统。只见有家族，有地方，有国家，有其他社会，而不见有个人。"[1]另一种看法正巧相反。1921年罗素在《中国问题》(*The Problem of China*) 一书中提出，"个人主义在西方已经死亡了，但在中国却存活着，不论这存活的结果是好还是坏。"[2]尽管个人主义对两位作者意味着不同的价值观，但他们却对各自民族的现状抱有同样深刻的危机感。令家义感到危机的是中国的日益贫困化，而令罗素感到危机的是战后的欧洲局势。他们因而对于东方文明也都怀有同样重大的期望（尽管两者的期望似乎都受到西方启蒙主义的意识形

---

[1] 家义，《个位主义》，载《东方杂志》1916年2期，9页。
[2] Bertrand Russell（罗素），*The Problem of China*（中国问题）(New York: The Century Co., 1922), 215页。

态机制的规定)。重要的是,两位作者的不同观点倒启发我们注意方法论的问题。他们的分歧揭示出,任何寻找某种本质主义的、固定的"个人"及"个人主义"意义的努力都是徒然的。真正有意义的与其说是下定义,不如说应该研究围绕"个人"、"自我"、"个人主义"等一些范畴展开的那些话语性实践,以及这些实践中的政治运作。

不过要明确这点又谈何容易。现在有许多研究新文化运动及中国思想启蒙的历史专著都把个人主义当作具有给定的价值和意义的概念来使用。比如李泽厚和维拉·施沃尔兹就认为,把新文化运动引向了时代谬误,并因此使以个人主义为内在要素的启蒙运动遭受重大损失的罪魁祸首,首先是"五四"时期的民族主义思想。[1]两位学者似乎都把欧洲启蒙运动的大叙事当作一个固定的、毋庸置疑的意义所在,一个可以用来衡量中国启蒙的程度及成败的根据,而不是把中国启蒙当作一个可以产生它自身意义及解释术语的历史过程去研究。其结果,他们依据权威性的典则来读解历史,却忽略了在历史进程中意义与意义间的微妙差别,事件与事件间复杂错综的关联,以及偶然性。[2]

近来,在致力于重新反思历史的许多学者中有另一种倾向,即将"五四"时代的个人观冠诸"伪"字,理由是这种个人观与源自西方的个人观不相符。根据这种观点,李泽厚称新文化先驱是个人自由思想的传播者,从根本上就没弄对。持这种看法的人认为,20世纪中国知识分子的悲剧性在于,他们心目中最高的价值标准是社会、民族、人民及国家,而不是个人。[3]我同意这种论述的半个看法,即"五四"式的个人观总是与民族、国家及社会的观念密不可分。但我很难

---

[1] 见李泽厚《中国现代思想史论》,北京:东方出版社,1987年,7—49页,以及 Vara Schwarcz(维拉·施沃尔兹),*The Chinese Enlightenment:Intellectuals and the Legacy of the May Fourth Movement of 1919*(《中国启蒙运动》)(Berkeley:University of California Press,1986)。
[2] 欧洲启蒙主义传统本身就充满各不相同的因素乃至互相冲突的话语。比如对现代性的批判实是启蒙遗产中的一个重要部分,见于浪漫主义、尼采、马克思、海德格尔、克尔凯郭尔、阿多诺、福柯、德里达,乃至哈贝马斯。
[3] 甘阳,《自由的理念》,载《历史的反响》,香港:三联书店,1990年,70页。

赞同说"正宗"的西方个人观就与外在的国家社会毫无关联，更不认为中国的个人观是对西方观念的一个歪曲。安东尼·J.卡萨尔第（Anthony J. Cascardi）在《现代性的主体》（The Subject of Modernity）一书中曾指出，西方启蒙时期的主体性观念构成了现代性理论提出的根本性问题之一，"现代的文化是分解了的整体，只有抽象的主体，或其政治上的类同物，独立的国家，才能将其整合为一。实际上可以说，正因为能够给分解了的现代性的主体提供整合的途径，国家才获得自身的权能和范围。"[1]卡萨尔第在书中对霍布斯、黑格尔、海德格尔、韦伯等人的政治理论所做的分析很有启发性，说明我们除非执意去信奉某种西方神话，不然就不能对个人做出本质性的、非历史的解释。从这个角度看，批评中国的个人观不够正宗本身就复制了"中国群体主义"与"西方个人主义"的简单化说法，它无法解释为什么西方个人观或个人主义会被介绍到中国来的这个大前提。

鲁迅在他早期的文章《文化偏至论》（1907）中曾对这个问题做过一些解释，他的解释至少是把个人和个人主义的问题放在晚清改革的历史环境中来看的。"个人一语，入中国未三四年。号称识时之士，多引以为大诟，苟被其谥，与民贼同，意者未遑深知明察，而迷误为害人利己之义也欤？夷考其实，至不然矣。"[2]为了保留个人和个人主义的原始意义，鲁迅引鉴了欧洲18和19世纪以来不同的知识传统。卢梭、克尔凯郭尔、黑格尔、叔本华及易卜生在鲁迅的论述中代表了个人的尊严之声，同时这些思想家之间存在的分歧和差异却被多少忽视了。以这种方式处理启蒙运动以来的欧洲思想家无疑是极其简单化的，但对这种简单化需作历史的解释。在《文化偏至论》及《摩罗诗力说》（1907）和其他文章中，鲁迅是在运用"个人主义＝真西方"这一语式来批评那些崇尚财富和军事强权的政治体制。这使他能够利

---

[1] Anthony J. Cascardi（卡萨尔第），The Subject of Modernity（《现代性的主体》）（Cambridge: Cambridge University Press, 1992），179页。其书第二章颇值一读。

[2] 《文化偏至论》，见《鲁迅全集》，1:50页。

用知识权威的本身（即西方知识）向把持知识权威的政治体制提出挑战。个人主义成了他对付自己周遭所见的猖獗蔓延的物质主义的解毒剂。有些热衷权利名誉及财富的中国人一直借进步之名歪曲地表现西方文明。他认为真正的西方精神潜在于19世纪物质繁荣的表象之下，其精华乃是法国大革命所推出的那些高尚的思想如社会平等、自由以及个人的政治权利等等。为了获得这样一种精神，必须"非物质，尊个人"（《文化偏至论》，185页）。这种个人观，不仅提早若干年预见了新文化运动的发生，而且为研究个人主义话语，特别是研究其后来的发展变化提供了基本的文本环境。

确实，意义的历史偶然性要求我们把个人这个范畴作为历史的范畴来研究，而不是把它当做某种超越的优越的价值水准。因此本章要做的不是从一个地域化了的、有关发展进步的叙事出发评价个人主义的意识形态，而是试图把个人主义的宣言，比如中国"五四"时期的个人主义口号，置回它所处的具体历史上下文中，使它成为批评考察的对象。我的论点是，个人主义的话语与通常的看法相反，它与民国早期出现的民族国家的大叙事之间有某种若即若离的关系。像当时流行的其他话语一样，它以自身的方式参与了现代意识形态和权力重组的重要进程。这种参与方式不能冠之以任何简单的结论（如真/伪个人主义的结论）。个人主义并不总是构成国族主义的对立面，启蒙运动也并非是民族救亡的反面。这两种话语中间的张力产生于历史进程的不稳定性，同时也源于它们之间的互相渗透，互相盘结。

民国初年关于个人主义的论辩

本节的中心是考察民国早期最引人注目的几场关于个人主义的论争。这些论争出现在《东方杂志》、《新青年》以及《新潮》等几个刊物上。我集中考察的是从晚清到新文化运动的这段时间，因为，这段时间虽短，却十分重要，新文化运动、五四运动，以及中国共产党都在此刻出现。我选择这些刊物作为对象，理由不仅是由于这些杂志保留了较好的原始性资料，而且也是为了避免把个人主义作为意义自明的关键词（keyword）来对待。[1]我的讨论对象不只是文章内容，更主要的是杂志文体及修辞方面的实践。我希望借此把自己对跨语际实践的探讨与一般所说的思想（观念）史研究区分开来。无疑，把个人及其与民族国家的关系问题带进公众意识领域的不仅是上述几家杂志，但这些杂志上的文章代表了当时最有力的几种呼声。我力图通过对其修辞方式的解析，阐明个人主义话语在早期现代中国民族国家的建构过程中所起的重要作用。

创办于1904年的《东方杂志》是商务印书馆最早也最有影响的刊物之一。它一开始便是讨论政治、国家经济、外交政策、教育及其他公众生活主题的论坛。1911年杜亚泉接任杂志主编后，实行了一次从栏目到内容的大改革，有关自我、性别及心理等方面的论题开始占据更多的篇幅。在《东方杂志》问世前，个人主义的问题曾是黄遵宪、严复、梁启超等人构想的民族国家理论的一个组成部分。[2]但杜亚泉发表于《东方杂志》1914年6月号的一篇题为《个人之改革》的文章却是以杂志文体呼吁新生的共和国注意人之改造问题的尝试。[3]他在文中指出，过去几十年里进行的数种社会改革仅仅关涉在宏观层次的政治体系，教育制度及商业经济方面，而没能对个人或个性的改造给予适当的注意（个人及个性的改造是对梁启超"新民"概念的微妙改动——笔者）。其结果，即便新生的共和国取代了旧帝制，原有的官僚体系和官僚阶层并没有受到多少触动。不仅旧官僚们依然一如既往

---

[1] 我指的是雷蒙·威廉斯的"关键词"历史研究法。见 Raymond Willams, *Keywords*. New York: Harper and Row, 1976。
[2] 关于更早期个人主义的研究可参见 Benjamin Schwartz, *In Search of Wealth and Power, Ya Fu and the West*, Cambridge: Harvard University Press, 1971（本雅明·舒尔茨《严复与西方》）。
[3] 关于影响杜亚泉对辛亥革命看法的一系列政治事件，可参见 Tsetsung Chow, *The May Fourth Movement:Intellectual Revolution in China*. Cambridge: Harvard University Press, 1960（周策纵著《五四运动：中国思想革命》），以及 Benjamin Schwartz 编 *Reflections on the May Fourth Movement:A Symposium*, Cambridge: Harvard University Press, 1972（本雅明·舒尔茨编《反思五四运动：研讨会》）。

地做买办，而且改革者也已同化成了打着共和国旗号的新官僚。"……回顾吾侪之自身，则所持之以改革社会者，亦仅此茫无世纪之希望与志愿也。吾侪之身体，则孱弱而不能自强也。吾侪之精神，则委顿而勿能自振也。吾侪之思想，则剽窃而浮泛，吾侪之经验，则凌乱而暧昧。"[1]因此，他强调，真正的改革必须由个人始，其中包括那些自诩的新人物。有意思的是，杜亚泉重视个人在改革进程中的重要作用并不意味着他全盘接受了启蒙主义式的个人主义观念。相反，他提出的恰恰是启蒙主义所忽视的个人的局限性。

这时期的个人主义观念并不包容多年后新文化运动里涌现的意识形态及情感内涵。对杜亚泉而言，个人主义的意义是模糊的，需要重新界定。"吾侪非个人主义者"，他说，"但吾侪之社会主义当以个人主义发明之。孔子所谓学者为己，孟子所谓独善其身，亦此义也。"（同上，3页）而社会主义和儒家思想对于他又是完全兼容的，这是他对个人主义的最有启示的用法。这里有两个关键性要点：首先，杜亚泉的修辞法对个人主义的观念做了语义上的重构，可以读作对梁启超的民族国家理论及个人观的矫正。梁启超在《新民说》和《自由书》两文中曾提出国家对个人的绝对优先权，他认为，国家和个人在概念上的对立造成了个人自由和民族解放这两个目的之间的冲突。[2]杜亚泉这篇文字所做的则是将两者重新整合起来。其次，杜的个人主义在这个历史瞬间尚未被激进化，它既非儒家思想的死敌，又非社会主义的对立面。与儒学相对立的个人主义概念则出现于新文化运动前后，并延续到"五四"时期，成为声讨传统中国文化的一个重要的观念性力量。与社会主义相对立的个人主义观出现于20年代中后期，并在国际共产主义运动的影响下，蒙上了一层资产阶级意识形态的反面色彩，

---

[1] 杜亚泉，《个人之改革》，载《东方杂志》1914年12期，2页。
[2] 见《新民说》，收于《饮冰室合集·专集》，上海1936年版，3卷4册，1—162页。又见《自由书》，《饮冰室合集·专集》，2卷2册，1—123页。另可参见 Hao Chang, *Liang Ch'i-ch'ao and Intellectual Transition in China*, 1890—1907（张灏，《梁启超与中国思想转变，1890—1907》）。

成为社会主义革命的对头（这两点我稍后再详细讨论）。然而根据杜亚泉的看法，个人主义不过是儒家思想的现代版，强调的是个人的自我改造。同时，个人主义与社会主义也相吻合，它预言社会中每个成员都应享有自己的权利。杜亚泉对儒家思想、社会主义及个人主义的这一独特阐述有助于我们了解，在他所在的那个时代里，改革已经有了新的中心命题。这里重要的并不是他对这些个人主义概念的理解是真是伪，因为从知识的产生条件和生产机制看，人们对所谓概念的理解和误读总是参与对真实历史事件的创造。正如萨义德指出的那样，称某文为某文的误读，或把这种误读看成一种通常的理解性错误，无异于"无视历史和具体事件发生的环境"〔1〕。令人更感兴趣的倒是作者为什么运用这种方式来解释那些概念，在这种解释过程中产生了哪些新的意义。

《个人之改革》可以说是民国成立后较早把个人的概念引入公共讨论的杂志体文章。但杜亚泉所做的仍不外是把个人改造作为社会改革首当其冲的出发点，这使他与梁启超又不谋而合。不过在发表于1916 年《东方杂志》第 1 期的一篇署名民质的文章中，"我"即个人开始显示了某种绝对的价值。作者以一种敏锐的现代历史感倡导人的自立性，虽说这种历史感是由中国古典哲学的语言来表述的。〔2〕民质的理论出发点是现代世界的倾塌。他指出，当国家处于四分五裂，饱受贫穷、动荡和灾难侵袭的关头，个人已经失去了立足之地。在旧帝制下，我们可以在理解民间疾苦并将其传达给皇帝的愿望中得到安慰，而如今，我们则束手无策。在这种情况下，我们所能做的乃是回到人的自我中去寻求力量。于是，依靠个人的自我变成了人在现代世界中生存的必要方式。为了论证他关于自我是生存的理由的说法，民质划分了"私我"和"公我"两个范畴，并用这个人所熟知的隐喻来阐明两者之间的辩证关系。他提出，对自我利益的追寻可以像烛光照明一

---

〔1〕 萨义德,《世界·文本·批评家》, 237 页。
〔2〕 《我》, 载《东方杂志》1916 年 1 期, 13—16 页。

样惠及他人。公我和私我是互相关联,互为表里,互相增进的,两者的区别仅仅在于,公我是不断争取实现个人权利的道德使命感。但是,当他断言公我需"自张其权利,与障我者战",投身生存"竞争"时,这个"公我"看上去是更近乎社会达尔文主义,而不是惠及他人的"无尽灯"了。[1]

接下来一期的《东方杂志》(1916年2期)刊登了一篇题为《个位主义》的文章,作者是前面所提的家义。他在文中明确提倡一种西方启蒙式的个人观,并认为个人主义是治疗中国痼疾的特效药。[2]他提出,中国软弱的根源在于中国思想的笼统性,而现代世界是容不得笼统的,世界上的各种事物都需按照科学法则分类、分解和分析。在他看来,现代世界的主宰性范畴是"分":"今日之世界,何谓文明?曰科学之分科,曰社会之分业,曰个性之解放,曰人格之独立。重伦理,重界线,重分化,重独立自尊。"(《个位主义》,7页)不仅如此,他认为个人主义本身乃是随着现代知识学科的建立而出现的,特别是心理学、社会学及伦理学等。这些现代学科在他看来本是为个人的发展和自我的实现而设计的(同前书,8页)。这里,现代的个人被构想成与社会群体对立的形象,理想的国家、社会、社群与家庭应该为个人的成长提供条件,而不是阻碍个人的意愿。这种以个人发展衡量国家及群体之价值和功用的修辞方式很快在新文化和"五四"运动中释放出了巨大的政治能量。但这篇文字的自相矛盾之处在于,作者在把以"分"为核心的个人主义奉为中国的救世良方时,自始至终对他自己的笼统意识毫无觉察。

1917年,杜亚泉在《东方杂志》上发表了另一篇文章《个人与国家之界说》,具体讨论了个人与国家的关系问题。[3]他认为,在个人与

---

[1] 严复所译《天演论》的影响在民质的论述中清楚可见。
[2] 《个位主义》,载《东方杂志》1916年2期,6—10页。此文作者将 individualism 译为"个位主义"可能是为了呼应"个人本位主义"——一个充满社会学(科学)味道的字眼(见7页)。
[3] 高劳和伧父为杜之笔名。

国家之间应该小心划分一条界线,以便双方都不致侵害对方的利益。我们在家义文章中看到的那种修辞方式如今在杜亚泉笔下以一种模棱两可、自相矛盾的形式得到重现。"论者每谓国家为整体,个人为分子,分子当消纳于全体之中,个人当从属于国家之内",但"个人虽为国家分子,其个人地位依然存在,未尝消减"。[1]作者接下来批评了个人对国家的屈从。事实上,这篇文字里始终回荡着对国家及国族主义话语即将被利用来控制个人的焦虑,于是强调必须在个人与国家之间建立分野。不然,国家的作用就会是"牺牲多数个人,以殉主持国事之少数人之意旨"(《个人与国家之界说》,4页)。在一段比较平和的文字中,他又提出,国家的大厦是以个人为基石建立的,若是没有国家对个人的尊重,也就没有个人对国家的支持。杜亚泉的隐喻和辩证式的论述都集中呈现了一点,即,现代性所做的事情乃是在普通的个人与国家之间建立一种直接的、毫无中介可言的关系。文章作者从维护个人的角度批评国家的绝对权威,但他的批评并不妨碍他全盘接受这种个人/国家的概念性黏结。他对个人与国家之间辩证关系的阐发本身就是对这种概念黏结的一次再生产。个人必须首先从他所在的家庭、宗族或其他传统关系中"解放"出来,以便使国家获得对个人的直接、无中介的所有权。在现代中国历史上,个人主义话语恰好扮演着这样一个"解放者"的角色。正如周策纵在讨论相关问题时指出的那样,旧伦理的解体或许多多少少把个人从家庭与宗族的纽带中分离了出来,但同时也为国家、党派或其他社会经济组织对个人的控制清扫了道路。[2]对此我要补充的一点是,个人主义话语所做的可能远不止把个人从家庭中剥离出来交给国家:它导生了一个为实现解放和民族革命而创造个人的工程。在这个意义上,尽管个人主义话语在表面上与民族国家势不两立,它与国族主义之间却有着千丝万缕的

---

[1]《个人与国家之界说》,载《东方杂志》1917年3期,2页。
[2] 周策纵,"Anti-Confucian Movement in Early Republican China",收于 Arthur F. Wright 编 *The Confusian Persuation*(Stanford: Stanford University Press,1960),312页。

关联。个人与民族国家的黏结关系，作为现代性的一个话语构成物，总是会寻求某种自圆其说的方式平复其带来的冲突。这就解释了为什么对民族国家凌驾个人意志的批判本身后来会如此轻易地被批判的对象所利用。

高一涵1915年发表于《青年杂志》上的文章《国家非人生之归宿论》从类似的角度批判民族国家思想。与杜亚泉不同的是，他同时还提到由个人构成的群体——"人民"这一概念，并将其作为国家的潜在挑战者。像当时许多报刊文章一样，这篇文字旁征博引了许多西方哲学和政治学著作，有的引文出自日本学者的翻译。由于作者的批评用语借自西方启蒙理论，他始终不曾注意"人民"与"个人"一样，也已成为现代民族国家话语的产物。不过我觉得他论点中很特别的一点倒不是"人民"这个概念，而是他对个人 individual 一词的译法——"小己"。"小己"采自中国古典哲学中的语汇，不似个人那样中性。有"小己"意味着有"大己"，"大己"属于对某种公家身份的称谓，偶尔也用来称谓某种社会身份。[1]作者借某位日本学者的话来阐明小己和国家的关系道："小己之发达为国家蕲求之一部，若小己而不发达，则国家断无能自发达之道。"(《国家非人生之归宿论》，7页) 这一论点与我们前面考察过的有些论点是相呼应的。但除此之外，我们还可以看到，意义和范畴在这里发生了微妙的转移。对个人范畴的思考被"小"与其潜在的高量级对应词"大"引入了形而上的领域，其中词语的等级关系可以造成语义的替换、类同和取代。也就是说，"小"并不仅是"大"的对立面，而且是"大"的等级中的一阶，是两者之间较次要的一方。由于当时的《新青年》是这种"小己"/"大己"的现代概念的主要传播者，"小"与"大"这一语言机制的作用对于我们理解个人与国家概念的形成过程有多重启示。[2]在个人被

---

[1] 作者在此文中单用了"小己"，意为"大己"的对立面。又见《国家非人生之归宿论》，《新青年》1915年4期，及第92页注[1]。
[2] 胡适在《不朽》一文中谈到"小我"与"大我"的问题。不过他将"大我"等同于"社会"而不是国家。见《不朽》，《新青年》1919年2期，96—105页。

视之为小，国家被视之为大的情况下，从个人角度对国家所进行的批评不可能超越由语言已经事先命名并规定好的等级关系。再加上"大我"的概念赋予国家一种成熟的、主体性的身份，使它在话语层面上取代"小己"，作为权力的代理和运作场地。总之，在"小己"和"大己"成为个人与国家的同义词之前，个人已更加紧密地与民族国家联系在一起，国家由此对个人拥有更加绝对的占有权。

随着《新青年》在新文化运动中的作用越来越显著，个人主义的话语开始转向新的方向。李亦氏在《人生惟一之目的》中谴责传统中国哲学以个人幸福和个人利益作为礼法和社会道德的牺牲品。相比之下，他激赏盎格鲁—萨克逊人所表现的个人美德，并崇尚他认为是最终带来了权力和财富的、"以个人为中心的西方哲学"。这无疑与杜亚泉那种通过儒家思想来诠释个人主义的看法相去天壤。这篇早在1915年就出现于《新青年》上的文章预示了后来在新文化运动中广为流行的两极对立观：个人主义对儒家思想——前者是西方特有的文化标志，而后者是中国传统的代称。对作者而言，儒学鼓励的是奴性心态，因为它把臣对君、子对父、妇对夫的依赖仪式化。儒家教化使子妇们"依草附木，附于奴隶牛马不能独立之惨境，尚有何向上发展之可言"。在他看来，"向上发展"首先须明确一个前提，即"'为我'两字既为天经地义，无可为讳"。[1] 接着，他引用西方19世纪有关科学、伦理学、社会学、心理学方面的理论来阐明他的自我扩展说。但他这一说法的基础和所引证的材料是互相矛盾的。因为这里表现的个人主义不仅与民族主义（盎格鲁—萨克逊）完全一致，甚至还鼓励了种族主义。我在这里并不仅为了批评作者缺乏深度，当然与高一涵的文章比，这篇文章确实有失肤浅。但更值得注意的是，个人主义的话语从来没有固定不变的意义。这篇文章标志了个人主义话语在新文化运动前夕经历的又一场戏剧性的转变，与前几次相比，这次转变的结果是新的话语权力形态的产生。

---

[1] 李亦氏《人生惟一之目的》，载《新青年》1915年2期，5页。

只有在这个大背景下，新文化运动、文学革命以及两者共同的反传统倾向才能够得到解释。1916年，李大钊在发表于《晨钟》的《青春中华之创造》一文中提出，只有那些敢于以新思想向传统挑战，敢于高扬自我的权利并致力于唤醒自我意识的思想者，才能承担创造新文化的任务。[1]同样，胡适在他两篇倡导文学改良主义的文章《文学改良刍议》（1917）和《建设的文学革命论》（1918）中，呼唤以能够表现个人真性的形式来取代以文言文书写为主的文体范式。[2]周作人那篇颇有影响的《人的文学》也提出，现代文学的主导原则应是人道主义，而人道主义的中心在他看来是重主观的个人主义。[3]他认为中国古典文学没能达到这种人道主义目标，因此必须被抛弃。实际上，从新文化运动在现代中国历史上所扮演的角色讲，我们可以说，这场运动成功地把中国传统及其经典构造成了个人主义和人道主义的对立面，而个人主义的另一个对立面民族国家反倒在很大程度上被接受，成为个人主义话语的合法部分。

新文化运动中关于个人主义的讨论远远不限于理论上的论争，它也是文学形式问题的中心。"五四"时期在小说文体上发生的大事之一是中国作家开始翻译并借鉴欧洲小说的文体特点，如心理分析描写、自由间接文体、长篇内心独白等。这一风格上的变化所带来的影响还有待于通过对具体文本的精读和分析比较才能充分阐述。这里我先提出一个初步的看法：新的文体风格使小说家把自己的主人公置于新的象征性语境中；主人公们不再是父系宗族关系中的某个因素，也不再像许多中国旧小说的主人公那样，生存在一个与超验的、非现世的框架互动的文本中。新文学让主人公成了拥有心理和道德"真理"的意义载体，成了读者可以在其中寻找这种真理的场所。毫不奇怪，"五四"时期也是"西方"式的第一人称及自传体叙事大量涌现

---

[1] 李大钊（守常）《青春中华之创造》，载《晨钟》，1916年8月15日。
[2] 见胡适《文学改良刍议》及《建设的文学革命论》，收于《中国新文学大系》一卷，34—43、127—140页。
[3] 周作人，《人的文学》，《中国新文学大系》一卷，195页。

的时代。[1]正是在个人与传统构成对立的两极的一瞬，现代自传性的叙述主体——一个自我意识强烈、公开叛离传统社会，具有通过叙事来表达内心世界的主体——进入了中国文学。[2]对于现代作家而言，这个个人的自我是可以无限制地扩张的，因为这一自我可以使作者创造那种对秩序内的身份具有杀伤力的对话性语言。这就是鲁迅在《狂人日记》中所做的事情。但同时，这个自我的范畴又十分不稳定，因为个人常常发现自己最终在社会秩序的迅速崩溃中失去了归属。因此郁达夫作品中的主人公与俄罗斯文学中的多余人形象便发生了某种呼应。个人在此体现了现代意识的两难处境。

然而，我这里不是要论证个人主义和主体领域的扩张如何代表"五四"文学的总体特征。本文只是想指出，个人主义话语的出现使"五四"知识分子有望开辟一个新的论战前沿，并由此来替现代人的意识正名。在这个前沿，个人主义似乎不必与社会和国族相冲突，虽说传统遭受到全面攻击，但国族主义及社会群体性却又没有因此而被放弃。相反，像个人主义一样，国族主义和"群"的概念在中国知识分子的现代意识中也占有自己针插不进的地盘。我们只消提到郁达夫的《沉沦》就会清楚这一点：在《沉沦》里，现代意识的危机既是自身的体验，同时又是人性的和国族的体验。

胡适于1919年发表在《新青年》上的《不朽》提供了"五四"时期这种关于个人、民族、国家观念的又一证据。胡适在文中将每个个人称为"小我"，将"小我"们社会性的聚集和增生称为"大我"。[3]相比之下，"小我"是短暂的、速朽的、不完整的，而"大我"则是不朽的、有自我更新能力的。胡适的"小我""大我"之分显然近似于高一涵提出的"小己""大己"之别。不过，在"五四"时代反帝国

---

[1] 笔者博士论文 The Politics of First-Person Narrative in Modern Chinese Fiction（《现代中国小说中的第一人称叙事》，哈佛大学比较文学系，1990）对这方面有较详细的讨论。
[2] 这里"自传性主体"一词是在叙事学意义上使用的，指的是文中的自叙者，而不是真实作者。有关概念可参见 Gérard Genette 著 Narrative Discourse（《叙事话语》）。
[3] 《不朽》，载《新青年》1919年2期，101页。

主义运动的背景下，民族国家不再被视为个人的对立面。因而"大我"在胡适这里指的是有机的现代社会，在这种有机社会中，个人必须依据民族国家来定位。然而，应当在此指出的是，胡适将"小我"置于"大我"的利益之下并不意味着他作为新文化的倡导者背离了个人主义和启蒙事业。我认为，他的观点实际上是现代主体性理论的逻辑引申。现代主体性的理论并不旨在解放个人，而在于把个体整合成民族国家的公民，现代社会的成员。

果然，《新潮》创刊号（1919）的第一篇文字就把个人在社会中的位置作为重要的论题提了出来。文章作者傅斯年上来便宣布西方科学和人文知识对于中国几大知识传统——儒、道、佛——的优越性，因为这三者无一体现人类生活的真理。照他看来，我们必须到生理学、心理学、社会学中去寻求真理，因为现代科学知识是以主体为中心，并具有人道主义的关怀。最后，傅斯年用中英文两种语言写下了他最心爱的口号："为公众的福利发展个人（the free development of the individual for the common welfare）。"[1]他还在注释里解释说古老的汉字抵触并损害现代思想，所以不得不使用英文。这听上去就像是对"五四"以后所发生的语言改革的一个漫画式的表达。但傅斯年没有进一步地追问，无条件地发展个人到头来有没有可能损害国族的公共福利？这一点实际上正是左翼及马列主义知识分子在"五四"以后所提出并希求解决的问题。

傅斯年的自由主义加人道主义的理念，很快就被左翼意识形态取而代之。个人主义遭到深刻的质疑，个人与社会的冲突也被强化了。1921年，《新潮》发表王星拱的《物和我》一文，力图向个人的自主性发出挑战。作者在文中反对使用"物理之我"与"精神之我"的概念，并提出，我们称之为个人独立性的东西实际上是不存在的。"若有一个人……假使他20岁的'我'和他40岁的'我'有一天在街上相遇，他俩必定不能认识自己，即令旁人也必定不认识他俩本是一个人。

---

[1]《人生问题发端》，载《新潮》1919年1期，4页。

一个'我',在不同时候,竟直不能被人认识是同一的,还能说是永久存在的吗?"[1]王星拱的结论是,自我只是经验的一种形式,因时因事而变幻不定,其意义纯然是由外部世界决定的。因此,强调个人的重要性常常会弄得本末倒置。有趣的是,作者将儒家思想视为导致这种本末倒置的替罪羊。他认为,儒家学说所提倡的自我修养就是要人把全部注意力放在个人完善上,并旨在通过个人的完善实现社会的完善,而这乃是一种纯粹的幻想。在他看来,政治体制是社会发生根本变革的关键,因而在社会问题与个人问题之间,前者有着绝对的重要性。究竟儒家思想或社会主义思想,哪个更适合中国国情的问题不属于本章的讨论范围——我所考察的乃是文章中的辩论方式以及对理论的用法。在"五四"反传统思潮的背景下,以儒家思想来解释个人主义等于加罪于个人主义,将它变成一个负面观念。至此,个人主义和儒家观念之间的交道已经转了一百八十度的大弯:我们记得,杜亚泉所做的事情正好相反,他曾经引用儒家思想为个人主义开脱。

陈独秀对个人主义的批评走得更远。在他的《虚无的个人主义及任自然主义》一篇随感中,他攻击个人主义放弃社会责任,是一种虚无主义的概念。陈独秀没有像王星拱那样把个人主义读做消极的儒家思想,而是读出了某种道家根源。他认为在中国阻碍文化发展和学术进步的势力可以追溯到老庄的虚无主义和无为思想。[2]无疑,这个指责是毫无历史根据的。但我们现在要做的不是替道家哲学辩护,而是指出在1920—1921年间个人主义话语的变化。"五四"时期的理论家将个人主义与某种传统中国文化挂钩,儒家也好(如王星拱)道家也好(如陈独秀),实际上是一种命名策略。这一回,个人主义被命名为社会进步和社会主义的对头。显然,问题的关键已经不在于个人主义话语是否受到了压抑,而在于个人主义话语得到了什么样的创造或重造,以便在新的历史语境里服务于新的政治目标。

---

[1]《物和我》,载《新潮》1921年1期,2—3页。
[2]《虚无的个人主义及任自然主义》,载《新青年》1920年4期(总第8卷),3—4页。

最早将个人主义作为资产阶级意识形态进行批评的较有分量的文章之一是邓飞黄的《个人主义的由来及其影响》，发表于 1922 年的《东方杂志》上。[1] 在这篇三千多字的文章里，作者追溯了个人主义随着西方自由市场经济的发达、资本主义的兴起、工业革命和欧洲启蒙运动的产生而发展的过程。他在结论中说，个人主义作为资产阶级意识形态已经过时，应该由社会主义意识形态取而代之。这种我们所熟悉的马克思主义的批评中，似乎具有了陈独秀文章中所缺乏的对个人主义的历史性的尊重。但是，由于知识与权力之间互相不可分割的联系，话语的历史角色不仅取决于其概念，也取决于概念的行为，邓飞黄的文章也不例外的。在 20 年代早期的民族国家政治背景上，马克思主义加进化论的历史观的作用，其实是开创了新的政治舞台，共产党、国民党、军阀以及帝国主义角色将是这一舞台上进行角逐的新的政治势力，并以各自的方式参与日见激烈的本土斗争。[2] 从这种历史观出发对资产阶级个人主义进行批评的结果是集体主义的修辞方式的产生，这种修辞可以用来推动左翼政治思想，其方式与早期个人主义自由派建造个人与国家的辩证关系的话语的过程并无二致。

---

[1]《个人主义的由来以及影响》，载《东方杂志》1922 年 7 期（总第 19 卷），35—46 页。
[2] 英文有关这方面的讨论可参见周策纵《五四运动》(*The May Fourth Movement*) 和 Arif Dirlik《中国共产主义的起源》(*The Origins of Chinese Communism*)。纽约：剑桥大学出版社，1989。

[Ⅱ]

跨语际表述模式

第四章 "经济人"与小说写实主义问题

在以下的三章里,我着重讨论构成中国现代小说文体方方面面的跨语际表述模式。所谓文体,在这里是指叙事形式和修辞性写作(figurative writing),也包括小说写实主义(novelistic realism)的各个层面、关于内心世界的叙事重描(remapping)、第一人称语式、自由间接引语、指示形态(deixis)以及性别化(gendered)的文本策略等等,但并不局限于此。面对小说写实主义以及外来的叙事文体形式,批评家最初的冲动是将其视为欧洲的影响,甚至是文化殖民的明证。然而,如果我们仔细考察汉语文本的内部究竟发生了哪些变化,就会明白,中国现代文学与欧洲现代文学之间的关联并不是如此不证自明。而影响的说法也无法有效地解释为什么中国人偏爱某些舶来的表述模式,而冷落其他的模式。为了理解与中国现代小说有关的跨语际表述模式的复杂性,我们在解读文本时必须充分重视"富有成效的扭曲"(productive distortion)的痕迹,并把它们看作是戏仿(parodic imitation)的实例,这种戏仿意味深长地表达了中国现代性的矛盾状况。

这些章节所论及的作家,往往因其自觉地从事实验"拿来主义"的文学模式而著称,其涉猎的范围从叙事技巧的创新式运用,到更为宽泛的表述模式和诠释模式的问题。我的分析,并不面面俱到地触及中国现代文学文体革新的所有实例。我所关注的重点是汉语文体革新和舶来的文学模式之间的历史关联。鉴于这种研究的基本宗旨乃是考察中国文学"现代"的合法性问题,我的文体学探究就不得不摒弃比较文学中被滥用的"平行比较"的狭隘方法(即,从文学现象中抽取两个或更多的文本，凸显它们的相似与不同）。总的说来，我发现，历史关联的概念（historical linkage）要比平行比较或者影响研究的模式更为有效。

为阐明文学体裁与表述模式中历史关联的含义，请允许我从当代中英文学翻译的一个实例入手。霍克斯（David Hawkes）在翻译18世纪中国小说《红楼梦》时，在曹雪芹的小说中添加了许多有趣的文体发明。譬如，他偏爱用自由间接引语（style indirect libre）来翻译叙事者笔下人物的内心语言，这种叙事手法对于18世纪汉语叙事作品而言纯属外来。[1]以曹雪芹笔下的叙事者描述黛玉和宝玉初次相逢的段落为例。霍克斯的翻译是这样的："Dai-yu looked at him with astonishment. *How strange! How very strange! It was as though she had seen him somewhere before, he was so extraordinarily familiar.*"（斜体为笔者所加）[2]对现代英语文学读者的鉴赏力（sensibility）而言，经过霍克斯润色后的翻译无疑是更完美的现代英语，因为全知叙事者的观察流畅地滑动到人物的内心语言，而未留下丝毫文体转变的明显印迹。这一成效，归功于英译者对自由间接引语（斜体部分）的运用，其功能是，它在叙事者所观察内容的报道（全知全能）和人物的内心独白之间斡旋。自由间接引语使叙事者不必受引言的词语标记的干扰，譬如"she thought"（她想），或者其他相关的手法，例如从"she"（她）或"he"（他）到"I"（我）的词语转换等等，就能够间接地援引人物未经道出的想法。[3]这样的文体学特征在曹雪芹的原著中是找不到的；小说作者通常是利用直接引语来描写黛玉的内心世界。

曹雪芹小说的原文如下："黛玉一见，便大吃一惊，**心下想到**：好生奇怪，倒像在哪里见过一般，何等眼熟到如此。"与库恩（Franz Kuhn）的较早的德语译本作一番粗略的比较，便可说明霍克斯的译本对

---

[1] 关于前现代时期中国小说叙事惯用手法的讨论，见普安迪（Plaks）。
[2] 曹雪芹，*Story of the Stone*，1:101页。
[3] 关于自由间接引语的讨论，见 Ullman；Lips；Spitzer；McHale；以及 Cohn。

第四章 "经济人"与小说写实主义问题

原文进行的文体上的修改意义何在。

> Blaujuwel war von seinem Anblick aufs höchste betroffen. "Seltsam, wie bekannt mir seine Züge vorkommen. Als müβte ich ihm schon einmal begegnet sein," *ging es ihr durch den Sinne*. (Black Jade was taken completely by surprise at his appearance. "It is strange how familiar his features seem to me, just as if I had met him before," *she thought to herself*.)[1]

霍克斯的英译本所省略的原文句式,"心下想到",是一种程式化的表现手法。在中国古代白话小说里,它是用来提示所引述的想法,在现代叙事技巧和标点符号兴起之前,则是表现人物内心语言时最常用的叙事手法之一。[2]库恩的译文比较忠实地复制了汉语原文的叙事模式,而霍克斯的译文则通过自由间接引语的使用改写了这一模式,创造出新的文体效果,这种效果比对原文的忠实翻译要更加流畅,也更为接近现代英语读者的品位。这样,他就必然在现代英语传统的文体范围(purview)中,"重写"了18世纪的中国小说。

但是,难道翻译不都是对原文的重写吗?我这段有关霍克斯的讨论并非有意批评他的译文(实际上我对之深表敬佩),而是要借助这个实例,提出本章的核心论点。简而言之,霍克斯以现代英语对《红楼梦》所作的文体转变,可用来象征性地表达20世纪初中国小说文体本身所经历的变异。在这两种情形中,我们面对的是迥然不同的小说传统里面不同文学惯用法之间的跨语际表述模式。20世纪第一个十年或者更早的时候,中国作家在自己的作品中,开始利用舶来的(被译介的)叙事模式,而且似乎是用霍克斯那种英语文体的中文版来写作。然而,这种似是而非的一般化描述还不够,我们必须面对如下的问题:

---

[1] 曹雪芹, *Traum der Roten Kammer*, 45页。
[2] 采用现代标点体系的各种20世纪《红楼梦》版本,都试图强调这一文体特征,其方法是将直接引语放在引号之内。

这些作家是否仅仅是在模仿外国作品？如果不是，那么这种跨语际表述模式在何种程度上界定作家自身的经验？什么叫汉语？什么叫非汉语？

将自由间接引语引入中国现代的小说写作，不过是许许多多类似的文体革新的实例之一。本章以及后继两章将要讨论的这一类的现代叙事模式，业已深刻地改变了汉语白话文。对于这些变化所具有的广泛性，以及它们与其他历史事件之间的关系，我们的认识还非常粗浅。所以我在上文做的与霍克斯《红楼梦》英译本的类比，也必须承认其自身的局限性。霍克斯的译本固然可以使英语读者和中国学研究者有机会了解一部中国文学经典，但除此之外，它对英语语言基本上没有造成任何改变，而相形之下，自从近代以来与英语文学和其他语种的外国文学发生接触以后，中国的语言及其文学惯用法却经历了一场剧烈的转型。[1]

20世纪最初几十年间，大量的欧洲文学被译介到中国本土，从而彻底改变了白话文的性质，以至于后来现代汉语同英语之间的翻译，具有一种完全不同的特征。中国作家慷慨地"拿来"英语、法语、俄语、德语、日语、波兰语以及其他语种的文学，希望这种种"拿来之举"会恢复自己语言的元气，发明新的汉语白话文，实行一举替代古代汉语的宏图大志。这些作家的努力究竟有几许胜绩？当他们试图借助汉语和其他语言间的跨界写作，为自身摸索到一个主体位置（subject position）的时候，他们遇到了什么样的问题？为探讨这些问题，我们有必要详细分析个别文本中跨语际表述模式的做法（modus operandi）。我的讨论将从《骆驼祥子》开始，而关注的焦点则是这部小说在小说写实主义的跨语际模式中，有关"经济人"（homo economicus）的表述。

---

[1] 也许某种程度上更为贴切的类比，是爱兹拉·庞德对于李白的自由翻译，庞德的翻译对现代英语的诗歌语言有很大的贡献。

解读 《骆驼祥子》

将《骆驼祥子》翻译成英文，几乎完全不需要"更新"老舍小说的文体风格，这主要是因为这部小说是用跨语际的叙事模式写作的，所以从一开始就是适合于翻译的。这里选取詹姆斯（Jean M. James）的译本中一个典型的片段。下文援引的段落，描述主人公祥子逃离绑架他的兵匪之后发生的事情："He stopped worrying and walked on slowly. *He had nothing to fear as long as Heaven protected him. Where was he going?* He didn't think to ask any of the men and women who were already coming out to the fields. *Keep going. It didn't seem to matter much if he didn't sell the camels right away. Get to the city first and then take care of it.* He longed to see the city again."（斜体为笔者所加）[1]老舍的原文如下："他放了心，缓缓地走着，自要老天保佑他，什么也不必怕。走到什么地方了？不想问了，虽然田间已有男女来作工。走吧，就是一时卖不出骆驼去，似乎也没大关系了；先到城里再说，他渴望看见城市，……"

如果说霍克斯不得不发明汉语原文中所没有的自由间接引语去翻译《红楼梦》，那么，詹姆斯所翻译的原文本身就包含着这样一种文体特征（斜体的句子）。第三人称叙事是老舍小说语言的特点，他的文体广泛使用自由间接引语以及其他诸如此类"舶来的"叙事技巧。这种跨语际叙事模式的使用，意味着《骆驼祥子》的译者所处理的小说原文，要比《红楼梦》那样的 18 世纪小说更容易精确地翻译成英语，因为现代文本已经假定了英文小说与中文小说之间存在着假设的等值关系。

---

[1] 老舍，《骆驼祥子》，31 页，James 英译本，25 页。这部小说最初于 1936 年 9 月至 1937 年 5 月连载于《宇宙风》。此处我使用的版本是 1949 年上海的文化生活出版社付梓的第八版。

老舍大量使用了心理叙事、自由间接引语以及其他的小说技巧，数十年来，由于欧洲小说被译介到汉语白话文当中，这些技巧对于中国读者来说，已经耳熟能详。当然，中国现代小说的文体变更所包含的内容，绝不仅仅是引进了一些小说技巧而已，它同时为小说男/女主人公的人称（person）注入了文学文本的意义。小说主人公在作为现实之中心的虚构世界里占据着主导地位，并具有着这样那样的心理和道德的"真理"。也就是说，小说中所有的故事情节都必须由读者参照主人公的命运予以看待和评判。这便是老舍的叙事者将其"经济人"祥子引入其中的认识论空间。

《骆驼祥子》在中国城市社会的宽广背景上，展现了一名孤独主人公的沉浮。小说付梓于1936—37年间，在中国现代文学中，也许是唯一一部以如此详瞻的细节处理个人主义问题的长篇小说。[1]主人公祥子同阿Q一样，皆来自中国社会的最底层，然而与阿Q不同的是，老舍笔下的下层阶级主人公，却由作者以细腻的关怀与强烈的情感描摹出来，这在当时的小说中可谓独树一帜。《骆驼祥子》正面触及个人主义与集体主义的问题，这一事实表明，它与我们在前一章提到的个人主义话语和普罗文学的论战，有着明显的关联。但与此同时，老舍对左翼作家关注焦点的模棱两可的回应，却引领我们超越了作家身处时代的政治话语，达致了一种形式上的解决。作为现代主人公的一个缩影（epitome），祥子在这部小说里被描述成一个极端的个人主义者，他那独善其身的梦想最终毁灭了他自己。但小说随即指出，相反的结论也同样是真实的：一旦祥子消蚀了自己的野心、独立性以及个人主义，他就会蜕化到可鄙的众生的层次上。在小说结尾，叙事者诊断了祥子的身体与道德的状况："体面的，要强的，好梦想的，

---

[1] 丁玲的小说《阿毛姑娘》是这种有关欲望的叙事的一个较早的例证，在这部小说里，女主人公发现自己身陷城市文化与乡村生活方式之间而不能自拔（丁玲，《丁玲小说选》，1:83—123页）。茅盾、沈从文以及其他作家在其小说创作中，通过戏剧化表现这两种生活方式之间不可调和的差异，坚持不懈地探讨了中国现代性的暧昧含义。但他们的作品没有像老舍的小说那样，以如此巨大的篇幅触及个人主义的问题。

利己的,个人的,健壮的,伟大的,祥子,不知陪着人家送了多少回殡;不知道何时何地会埋起他自己来,埋起这堕落的,自私的,不幸的,社会病胎里的产儿,个人主义的末路鬼。"(308页)

从另一角度出发,批评家可能会以耳熟能详的自然主义术语,诠释这段引文,将主人公堕落的原因归之于社会环境,正是这样的环境"使他走向独立而诚实之生活的全部努力化为泡影"[1]。然而正如王德威指出的,批评家倘若仅仅关注老舍对于社会受害者的博爱襟怀,以及他对受压迫者的自然主义描摹,就往往会错失小说形式层面的很多东西。王德威在其对于中国小说写实主义的研究中,强调了情节剧以及闹剧的成分,从而相当清晰地阐明了老舍小说的形式方面的努力。[2]我本人的解读试图将这种形式层面的探究推进一步,即提出下述问题:这部小说是如何建构主人公与其物质世界之间的象征关系的?是什么界定祥子为"经济人"或者经济个人主义者?小说对于身体、金钱、洋车、资本、投资以及其他商业交易的表述,究竟是仅仅补充了故事的内容,还是如我在下文将要指出的,构成了老舍小说世界意义生成的过程中精心设计的形式策略之一部分?最后,叙事者语言的修辞状态(status)究竟是什么,它如何影响我们对小说的诠释?

仍以我们刚才援引的那段文字为例。叙事者连续用了几个相互抵牾的形容词分句(伟大的,堕落的,等等),似乎使我们无法做出决定论的诠释,如自然主义的诠释,因为一些分句显然削弱了另一些分句的意义。[3]不如说,这部小说的语言显示其自身的修辞状态乃是一种矛盾形容法,一处相互冲撞的场所,由此创造出丰富的意义。我提出对这部小说"经济人"之表述的解读,乃是以这种张力关系为线索,试图将该表述本身定位于叙事者的语言所开启的修辞空间。

---

[1] 参见刘绍铭(Joseph Lau),《中国小说的自然主义》(*Naturalism in Chinese Fiction*),收录《东西文学》(*Literature East and West*)1970年第2期,150页;转引自王德威(David Wang),144页。
[2] 参见王德威,144—156页。
[3] 顺便说一句,中文原文有12个定语分句,这些分句的引入,靠的是一再出现的助词"的",也是耿德华(89页)所称的中国现代文学语言中的"欧—日句法"。

祥子曾历经一系列险情，特别是他偷到三匹骆驼，并卖了三十五块大洋这一高潮性事件，从此以后，获得了"骆驼祥子"的绰号。祥子率真的野心是要拥有一辆洋车，成为一个独立的人，为此他需要一笔钱，买一辆新车来代替他遇兵匪绑架而被掠走的那辆车。因此，"骆驼"命名了祥子与金钱、资本、投资以及所有权的象征性关系。这一象征性关系在北平找到了臻于完美的象征性场所。这个古老的城市，它以个人成功的无限许诺诱惑着小说的主人公。这个城市所代表的一切，匿名、独立、机遇、钱财、富裕、感官享受，使祥子冲昏了头脑，他发自内心地渴望成为那个世界的一分子。

> 祥子想爬下去吻一吻那个灰黑的地，可爱的地，生长洋钱的地！没有父母兄弟，没有本家亲戚，他的惟一的朋友是这座古城。这座城给了他一切，就是在这里饿着也比乡下可爱，这里有的看，有的听，到处是光色，到处是声音；自己只要卖力气，这里还有数不清的钱，吃不尽穿不完的万样好东西。（39页）

从社会学的角度，这段引文惟妙惟肖地捕捉到戴维·斯特兰德（David Strand）在其《北京人力车》（*Rickshaw Beijing*）一书中所描绘的民国初年动荡的社会经济关系。穷困潦倒的农村人口移居城市谋生，为城市居民与乡村住户的生活带来了深刻的变化。祥子是全然独立的，身无分文，无依无靠，无朋无友，也没有家庭纽带。他似乎是一个不折不扣的无产阶级劳动者的典型，也是二三十年代作家和知识分子关注的焦点，且往往被描绘成受压迫者的象征。然而，老舍小说中的祥子真的是受压迫者的象征吗？

戴维·斯特兰德在其研究北京车夫的资料翔实的著作中，也充分地利用了老舍的小说，作者对民国时期对于社会受害者的种种文学表述提出如下批评："人力车代表贫穷与社会的混乱，这些性质的最好表达，是将车夫描摹成牺牲品。然而，这一形象折射出的仅仅是车夫现实生活的一部分。将车夫刻板地描摹成贫民或者役畜，则忽略了他们公开展示自己的劳动时所发挥的表达力度。"[1]为数众多的现代作家（鲁迅，胡适，郁达夫等）利用人力车夫的形象，抗议社会的不公，或者批判性地反思自身的道德立场。有鉴于这一事实，斯特兰德的论点便容易理解了。但是文学文本的存在，并非仅仅为了反映社会现实，无论我们要求的现实是部分真实的，还是全部真实的。文学文本有它自身复杂的存在条件，而这些条件至少"述行式"（performative）地提出对于象征性现实的多方面诠释。远在后结构主义出现之前，文学批评家们就认为，小说不经中介地（unmediated）反映现实这一思想是模仿论的谬误（mimetic fallacy），那些在自己的研究中利用文学文本作史料的历史学家和社会学家，不妨受益于文学批评家的洞见。[2]斯特兰德在论述老舍小说对人力车夫的现实主义描写时，未能对自己的解释框架本身提出问题，它不可避免地暴露了研究者本人作为劳工史家的局限，因为他一味地强调组织化的劳动，集体行动，公开行动，等等。

一个学者在其历史研究中选择哪些方面作重点，自然是无可非议的，但是斯特兰德的研究取向所包含的理论假设，却应当使读者警醒到一些典型的盲区。此处我不愿介入由于他把市民社会的观念应用于中国研究而引起的争论，其他学者对此已有批评。对我来说，问题的症结在于社会学科中诠释实践的现实主义正统（realist ortho-

---

[1] Strand, p. 38.
[2] 试举几例，在卢卡契的早期研究（1920）中，小说被理解成这样一种文类，它试图赋予现代时期以形式，从而与史诗时代形成对比，"在现代时期，生活广阔的整体性不再是被直接赋予的"，而且"在现代时期，生活中意义的无所不在已然成为一个问题，尽管这一问题仍旧是以整体性的词语思考着"。(56页)后来的理论著述，如奥尔巴赫（Auerbach）的《模仿说》（*Mimesis*），伊安·瓦特（Ian Watt）的《小说的兴起》（*The Rise of the Novel*），韦恩·布思（Wayne Booth）的《小说修辞学》（*Rhetoric of Fiction*），热奈特（Genette）的《叙事话语》（*Narrative Discourse*），科恩（Cohen）的《透明的心智》（*Transparent Minds*），巴特（Barthes）的《S/Z》，以及巴赫金的《对话式想象》（*Dialogic Imagination*），此处仅列举一些熟悉的研究，它们极大地改变了我们对于小说当中文学表述问题的理解。巴赫金对于小说文类文体学的研究早已说明，并非"人的形象本身，而恰恰是作为语言形象的人，才是小说表述的对象"。（《对话式想象》，336页）

doxy）如何主导了他的诠释。所谓"现实主义正统",并非仅仅指关注于现实领域（无论是市民社会,还是公共领域）这一方面;按照加斯丁·罗森伯格（Justine Rosenberg）的说法,它指的是"政治现实的一种决定性建构,其中包含着一系列潜藏的命题和症候式的沉默"[1]。现实主义执行其意识形态计划最为有效的方式,正是通过诉诸"真实"而将某些东西合法化,同时又将它认为是"不真实的"东西排除在外。毋庸赘言,现实主义这一述行功能具有极为关键的作用,它可以维系共识性和模仿性地理解语言与文学关系的运作方式,即语言和文学反映现实,但不承认语言可以构造现实或者大肆影响现实。

批评家安敏成（Marston Anderson）在研究中国现代小说时,为我们提供了一个重要的提示。

> 所有的写实主义小说都坚持认为自身与现实有特别的联系,因而赋予自身以权威性。然而这一主张不单是被动的、先验的假设,它同样也是形式上的决定因素,我们在所有的写实主义小说中都可以辨别出这一决定因素的作用。每一部新的作品,必须亲身复制这一因素,由此重申它对现实独一无二的占有。因而,在悬置棘手的认识论问题的同时,我们可以检验这种表述行为,就是将其作为一种智识劳动来对待［或者按照语言学的术语,作为一种有目的（motivated）的言语行为］,其特有的痕迹可以在文本中发现。"真实"至少暂时可以被视为虚构以后的效果。[2]

除了对"真实"的质疑,文学史家应以不同的方式阅读老舍这

---

[1] 罗森伯格,30页。
[2] 安敏成,《现实主义的局限》（*Limits of Realism*）,7页。彭小妍近期研究现代小说时,重新思考了现实主义问题,它还涉及中国人在整个20世纪对于乌托邦的追求。（《超越写实》,4页）

样的小说家,因为他们解读历史文本的方法是不同的,文学史家应重视文学文本自身的物质性(materiality)。老舍小说的物质性包括一个饶有趣味的不同版本的历史,这些版本不断地被修正、重写,重新构想小说中关于"真实"的问题。[1]此处我关注的是老舍本人在《骆驼祥子》修订本的前言中一段引人注目的自我批评。老舍为1951年开明书店版的《老舍选集》撰文时,以一种修正的语调论及他早期这部小说。在谈到上文引用的那句话时,老舍写道,"我管他叫'个人主义的末路鬼',其实正是责备我自己不敢明言他为什么不造反。在《祥子》刚发表,就有工人质问我:'祥子若是那样的死去,我们还有什么希望呢?'我无言对答。"[2]不难理解为什么1949年后,老舍对其小说的结尾要采取修正的立场。老舍撤回了早期对祥子个人命运的凸显,转而在集体行动的基础上赞同一种更为乐观的前景,于是这部小说在50年代历经几次修订。有学者称1955年后人民文学出版社付梓的几个修订本为"新版",而将以往的本子称作旧版。[3]新版对原来的文本进行了大量的更改,最明显的是第二十三章的大部分,而整个第二十四章被作者删去了。[4]

被删去的章节和段落以非常消极的眼光,描摹了主人公道德与身体堕落的惨状,从而喻示着一定程度的自戕。这一部分刻画了祥子出卖阮明组织洋车夫罢工,做成了一笔肮脏的交易一事,以及阮明被枪毙的场景,老舍通过删掉这一部分表明了他对此的看法。因此修订本强调旧社会的破坏力,并呼唤集体行动。[5]通过删除这些章节,老舍以及部分学者显然相信,他们提供了一种"对生活更为

---

[1] 《骆驼祥子》最初连载于《宇宙风》之后,其手稿保留在该刊前编辑陶亢德之手,一直到"文化大革命"期间被红卫兵没收。1982年,丁景唐在上海图书馆"没收物品"之中发现了这份手稿。对该手稿的论述以及对小说种种版本和修订本的研究,见丁景唐的《老舍〈骆驼祥子〉原稿》。
[2] 参见老舍,《〈老舍选集〉自序》,曾广灿、吴怀斌编,上卷,630—631页。
[3] 参见史承均;以及徐麟。
[4] 史承均认为新版胜过旧版。
[5] Jean M. James 的英译本借用香港重印的1955年之前的版本之一,复原了那些缺失的章节。

现实的陈述"[1]。但这一所谓的现实不得不先通过后天的"修正",然后才能证明共产主义革命不可避免。[2]斯特兰德对老舍的解读虽然来自不同的方向,却仍旧在类似的现实主义的原则上运作,因为它要求文学文本提供现实的故事,而文学文本不得不在修正以后,才能提供这种现实的故事。于是,这种解读既掩盖了小说本身的述行层面(我在下文称之为"修辞性解读"的策略),也遮蔽了他本人诠释姿态的述行层面。[3]

我们与其继续争辩老舍小说对于北京车夫经验之表述准确与否,不如集中关注这部作品本身所引发的表述与诠释的问题。祥子的形象究竟代表了什么?由于他的野心、自恋以及有尊严的劳动感,这个年轻人远远不止是被压迫者的象征。祥子的梦想所具有的巨大力量,将人力车夫的拉车劳作转变成一出非同寻常的人间悲剧,其意义显然超出了祥子选择的职业的维度。因此叙事者在小说开始处如是说道:

> 他老想着远远的一辆车,可以使他自由,独立,**像自己的手脚的那么一辆车。有了自己的车,他可以不再受拴车的人们**

---

[1] 王德威,156页。
[2] 并非每人都关注老舍小说的现实主义。譬如 Evan King 1945 年的英译本名为 *Rickshaw Boy*,已不仅仅是一种极端的做法。这一译本比中国 50 年代的修订本更为大胆的是,它自行发明角色,砍掉并重写这部小说,甚至提供了一个大团圆的结局,让祥子与小福子逃离残酷的现实,最终获得自由。对此结局的批评,见樊骏。
[3] 举例说来,斯特兰德(282 页)批评老舍苛刻地对待从事政治运动的人,譬如阮明这样的民族主义劳工组织者。为了更正这部小说可能存在的有意的偏见,他说道:
> 老舍对于阮明和四爷这样的从事政治者所进行的机敏刻画,类似于 20 年代的论战者为其对手所构造的形象,就此而言,我们能够既欣赏城市政治中甚嚣尘上的机会主义,也能领悟行动主义者和普通市民呈现的对于一个道德中心的潜在渴求。然而,老舍对现代政治的厌憎,虽然是许多同时代的人所共享的一种情感,却遮蔽了大众的灵感、传统的政治母题以及现代的意识形态在中国 20 年代的都市共同的适应点。

早在斯特兰德的批评之前,"新版"也删去了以消极态度刻画阮明之革命行为的段落,并意味深长地改变了每次阮明的名字被提起来时原有的措辞。对于这些段落以及"新版"删节部分的详细讨论,见史承均。

的气，也无须敷衍别人；**有自己的力气与洋车，睁开眼睛就可以有饭吃**。(4页；黑体为笔者所加)

这一段落抓住了祥子内心生活的显著特征，倘若叙事者未能富于新意地使用心理叙事以及自由间接引语，那么就无法有这样的建树。事实上我相信，这个故事所包含的许多怜悯与反讽，都要求叙事者在详细描述祥子的生活时，必须熟练地使用这些叙事模式，特别是自由间接引语（即，前面引文中加黑体的句子）。老舍改写了这一来自欧洲小说的技巧，并用带有北京方言色彩的现代汉语重新发明了它，这种叙述能够避免用小说人物本人的声音来说话，便可模仿人物的语言。在上文援引的段落，叙事者以描述祥子的心理状态开篇，就仿佛从外面进行着观察（心理叙事）。在第二次提到"车"的时候，叙事者转而使用自由间接引语，以贴近模仿人物的语言。[1]转折的标志是"车"这一词语的几次重复，以及"自己"这一强调性的口头语，就好像反映出祥子内心语言的口语节奏。虽然实际上这些词语由叙事者以第三人称道出，但视角仅仅是祥子本人的（后文将会看到，叙事者对祥子的观点如何持批评态度）。在第三人称说话的同时，叙事者好像暂时脱离了他自己的视角，转而采用作品人物的语言。[2]

心理叙事通常是从叙事者的视角描述人物的精神状态，而被引述的独白（自言自语）采用的则是人物自己的引言。与之不同的是，自由间接引语打破了叙事人的声音与人物内心独白之间的界限。这一叙事文体冲决了僵硬报道叙事者看见什么（全知）以及人物说或想什么（以引号或其他手法为标志，如从第三人称向第一人称语气的转变，或者两种人称皆变）这一窠臼，将小说话语从中解放出来。在印欧语言中，这些转折点通常伴有指示性指涉（deictic reference）的变化，以及

---

[1] 第二次提到"车"时，叙事者的词汇开始过渡，而使用"自由"和"独立"这样抽象的政治术语，还不是车夫的特征。
[2] 叙事语态（voice）与叙事视角的区别，见热奈特。

时态、人称、语气等语法现象的变化，非常类似于直接引语转化成间接引语的方式，只不过自由间接引语常常省略文体转变的动词标志，譬如"他想"或者"他相信"。

中国现代白话文由于不用时态、人称以及其他相关的语法形式，所以能够轻而易举地转变叙事模式，除了指示性指涉之外，完全没有印欧语言中那些必不可少的语法转化。因此在汉语中，自由间接引语与全知心理叙事以及被引用的内心独白的关系，要比它在其他语言中更为暧昧。其文体效果是一种未被打断的叙事流的效果，有点像自由间接语段（free indirect discourse），创造出透明精神状态的完美幻觉。假如把上文引用的段落改写成一种简单的叙事和直接引语，而不用自由间接引语，那么前面的引文大致是这样的：

> 他老想着远远的一辆车，可以使他自由，独立，祥子自言自语道，"像自己的手脚的那么一辆车。有了自己的车，我就可以不再受拴车的人们的气，也无须敷衍别人；有自己的力气与洋车，我睁开眼睛就可以有饭吃。"

用司空见惯的独白引语取代自由间接引语，这一段落的文体效果就大大减弱了。借助自由间接引语以及其他种类的叙事模式，老舍的叙事者能够非常深入地探索祥子的内心世界。祥子之有别于其他的车夫恰恰是这一内心世界的呈现，而且更为重要的是，正是这种独特内心的世界，使一名车夫卑贱的生活具有了更大的悲剧式象征意义。[1]

这名洋车夫的内心世界究竟有什么东西，能抓住这么多读者的心？祥子梦想拥有一辆洋车的想法，与幸运的企业家想像的未来图景相比，真可谓谦卑有加；不过，这是一个"经济人"的梦想，他想像着通过

---

[1] Erich Kahler 的《叙事的内转》（*Inward Turn of Narrative*）出色地梳理了欧洲小说在近几个世纪怎样经历了这种内在化的过程。虽然同样的过程在20世纪的转型期"拥挤不堪地"涌入中国现代小说，但它对老舍这样的小说家书写一名劳动者的内在体验究竟意味着什么，尚待下文见出分晓。

第四章 "经济人"与小说写实主义问题

艰苦的劳动与私有财产权,可以获得人格的独立、掌握自己的命运、人的尊严与生计。既然缺少其他可以投入的物质手段,他必须出卖体力,并将他的肌肉("自己的手脚")转变成资本,结果一种矛盾油然而生于如下二者之间,其一是他对自己身体的自恋式爱慕,其二是他由自己的身体而亲历的深刻的异化感。洋车不仅仅是生产的手段,而且是他第二个我,或者是纯属天方夜谭的自我充分实现时的幻像。祥子22岁时买到第一辆洋车,他把车拉到僻静地方,细细端详,以一种明显的自恋的方式,"在漆板上试着照照自己的脸"(11页)。他随即决定将这一天命名为他自己以及他的镜像的共同生日,来庆祝这个"双寿"。自由间接引语穿透了祥子的内心思想,叙事者说道:"好吧,今天买上了新车,就算是生日吧,人的也是车的,好记,而且车既是自己的心血,简直没什么不可以把人与车算在一块的地方。"(12页)

如果祥子把这辆车视为另一个自己,那么二者之间的亲和力,就远比"心血"一词所喻示的情感纽带更为深厚。引文最后一句,老舍使用的动词是"算"。这里的"算"字尤为重要。叙事者贯穿整部小说,一直关注着祥子怎样算计自己生活的方式。作为一名节俭的"经济人",他计算着自己的大洋和所有物,计算着该花多少在衣食上,该把多少放在一边,作为积蓄。[1]举例说来,祥子丢了第一辆车,卖骆驼换得三十五块大洋之后,他寻路回城,盘算着:"打扮好了,一共才花了**两块二毛钱**。近似搪布的一身本色粗布裤褂**一元**,青布鞋**八毛**,线披儿织成的袜子**一毛五**,还有顶**二毛五**的草帽。"(38页;黑体为笔者所加)

为避免有些读者会把上面一段引文看成对于祥子穷愁潦倒状况的一种直白的、写实的描述,我们有必要进一步分析老舍笔下人物形象

---

[1] 譬如祥子到了曹先生家后,叙事者描述了祥子如何盘算自己在曹宅的境遇的:"况且吃住都合适,工作又不累,把身体养得好好的也不是吃亏的事。自己掏钱吃饭,他决不会吃得这么样好,现在既有现成的菜饭,而且吃了不会由脊梁骨下去,他为什么不往饱里吃呢;饭也是钱买来的,这笔账他算得很清楚。"(页65)类似这样的段落,小说中俯拾即是。

这个重要的层面。祥子不幸被虎妞诱引之后,有机会"拉包月",做曹先生的私人车夫,这将大大改善祥子的生存状况。当一切的希望又重新发芽时,祥子再一次梦想拥有自己的一辆车:

>   (祥子)独坐在屋中的时候,他的眼发着亮光,去盘算怎样省钱,怎样买车;嘴里还不住的嘟哝,像有点心病似的。他的算法很不高明,可是心中和嘴上常常念着"六六三十六";这并与他的钱数没多少关系,不过是这么念道,心中好像是充实一些,真像有一本账似的。(87页)〔1〕

虽然祥子从未停止过盘算或者算计,但不知为什么他总是无法成为一个真正理性的"经济人"。这究竟是他的误算,还是他过多的梦想,使他无法平衡收支?就仿佛一颗灾星永远笼罩着他的生活,祥子盘算的技巧似乎无法弥补他多舛的运命早就被算好的苦痛(叙事者的情节设置忤逆着他),也就在此处,祥子境遇的反讽意味一览无余。相形之下,曹家女仆高妈,却有个更好的资本头脑。作为"经济人"无师自通的女性版本,这名寡妇把每月间剩下的一点钱放出去,赚取利息。小说中讲到,她以"银行经理"的手段控制着自己的资金,她甚至劝告祥子怎样攒钱买车。故事展开时,叙事者的语言越来越从加、数、罗列、盘算以及投机当中,获得巨大的快感。这种语言生动地捕捉到祥子的守财奴状态:"把这两三个月剩下的几块钱——都是现洋——轻轻的拿出来,一块一块的翻弄,怕出响声;现洋是那么白亮,厚实,起眼,他更觉得万不可撒手,除非是拿去买车。"(页90)这段描写的官能性颇为动人,它把祥子对钱的迷恋审美化了,赋予它一副人性的面孔,一种超过投资所得的意义,以及一种前资本主义的感受力,与高妈管理钱财的理性世界形成鲜明的对照。高妈劝祥子用

---

〔1〕 James对最后一句的英文翻译是误译。"有一本账"并非指"to have a bill due",而是指"to have an account balance"。

第四章 "经济人"与小说写实主义问题

积蓄在银行立个折子,赚点利钱,而祥子终于拒绝了她的好心,因为在他眼里,这是个骗局,"白花花的现洋放进去,凭人家三画五画就算完事。"(90页)

对现代契约关系的怀疑,暴露了祥子选择的生活方式具有的基本矛盾:农村经济的象征性世界对抗着城市资本主义的理性。在祥子眼中,大洋标志着他本人与其劳动之间尚未被异化的关系,从而代表真实的价值。正因为如此,与金钱的物质性(physical)接触(藏在葫芦里),具有至关重要的意义,因为这似乎可以保证他对自己生活的支配感。祥子最终的目标不正是自治与自主吗?然而,这一幻觉迅即被孙侦探精打细算的恶行所摧毁,这个噩梦的制造者抢走了祥子所有的积蓄。自兵匪的劫掠之后,这是第二次一场"偶然的"灾难陡然破坏了祥子的计划。

祥子的前资本主义心智结构开始与他的生活环境发生冲撞,城市的生产方式不再与农村经济的生产方式相类同,而价值、所有权与独立的意义正在全新地被界定着。在这部小说中,现代银行业所代表的资本主义制度喻示着契约关系(以个人的自由选择为先决条件)基础上的生产关系。祥子虽然抛弃了这些契约关系,但仍旧坚持利用着资本主义制度对于独立与个人自由的许诺。正如我在下文论述的,这一内在的矛盾,极为清晰地表明祥子作为"经济人"的身份是大有疑问的。

为什么老舍如此煞费苦心地详述金钱交易与账簿?这一小说形式究竟与经济个人主义有什么关系?祥子与曾经一度主导着英国和欧洲小说的"经济人"的人物形象之间,除开表面的类似,有没有什么根本的联系?巴赫金极富洞见地指出,商业生活、巨额融资以及金钱,作为"生活中的新国王所具有的超级权力",在那些重要的法国小说所构造的世界里发挥着举足轻重的作用。[1]司汤达与巴尔扎克便是明显的例证。同样地,伊安·瓦特在研究笛福作品中的经济个人主义时,

---

[1] 参见巴赫金,《对话式想象》,247页。

也指出:"笛福所有的主人公都追求金钱,金钱被他独特地称为'世界通用的徽章';他们采用记录收益损耗的账簿很有条理地追求金钱,马克斯·韦伯认为这种账簿是现代资本主义与众不同的技术特征。"[1]譬如在《摩尔·弗兰德斯》(*Moll Flanders*)中,有很多衣物、黄金、珠宝需要清点计算。鲁滨逊·克鲁梭因其在小岛上一丝不苟地记流水账而知名,在小岛上,他拥有一些衣物、钱币和金属器物。若要列举更多的实例,那么狄更斯的小说充斥着对于钞票、合同、契约、遗嘱以及其他财产文件的描述,而这些文件在构造小说的情节以及其他象征性的现实时,扮演着重要的角色。老舍熟知这些作者,是不是喻示着《骆驼祥子》与欧洲文学,特别是与英国小说之间存在某种程度的互文关系?从跨语际实践的视角出发,中国语境中的"经济人"与其欧洲对应者相比,其意义究竟是什么?

老舍不断提及他本人通过阅读英国以及欧洲的小说,学习写作的技巧。他的小说处女作《老张的哲学》,便是受狄更斯《匹克威克外传》(*Pickwick Papers*)和《尼考拉斯·尼柯尔贝》(*Nicholas Nickelby*)的启发后,在伦敦大学图书馆的书桌上写毕的。他在伦敦五年,曾开列一个野心勃勃的阅读书目,并随便翻阅大量的作品,从古希腊的经典直到现代英国和欧洲的小说,现代作品尤为老舍所喜爱。[2]在他的一篇回忆录中,老舍承认他曾一度对英文圣经、莎士比亚、狄更斯、斯威夫特、康拉德、笛福深表钦佩。1941年他回忆道,"及至我读了些英文文艺名著之后,我更明白了文艺风格的劲美,正是仗着简单自然的文字来支持,而不必要花枝招展,华丽辉煌。英文圣经,与笛福、斯威夫特等名家的作品,都是用了最简劲自然的,也是最好的

---

[1] 瓦特,63页。(中译本见高原、董红钧译,《小说的兴起——笛福、理查逊、菲尔丁研究》,北京:三联书店,1992年,65页。——译者注)

[2] 关于作者自述其1924年秋天到1929年夏天在伦敦大学的生活,见老舍,《东方学院》,收入曾广灿、吴怀斌编,《老舍选集》,1:135—140页;《我的几个房东》,同上,129—134页;《写与读》,收入胡絜青,377—386页;《我怎样写〈老张的哲学〉》,同上,3—9页;《我怎样写〈二马〉》,同上,15—21页;《我怎样写〈小坡的生日〉》,同上,22—30页。

文字。"[1]

但研究文学原型、素材和互文性,其本身并不能解释文本中所发生的一切。比如第二章讨论的阿Q的情形,文学表述的问题在那里要比通常假定的文本与现实之间一一对应的关系包含更为复杂的中介因素。除了老舍本人指出的文体的简劲,我们对于老舍受惠于英国文学一事,还能再推断些什么?我们可以说,《骆驼祥子》前所未有地强调金钱、经济个人主义、独立以及劳动的尊严等,这一点与笛福的《鲁滨逊漂流记》有很多相通之处。甚至我们可以走得更远,认为老舍的主人公以莎士比亚的哈姆雷特为原型,而丹麦王子意味深长地消除了笛福主人翁的功利主义形象。我在此处提及《哈姆雷特》,绝非一种自由随意的联想。老舍在其许多作品中表现出来的,恰如王德威所说的,是他的"哈姆雷特综合征"[2]。就《骆驼祥子》而言,读者可以援引一条证据,即,叙事者刻意凸显一位特立独行的主人公高大的形象,其他人相形之下不禁黯然失色。祥子拥有漂亮的肢体,健美的身材,高贵的性格,并因一种在每一生活的转捩点被命运击败的悲剧性(过度诚实),而达成完整。我们可以看到,叙事者以逐步升高的戏剧化风格,用"独白"的方式表述祥子在虎妞难产死后的悲惨命运:"车,车,车是自己的饭碗。买,丢了;再买,卖出去;三起三落,像个鬼形,永远抓不牢,而空受那些辛苦与委屈。没有,什么都没了,连个老婆也没了。"(245页)读者会轻而易举地识别出叙事者所使用的自由间接引语,此文体将祥子的内心独白翻译成叙事者的语词。[3]然而,这一段落也使人联想到莎士比亚式的独白——包括此处使用的关于鬼魂的奇特明喻——在那里人类的生活被理解为沉浮

---

[1] 老舍,《我的"话"》,收录曾广灿、吴怀斌编,583页。
[2] 参见王德威,126—127,189—190页。事实上,老舍在撰写《骆驼祥子》期间,曾写下题为《新哈姆雷特》(1936)的短篇小说。1942年,他写了一出戏剧,名为《归去来兮》,该剧原名即《新哈姆雷特》。他决定改换题目,因为他不想让观众将Hamlet名字的汉语音译词误认为西方的神药,譬如阿司匹林(在汉语中没有仿译词)之类的东西。参见老舍,《闲话我的七个话剧》,收录胡絜青,118—119页。
[3] 中文原文要比我看到的英文译文更口语化,因此更接近祥子本人的语言。

相继,在那里主人公无法控制自己的运命,在那里偶然的灾难随处可见,在那里主人公的悲剧从风格化(stylized)的独白中获得动人的力量……当然,老舍的小说则将风格化的悲剧独白转化为北京方言写就的自由间接言语。[1]

老舍受惠于英国文学是毋庸置疑的,但这种诠释必须超越试图确立互文关系的初级阶段,以免仅仅成为有关文学影响的无可争辩的(uncontested)叙事。祥子,一名中国的"经济人",既非哈姆雷特,亦非鲁滨逊·克鲁梭。正如文艺复兴时期的主人公跟生活在工业资本主义时代的经济个人主义几无共通之处一样,因为后者的功利主义理性、乐观的冒险精神以及加尔文主义的得救感排除了悲剧结果的可能性,因此祥子也必须在他自身的基础上予以诠释。但怎样诠释?在回忆这部小说的环境因素时,老舍曾亲手撰写一篇评论,或许可以阐明这一问题。

> 我所要观察的不仅是车夫的一点点的浮现在衣冠上的、表现在言语与姿态上的那些小事情了。而是要由车夫的内心状态观察到地狱究竟是什么样子。车夫的外表上的一切,都必有生活与生命上的根据。我必须找到这个根源,才能写出个劳苦社会。[2]

老舍的同时代人李景汉所采用的社会学研究方法,是把车夫视为科学研究的对象,而老舍回避了这种取向,他想要提供的是小说家对于车夫生活(内心状态)的诠释。[3]与其说这种诠释是要声称对社会事实进行透明的表述,不如说它将注意力集中在该诠释本身的认识论构造,以及小说本身作为一种诠释行为的文本策略。因此,"洋车"一

---

[1] 老舍在《我怎样写〈骆驼祥子〉》一文中讨论了"北平口语"的用法,收入胡絜青,70页。对于他本人使用这种方言的更详细的讨论,见《我怎样学习语言》,同上,139—147页。
[2] 老舍,《我怎样写〈骆驼祥子〉》,收录胡絜青,68—69页。
[3] 有关李景汉著作的讨论,见斯特兰德,21,30页。

第四章 "经济人"与小说写实主义问题

词不断地出现在文本中,它作为另一个新词(coinage)替代了源自日语的借贷词"人力车"(jinrikisha)。"人力车"一词在表述其对象时,假定了一种中性,而"洋"字(字面义为来自大洋或者海外)却带有情感评价——可以说是诠释的剩余价值——它公开宣布了一名中国言说者对于贴上此类标签的舶来品所表明的主体姿态(从敌意到钦羡)。20世纪最初几十年的反帝斗争促成了很多诸如此类的新词——foreigner被称作"洋人"(现在则是"老外"),取代了"夷人"的叫法,进口的布匹称作"洋布",手枪称作"洋枪",火炮称作"洋炮",等等等等。

从日本舶来的洋车,1886年首次出现在北京的大街上,并立刻成为有争议的东西。正如戴维·斯特兰德指出的,一方面,拉车超越了抬轿,代表了技术的进步;而另一方面,"一个人拉着另一个人,这一景观也成为落后与剥削的象征。"[1]洋车把人变成牲口这件事,迅即被同行业的竞争者骡马大车的车夫所痛恨,他们"把这些使人降级为动物的讨厌洋玩艺,扔进了运河"[2]。这一描述为理解老舍的小说,开辟了一条有趣的途径,不过不是在斯特兰德主张的准确刻画北京洋车的方面,而是在别的方面,即涉及文学的表述、意义和诠释等问题的方面。

"洋车"以何种方式,将祥子生活的意义界定为中国的"经济人"?洋车是舶来品,与现代的都市文化、半殖民主义、帝国主义一同被带到中国。当祥子梦想通过占有一辆洋车来掌握自身的命运时,作为奴役和剥削的舶来之象征的洋车,便与祥子赋予它以地方的/农民的象征性相冲突。这一冲突摧毁了祥子试图为超越自己身处的贫困、不安全、无家可归、依赖性等不利环境而付出的所有努力,而他的结局要比开始的时候更为悲惨。小说戏剧性的展开,以祥子把奴役的符号完全**误认**为自由的许诺为基础。资本主义,同一切有效的意识形态一

---

[1] 斯特兰德,36页。
[2]《19世纪80年代的北京》,收录 Werner,167页;转引自斯特兰德,24页。

131

样，恰恰依赖于这一类误认，即让个体的人错误地以为自己能够成为一个自由的主体，能够选择自己的从属（bondage）形式。当叙事者描述与高妈的资本主义行为相关的钱财管理的理论时，他这样说道：

> 资本有大小，主义是一样，因为这是资本主义的社会，像一个极大的筛子，一点一点的从上面往下筛钱，越往下钱越少；同时，也往下筛主义，可是上下一边儿多，因为主义不像钱那样怕筛眼小，它是无形体的，随便由什么极小的孔中也能溜下来。（89页）

这种马克思主义的观点，把祥子生活的悖论（paradox）讲得一清二楚。作为社会等级最底层的农民，祥子只能得到最少的收益，这是从巨大的资本主义的筛子漏下来的一点点；可是他的野心，因追求经济独立的欲望而膨胀，却与任何资本主义企业家一样强烈。这一悖论从一个侧面解释了为什么祥子永远无法成为一名像鲁滨逊·克鲁梭那样的成功的"经济人"。祥子是命中注定要辛苦劳作并出售自己的体力劳动，而克鲁梭却依仗着自己的冒险精神，拓展着资本主义的疆界，并征服其他世界，其做法乃是肯定他本人凌驾于土著之上的文化权威（包括他将他者命名为"星期五"的权力）。[1]

《骆驼祥子》在讲述拉车生活的同时，也讲述着一名年轻男子在变化着的生产关系中，他的身体如何被使用和滥用，而这些变化是由半殖民地资本主义的侵入引起的。命中注定以拉车为生的祥子，除了自己的身体（他发现这是转换成资本的必要途径），实在没有任何其他的投资手段。因此具有转换能力的身体，便从所有者那里被异化出来，被投资出去，以购买一种生产工具，但最终只能更深地屈从于

---

[1] 在《二马》这部以伦敦为场景的早期小说中，老舍的叙事者在描述李子荣，一位多年生活在伦敦的学生企业家，与马威，刚从中国来到伦敦的主人公，二者之间的第一次相遇时，便奇特地影射到鲁滨逊和"星期五"之间的亲热关系。亦见老舍，《老舍文集》，1:466页。

剥削。

祥子开始时是一个天真浪漫的乡间小伙子,他对自己的身体有无尽的信赖。叙事人以反讽的语调说,"看着自己的青年的肌肉,他以为这只是时间的问题,这是必能达到的一个志愿与目的,绝不是梦想!"(5页)无论何时,这个出众的车夫都在展示自己健美的身躯,想着怎样显出自己"铁扇面似的"胸,与直硬的背。叙事者结合使用直接的第三人称叙事以及自由间接引语(下文加黑体的部分),惟妙惟肖地捕捉到祥子的骄傲和自恋:

> 扭头看看自己的肩,**多么宽,多么威严!杀好了腰,再穿上肥腿的白裤,裤脚用鸡肠子带儿系住,露出那对"出号"的大脚!是的,他无疑的可以成为最出色的车夫**;傻子似的他自己笑了。(6页;黑体为笔者所加)

"经济人"祥子知道怎样照看自己的身体,也晓得如何把身体投资到自己的梦想中。他拒绝沉溺酒色,以免葬送身体。与洋车不同,这个身体自打生下来,就是属于自己的,而且不可剥夺。祥子起初深信不疑他能够绝对控制自己。然而小说很快证明,他想错了。

他本人的性行为首当其冲,动摇了这一信心,尽管他厌恶车主刘四爷的女儿虎妞,可仍旧被她引诱了。这部小说的性事件,与其说由于虎妞的自作多情、自行其是,不如说因为她把祥子的身体转变成他自己无法再深信不疑的东西,从而意味深长地改变了祥子的自我认识。这一引诱之举,迫使祥子直面他身体里面不可知而且无法控制的东西。

> 不但身上好像粘上了点什么,心中也仿佛多了一个黑点儿,永远不能再洗去。不管怎样的愤恨,怎样的讨厌她,她似乎老抓住了他的心,越不愿再想,她越忽然的从他心中跳出来,一个赤裸裸的她,把一切丑陋与美好一下子,整个的都交给了他,像买了一堆破烂那样,碎铜烂铁之中也有一二发光的有色的小物件,

使人不忍得拒绝。(69—70页)

将女性的性征与污点和破烂等同起来,这大概是老舍写过的作品中最具厌女症倾向的部分。然而读者不该忽视下面一个事实,即,这一段也让我们瞥见祥子对待自己的性行为时,一种极度的无常感与暧昧感。他无法确认自己究竟是受虎妞赤裸身体的吸引还是排斥,也不能告诉自己的身体去做什么,或是按照自己希望的方向指导自己的思想。面对自己内在的性驱力,祥子只是无能为力:"渺茫的他觉到一种比自己还更有力气的劲头儿,把他要揉成一个圆球,抛到一团烈火里去;他没法阻止住自己的前进。"(71页)

祥子的失贞,致使他在试图一如既往地控制自己的身体、心智、男性体面与完整健全的状态时,遭遇到连续的挫败。起初,他被骗与虎妞成婚,因为她假装怀上了祥子的孩子,而且虎妞在结婚之后,不许祥子有重操旧业的念头。当他试图与她理论时,她说道:"你有你的主意,我有我的主意,看吧,看谁别扭得过谁!你娶老婆,可是我花的钱,你没往外掏一个小钱。想想吧,咱俩是谁该听谁的?"(189页)在一个男性主宰的世界里,金钱和性欲是按照男性价值界定的,而虎妞对金钱和性欲的占有,既使她失去了女性气质,也使祥子失去了阳刚之气。他们关于金钱、权力、控制等的家庭纠纷,使祥子不能不担忧自己的男子汉气质。叙事者这样援引他的内心独白:

赶到别人给你钱呢,你就非接受不可;接受之后,你就完全不能再拿自己当个人,你空有心胸,空有力量,得去当人家的奴隶:作自己老婆的玩物,作老丈人的奴仆。一个人仿佛根本什么也不是,只是一只鸟,自己去打食,便会落到网里。吃人家的粮米,便得老老实实地在笼儿里,给人家啼唱,而随时可以被人卖掉。(188页)

非性别化的鸟与鸟笼的隐喻,应和着第六章将要讨论的鲁迅《伤逝》

一篇所使用的类似的隐喻,在鲁迅的小说里,叙事者涓生同样为在与子君结婚后丧失自由而感到后悔。在这两个例子中,都是男主人公认为自己身陷婚姻关系的网罗,但都是女性最终付出了生命的代价。在经过虎妞一手操办的婚事之后,祥子在金钱和女人的双重压迫下,痛惜自己阳刚之气的丧失,他还凭直觉发现,一个人的性别身份是怎样紧密地联系着权力与经济地位。此处,虎妞的不男不女(androgyny)一点也不神秘,因为她与父亲的关系(刘四爷为了自私的目的,剥削女儿的劳动),她精明地领会到在这个社会里金钱的重要性以及她作为女人的不利处境,这两个方面可以解释虎妞性格的成因。作为社会的产物,她在自己的权力范围内操纵、撒谎、策划、骚扰、威胁等等无所不作,以获得她本来无法得到的欲望对象。虽然这个女人的霸气在某些场合使祥子这样的男人黯然失色,但从根本上,虎妞就是男性权势(金钱,地位,性欲)被扭曲的镜像,这一镜像是由谴责她偏离女性常规的同一股力量造就的。她难产而死——一种非常女性化的死法——也许是对她的反讽式惩罚,因为她违背了这个社会的性别规范。

　　当然,祥子的生活也好不到哪儿去。虎妞死后,他卖掉洋车,开始酗酒、抽烟、赌博、欺骗、嫖娼,并摧残自己的身体。最终使祥子彻底幻灭的是,他的心上人小福子被卖到"白房子"(妓院)后,在绝望中悬梁自尽。不足为怪的是,祥子寻找小福子,恰恰是在妓院当中,在这里他被迫面对面地遭遇他自身作为"经济人"的可怕的现实写照,它体现在外号"白面口袋"的蓬头垢面的下等妓女的恐怖形象上。如果说祥子以出卖自己的肌肉为骄傲,那么这个女人则与他相似,她出卖自己的身体,心甘情愿地以自己选择的方式谋生。"白面口袋"自愿以妓女为职业,她在"白房子"中被视为唯一一个自由的个体,当祥子发现她时,她正生活在极端的贫困与肮脏之中,屋子里什么摆设也没有,只有一铺小炕,炕上一条旧被子。这是否意味着祥子,也是自由的个体,历经几年的希望、奋斗与苦干之后,会以类似的穷困潦倒而告终?祥子在与这个女人怪诞的遭遇期间,开始认真怀疑他本

135

人拼搏的意义，这使祥子迅速而完全地弃绝了以前他视为生命的一切。叙事者此际似乎也愿意放弃他了："祥子，多么体面的祥子，变成个又瘦又脏的低等车夫。脸，身体，衣服，他都不洗，头发有时候一个多月不剃一回。他的车也不讲究了。"（291页）

如果说这部小说精心策划着摧毁这名诚实无欺、野心勃勃而且辛苦劳作的"经济人"，那么我们又该怎样解释它的做法呢？为什么老舍没有让祥子像他的原型鲁滨逊·克鲁梭那样，变成一名成功的英雄？虽然我们不是第一个提这个问题的人，但问题本身似乎仍旧无可规避。贯穿整部小说，主人公在试图理解自身的境况时，也在不断地提出类似的问题。如果说哈姆雷特迟疑而不行动，只一味诠释，那么祥子与之类似。当他力图成为一个"经济人"的时候，生存的渴望驱使他总是在问为什么，他的诠释几乎总是由叙事者使用的心理分析和自由间接引语来转达。

但这部小说所内含的诠释行为是怎样影响读者的诠释的？我并不寻求对老舍小说进行唯一的解读，而是力主认为这部小说把诠释本身作为文学表述的问题提出来。此处我关注的是小说当中一个特定的场景，在这里，如何解释祥子的不幸遭遇成为一个突出的问题。曹先生与祥子最后一次见面时，鼓励他说出自己的生活经历。祥子实际上把这一要求，看作是要他以词语的形式重述自身生活的一次邀请：

祥子的泪要落下来。他不会和别人谈心，因为**他的话都是血作的，窝在心的深处**。镇静了半天，他想要**把那片血变成的简单的字，流泻出来**。一切都在记忆中，一想便全想起来，他得**慢慢的把它们排列好，整理好**。他是要**说出一部活的历史**，虽然不晓得其中的意义，可是那一串委屈是真切的，清楚的。（275页；黑体为笔者所加）

这一段，以及下文我将简短引用的段落，构成了整部小说的诠释关键。它所提到的字句排列（此处以黑体来凸显），在隐喻的层面上批判性地反思了小说本身的语言,其批判的方式乃是集中关注言语和叙事的模式,借此,祥子与他本人故事之间的关系必须被领会,而且借此,叙事者的语言与其诠释的权威性必然遭受质疑。我先分析祥子的诠释,然后讨论叙事者语态的状况。

曹先生鼓励祥子谈谈自己的生活。祥子一生中难得遇到这样的人,没有被私利驱动而对他的生活产生兴趣,并且愿意侧耳倾听他的故事。[1]陡然间,这位年轻人似乎在自身当中发现了言语的力量,开始像疯子一样讲述,希望把以往静寂无声的体验转化成连贯的述说,一种自传体叙事。那么,祥子本人的叙事究竟讲述了什么?它与叙事人的述说吻合吗?一种叙事是怎样和另一种叙事关联起来的?

祥子的叙事从他进城开始,怎样开始了拉车的生活,怎样攒钱买上车,又怎样丢了……按照历时的顺序一直说到现在的情形。表面看来,这似乎吻合叙事人为我们提供的故事主线,但叙事人继续说道:

> 连他自己也觉着奇怪,为什么他能说得这么长,而且说得这么畅快。事情,一件挨着一件,全像由心中跳出来。事情自己似乎会找到相当的字眼,一句挨着一句,每一句都是实在的,可爱的,可悲的。他的心不能禁止那些事往外走,他的话也就没法停住。没有一点迟疑混乱讨厌,好像要一口气把整个的心都拿出来。越说越痛快,忘了自己,因为自己**已包在那些话中,每句话中都**

---

[1] 在小说前面部分,曹先生被描绘成一名自诩的社会主义者,同时也是个唯美主义者,他很受威廉·莫里斯(William Morris)的一点影响。按照叙事者的说法,这名大学教授"在政治上,艺术上,他都并没有高深的见解;不过他有一点好处:他所信仰的那一点点,都能在生活中的小事件上实行出来。他似乎看出来,自己并没有惊人的才力,能够作出些惊天动地的事业,所以就按着自己的理想来布置自己的工作与家庭;虽然无补于社会,可是至少也愿言行一致,不落个假冒伪善。因此,在小的事情上他都很注意,仿佛是说只要把小小的家庭整理得美好,那么社会怎样满可以随便。这有时使他自愧,有时也使他自喜,似乎看得明明白白,他的家庭是沙漠中的一个小绿洲,只能供给来到此地的一些清水与食物,没有更大的意义。"(66—67页)叙事者对曹先生掺杂着钦羡与讥笑的语调,能否是因为老舍对其本人30年代作为小说家和大学讲师的自画像?曹先生以左翼知识分子屈尊俯就的方式同情祥子,老舍与之有很多相通之处,因为老舍为他的小说提供了一个矛盾的空间,使下层的劳动阶级有机会展示自己对生活的看法。

> **有他，那要强的，委屈的，辛苦的，堕落的，他。**说完，他头上
> 见了汗，心中空了，空的舒服，像晕倒过去而出了凉汗那么空虚
> 舒服。（276 页；黑体为笔者所加）

祥子讲述自己故事时的自传式冲动与第三人称叙事的权威性形成鲜明的对比。凭借着心理叙事与自由间接引语，全知全能叙事可以无限制地接近祥子的内心世界。但以上引文则把我们的注意力引向这样一种情况：自传性的叙事者会过分沉湎于他自己的故事，因此对它应采取半信半疑的态度。虽然祥子的自我叙事已经受到叙事者的心理叙事和自由间接引语的介入，但小说也提出了另一种看待祥子生活境遇的方式，包括叙事人从高高在上的全知的第三人称视角所进行的批判性评价，这两种方式之间表现出巨大的差异。祥子认为自己的不幸是完全不该受的：他被社会以及他无法命名的东西，也许说是命运所欺骗、虐待和愚弄。但与此同时，小说又提供了另一种解释，深刻地削弱了这种看法。我指的是第二十三章开头祥子与小马儿的祖父之间一场有趣的对话，后者是一名退休的车夫，现在则沦为街头的乞丐。这位老人听完祥子心中的委屈，用自己的一生评断着祥子的境遇：

> 当初，我的身子骨儿好，心眼好，一直混到如今了，我落到
> 现在的样儿！身子好？铁打的人也逃不出去咱们这个天罗地网。
> 心眼好？有什么用呢！善有善报，恶有恶报，并没有这么八宗事！
> 我当年轻的时候，真叫作热心肠儿，拿别人的事当自己的作。有
> 用没有？没有！我还救过人命呢，跳河的，上吊的，我都救过，有
> 报应没有？没有！告诉你，我不定哪天就冻死，我算是明白了，干
> 苦活儿的打算独自一个人混好，比登天还难。（284—285 页）

老人接着用蚂蚱的比喻告诉祥子，像他自己只算独自一个儿的蚂蚱，没法蹦多高，飞多远，可是，如果结成群，打成阵，动作起来就远远不同了。

第四章 "经济人"与小说写实主义问题

小马儿祖父的智慧非常接近叙事人在第二十三章结尾对祥子的评价。叙事人以自己的声音来总结祥子的一生,"他的命可以毁在自己手里,再也不为任何人牺牲什么。为个人努力的也知道怎样毁灭个人,这是个人主义的两端。"(295 页)叙事人的评断,以及那位老人的观点,通常被引为作者本人的结论,即对个人主义"末路鬼"的看法,以及对阶级基础上的集体行动的需要。这一貌似无疑的诠释,因小说中叙事人的权威地位而加强——毕竟是叙事人统辖着整个小说空间——而且由于叙事人对祥子有限的内心世界的全知姿态而进一步强化。

但小说是否真的在支持叙事人的观点,即祥子被自身的个人主义所摧毁,而且正如那位老人所言,祥子所有不幸的根源在于他缺少阶级意识,并对集体的事业漠不关心?这部小说还包含着另一些重要的细节,就像在有意阻挠这种诠释,因为这些细节使我们对个人主义的对立物——集体行动产生不同的看法,这尤其体现在围绕阮明这个人物所展开的一系列事件。阮明这个年轻人因在考试中被曹先生给了不及格,而向官方机构告发自己的老师是社会主义者,而他本人后来则成为一个政治活动家,组织车夫进行罢工。他表面上拥戴左翼集体行动的事业,但精于背叛和告发他人,从各种思想中捞取既得利益。祥子也被拉入阮明组织的示威活动,成为在这些场合摇旗呐喊的老行家。但正如叙事者冷嘲热讽地指出的,"阮明为钱,出卖思想;祥子为钱,接受思想。阮明知道,遇必要的时候,可以牺牲了祥子。祥子并没作过这样的打算,可是到时候就这么作了——出卖了阮明。"(304 页)倘若这还不足以挫杀与集体行动相关的宏伟形象,那么,枪毙阮明那一天北京街头的群众场面,则为发动群众究竟意味着什么,投下了最负面的一缕光芒。这一暴力场景显然回应着鲁迅小说处斩阿 Q 的场面,叙事者这样评价道:"人声就像海潮般的前浪催着后浪,大家都撇着点嘴批评,都有些失望:(阮明)就是这么个小猴子呀!就这么稀松没劲呀!低着头,脸煞白,就这么一声不响呀!"(301 页)

一部这样的小说,既不赞同个人主义,也未首肯集体基础上的政治行动,我们又当怎样理解这一现象呢?叙事者视祥子为一名极端的个人主义者，因追求"经济人"的唯我梦想而毁灭了自身。然而，一旦祥子放弃了他的野心、独立与个人主义，他就退化到同类相食的人群当中。如果读者不想落入小说精心设置的这一诠释之网，那么他们大概也不会过度拘泥于字面地接受叙事者的评断。读者从头到尾都被为什么以及非此/即彼这样巨大的存在问题所困扰。小说的要旨恰恰是在诠释行为本身当中，它要求诠释并也抵制着诠释，而且表述着作为真理假说而相互抵牾的诠释。简而言之，整部小说的文学表述问题最终与诠释问题不可分离。

虽然《骆驼祥子》所表述的多元化诠释的可能性，似可令人想起巴赫金在其小说文体学中所命名的多层次言说（heteroglossia），但是我发现一个比多层次言说的概念所能解释的更为有趣的情境。一般说来，巴赫金的概念指的是语言的混杂建构，它被分层到"社会的方言，有特性的群体行为，职业行话，类属语言，不同的代与年龄组的语言，倾向性语言，权威的语言，各种圈子以及短暂时尚的语言，为某一天甚至某一小时特定的社会政治目的服务的语言"当中。在小说话语中，多层次言说在某种言谈的混杂建构中体现自身，而这种混杂建构"按照其语法的（句法的）以及构成法的标记，虽然属于某一个单独的讲话者，但它实际上在自身之内，包含着两种混杂的言谈，两种言说的方式，两种文体，两种'语言'，两种语义的和价值论的信仰系统"[1]。在多层次言说的第一种意义里面，巴赫金描述的是一种普通的语言状况，适用于社会学式地界定小说理论，但在此处援引的第二种意义里面，他所言及的是类似于"间接引语"或者"自由间接引语"（叙事学家们以不同的方式命名此种文体）这样的叙事模式。多层次言说的思想虽然有助于阐明老舍的小说，但这部小说本身却向读者提出了一个截然不同的问题。这便是我所说的修辞性解读，一种符码化（coded）的解读，体现在文本本身的运作中。通过紧密结合叙事者所提供的相互抵牾的修辞性解读，通过祥子本人，也还通过小说的文本

---

[1] 巴赫金，《对话式想象》，262—263页。

内部的其他人物的解读，读者由此进入一个永无止境的诠释过程之中。

后 记

　　1992年冬天我回到北京，这是八年内我头一次回国探亲。北京城变化之大，几乎难以辨认，特别是海淀区，那曾是小说里祥子冒着生命危险拉一位客人到清华大学而遭兵匪抢劫之地。1992年12月我在海淀时，最引人注目的景象是北京街头熙来攘往、川流不息的、明亮的"面的"（这是北京俚语称呼小型面包车的说法。至于"taxi"一词的直译，见附录F）。友人告诉我，付不起普通（regular）出租车车费的人觉得这些"面的"最有吸引力，因为"面的"的收费标准是十公里以内只要十元钱，十公里以上每一公里再收一元钱。那时我成了"面的"的常客，而且喜欢与司机聊天。在一次偶然的机会里，一名司机向我抱怨，他原来工作的国营工厂倒闭后，他失了业，而开"面的"工作时间太长，他一家又没有医疗保险。他说他本人的梦想是买一辆出租车，自己做老板，这样他就不用向出租车公司交付每月的高额租金了。他的话从我脑子里唤出了车夫的形象，这时他转头问我："你知道老舍的小说《骆驼祥子》吧？我们是新一代的祥子。一点不假。"[1]虽然对我来说抓住这种相似性并不困难，但真正使我惊讶的是他把两者联系起来的方式。这位出租车司机是一名出色的读者，因为他把祥子读成一个隐喻（trope），读成喻说其他事物的那种事物，其意义并不局限在小说原来的语境，而是能被运用到理解一个全然不同的情境。

---

[1] 我不能肯定这名司机究竟是读过老舍的小说，还是看过由小说改编的电影。虽然读与看的差异在大众传媒的时代应当贴切地表达，但我想强调的是，精英文学、大众文化与流行文化的概念在应用到中国的情境之前，值得深细的反思。譬如，《骆驼祥子》在中国大陆得到广泛的阅读，读者既有精英知识分子、专业人员、工人，也有城市下层阶级的劳动者。

第五章　欲望的叙事：关于现实与梦幻

老舍小说的叙述者对祥子内心意识的透视远远超越了现代中国小说当时所取得的心理现实主义的深度或方式。其实，中国文学与欧洲大陆以及日本小说杂交的首要成果之一便是讲述行为带来的内心世界客观化。还有什么比曾经流行一时的解剖喻说更能说明问题呢？以解剖人体服务于科学研究的手术刀，在鲁迅及其影响下的作家群中，转化成了对写作功能的再恰当不过的隐喻。郁达夫曾列举许多欧洲自传体写作实例（特别是 Henri Amiel 的日记）论证道，第一人称叙述最适宜于完成"剖析自我"的任务。[1]科学解剖的借喻形象地道出了叙述内转对开掘人类深层心理的有益贡献。正如埃里希·科勒（Erich Kahler）在他对现代欧洲早期的叙述内在化以及个体心理学兴起的研究中指出的那样，"一个人的同胞及其自身的内心生活成了有意观察的对象。就是说，它们被客观化了。"[2]这一客观化进程显示出科学、社会与文学之间的历史关联是如何展开的，而这一系列的关联又如何直接推动着以表现内心世界为目的的一整套独特叙事模式的创制。

但是，在这一时期的文学中，我们也注意到另一现象，这种现象似乎并不能毫无保留地汇入科学与文学共融的有机体当中。鲁迅的第一篇小说，即开创性的《狂人日记》通过俄国作家果戈理之手

---

[1]　郁达夫，《日记文学》，《郁达夫全集》，第四卷，115 页。
[2]　Kahler, 21 页。

把一种极度分裂的内省之声引入了中国文学。但几乎就在同时,它向试图以医学名义来涵盖狂人写作的叙述框架提出了深刻的质疑。在人们时常道及的一段用文言文写成的框架性叙述里,"日记"的编者向我们透露:

> 持归阅一过,知所患盖"迫害狂"之类。语颇错杂无伦次,又多荒唐之言;亦不著月日,惟墨色字体不一,知非一时所书。间亦略具联络者,今撮录一篇,以供医家研究。[1]

这种例行的叙述框架的作用在于,它把狂人的写作放进了一个特定的视角当中。但是,这是怎么样一种视角呢?[2] 如果编者按语所指的那些荒唐之言提供给我们的只是某种心理疾病的病理学症候,那么我们会相信编者果真采取了"规范"的视角。然而,狂人日记本身却着重于对中国历史的象征性病理诊断——暗含着对西方规范的参照——因此它大大超出了任何囿于个体心灵的字面解释。阅读和写作的这一象征功能与科学解剖的借喻所表露出的实证乐观主义之间产生了隔阂,结果文字的象征功能推翻了科学实证主义。在此,我们目睹了发生在中国文学现代性初期的一桩科学话语与文学话语彼此展开思想竞争的个案,在这场角逐中,双方都宣称自己拥有辨别人心虚实的知识。

重构真实与虚幻的界限

在第四章第一节里,我对老舍小说文体学的探讨集中在老舍是如

---

[1] 鲁迅,《狂人日记》,《鲁迅全集》,第一卷,422 页。
[2] 对鲁迅在这篇小说中比照运用文言和白话的详细分析,参见梅贻慈(Yi-tsi Mei Feuerwerker),《文本、间文本与创作自我的再现》(*Text, intertext, and the Representation of the Writing Self*),167—177 页;李欧梵,《铁屋中的呐喊》(*Voices from the Iron House*),54 页。

何借鉴欧洲叙事技巧建构笔下那个沉默寡言的主人公祥子的内心世界。本章则换一个约略不同的角度来进一步审视这个问题；我的研究集中在多种形态的欲望叙事如何使心理和精神分析话语日益合法化，而这一过程对于20世纪初期汉语写作与文学批评究竟有哪些意义。与弗洛伊德、哈维洛克·蔼理斯（Havelock Ellis）或者说精神分析理论的接受史不同，我在这里尤为关注的是中国小说中作为跨语际表述模式（translingual mode of representation）中的欲望叙事问题。

精神分析学说早在1907年就被译介到了中国，并在相当一大批作家和批评家中间引起了注意。[1]学者就鲁迅对弗洛伊德的兴趣以及他在《野草》和《故事新编》中尝试使用某些弗洛伊德观念的情况已经有所论述。[2]其他如郁达夫的自传体小说，潘光旦对冯小青个案的著名研究，张竞生颇受欢迎的生物学与性学写作，以及施蛰存以《将军的头》和《石秀》为代表的心理小说。[3]这些事例精彩地讲述了中国作家是如何在他们的作品中运用精神分析语汇的情况，但以下我对施蛰存作品的讨论表明，弗洛伊德主义的借用仅仅是使20世纪二三十年代欲望叙事产生动摇的多种不定因素之一。为了把"欲望"的含义恰如其分地融会到这个现代语境当中，我们不得不尽量扩大我们的探索视野，以便使它既涵盖精神分析理论的那些容易混淆的术语，又要对它们进行合理的质疑。这就是说，欲望（desire）不能简单地等同于性欲。我认为我们还应该探讨20世纪语境下真实和虚幻界限是如何被重构的？西方如何为中国人的缺憾或满足感提供了这样或那样的新的参

---

[1] 详细的研究参看张京媛，《心理分析在中国》。
[2] 有关鲁迅翻译厨川白村《苦闷的象征》的讨论，参看张京媛，《心理分析在中国》，59—68页。亦可参看李欧梵，《铁屋中的呐喊》，33，92页；以及 Marston Anderson, "Lu Xu's Facetious Muse"。
[3] 关于鲁迅作品中弗洛伊德式梦境想象的讨论，参看 Carolyn T. Brown,《鲁迅对梦的解释》（Lu Xu's interpretation of Dreams），Brown, 67—79页；Marston Anderson, 见上注[2]，特别是260—268页。潘光旦对冯小青的精神分析式阅读，参看《冯小青：一件影恋之研究》。最近，潘光旦的这项研究被冠以庸俗的标题《冯小青心理变态揭秘》重新编辑出版。明代诗人冯小青的生平与创作研究，参看 Widmer；对张竞生的全面研究，参看 Leary。

第五章 欲望的叙事：关于现实与梦幻

照系？多种跨语际讲述模式（translingual modes of storytelling）之中出现了哪些感性的和经验的形式？

1922年，郭沫若在《创造季刊》第二卷上发表了短篇小说《残春》。小说主人公是一个名叫爱牟的留学日本的中国医学生。一天，爱牟乘火车去附近小镇上看望一位因失去父母企图自杀而后住进医院的老朋友。在那里，他意外地邂逅了一位名为S的日本女护士，并深为她的美色所倾倒。这天夜里，他悄然入梦，梦见自己正与那位日本姑娘偷偷地在山顶上幽会。卿卿我我的一阵私语之后，女孩儿告诉爱牟，她正在经受肺结核的折磨，并央求他为她诊治。她随之宽衣解带，将自己的酥胸展露在他那充满渴羡的目光中。恰在此时，一位叫白羊的朋友突然出现在眼前，带来了爱牟妻子杀死了他们两个儿子的噩耗。爱牟匆匆起身返回恐怖的现场，目睹了幼子被砍去四肢横躺在鲜血淋漓的地板上的惨景，而妻子站在一旁发疯似的挥舞着手中的短刀威胁着他。于是，他没有进行丝毫的反抗，让妻子手中的利刃穿透了自己悲愁郁积的心，怀抱着孩子们的遗骨倒在了地上。夜梦到这里戛然而止，爱牟从梦中醒来，十分惊异于梦中无所不在的征兆。[1]

在小说发表后的一年，郭沫若在同一刊物（第二卷第三期）上推出了《批评与梦》一文，告诫读者应该如何去理解他的小说中的梦境象征。面对有人指责它平庸的酷评[2]，郭沫若指出，把这个故事读作由开始、高潮和结局构成的直白叙事是错误的，因为他想借助于梦境象征的形式着力展现人的力比多（Libido）、性冲动、压抑以及无意识。他的阅读接近于以弗洛伊德精神分析学说为依托的现代阐释理论。因为小说主人公是已婚男子，他不能对别的女人心存非分之想，小说暗示我们，爱牟无意间压抑了自己的欲望，直到有一天梦想以象征的替代形式将无意识诱发了出来。郭氏进一步解释道：

---

[1] 郭沫若，第五卷，13—28页。
[2] 这包括成仿吾发表于同一刊物（《创造季刊》第一卷第四期，6—11页）上的评论文章以及一位笔名为"摄生"的人在1922年10月2日的《学灯》上撰写的批评文章。

梦中爱牟与S会于笔立山上，这是他在昼间所不能满足的欲望，而在梦中表现了。及到爱牟将去打诊，便是两人的肉体将接触时，而白羊匆匆走来报难。这是爱牟在昼间隐隐感觉着白羊为自己的障碍，故入梦中来拆散他们。妻杀二儿而发狂，是昼间无意识中所感受到的最大障碍，在梦中消除了的表现。[1]

作家直接站出来维护他自己的作品的情形在文学史上并不少见，但郭沫若为何要花费这般力气拿弗洛伊德来使他的小说合法化呢？（为什么不把它解释为一位中国男人对日本女人的渴望，这种以国族为界线的欲望势必要超越单纯的性爱。）是什么原因促使郭沫若如此不假思索地将"欲望"两字嵌入他文章的一套新的词汇之中？这套词汇所指代的意思被想当然地设定了外文对应词："欲望"（desire），"潜意识"（the subconscious），精神分析（psychoanalysis）。乍一看来，围绕《残春》展开的批评挑起的好像只是创作界和文学圈对西方现实主义、浪漫主义、印象主义甚或象征主义与中国文学相关性的论争，但在中国文学界，郭沫若对弗洛伊德的援引似乎使争论超出这一层而指向了日趋动摇着的阐释权威的地位，也就是说，文本、阅读与批评的关系经历着一次重大的转变。例如，在同一篇文章中，当郭沫若把精神分析方法拓展到中国古代哲学家庄子以及传统戏剧《西厢记》那里时，他的阅读就不可避免地使传统文本的意义"现代化"了，而梦境象征主题的阐释也发生了逆转。在此，我们可以觉察到思想话语深刻的时代变化，在这个时代里，阐释行为变成了各种不同理论和话语竞相登场争夺各自合法性与权威的场所。

我这样说并不意味着文言文和旧体诗缺乏表现内心世界的资源。事实上，五四早期的作家们深受旧学浸染，他们常常用古典诗词来表达自己。但是，我们还是要小心，不要把20世纪对人类心灵的心理学兴趣投射到古代。在已经逝去的百年里，我们对什么构成了人类内心

---

[1]《批评与梦》，郭沫若，第十卷，116页。

世界的感受经历了如此大的变化——准确地说,这些变化来源于早期以现代心理学名义对传统的激进改造——以致我们从这里入手无法找到中国古今文学的比较依据。比如说,我们是怎么知道"情"和"emotion"或"feeling"是一回事?我们怎么才能证明文言词"欲"与新兴的用法"欲望",或者说文言词"心"与双向的外来词"心理"(psyche)等同呢?我这里想要强调的与其说是比较方法的因素,不如说是历史的因素。当我说五四文学自觉地服务于专门探测人类深层心理的知识时,我所指的仅此而已。当"心理"和"欲望"能够被翻译,而多种跨语际叙事模式(translingual modes of narration)开始重新组合人类内心的真实与虚幻之时,心灵就可以进行分析了。

我对郭沫若这段话的分析目的是将心理写实主义问题纳入到跨语际表现模式的框架中去,因为这些模式,理论、批评与创作相互决定着现代文学写什么以及如何写的问题。鉴于文学文本不可避免地与阐释行为结合在一起,如果不充分了解文本和解读文本的阐释机制间的关系究竟是什么,我们将无从谈论内心世界的再现。这是我在前一章里针对老舍小说采取的阅读策略,在本章中,我对施蛰存和郁达夫的分析仍然依赖同一策略,以期揭示出心理叙事中真实与虚幻成分的多重意义。

魔幻如何被心理化

严家炎注意到施蛰存早年对弗洛伊德的迷恋,并把这种迷恋部分地归因于像阿图尔·施尼茨勒(Arthur Schnitzler)这样的欧洲作家以及日本新感觉派精神分析创作的影响。[1]李欧梵也指出了施蛰存对坡、巴尔贝·多尔维里(Barbey d'Aurevilly)、詹姆士·法拉策(James Frazer)、安德鲁·郎格(Andrew Lang)、费尔那·马克良(Fiona Mcleod)、

---

[1] 参看严家炎为《新感觉派小说选》一书撰写的导论,33—36页;以及他的《中国现代小说流派史》,134页。

勒法努（Le Fanu）的兴趣以及他对弗洛伊德的明显偏爱，尤其感兴趣的是自我无法控制的非理性和潜意识力量。[1]事实上，施蛰存小说表现出一种耽于幻觉、梦境、暴力、魔法、巫术、占卜、妖术等等诸如此类主题鲜明的倾向，它们几乎都能诱发精神分析式阅读。就分裂的身份（split identity）、移置（displacement）、无意识（the unconscious）以及性压抑（sexual repression）这些概念在施蛰存二三十年代为数不多的几篇小说中处理得心应手的程度来看，精神分析方法在他那里确已非常成熟，还有几位现代作家对它的运用也获得了不同程度的成功。之所以如此，原因并非弗洛伊德对人类心灵的阐释正确地揭示了内心真实、成为解释古往今来一切梦幻的普适密钥——实际上，中国古典小说提供的许多反例完全可以让弗洛伊德的语汇变得并不必要——真实的情况是，一批有意尝试在中国小说和弗洛伊德主义之间建立一种跨语际关系的中国作家和批评家在此涌现出来。他们用弗洛伊德术语来重组欲望的做法有力地拉动了精神分析式阅读。郭沫若对《残春》的解释为我们提供了一个中国作家如何借助弗洛伊德主义重思欲望本质及如何用现代文学语言表现它的绝好例证。

当自以为启蒙了的思想家们纷纷斥责早期宇宙论的和臆想式的解梦为迷信愚昧时，梦境象征这种曾为中国志怪小说增色不少的艺术手段在20世纪经历了一次全面的心理化过程。例如，发出早期现代文学宣言《人的文学》的周作人，就曾列举了在他看来应从文学中排斥出去的十类"非人"文学。其中为首的便是"色情狂的淫书类"，"迷信的鬼神书类"以及"神仙和妖怪书类"。原因是"这几类全是妨碍人性的生长，破坏人类的平和的东西"。[2]于是，梦境阐释在现实主义小说中开始承担起用科学术语解释人类内心生活的任务，并使得自身因此能够被划归为心理现实。

施蛰存的精神分析小说正是那个日趋变化的环境的产物。然而，

---

[1] 李欧梵，《追求现代性》（*In Search of Modernity*），130，131页。
[2] 周作人，《人的文学》，《中国新文学大系·建设理论卷》，197页。

第五章　欲望的叙事：关于现实与梦幻

就在精神分析好像被完全接受了下来，在弗洛伊德的影响显得无可争议的地方，有趣的现象开始发生，这些现象需要得到解释，而我们的解释又势必会使读者对这种影响的理解复杂化起来。以下的解读则试图直面隐藏在施蛰存作品中有关怪异与梦幻中存在的悖论。一方面，他笔下的弗洛伊德式的象征无疑应属于心理现实主义范畴，但另一方面，这种象征的运用又不能不使那些被五四文学拒斥在现实之外的志怪和其他古典文学主题（topoi）返回了中国文学，结果使得志怪小说以改头换面的方式再度地合法化。[1]

作为《现代》杂志的主编，30 年代的施蛰存一直致力于提高包括詹姆士·乔伊斯（James Joyce）、爱兹拉·庞德（Ezra Pound）、威廉·福克纳（William Faulkner）、吉尧姆·阿波里耐尔（Guillaume Apollinaire）、安德列·布勒东（André Breton）、保罗·艾吕雅（Paul Eluard）、路易·阿拉贡（Louis Aragon）以及日本新感觉派在内的现代主义文学的声望。[2]而施蛰存是经由哪条思想道路才来到了他那独特的弗洛伊德式的梦幻解释呢？人们经常忽略掉的一个重要事实是他对法国超现实主义的短暂迷恋。作为上海法国天主教震旦大学法文班的毕业生，施蛰存非常熟悉安德列·布勒东和其他一些超现实主义作家们的创作，这些现代主义作家为他的梦幻文学实验提供了理论依据。他甚至把"超现实主义者"这个词汇塞进了其中一篇小说当中。[3]

---

[1] 有必要说明一下我在这里采用的术语"fantastic"。托多罗夫对"怪诞"（uncanny）、"魔幻"（fantastic）与"奇异"（marvelous）的区分非常有意义，但却无助于我对弗洛伊德主义与魔幻文学之关系的讨论，因为这些术语的界定取决于叙述者在建构情节时对读者期待的操控。"fantastic"我也用来翻译汉语"志怪"。英语世界中有关志怪及其他文类的讨论，参看普安迪（Plaks）。
[2] 近期，施蛰存的小说家声誉在严家炎的肯定下得到了恢复，后者主要是把施氏的作品放在被称为"新感觉派"的一批上海作家中加以讨论的，这批作家包括刘呐鸥、穆时英、杜衡、戴望舒等人。参看严家炎为《新感觉派小说选》一书撰写的导论，1—38 页。所谓"新感觉派"是指崛起于 20 年代的一批日本作家，他们主动靠近德国表现主义、达达主义、法国超现实主义、英美现代主义，决心在自己的创作中强调内在化与无意识，从而开创出一条可与西方比肩的现代主义传统。英文方面最近的对施蛰存作品的讨论，参看李欧梵，《追求现代性》，尤其是此书的 129—131 页。
[3] 参看，施蛰存，《魔道》，《梅雨之夕》，49 页。以下所引均出自该本。

布勒东曾经以弗洛伊德的语言毫不妥协地宣告了自己对西方资本主义社会中现代理性化倾向的不满。正如他在《超现实主义宣言》(1924)中所表白的那样：

> 事实上，众所周知，那些疯子把他们的银铛入狱归咎于为数不多的受法律诅咒的行为，如果不是这些行为之故，他们的自由（或者我们视为他们的自由的东西）就不会遭到威胁。我则甘愿承认，在某种程度上，他们是自己的想像的牺牲品，因为是想像诱使他们疏于关注某些为我们必须熟知和尊重的规则，而离开了这些规则人类就会感到不安全。但是，疯人不在乎我们怎样看他们。这种深刻的不在乎使我们猜想，他们从自己的想像中获得了极大的舒适和安慰，他们充分地享受着疯狂，从而抵御住了身陷囹圄的煎熬。其实，幻觉、迷影等等并非只是些一时之快的根源。[1]

布勒东陶醉于人类的心智及其僭越和发狂的潜力。例如，小说《娜佳》(*Nadja*)中的那个桀骜不驯的女主人公，就是因被社会目为疯人而被关进了精神病院。布勒东控诉现代文明把幻觉和迷信从人心中抹除的罪恶，并在自己的小说中竭力恢复内心生活里被压抑的一面。死亡、力比多、神秘、疯狂、潜意识、幻象、浮想等等主题充斥在他以及追随他的超现实主义者们的作品之中。我们知道布勒东曾经想当一名医生，为此他曾与巴宾斯基（Babinsky）共同研习此道，战争期间，他还在一家精神病院做过几个月的实习医生。小说《娜佳》对疯人院和法国精神病医生大加挞伐，但苏珊·苏雷曼（Susan Suleiman）在《颠覆的意向》(*Subversive Intention*)一书中的分析则表明，精神病医生与病人会面的模式在布勒东创作中经历了一个内在化过程，但置身其中的作家竟然没有意识到这一点。对病人的观察、诊断及与之进

---

[1] 布勒东，5页。

行的交谈构成的这个模式,来源于布勒东与娜佳面对面的会晤以及他对这次会面前因后果的详尽记录。布勒东能对一个疯女人来"'扮演医生的游戏',对她有了从肉体到心灵的了解,但另一方面却没有忘却各自的身份('qui je suis')。没有与她产生瓜葛,没有'丧失自我',也没有去'干扰'她"[1]。

施蛰存的作品展现出了与布勒东的写作类似的主题和动机,尤其是在《石秀》、《夜叉》及下面将要讨论的《魔道》里。在这些小说中,女人成了幻觉、诱惑、神秘与死亡现象中的永恒人物。享誉一时的小说《石秀》便是用精神分析方法对《水浒传》一个片段的改编。石秀对结拜兄弟之妻潘巧云实施的恐怖犯罪是从性压抑的角度加以叙述的,而这压抑以男主人公屠杀和肢解欲望对象的方式得到了发泄。原故事的暴力色彩就这样得到了心理化改造并被赋予了精神分析的解释。[2]

但是用汉语写作的施蛰存必然以与法国超现实主义不同的方式创造性地运用精神分析方法。其重要的革新之处在于他引进了超现实主义的怪诞与中国古代志怪小说之间的象征性的通约。我认为,弗洛伊德主义为施蛰存提供了一套语汇,使得他把古代志怪小说转化成为汉语形态的超现实主义小说。[3]

弗洛伊德自己曾经列举过翻译对精神分析理论的功用。在《梦的释义》中,他写道:"梦的隐意(dream-thoughts)和梦的显意(dream-content)就如同一件事物以不同**语言**写成的两个版本一样呈现在我们眼前。准确地说,显意好比是将隐意转换为另一**表达方式**的**翻译**,而我们的工作是通过**原文和翻译**的对比来发现这种表达方式的**字汇和句法**。"(黑体为引者所加)[4]弗洛伊德坚信梦境象征是一个拥有自身句法、逻辑和应遵循一致性的表现和阐释问题。为了从内心的无意识混

---

[1] Susan Suleiman,《颠覆的意图》(*Subversive Intention*),107 页。
[2] 关于这篇小说的讨论,参看 Jones。
[3] "怪诞"的精神分析概念,参看弗洛伊德,"怪诞"(The Uncanny)。
[4] 弗洛伊德,《梦的释义》(*Interpretation of Dream*),277 页。

杂中抽取出连贯的意义，完成他对梦境象征的阐释系统，弗洛伊德不得不先验地设定无意识具有语法和句法，只有经过职业释梦训练的精神分析者才可以轻而易举地读出它的意义。这一点清楚地表明了为什么在弗洛伊德对人类心灵的思索中，无意识及其可言说性占据了如此核心的位置。在《梦的释义》及其他著作中，弗洛伊德苦心孤诣地致力于创造一套象征性语言，使精神分析学家能够借此讲述一个有关人类心灵的"理智、连贯和完整的"故事。[1]

但批评家对叙述连贯性的神话并非没有异议。斯蒂芬·马尔库斯（Steven Marcus）就曾对弗洛伊德的语言方式提出了批评："对曾经孕育出自己的主潮之一即19世纪资产阶级小说的那种文化来说，再没有比弗洛伊德对连贯性讲述（coherent story-telling）具有治疗效果的崇信能对其表示更高的敬意了。"[2]问题的确如此，除了按照人类的叙事冲动来探究他们的内心之外，弗洛伊德何曾做过其他的事情呢？也许精神分析师更属于那种讲故事的职业，而不是医生。或许两者在弗洛伊德洞察到的某些基本方式上本是彼此不可分隔的罢。[3]

施蛰存的小说《魔道》（1931）把魔幻制成了表达那种无法表现的内心无意识的象征性语言，就这一点来说，它的运作仍然受了类似的叙述冲动的驱使。但必须注意到在这一语言转换过程中，弗洛伊德主义的含义正在发生着变化：施蛰存借助于弗洛伊德的精神分析语言把恐怖、欲望、命运与迷信的古典文学主题重新带回了中国小说，使魔幻文学变得日趋心理化从而挽救了古代志怪小说。至此，我上文就鲁迅小说提出的科学与文学话语之争变成了一种悬置的叙事（a narrative of suspense），其间真正的现实观念是在心理真实与文学真实之间摇摆不定。

但是，说施蛰存通过小说使魔幻文学日趋心理化，这并不意味着

---

[1] 弗洛伊德，《杜拉的故事》（*Dora*），32页。
[2] Marcus, 278页；转引自 Suleiman, 128页。
[3] 有关弗洛伊德与精神分析方面的学术和批评研究为数甚巨。参看比如 Marcus, Deleuze and Guattari；Certeau,《异源性》（*Heterologies*）；Derrida,《明信片》（*Postcard*）。

古典志怪小说缺乏心理深度。我在此所关心的与文学表现和内心现实的对等（adequatio）无甚关联，这一类的概括往往依赖于对语言功能的形而上学的理解。我采取的方法是要将实行再现功能的语言（the language of representation）本身列为有待探讨的问题从而达到对施蛰存文学话语变动状况的历史性理解。魔幻文学没有必要宣称心理深度是富有价值和意义的东西。但它一旦如此宣称，正如我们会在下面讨论的事例中看到的那样，那么它或许更能深刻地揭示对魔幻文学构成因素的灵活领会，以及驱使作者从事此类创作的原因。

《魔道》采纳了一个程式化的故事线索——艳遇（erotic adventure）——沿袭了传统志怪小说的写法。典型地说，这类故事的主人公往往为一介聪慧书生，在云游四方或进京赶考的途中无意间邂逅了一位绝色佳人。才子与佳人彼此顿生爱慕之情。于是，佳人遂邀书生彻夜畅谈诗书，同床共眠。最后，书生恋恋不舍地与佳人作别，继续踏上了旅程。然而故事的点题之笔往往姗姗来迟，书生终于发现与自己苟欢的原来竟是只狐狸精（或是一位死去多时的女人的鬼魂），而卧榻之所只是她在墓地里施展魔法变化出来的亭台屋宇。[1]自从志怪小说发端以来，在这一原型叙事的基础之上还衍生出了许多变种。[2]

施蛰存《魔道》的背景虽然在20世纪，但以第一人称出现的主人公卷入的同样是一场类似的艳遇。小说叙述者生活在上海这座大都会里，他阅读外国书籍，出没于咖啡馆和电影院之间，兴之所至，便乘车出游。故事讲述的正是他的一次周末旅行，目的是到坐落在上海郊外的一处西式别墅中同朋友们聚会。就在乘火车途中，他陷入了由对

---

[1] 唐传奇把志怪传统推进到了新的艺术顶点。我们可以联想到《任氏传》和《游仙窟》，但并非所有的传奇都含有迷信的成分。《李娃传》便是其中一例。要恰当地理解汉语中的"奇"和"怪"，就必须将幻想的含义扩大化，它应涵盖从奇妙到大致可称为奇怪和异常的若干类似经验在内的全部意义。普安迪（Andrew Plaks）指出，"在汉语语境里，奇这个词拥有一个语义范围，它除了专指奇异（marvelous）之外，还有'怪异（odd）'的含义。"

[2] 有关志怪的发端，参看 Kenneth J. DeWoskin，《六朝志怪与小说的诞生》，引自浦安迪，21—25页。有关志怪的后期发展，参看 Judith Zeitlin 对蒲松龄的研究。

面老妇引起的幻觉当中。这个面目狰狞的老妇是谁呢?

> 我开始动了我的疑惑。我觉得这个老妇人多少有点神秘。她是独自个,她拒绝了侍役送上的茶,她要喝白水,她老是偏坐在椅位的角隅里,这些都是怪诞的。不错,妖怪的老妇人是不喝茶的,因为喝了茶,她的魔法就破了。这是我从一本什么旧书中看见过的呢?同时,西洋的妖怪的老妇人骑着笤帚飞行在空中捕捉人家的小孩子,和《聊斋志异》中的隔着窗棂在月下喷水的黄脸老妇人底幻象,又浮上了我的记忆。我肯定了这对座的老妇人一定就是这一类的魔鬼。(88页)

叙述人对蒲松龄的鬼怪小说以及西方民间传说中的巫婆形象的提及是别有意味的。它从两种不同传统里归纳出了一套共同的文学谱系,而且两者同时都使魔幻文学在中国文学格局里再度赢得合法地位。小说中的妖妇形象所指代的正是这个词汇准确的**字面**含义,因为小说通过对以往文学文本的征引以及对自身互文性的反思,使妖妇形象同过去的文学传统联系了起来。这些书名所指涉的对象,应该受到读者的重视,因为它对文本中的象征性阅读的在场(the presence of figural reading)起着文字索引的功能。[1]正如我在前面所说,评论者的阅读必须介入,或者至少在某种程度上对文本之内出现或进行的阅读行为作出回应。那么叙述者随身放在小皮箱里来消磨单调乏味的旅途时光的是些什么书呢?他首先提到的是 *The Romance of Sorcery*。还有一张外国作品中译本的书单,包括勒法努的怪异小说《波斯宗教诗歌》(*Persian Religious Poetry*),《性欲犯罪档案》(*Cases of Sex Crime*)和《英诗残珍》(*Treasures of English Poetry*),除了以上五本之外,另有一卷《心理学杂志》(*Journal of Psychology*)。就这样,妖妇、诗歌、性以及心理

---

[1] 在对这篇小说稍早一些的讨论中,李欧梵(《新感觉派小说选》,5页)也强调了这部文学文本的象征性在场(symbolic presence)。

第五章　欲望的叙事：关于现实与梦幻

学像一个个清晰的路标一样矗立在施蛰存跨越它重塑志怪小说的意义地带（the territory of meaning）。

小说中较早出现的一个场景表明了魔幻与心理在故事里相互穿透的状况。叙述者在朋友家中刚刚落座，就应邀共进晚餐。席间，女主人恰好身穿一件低领轻绸外衣，这使她看上去非常富于肉感。叙述者对这位性感女人的反应以鲜明的弗洛伊德的升华和移置语言被描绘了出来：

> 我觉得纳在嘴里的红红的番茄就是陈夫人底朱唇了。我咀嚼着，发现了一种秘密恋爱的心酸的味道。我半闭着双眼。我有开着的一半眼睛看真实的陈夫人底颦笑和动作，而把闭着的一半眼睛耽于幻想的陈夫人之享受。我看见她曳着那白的长裙从餐桌底横头移步过来，手扶着桌子的边缘。我看见陈君退出室外去了。我觉得她将右手抚按着我的前额了——是的，其实她这时正在抚按她自己底前额。我放下了刀叉，我偷偷地从裤袋里掏出手帕来擦了一下嘴。我看见很大的一张陈夫人底脸在凑近来。没有这样白的！这是从来没有看见过的。日本女人也不会有这样惨白的脸。她微笑了，这是一种挑诱！她竟然闭了眼睛！怎么？我们已经在接吻了吗？我犯了罪呢。陈君最好此刻不要进来，……也不要谴责我。（61—63页）

叙述者感觉陈夫人的朱唇就像是一片鲜红的西红柿，他的欲望因此升华为含纳它的动作。西红柿转化为富于肉感的对象，而咀嚼则变成了性表演。在此，读者看到的是一个多元化的移置过程（a multiple process of displacement），其中女人的性被升华为嘴唇，嘴唇随后又被替换为西红柿。弗洛伊德在梦境精神分析中所概括的梦的运作过程（a process of dream-work）在这一描述中得到了回应，具有升华、移置、倒错（reversal）等等精神分析的特征。[1]

第二天清晨，当他瞥见陈夫人怀揣一只黑猫之时，这个女人在叙

---

[1] 参阅，弗洛伊德，第六章《梦的运作》，《梦的释义》。

述者的眼里顿时化作了一名妖妇。恐怖的谜底就像超现实主义者笔下的圣人显灵一样闪现在眼前：原来陈夫人正是那个到处尾随他的老妖妇。惊恐之余，叙述者匆匆离开主人逃往上海。到了城里，他又急忙去找一位做咖啡馆侍女的旧相识，两人相约来到酒吧。然而她那古怪的穿着又让他想起了陈夫人，就在他亲吻她的一刹那，她也立即变成了一个妖妇。20分钟过后，他收到了家里寄来的一份电报，告诉他三岁的女儿已经死去了。这时，他从自家公寓的阳台上望去，他的目光与一个身着玄衣的老妖妇的恐怖眼神撞在了一起，也就是那个到处出现的身影，此刻这老妖妇正一瘸一拐地缓慢地走进附近的一条小巷子里去。

与古代志怪小说不同的是，施蛰存的小说始终也没有向主人公交代妖妇的真实身份，但叙述人越来越相信她的真实性是故事的谜底所在。另一方面，读者却不得不面对这样一个阐释上的谜团：这妖妇是超自然的存在抑或仅仅是一种幻象？如果她只是由叙述者的妄想症（paranoia）引起的幻觉，那为什么故事还像许许多多的传统志怪小说那样包含着"无法避免的"死亡呢？既然妖妇是一个超自然的生灵，那叙述者又为何频频提及他由于过多地阅读文学作品而引起的幻觉经验和神经崩溃呢？魔幻与心理之间的模棱两可使那种将两者截然分开的读法本身成了问题。正如精神分析语言谋求用怪诞的象征术语来解释人类的无意识一样，施蛰存小说中的魔幻成分将自身制成试图言说那不可言说之物的超现实主义语言，不可言说，是指它超出了"现实主义"经验解释的有效范围。二者在超现实主义表现层面上形成了彼此相互穿透的态势。

我的意思是读者不必以魔幻与非魔幻的纠结为出发点，那是叙述人自己的问题。叙述者要求了解那个无处不在的妖妇的身份，但读者可以将阐释问题自由地放置在与叙述者世界的异源叙述关系（heterodiegetic relation）当中。[1]也就是说，读者可以将叙述者的象征性阅读翻

---

[1] 我在此借用热奈特《叙事话语》（*Narrative Discourse*）中的术语来描述这种阐释情境。"异源叙事"（Heterodiegesis）是指叙述者从他/她描绘的小说世界的外部说话时的相关立场；同源叙述的叙述者则从小说世界的内部说话，而他/她的发言被视为小说的一个组成部分。

第五章 欲望的叙事：关于现实与梦幻

转过来，进而把魔幻之谜放在谜团的根源即叙述者本人身上。

叙述者对妖妇的恐惧与其对女人们的迷恋之间的关联是显而易见的。这部小说提到的女人有八个之多，还不包括他在旅途阅读中所碰到的那些。有趣的是，多数女人变形为妖妇，叙述者对这些变形的描述为我们如何把魔幻把握为阐释问题提供了有用的线索。下面是叙述人对陈夫人变形的描述：

> 已经被忘却了的恐怖重又爬入我的心里。我昨晚怎么会幻想着她与我接吻的呢？她是个妖妇，她或许就是昨天那个老妇人的化身。——所以她会把她的幻影变作玻璃窗上的黑污渍指给我看。我起先的确看见玻璃窗上并没有什么污点斑点的。啊，可怕，……（65页）

与前一天夜里叙述者因想像中的接吻而背负的罪感以及他对被压抑欲望的体验形成对比，他现在把陈夫人视为一种真正的恐怖，肆无忌惮而不可理喻。这一逆转导致了显著的心理移置：这使他变成被骚扰的受害者，而不是潜在的罪犯。早些时候在火车上出现的那个老妖妇形象现在附在了陈夫人身上。这种幻觉变形好似魔道或巫术一样贯穿了小说始终，把年轻貌美变成了苍老丑陋，把渴望中的佳人变成了令人生厌的鬼怪。

在故事结尾处，女儿的死讯传来，叙述者的妄想症发展到了确确实实的受害状态。事态的逆转在整部小说的构架中显得有些不近情理，因为故事前面并没有提到他还有个女儿。另一方面，噩耗以超现实主义的方式被预示出来，一种不祥之兆从头到尾笼罩着叙述者，一连串事件的发生令他神魂颠倒、惊奇不已。叙述者几乎是以超现实主义的文笔来描述女儿的死讯的：

> 侍役送上一个电报来：
> 我的三岁的女孩子死了。

> 我把电报往地下一丢，站起身来走向露台上去，街上冷清清地显得已经是半夜里了。我听见一个踔躞的声音，很迟慢地在底下响着。我俯伏在栏杆上，在那对街的碧色的煤气灯下，使我毛发直竖的，我看见一个穿了黑衣裳的老妇人孤独地踅进小巷里去。(72页)

叙述者对女儿猝死的反应被压缩成寥寥几句话，文中没有详细地去形容他的具体感受。相反，笔锋转到了他此后所看到的一切，故事于是把两件事叠在了一起。我们在妖妇与女儿暴亡之间领会到的那种联系使得小说在超现实主义象征的较高层次上将魔幻与心理内容融为了一体。幻影得到了奇特的印证：妖妇原来是死亡的使者。

但是，这个悲剧事件和伴随着妖妇形象频频露面的被压抑着的性欲之间有什么关系呢？下面这段由王妃的木乃伊触发的一番想像，或许能有助于说明这个问题。叙述者向火车窗外放眼望去：

> 那边一定是个大土阜，隆起着。如果这在中原的话，一定就有人会考据出来，说是某一朝代某王妃底陵墓的。那么，一定就有人会去发掘了。哦，以后呢？他们会发现一个大大的石室，中间有一只很大的石供桌，上面点着人脂煎熬的油灯。后面有一个庞大的棺材，朱红漆的，当然，并且还用黄金的链吊起着。还有呢？他们就把那棺材劈开来，是的。实演大劈棺了。但是并没有庄周跳起来，里面躺着一个紧裹着白绸的木乃伊。古代的美貌王妃底木乃伊，曳着她底白绸拖地的长衣，倘若行到我们的都会里来，一定是怎样的惊人啊！……惊人？还不止是惊人，一定会使人恋爱的。人一定会比恋爱一个活的现代女人更热烈地恋爱她的。如果能够吻一下她那放散着奇冷的麝香味的嘴唇，怎样？我相信人一定会有不再与别个生物接触的愿望的。哦！我已经看见了：横陈的白，四围着的红，垂直的金黄，这真是个璀璨的魔网！
>
> 但是，为什么这样妄想呢？也许石室里是乌沉沉的。也许他

们会凿破七重石门，而从里面走出一个神秘的容貌奇丑的怪老妇人来的。是的，妖怪的老妇人是常常寄居在古代的 catacomb 里的。于是，他们会得乱纷纷地抛弃了鹗锄和鹰嘴凿逃走出来，而她便会得从窟丛里吐出一重黑雾来把洞口封没了的。但是，如果那个美丽的王妃的木乃伊是这妖妇的化身呢？……那可就危险了。凡是吻着了她底嘴唇的人，一定会立刻中了妖法，变鸡，鸭，或纯白的鹅的。变作鹅，我说这倒也不错。我想起了那个雕刻来了。那天鹅不是把两翼掩着丽达底膝而把头伸在她底两腿中间吗？啊，超现实主义的色情！（47—49 页）

在黑与白、生与死、妖怪与美人构成的辩证关系得到充分展现的浓重的象征中，恋尸的幻想记录了叙述者的力比多欲望。黑色、垂死与妖妇对应着白色、生气和美人。双方能够彼此相互转换，就像美艳的陈夫人在叙述者的想像中变形为妖妇一样，她修长的白裙时常令人想起远古时代王妃的打扮。也许在他的所有想像中，真正的欲望对象是那位可望不可及的陈夫人，面对她丈夫的深深负疚感使他感到痛苦异常。[1]宙斯化作天鹅强暴丽达的故事的引入，则表示叙述者的欲望是同样的侵占或曰私通。但对世俗中人来说，犯罪就要受到死的处罚。就像宙斯恶行的果实特洛伊的海伦捣毁了整个城邦一样，女人与死亡，或者说罪过与死亡结成了永恒的对子。与如此神秘的女人观相应，死亡对叙述者显得非同寻常。在他那里，女人是一个悖论：她既给予生命又毁弃生命；她既是纯洁的，又是污浊的，污浊乃是因为她的性征。

性爱想像使叙述者对死亡的看法大大地复杂化了。死亡是恐怖，是欲望，它与对女性身体的恐怖和欲望平行、交错在一起。无论是与陈夫人想像的接吻，还是与上海妓女真实的接吻都被描写得好像他吻到的是木乃伊的嘴唇，在接触它的一刹那，一阵"冰冷"、"刺骨"的

---

[1] 性爱与友谊是他偏爱的主题之一。施蛰存在此之前所写的小说《石秀》运用弗洛伊德观念改编了《水浒传》的一个故事，它描写的就是男主人公对结拜兄弟之妻的狂热爱恋。

感觉突然向他袭来（66，71页）。字里行间反复闪现的"陵墓"、"王妃的木乃伊"勾画出了一幅有关死亡的色情图画，它即刻变得危险、神秘和肉感起来。死亡与女人。死亡是女人。在这一男性欲望的叙事中，真正的怪诞之笔出现为以大写的"女"字写成的女性，对于男性叙述者来说，它代表着某种不可知之物的极限。当她在超现实主义的变形环节上将魔幻与心理内容融为一体时，她的身体顿时僵化了，就在这里，男性写作具有的那种色情格调上演了它的恋尸仪式。如果施蛰存由于使古代志怪小说合法化而在现代中国文学中占有一席特殊之地的话，那么同样必须归功于他的是，他揭示了传统魔幻小说与精神分析话语之间某些隐喻性的契合。当狐狸精形象以被压抑的无意识的面目再次来到小说中时，读者应该警醒地注意到，这是男性建构出来的、魔幻化、色情化和心理化的写作。下一节讨论的郁达夫的创作，为我们进一步了解男性书写在现代文学中的欲望表达，提供了很好的机会。

真实界的幻影

郁达夫对心理活动的热衷是人所共知的。他的第一篇小说《沉沦》由于对手淫、偷窥、阳痿以及种种"垂死"之感的暴露描述受到了广泛的注意。[1]在这里，我尝试着分析一篇与郁达夫的其他作品相比而较少受到批评界注意的小说。《还乡记》是一种跳跃式的叙述，由十个短小章节组成，附带了五章后记。它到底是一部小说还是一篇散文作品?[2]这种模棱两可的文体使我们对写作行为本身产生了有趣的疑问，当然读者不必深入到作者的意向里去思索此种文体的意义。

---

[1] 近期有关弗洛伊德和日本"私小说"对郁达夫写作的影响，参看许子东。英语方面对日本私小说的论述，参看 Miyoshi。
[2] 在收入《还乡记》的一本选集的前言里，郁达夫把他的写作描述为散文与小说的混合。但《中国新文学大系》一书的编者却武断地把《还乡记》及其后记划归散文，而把郁达夫同一小说集中的其他作品划为了小说。

第五章 欲望的叙事：关于现实与梦幻

这篇小说情节非常简单，它是对叙述者在由上海去往故乡富阳探亲途中一段时断时续的思想流程的记录。一串又一串的思绪通过写作行为被充分心理化和性别化（gendered）之后呈现了出来，这种写作方式竭力在叙述者追寻自我的过程中将真实与虚幻两者渗透为一体。与施蛰存笔下那个每每遭逢凶险妖妇的旅行者不同，郁达夫的叙述者只是生活在现实世界当中。梦幻没有像在施蛰存那里明确地出现在郁达夫的叙述者的意识当中。假如施蛰存把心理叙事成功地转换成了现代志怪小说，那么郁达夫则是以非常不同的方式吸取了外来的心理学理解。他的这篇文字把现代的和真实的处境本身变成了虚幻，并且使批评家们妄图在小说与散文之间建立文体区别特征的肤浅尝试归于失败。

在叙述者平淡无奇的旅途中，心理内容既然被标记为真实的东西，那么真实与虚幻的界限又在哪里呢？第一人称叙述是否就应等同于叙述者的自我意识经验？一旦我们停下来观察一下郁达夫的叙述者是如何处理象征语言时，上述问题就会立刻浮现出来。下面这段话在某种程度上解答了这个问题。在叙述者到达杭州火车站时，眼前这座他所衷爱的城市的熟悉景象深深地吸引住了他。他想用文字来捕捉这一瞬间，但苦于找不到恰当的词汇。

> 这种幻灭的心理，若硬要把它写出来的时候，我只好用一个譬喻。譬如当青春的年少，我遇着了一位绝世的佳人，她对我本是初恋，我对她也是第一次的破题儿。两人相携相挽，同睡同行，春花秋月的过了几十个良宵。后来我的金钱用尽，女人也另外有了心爱的人儿，我就学了樊素，同春去了。我只得和悲哀孤独，贫困恼羞，结成伴侣。几年在各地流浪之余，我年纪也大了，身体也衰了，披了一身破褴的衣服，仍复回到我两人并肩携手的故地来。山川草木，星月云霓，仍不改其美观。我独坐湖滨，正在临流自吊的时候，忽在水面看见了那弃我而去的她的影像。她容貌同几年前一样娇柔，衣服同几年前一样的华丽，项下

挂着的一串珍珠，比以前更添加了一层光彩，额上戴着的一圈玛瑙，比曩时更红艳得多了。且更有难堪者，回头来一看，看见了一位文秀闲雅的美少年，站在她的背后，用了两手在那里摸弄她腰背。[1]

"作者—叙述人"用浪漫爱情的象征性叙述来描绘他对离别多年的杭州城的眷恋之情。城市好比是一位美女，而叙述者自己则是她曾经离弃的恋人。这样的向壁虚构（幻想）必然指代着另一文本，也就是叙述人难以构想出来的文本。然而一个文本从来就不能完完全全地代替另一个。插入进来的大段隐喻不能包容在所指代之物的羽翼下面，相反，它暴露出了浸染着被压抑欲望的情爱想像，以及叙述人无意公开的自我焦虑感（他可能对此无从知晓）。当思乡的叙述着上了额外的情欲叙述色彩之际，刻意的虚构就不只是叙述者杭州之恋的寓言而已。因此我们很难把叙述者的性爱想像与幻化了的激情看作是他对杭州的归依感的纯粹象征性替代，而应在这里追究一种被移置了的欲望是如何通过多余的指涉复活了自身。[2]

由于象征性的语言引入了一种仅仅作为文学幻想而存在的真实性，因此，具有想像力的写作对郁达夫的叙述者的作用正如妖妇对施蛰存笔下心理失常的主人公一样。这里，真实与虚幻的界限逐渐模糊，我们发现语言既不等于活生生的体验，但又离不开它。因此，具有反讽意味的自我幻化就大大有助于推动作者的自我理解，叙述人甚至通过超常的想像制造出种种身陷苦海的情形，扮演着种种自我怜悯的感伤角色。然而很奇怪，上述自我幻化往往同情欲的次文本（subtext）连接着，其中女性的身体作为中心的能指（signifier），不断展示着欲望的意义。《还乡后记》中有这样一个场景。叙述者无奈正要去一家毫

---

[1] 郁达夫，《还乡记》，收入《郁达夫全集》，第二卷，19页。下文所引均出自该本。
[2] 这种情爱想像偶尔也在《沉沦》主人公的爱国热情中反映出来，他对女人们和祖国的那种令人忧虑的爱恋就暴露出了弗洛伊德式的移置。有关这篇小说的讨论，参看周蕾（Rey Chow），138—145页。

第五章　欲望的叙事：关于现实与梦幻

无生气的菜馆里进餐，但眼前的好天气似乎与内心的苦楚格格不入，他为此而闷闷不乐，甚至盼愿老天能突降大雨好与他忧郁的心境相符。"若希望再嗜一点"，叙述者说道，"我此刻更想有一具黑漆棺材在我的旁边。"[1]于是，他编造了一出他曾挚爱过的恋人死去的故事，为的是在自家造就的泪海里漂浮那么一会儿。

> 我怨恨了一阵，痴想了一阵，就把我的心愿，原原本本的排演了出来。我一边在那里焚化纸帛，一边却对棺里的人说："JEANNE！我们要回去了，我们要开船了！怕有野鬼来麻烦，你就拿这一点纸帛送给他们罢！你可要饭吃？你可要安稳？你可是伤心？你不要怕，我在这里，我什么地方也不去了，我只在你的边上。……"我幽幽的讲到最后的一句，咽喉就塞住了。我在座上拱了两手，把头伏了下去，两面额上，只感着了一道热气。我重新把我所欲爱的女人，一个一个想了出来，见她们闭着口眼，冰冷的直卧在我的前头。我觉得隐忍不住了，竟任情的放了一声哭声。那个在炉灶上的妇人，以为我在催她的饭，她就同哄小孩子似的用了柔和的声气说："好了好了！就快好了，请再等一会儿！"（5—6页）

叙述者面对恋人的灵柩心中涌起的缕缕遐思不禁使人回想起施蛰存和下一章将讨论到的沈从文小说中所描绘的那些恋尸场景。但这具有反讽意味的自恋在母性形象出场的那一刻有了一个奇特的转折，刹那间变得可望不可及的"母亲"的矛盾的性身份帮助我们理清了叙述者忧伤自我的力比多欲望的根源所在。尤其重要的是，幻想中的少女拥有一个西方人名（以英文拼出的）"Jeanne"。她是西方人还是起了西方名的中国女人？从上下文来看，后者的可能性似乎更大一些，因为五四时期的那批作家为追逐摩登常常以西方人的名字来命名小说的

---

[1] 郁达夫，《还乡后记》，《郁达夫全集》，第二卷，5页；下文所引均出自该本。

女主人公（如丁玲小说中的莎菲、玛丽和温迪）。[1]如果现代妇女的状况意味着女性主体意识的日渐成熟，那么丁玲的《莎菲女士的日记》则清晰地显露了其中隐藏的矛盾，因为现代性尽管赋予了女性主体莎菲展现欲望的机遇，但同时也创造了一个名叫凌吉士的男性形象抵消了这种欲望，而后者恰是以男性为中心的现代资产阶级意识形态的卓越代表。郁达夫的小说集中描写男性的主体意识，从不同角度揭示了现代性与性别之间的关系。由女性/西方人名"Jeanne"所触发的幻想指出了现代中国的性别化和跨语际的状况。

叙述者此次旅行的目的是为了探望家中的妻子，她是一位传统的妇女，其贤淑正是他产生负罪感的原因。在"五四"时代，妇女被塑造成为现代与传统相互排斥的能指符号（the opposing signifiers），在现代女性与传统主妇之间，怀揣欲望的男性知识分子徘徊游荡，浮想联翩，自我抉择，试图借此摆脱自身的认同危机。毋庸赘言，这一选择行为是以男性权威地位为前提的。五四青年倾向于把现代性想像为对他们所爱慕的现代女性的自由追求，希望通过它创造出现代的自我。郁达夫早期的小说《沉沦》便是上述愿望的体现，男主人公感到现代性的危机即男人与民族的危机。软弱、阳痿以及民族尊严的丧失全都意味着挫败，就像失魂落魄的主人公把他的欲望投射到日本女人身上所得到的结果一样。然而，正如我在第六章里对鲁迅一篇小说展开的分析所表明的那样，男性主体永远不可能通过沉湎于两性之情无限期地拖延面对自己或者摆脱认同危机。负罪感和迷惑似乎总是处处与他为难。

《还乡后记》由于对叙述者欲望的突出映照捕捉到了现代（男性）知识分子的危机感。就在叙述行为把妇女的现代或传统的建构推向前台的同时，它也暴露了叙述者自身主体立场的虚幻性。下面截取的一段话生动地描绘了女性身体是如何被编织进男性幻想情节中去的过程。

---

[1] 参看，Barlow 为丁玲《我自己就是女人》（*I Myself Am a Woman*）一书所做的导论，26 页。

第五章　欲望的叙事：关于现实与梦幻

> 看看四边没有人影，我心里忽然来了一种恶魔的诱惑。
>
> 破窗进去罢，去摄取几个钱来罢！
>
> 我用了心里的手，把那半掩的窗门轻轻地推开，把窗门外的铁杆，细心地拆去了三二枝，从墙上一踏，我就进了那间屋子。我的心眼，看见床前白帐子下摆着一双白花缎的女鞋，衣架上挂着一件纤巧的白华衫，和一条黑纱裙。我把洗面台的抽斗轻轻抽开，里边在一个小小儿的粉盒和一把白象牙骨折扇的旁边，横躺着一个沿口有光亮的钻珠绽着的女人用的口袋。我向床上看了几次，便把那口袋拿了，走到窗前，心里起了一种怜悯羞愧的心思，又走回去，把口袋放回原处。站了一忽，看看那狭长的女鞋，心里忽又起了一种异想，就伏倒去把一只鞋子拿在手里。我把这女鞋闻了一回，玩了一回，最后又起了一种惨忍的决心，索性把口袋鞋子一起拿了，跳出窗来。我幻到这里，忽而回复了我的意识，面上就立刻变得绯红，额上也钻出了许多汗珠。我眼睛眩晕了一阵，我就急急的跑回城站的旅馆来了。(31页)

当窃贼开始出神地摩挲女人绣鞋的时候，叙述者虚构的盗窃行为突然就停了下来。这种对女鞋的顶礼膜拜是否标志着他毕竟是位传统文人呢？也许如此。这样就可以解开追求现代的敏感的叙述人为什么要压抑内心的罪恶、为什么有时会感到羞愧难当。更重要的是，在这个怪异的时刻，性幻想的侵入引起了一种特殊的欲望表现方式：偷窥，为此叙述者把作案的场所想像在城市女人的闺房里。叙述者好像是站立在旅馆一扇窗户边，像偷窥者一样目睹了从破门而入到盗窃女人钱包和绣鞋的全过程。站在远处的偷窥者避免了行动的危险和由此带来的麻烦，在想像中尽情享受着犯罪的快感。这一场景中的犯罪既有想像中的偷盗和色情行为，又有伴随它而来的罪感和歉疚之情。这位有窥视癖的叙述者身上的特别有趣之处在于他幻想了一个虚构的自我来担当罪犯的角色，而自己同时还扮演了一个想像的偷窥者。

这里的偷窥情节并不像人们批评的那样仅仅是对性禁忌的反抗或

者是道德颓废和性怪僻的单纯展示。[1]在郁达夫的创作中,它还象征着现代知识分子渴望行动而又不能行动的种种焦虑。缺乏行动能力的意识软化了行动的意志。偷窥者形象表达了这种孤独和溃败的状态。同时,作者卷入的想像文字又体现了他对耽于窥视、拖延行动的反讽(the irony),正如虚构的犯罪场面构成了对他的真实情境的反讽一样。在一处颇能揭示主题的地方,叙述者从远处向农民们唱起了赞歌:"正直的农夫吓!你们是世界的养育者,是世界的主人。我情愿为你们作牛作马,代你们的劳,你们能分一杯麦饭给我吗?"(12—13页)这段话似乎在恭维劳动阶级,但由于叙述者是从一个特定的角度说出的——他透过火车车窗向田野远远望去——因此这番颂扬就像是知识分子付出的空头支票一样随风而去,他们想要与劳动阶级联合的欲望仅仅停留在了一个比喻("作牛作马")之上。

除了他的丰富幻想,关于他内心的意识状况,叙述者的象征语言还告诉了我们什么呢?在施蛰存的小说里,魔幻主题的再度复归使心理叙事转变成了一种现代志怪小说。而郁达夫的叙述者,正如我上文所说,将现代的和真实的处境变成了幻想故事。幻想的目标可望而又有些不可及,因此写作在真实与虚幻之间建立起了有效的联系。在这个意义上,心理小说依然可以被看作是另一种形态的魔幻故事,一种冒险突入内心的不可知并从中带回曾与它依稀照面的让人惊讶的消息。正如李欧梵在不同的语境下指出的那样,郁达夫作品的"现代"品格在于他突出表现了那些"破碎的、无目的以及充满不确定因素的旅程"[2]。在迈克尔·埃根(Michael Egan)看来,这些非确定性正是体现郁达夫"削弱主人公的伤感基调","展示他自我形象的彻底荒诞性"的写作倾向。[3]徘徊在女人和男人、东方和西方、传统与现代、

---

[1] 招致批评的主要原因来自于他的早期作品《沉沦》,小说的主人公曾偷看房东女儿洗澡,后来又偶尔听到了一对男女在田野里做爱的声音。
[2] 李欧梵,《孤独的旅行者:现代中国文学中的自我形象》(*The Solitary Traveler: Images of the Self in Modern Chinese Literature*),见 *Hegel and Hessney*,290页。
[3] Egan,212页。

第五章　欲望的叙事：关于现实与梦幻

知识分子与农民之间，郁达夫笔下的旅人无法为自己找到稳固的立足点。这种漂离故土的流浪状态在结尾处出现的夜行者那里得到了最为恰当的描绘："我下城来在路上的乱石上钩了几脚，心里倒起了一种莫名其妙的恐怖。我想想白天在火车上谋自杀的心思，和此时的恐怖心一比，就不觉微笑了起来，啊啊，自负为灵长的两足动物哟，你的感情思想，原只是矛盾的连续呀！说什么理性？讲什么哲学？"（22页）

上面这段话采用第一人称叙述表现了自我反思，同时它还通过言说去见证自我的真实性或虚幻性。借用保罗·德曼的话来说，这种叙述模式"清楚地表明任何由象征性替代因素构成的文本系统，都不可能实现最后的自我封闭及整体化（即最终完成的不可能）"[1]。在下一章里，我将进一步把第一人称叙述作为指代式的写作方式来分析，所谓指代式的写作是在说话的主体、言说的对象、接受者以及写作本身之间建立起一种时间的、空间的和社会关系，它是第一人称写作中的一个重要的形式环节。

---

[1] De Man,《浪漫主义的修辞学》(*Rhetoric of Romanticism*), 71页。

第六章　第一人称写作的指示功能

> 人是在语言中并通过语言才将自身建构成**主体**。
> ——爱米尔·本维尼斯特

　　人称，特别是第一人称的语法范畴，在当代语言学、符号学、精神分析以及后结构主义当中，都成为一个重要的理论问题。虽然福柯、阿尔都塞、德里达以及拉康等人对于究竟是什么构成主体这一问题持有不同的看法，但是他们对下述观点，即主体的构成与语言和话语密切相关，却并无异议。法国语言学家爱米尔·本维尼斯特（Emile Benveniste）说："人是在语言之中并通过语言才将自身建构成**主体**，因为只有语言能够在现实当中，在语言的现实当中，建立'自我'的概念。"[1] 如果说在当代学者对主体性的批评中，语言占据了中心位置，那么，我们必须考虑一下，此处指的究竟是什么语言。我由此想到卡加·西佛曼（Kaja Silverman）就笛卡儿《方法谈》一书第四部分的一段典型文字所做的颇富启发的论述。西佛曼指出，在笛卡儿的写作中，第一人称代词俯拾即是，不过这位哲学家以为，"他讲述，却没有同时被讲述"，并且相信，"他本人存在于话语之外"。[2] 后结构主义提请人们注意，在主体形成的过程中，存在着文化的多因素的决定（overdetermination）作用，特别是语言和话语的关键作用，从而成功地瓦解

---

[1] Benveniste, 224 页；下文同出于此。
[2] Silverman, 128 页。

第六章　第一人称写作的指示功能

了笛卡尔有关自治自我的观念。然而，恰恰是在揭露笛卡尔对第一人称代词的依赖性的时候，当代批评家却没有考虑到他们自身的语言观得以成立的语法基础。将语言学上的"我"与后结构主义者对主体的理解等同起来，这是否与某些语言的屈折语语法有关？而且当代学者对笛卡尔的批评得益于屈折语形态的第一人称代词，这与笛卡尔当初假定有关自我的幻想时对"我"字的倚赖，有什么两样？要想对这些问题给出满意的解答，还需要整整一本书的篇幅。在这里，我想集中讨论一下只是与本章主题直接相关的问题，即第一人称写作的指示功能。

本章探讨的是，怎样重新思考中国现代文学的第一人称叙事，怎样认识在第一人称叙事这一跨语际表述模式中，人称的指示性喻说是如何在现代汉语中，并在汉语与屈折语形态之间，发挥其作用的。通过强调人称代词的指示功能，我试图将第一人称问题从一些人们熟悉的关注中抽取出来，这些关注包括，在西方"自我意识"概念的影响下，现代中国文学的第一人称叙事是否导致了新的"自我"含义？或者说，"自我意识"是否从汉语自传式写作的久远传统中逐步发展而来？[1]我拟就汉语现代文学第一人称叙事，提出一些新的问题，这些问题关系到作为非屈折语的汉语写作中外来的叙事形式以及人称理论等。首先，我要讨论屈折语形态中人称代词的指示功能，以便将这些问题放在当代理论的语境之中展开。

屈折语形态中人称的指示功能

本维尼斯特将主体首先纳入语法的指示范畴，他的思想在这里值

---

[1] 就此层面提出的一个典型问题是，在中国古典文学中是否存在与西方自传式传统可比的传统。这种提问方式与其说揭示了一个真正有趣的问题，不如说暴露了比较文学的欧洲中心主义困境。类似的问题还包括中国有史诗传统吗？中国文学中有悲剧吗？不论答案是什么，这些问题本身只有在所谓的西方文学被视为所有文学作品的圭臬时，才是有意义的。吴佩宜的 *Confucian's Progress* 就是"有还是没有"这一老式问题继续在中国学领域争辩不休的一个例证。

得特别关注的是,它有意无意间,为当代理论阐述至关重要的主体性观念奠定了语言学基础。在《普通语言学问题》一书中,本维尼斯特专辟数章,讨论屈折语形态,主要是法语当中的人称代词以及其他的指示范畴。对于语言学家来说,人称代词这一语言学范畴是至关重要的,因为它将 la deixis(指示功能)的主要特征引入到普通言说的情景中。像 je(我)或者 tu(你)这样的代词是自我指涉,而且相互暗示着,它们绝不会指涉语言本身之外的任何事物和个人,因为 je 并不与说话的人同义,而是指示着说话人他/她相对于同时被等同于 tu 的对话人的位置。换言之,"语言的组织方式使得它允许每一个说话人将自身指称为我,通过说这个'我'字,说话人便把整个语言占为己有。"(226 页)此外,每一次这样的占有都附带着指示性的关联词,如这里、那里、现在、过去、今天、昨天,以及其他的关联词,如副词、形容词和指示词等,这便有助于围绕"言说主体"来组织词语的时空关系。

在我看来,本维尼斯特理论明显的长处在于,它对文体学的第一人称叙事的问题进行了话语分析,他关注的是指示关系,而不是在自我和语言之间未加考察的联系当中的任何含混的自我问题。换言之,他所关注的不是语言与现实之间的对应关系,而是言说者如何借助空洞的指代标志,即,人称代词,来占据语言本身提供的主体位置。这些人称代词反过来又与动词以及其他的句法要素相配合,在特定的话语情境中构成有意义的言说。就屈折语形态而言,这些论点毫无问题;然而,人称代词并不是在所有的语言中都具有这样特殊的地位,也不是在所有语言中都是首要的指示范畴。举例说,在那些并不需要动词变位,而且并非总是强调人称代词之重要性的非屈折语形态中,情形又是怎样的?本维尼斯特并非没有意识到这个问题,他尝试解决的办法是求助于外国语言专家以及提供资料的讲本国话者(informants)的知识,譬如他使用了拉姆施泰德(G. J. Ramstedt)对韩语的研究以及李龙则(Li-Long-Tseu)的资料(226 页)。本维尼斯特著述中一个典型的段落令人想起第一章我们看到的乔治·斯泰纳对汉语的阐述,他说：

> 没有人称表达的语言是无法想像的。这只能在某些语言中，在某些环境下，才能发生，而这些代词是有意省略的；这主要发生在远东的语系当中，在那里，出于约定俗成的礼貌，对某些人要以旁敲侧击的方式（特定形式的改写或隐讳），来称谓此人，以便替代直接的人称指示。但这些用法仅仅用来强调那些被有意避开的形式所具有的价值；然而恰恰是这些代词潜伏的存在状态，赋予这些由阶级关系所强加的替代以社会的和文化的价值。（225—226 页）

如果说欧洲语言被视为普遍化的语言理论的圭臬，那么对此圭臬的任何偏离，譬如像本维尼斯特自认为从非屈折语形态中识别出来的那些语言现象，就必须被解释为省略与压抑的实例。假如这些现象不是省略或压抑的实例，而是别的东西，那结论又是怎样的呢？除开说这些现象是具有不同阶级背景的人们之间礼貌的言语形式，是否还有更为切实可行的方式，来解释不同语言当中指示性建构的差异呢？本维尼斯特是否将语言学与文体学混为一谈了？就文体而言，关于某些表达形式的省略，只有假定被替代的最初的词语符号一开始便在那里，才是成立的。然而这一境况绝不仅限于亚洲语言，因为我们发现在讲法语和英语的人当中，为数不少的礼貌的表达方式可能并不是对某些"最初的"表达形式的精确替代，而是在回应社会文体（socio-stylistic）需要当中产生出来的。

作为语言学问题，则另当别论。倘若非屈折语形态的指示范畴判然有别于印欧语言中的范畴，那么，在不把后者当作判断语言行为是否正常的解释性规范的情况下，我们又怎么能阐明这些差异呢？某一类语言在代词的基础上变位，而另一类语言却不把屈折语语法视为言语和写作中句法结合的原则，那么在这两类语言之间，就几乎不存在共同的基础来讨论相似与差异的问题。举例说来，在汉语中遣词造句，特别是构造书面语时，本来不必用人称代词来传达指示的情景，这种现象极为普遍，以至于若把汉语转换成屈折语形态，通常不得不"补充"多余的信息。人称代词在这些句子里缺席——从翻译者的视角来看是"缺席的"——并非像本维尼斯特指出的那样，是由于尊重社会的成规，不得不用其他的词语符号来取代人称代词，而是因为主谓结构等等本来就不是汉语的规范，而只是众多的句法选择中之一种。汉语这种语言在构成一个陈述时，享有一种自由，它可以有也可以没有语法上的主语，无论这主语是代词的形式还是名词的形式。[1]当然，对那些不熟悉非屈折语形态之特征的人来说，没有语法主语而又可以表情达意，这一可能性本身就是难以理解甚至是荒诞无稽的。[2]

然而，在强调汉语同印欧语言的差异时，我们也不能忘记，自近代中国与屈折语形态接触以来，汉语书面语和口头语已经发生了许多重大的变化。我在第三章曾谈到，"屈折变化"的概念，如何以隐喻单数和复数的形式，找到了进入新文化运动话语的契机。对五四文学而言，言说的主体以及他（她）借以言说的叙事模式，几乎总是直接或间接地与欧洲文学进行着对话。解读鲁迅、郁达夫、丁玲等五四作家，通常意味着跨越几个文本以及不同文本的语言疆界，使我们的诠

---

[1] 在所有以屈折语形态书写的文学作品中，大概法国作家阿兰·罗伯—格里耶（Alain Robbe-Grillet）的"新小说"（nouveau roman）《嫉妒》（*La Jalousie*）是克服母语形式限制之最为突出者。读者常常赞叹其小说的创新之处在于叙事者的如下尝试，即避免任何自我指涉性的言说标志。虽然其效果当然是对以"我"为中心的心理小说进行了一种完美的形式主义戏仿，但这位作者亦只能以此方式对抗法语的局限。严格说来，他其实无法走出自己的语法，在不严重危及法语语言的情况下，消除自己句子的语法主语，而这一点恰恰是写作汉语者轻而易举可以做到的，因为汉语当中动词变位形式的阙如开启了范围宽广的文体学可能性。

[2] 为帮助那些无法想象这种语言状况的人，请允许我不揣冒昧，以英语中的祈使语气做一个不甚完美的类比。比如祈使句"Let's go for a walk"和"Come and stay with us"。在这两个句子里，主语是暗指的，不直接说出来，而动词保持不定式形式。事实上，不可能恢复第一个句子的形式主语，因为该句子从来不从主语部分开始。至于第二个句子，我们可以加上代词"你"，以获得一种强调的效果，但在通常的情况下，第二人称代词的出现是多余的。汉语中，普通的陈述句在没有语法主语的时候也是极容易理解的，而在某些情况下，添加一个主语反而显得多余或者荒诞，就好像英语中"You come and stay with us"或者"（We, you?）let's go for a walk"等类似的例子一样。

释向跨语际的表述模式敞开。但是，如果这些作家在其作品中对人称（或者本维尼斯特所理解的 la personne）的关注越来越明显，那么我们又该如何解释它在现代汉语文学语言中所产生的结果呢？

本维尼斯特对人称的强调，其局限性是他在屈折语语法的基础上把印欧语言现象普遍化了。在我们不放弃以理论概念谈论这些问题的情况下，又该怎样克服这一局限性呢？是否存在选择的余地，使得我们能在汉语现代叙事（与屈折语形态达成有意义的关联，而又不是其语法的衍生物）中识别出人称代词的指示方式和用法？在第一章中我提到，以往非性别化的汉语"他"在20世纪20年代初分化成阴性、阳性以及其他的性别化形式，便为汉语书面语引入了新的象征性现实的一维。这并不等于说男女在以前没有作为性或者阴阳的范畴得以言说，而是说，书面白话文形式层面的这种分化所引发的**指示关系**——甲论乙及丙等一系列的指称形态——使得性别在语言中重构了社会性别的权力关系，而这在早些时候是无法想像的。

那么在第一人称写作的指称关系中是否有一个类似的过程？以自传风格书写的文学作品早在现代第一人称叙事出现之前，便已源远流长，而且人们可以永无止息地争辩文言文和现代白话文第一人称叙事的相似与不同。举例说来，一种可能的探究途径是将两个不同时代的第一人称代词的词形变化予以历史化：诸如古汉语的代词"余"以及现代白话文常用的"我"。不过本章所能做的十分有限，我们将集中探讨在现代白话文第一人称叙事中围绕"我"所建构起来的几种**指示关系**。在现代白话小说中，第一人称代词的指示状态究竟是什么？在不至于过度泛化（generalization）的前提下，请我们回想一下上一章我们所讨论的郭沫若、施蛰存以及郁达夫的文本，在这些作品里，第一人称叙事者常常身陷一组连锁的象征性关联中：如我/她（性别），真/幻（心理学），此时/彼时（时间），此处/彼处（空间），生/死（形而上学），中国/外国（民族/语言），现代/传统（历史），等等，而每一组关联都是围绕着男性叙事者"我"的欲望加以组织的。重要的是应当记住，这些指示性建构不再反映本维尼斯特在屈折语形态中识别出来的一种纯粹的语言现实,而是使其本身成为跨越语言疆界的**文学喻说**。也就是说,它们是有关性别、主体、时间与空间的喻说,它们被建构出来以表述汉语的现代体验,而且在这个过程中始终将非汉语的语言和文学作品作为其参照系。也就是说,现代白话文文本中的"我"至少有两层含义:它在语言中是第一人称单数,同时它还承担着被翻译过的指示功能。因此,它是一个极佳的具有可译性的代词。

由此视角出发,下面我尝试处理沈从文、鲁迅以及丁玲笔下的三例第一人称叙事,并探讨这些文本是如何运用人称以及其他指示性范畴来表现不同类型的历史经验的。我将明确地针对下列问题而发问:当我们谈论"五四"小说的主体性与自我意识时,我们究竟指的是什么?写作在指称的瞬间是如何表述欲望的?在第一人称叙事者的语式中,性别的重要性在哪里?"五四"作家在努力为自身摸索一个主体位置的时候,也正是他们以某种"借来的"语式发言的时候,这两件事是否自相矛盾?汉语的现代体验,甚至当它力图在跨语际实践中捕捉到若干历史体验的真正形式之际,是否也只不过在证明其自身的指称困境——我亦非我?

男性欲望和阶级叙事的指示功能

我在第四章分析祥子与曹先生的对话时,反思了老舍小说中叙事语态、自我表述与言语权力的问题。从某种意义上讲,祥子是个不健全的人,因为他没有能力讲述自己的故事,这一点恰恰与《骆驼祥子》中第三人称叙事者的全知全能形成了鲜明对比,后者通过这部小说替他发言并议论他。读者也许会想,如果这部小说用祥子自己的声音讲述出来会是什么样子。或者,它能不能由祥子用自己的声音讲述,而与此同时又不与他自己的声音相矛盾?我们也许会想起斯皮瓦克提出的著名问题,"庶民能说话吗?"[1]

―――――――――――――――
〔1〕 参见 Spivak, *Can the Subaltern Speak*

第六章 第一人称写作的指示功能

沈从文的小说《三个男子和一个女人》(1930)在这方面作了一次有意义的尝试,因为它试图用下等人自己的声音,尽管是一种高度风格化的声音,来讲述这一故事。[1]作为有关性欲、暴力、自杀与恋尸狂(necrophilia)的可怖而悲惨的故事,这篇小说着眼于种种压抑的状况,正是在这些状况下,欲望被性别化,并被否定了其满足的可能。[2]叙事人开篇之际,径直以口头说书人的方式向读者讲述,当然不是前现代白话小说中的职业说书人,而是一个忧郁的人物,倒与康拉德笔下的马洛有些相近之处,他怀想着过去遭逢的一件毕生难忘的事。一个阴雨绵绵的天气,作为沈从文笔下故事的背景,正如康拉德笔下的叙事人讲述的夜晚一样,引入了带有悬念的时刻,使"讲故事的人及其理想听众"疏离于"他们的日常行为"。[3]叙事人如此为读者准备讲故事的气氛,然后这个"我"展开了故事,它是有关叙事者本人,他的朋友号兵,以及神秘的豆腐铺老板三个男人之间心理搏斗的故事。这三个出身低贱的男人同时爱上了一个年轻貌美的有钱人家的女子,但他们所能做的唯有从远观的距离,倾慕那个女子,从远处看衣冠楚楚的年轻人走近她的家门,并被那一家所接待。小说的高潮是这名年轻女子原因不明,吞金自杀,因此缓解了三个男人巨大的心理焦虑。然而就在这个女子死后刚刚几天,便有传闻说她的尸体从坟墓里不翼而飞。有人掘开坟茔,将少女的尸体移到附近小山的洞穴,与之共眠,并在她身上铺满了蓝色的野菊花。但叙事人无法确认他的两个朋友,号兵与豆腐铺老板,究竟是谁做了此事。小说结尾,叙事人描述了进入他自己恋尸狂想像的黑暗世界的痛苦旅程。

这样的描述仅仅触及这个离奇故事的表层。就某一层面而言,这个故事展现的是有关欲望、压抑与恋尸狂的心理剧;但在另一个层面,

---

[1] 沈从文对边缘人,如乡村女子、下层阶级以及少数民族等,皆有兴趣,对此写作倾向的讨论,见 Kinkley。
[2] 对沈从文的传记式研究,见 Kinkley。对这篇故事特定环境的讨论,见王德威,284—286 页。
[3] 王德威,222 页。

175

它又将上层阶级与下层阶级的冲突关系情欲化，将病态（pathological）的人事转化成一出强有力的社会剧。对叙事人而言，这位乡绅之女让他神魂颠倒，她的不可及道出她高不可攀的社会地位，也道出叙述者本人的身份低下。因此，性欲望乃是关于缺失与满足的喻说，它阐明了叙事人与其情敌为了生存而挣扎的社会条件。当叙事人与他的朋友号兵狂想着乡绅之女的尸体，仿佛这具尸体承诺着通往自我实现的途径时，他也否定了他本人的社会地位，并哀叹自己的生存状态无异于被阉割，等于性无能与性压抑。如果说施蛰存的幻想故事将弗洛伊德主义转化为一个表述喻说，重新合法化了与"志怪"传统相关联的幻想文类的古典主题，那么《三个男子与一个女人》有关性压抑的弗洛伊德式寓言，则言说了有关阶级的难以言说的障碍及其本身深刻的禁忌，并向我们有关社会压迫的熟悉观念提出了挑战。与此同时，精神分析语言的比喻状态，不多不少，恰恰表现为一个故事——即一个文学表述的喻说，它试图从情爱的层面，使阶级叙事寓言化。这一寓言式表述成功地将一个有关恋尸狂的精神错乱的故事转化成有关阶级之间的欲望以及男人和男人之间（homosocial desire）的叙事。

《三个男子与一个女人》是有关欲望的指称性叙事，因为它通过娴熟地运用我/我们，她；这里，那里；这，那；现在，那时等词语，来谋篇布局。从文体学上说，这里的人称代词与指示代词比真实的姓名更为重要，它们直接说明了该文本的跨语际状态。偶尔使用阴性第三人称单数"她"及其所有格"她的"乃是新文化运动以及五四运动时期发明的新词，其目的是为了通过翻译而在汉语同印欧语言之间建立一种等值关系。但在沈从文的小说里，第一人称单数与复数代词（我，我们）之间的滑动构造了根本的叙事语态，它将其本身的指示状态表示成男性的。[1]奇特的是，虽然整篇小说没有哪个人物有名有姓，但他们的职业特征（通过转喻的联系）却非常突出，构成各自有别的身份。叙事人自称班长，把他的两个朋友分别称为"号兵"与

---

[1] 参见第一章对阴性"她"的讨论。

"豆腐铺老板"。"我们"和"我"（在性别与阶级方面进行包容与排斥）以这样一种方式构造了指示关系，从而使有关男性欲望与阶级叙事的文体统一成为可能。

不使用姓名的显著功效，就是让读者明显注意到指示关系的在场，而这些指示关系则刺激了这篇小说（主要关涉到包容与排斥）大部分戏剧性事件的发生。举例说来，叙事人与其号兵朋友便用阴性代词"她"和指示性参照"那女人"，来排斥性地指涉那个无名的乡绅之女。这些表达形式几乎成为专有名词，它借助这一指示性说话方式，排除了所有其他女性。叙事人及其朋友们轻视那些与士兵阶层占据同等社会地位的女性，譬如像妓女一样给军官卖淫的妾，并污蔑女学生"不文雅不窈窕"，壮大得如同"水牛"（229页）。相对于阴性的"她"与"那女人"，第一人称单数和复数代词在整篇故事里被"性别化"为男性，而这一性别化过程使得欲望在阶级界限之间互动，奠定了这篇小说的文体基础。

第一人称复数"我们"（表示叙事人与其同事的阶级背景）在叙事的过程中经历着微妙的变化。小说开篇处，它宽泛地指叙事人所属的军队；而在故事进一步展开时，这一代词开始具有了特定的指涉内容，指由两个男人形成的小组，即，叙事者本人以及他的搭档，跛脚的号兵；不久以后，当叙事人发现豆腐铺的老板也爱上那个女人时，后者也被囊括到这一表达形式中。尽管第一人称复数具有极大的流动性，但此处这一代词却包含着一个恒量：即，叙事人、跛脚号兵、豆腐铺老板以及所有其他地位卑微的士兵。仅以叙事人为例。他在军队里当班长，是仅仅比士兵略高一等的低微军衔。叙事人说道，"可是一到外面，还有什么威武可说？一个班长，一连有十个或十二个，一营有三十六个，一团就有一百以上。"[1]当他爱上乡绅之女时，他把这种非分之想描述为"癞蛤蟆想吃天鹅肉"（229页）。这一民间俗语道出了叙事人对于两个阶级之间不可逾越之鸿沟的清醒意识。

---

[1] 沈从文，《三个男子和一个女人》，收入《沈从文小说选》，229页。

如果说班长不过是一个微不足道的小人物，那么他的朋友号兵的境遇则要更为悲惨。有一次部队驻扎在一个村落，一场偶然的事故使年轻的号兵成为残废。叙事人描述这名年轻人的不幸时所使用的语言，值得进行寓言式解读：

> 一个二十岁的人，遭遇这样的不幸，那有什么办法可言？因为连长也是同乡，号兵的职务虽不革去，但这个人却因为这不幸的事情，把事业永远陷到号兵的位置上了。他不能如另外号兵，在机会中改进干部学校再图上进了，他不能再有资格参加作战剿匪的种种事情了，他不能再像其他青年兵士，在半夜里爬过一堵土墙去与某地女子相会了。总而言之，**便是这个人做人的权利，因为这无意中的一摔，一切皆消灭无余，无从补救了。**（226页；黑体为笔者所加）

偶然的事故，竟使这个年轻人被剥夺了升迁、求爱以及走向幸福未来的资格。就象征意义而言，他已被阉割，从而脱离了正常的生活。叙事人描述这次跌倒的意义时使用的语言斩钉截铁，从而使读者为即将展开的有关性僭越的可怕故事做好了心理准备。而三个男人对乡绅之女的迷恋，必须参照这一象征性的事件予以理解，因为他们"偶然摔落"在卑微的社会位置上，被剥夺了"人的权利"，并处于无能的状态。正如故事随后的发展所表明的，叙事者本人尽管生理正常，却与他所同情的跛脚号兵一样几近残废。

这个地位低下的"我们"的群体中的第三位成员是豆腐铺的老板，叙事人与他的跛脚朋友后来同豆腐铺老板一道，加入了一个日常的礼仪，每天从一个安全的距离钦慕他们的欲望对象。豆腐铺老板是当地一个年轻人，强健坚实，沉默少言，总是微笑着，而被逼着要说话时，他照例不回答，即或回答，他仍然只是报以忠厚诚实而几乎还像有点女性害臊神气的微笑（232页）。这个缄默不语的人为了吸引那个美丽女子，他的方式则是"正露着强健如铁的一双臂膊，扳着那石磨，检查石磨的中轴，有无损坏"（236页）。与跛脚号兵类似的是，豆腐铺老板言辞的匮乏和女性化的微笑，象征着他进行正常社会交往的能力已被阉割。

这些象征性地"无能"与"被阉割"的下层阶级男子的不幸，被叙事人持续不断地归入"我们"。"我们"则爱上了这个美丽的女子，她则身属本地邮政代办所的主人之家，这是该小镇唯一的绅士家庭。她的父亲是商会的会长，而他的铺子又是当地驻军的兑换机关。叙事人同其朋友们观看着那些体面而有身份的人物，如团长、营长等出入这家铺子，而他们则被拒之门外。

将这些男人与那个年轻女子分离开来的阶级界限，完美地体现在将豆腐铺与她的住宅分隔开来的那条街道上。日复一日，叙事人与跛脚号兵造访豆腐铺老板，坐在那里几个小时，等待着可以瞥视街对面那女子出现的一瞬。"我们常常在那二门天井大鱼缸边，望见白衣一角，**心**就大跳，**血**就在全身管子里乱窜乱跑。"（230页；黑体为笔者所加）三个男人所占据的位置，展示了欲望的地理场景。街道另一边的女子极少露面，而这三个男子的心脏与脉搏在共同的节奏中跳动着，并以极大的耐心等待着。这条街道将他们分隔成整整两个世界。对三个男子而言，她就在附近，她召唤爱犬时那熟悉的声音萦绕在耳，但她身处的位置却又如此无望无助地遥远，甚至那女子偶然的一瞥，也不曾得到，真是咫尺天涯。在这令人苦恼的情境中，三个男子与那女人的两只白犬成了朋友，他们想像着借助这两只动物，与那明艳照人的女子进行幻觉式接触。他们与狗的友谊，以及叙事人在描述这一关系时使用的语言，暴露了他们社会地位的卑微状况。有一次，叙事人与他跛脚的朋友多喝了一点酒，失言殴斗之前，他对那"残废人"说道：

你是废人，我的朋友；我的庚兄，你是废人！一个小姐是只能嫁给我们年轻营长的。我们试去水边照照看，就知道这件事我们无分了。我们是什么东西？四块钱一月，开差时在泥浆里跑路……我们年轻,这有什么用?我们只是一些排成队伍的猪狗罢了,为甚么对于这姑娘有一种野心?为甚么这样不自量?(234页)

这一突如其来的爆发,触及到欲望(作为一种阶级叙事)的核心。叙事人以"你"开始,随即重新恢复到"我们"以及"我们的",从生理缺陷移动到社会的欠缺最终到他本人被象征性阉割的情景。此处的关键是象征性的"跛脚",它将下层阶级的人描述为"排成队伍的猪狗"。毕竟,叙事人及其友人所能拥有的接近那乡绅家庭成员的唯一途径,便是通过他们所豢养的狗。坐在豆腐铺里,他们观望着年轻的军官,穿着极其体面的毛呢军服,有刺马轮的长统黑皮靴子,堂堂出入那人家的二门,而他们却心里充满了难受的妒意。如果那年轻女子是上层阶级特权的象征,那么这三个男子对她的热情则代表了要超越阶级界限,跻身上层社会的愿望。无论何时,只要话题转到那个女人身上,三个男子的语言便充满了阶级等级、志气、升迁等词语,这是不足为怪的。下面这段叙事人与其跛脚朋友之间的对话,透彻地道出了那个女子与三个男子的个人雄心壮志与失望心态之间的紧密联系。

"我们有我们的志气,凭这志气凡事都无有不可以做到。万丈高楼平地起,我们要做总统,做将军,一个女人,算不了什么稀奇。"

号兵说:"我不打量做总统,因为那个事情太难办到。我这只脚,娘个东西,我这只脚……"

"谁不许你做人?你脚将来会想法子弄好的,你还可以望连长保荐到干部学校去念书。你可以同他们许多学生一样,凭本领挣到你的位置。"

"我是比狗都不如的东西。我这时想,如果我的脚好了,我要去要求连长补个正兵名额。我要成天去操坪锻炼……"

第六章 第一人称写作的指示功能

"慢慢地自然可以做到,"……(236—237 页)

"可以做到"的愿望,与几个男子对那女子的欲望是无法分开的。这种情境的反讽意味在于,他们的欲望是从存在着等级差别的环境中浮现出来的,而这些环境却先验地(a priori)否定了这种欲望的实现。叙事人用来形容这一明艳女子的那些比喻,如"仙人","好花",和"尘世的天使"(229 页),标示着横亘在三个男人与他们的欲望对象之间的巨大鸿沟。事实上,她很少被说成是一个活生生的人;毋宁说,对她的指涉总是提升性的比喻,以及置换的象征。她是仙人,而他们是俗物;她是好花,而他们是癞蛤蟆;她是尘世的天使,而他们是一文不名的猪狗。对欲望的铭写(inscription),其前提是将三个男人与那女子分隔开来的巨大的社会鸿沟。她尊贵的阶级地位(叙事者及其友人被无望地从中予以摒除),使她被渴望,却又无可接近。其实,真正的冲突发生在三个男人与他们的上层阶级的对手之间。而那女子仅仅是"男人社会交换的符号与对象"。[1]

因此,这篇小说中的性欲望不仅仅是一个所指,它也是一个能指,表述着叙事人对自身社会状况受虐狂式的厌憎,并以性爱来置换他本人希望超越自身、僭越等级这一欲望。那女子成为一个符号,许诺着对臣服地位以及阶级压迫的一种想像式解脱。然而正如跛脚的号兵永远不能康复,无论他如何努力,他在有生之年只能做一名号兵一样,叙事人以及豆腐铺老板作为象征性的跛脚者,也永远无法从他们"低下"的地位中提升上来。

那年轻女子原因不明(一出秘密的罗曼史)、出乎意料的自杀,陡然缓解了这一不能承受的情境,因为它为三个男人绝望的欲望开启了新的可能性。听闻她的死讯,三个男人的反应纠缠着欢乐与哀愁的复杂情感。叙事者是这样袒露心迹的:

---

[1] Teresa de Lauretis(5 页)的观点有助于阐明这一情境。

> 为什么使我们这样快乐可说不分明。似乎各人皆知道女人正像一个花盆，不是自己份内的东西，这花盆一碎，先是免不了有小小惆怅，然而当大家讨论到许多花盆被一些混帐东西长久霸占，凡是花盆终不免被有权势的独占，唯有这花盆却碎到地下，我们自然似乎就得到一点开心了。(238—239页)

花盆的隐喻再一次累加到那年轻女子的象征功能上。死亡在这一情形中不仅使富人成为失败者，而且其"倒毙的"状态亦有可能缝合这些男人与那可望而不可即的女子之间不可逾越的裂隙。恰恰在这一点上，三个男人之间的关系发生了变化，而且第一人称的复数形式"我们"开始让位于占支配地位的个人化的"我"（叙事人）以及"他"。现在小说开始表现每个男人如何以一种令人震惊的方式"实现"其先前被压抑的欲望。

按照叙事人的说法，那女子的尸骸在葬礼七天之后，被人从新坟中掘出盗走。鹊起的谣言说这少女的尸骸赤裸着半个身子，睡在去坟墓半里的石洞的石床上，地上的尸身各处撒满了蓝色的野菊花。叙事人与他的跛脚朋友猜疑，他们的朋友豆腐铺老板可能就是肇事者。从豆腐铺老板在事件发生后便神秘消失一事来判断，他是掘坟者并非全无可能。[1]然而，小说的意义并不在于发现谁是作案者。毕竟，即使无人承认犯案的罪状，那跛脚的号兵也是嫌疑者。事实上，是号兵发现了丑闻，并向叙事人坦陈他去看那女子坟茔的经过，而早有挖坟的设想，尽管他否认自己有任何不良的动机。他解释道，他听说倘若女子吞金而死不超过七天，只要得到男子的假抱，便可以重新复活。他只带着解救她的天真希望，来到她的坟边。这一故事由于叙事人听说

---

[1] 豆腐铺老板可能参与了这一可怕的事件，这在小说前面的场景中已有前兆。在一起观看公开处斩的场面时，跛脚的号兵问那年轻人是否害怕死尸"血迹殷然"的样子，叙事人如是回忆道："这年轻乡下人的回答，却仍然是那永远无恶意的微笑。看到这年轻人的微笑，我们为我们的友谊感觉喜悦，正如听到那女子的声音，感觉生命的完全一个样子。"（233页）死亡、性欲望以及他们生命的圆满，都交会在这一刻。

了那女子的埋葬处时的奇特反应,而进一步复杂化,因为他开始觉得他的跛脚朋友变得面目可憎起来:"不知为什么我一望到那号兵忧郁的样子,就使我非常生气要打他骂他。好像这个人的不欢喜样子,侮辱我对那小姑娘的倾心一样。"(240页)

对叙事人而言,经历过共同渴望同一女子的煎熬之后,跛脚号兵不再仅仅是一个朋友了。此时此刻,号兵显然成为叙事人的一幅镜像以及另一个自我,叙事人从号兵身上,看到了他自己不愿去直面的东西。掘开那明艳女子之坟茔的欲望,同样也深藏在叙事人内心的隐秘处,尽管他从来不曾坦言相告。这天夜晚叙事人生病发烧,睡梦醒回,发现号兵坐在身边,内情暴露的时刻终于降临了。"我的头脑这时也实在还有点糊涂,因为先一时在迷糊中我还梦到他从石狮上滚下地的情形,所以这时还仿佛只是一个梦。"(241页)而叙事人深夜醒来,面对号兵这鬼魂一般的人物时,他看到的是从深渊的底层浮升上来的另一个自己。这号兵全身黄泥,极其狼狈。他用断断续续、含混不清的言辞讲述着盗尸这一可怕的故事,而且用狂言滥语骇住了"我"。叙事人说道,"我对于这件事还是不甚相信;我还是在心中打量,以为这事情一定是各人身在梦中。……因为这种欲望谁也无从禁止,行诸事实仍然不近人情。他因为追悔恶的行为,把我杀死灭口也做得出。"(244页)叙事人与其另一个我之间这场高度弗洛伊德式的对峙,暴露了叙事人一直畏惧的东西:即,被压抑之欲望的恐怖性,及其在他本人心中非人化的力量。经受了这场痛苦的经历,并且体验了那个鬼魂附体般的夜晚他所经历的东西,叙事人忏悔道,即使他和号兵是清白无辜的,他们在有生之年亦将被这梦魇所纠缠:"他是不曾犯罪的,但另外一个人的行为,却使他一生悒郁寡欢。至于我,还有什么意见没有?……我有点忧郁,有点不能同年轻人合伴的脾气。"(245页)叙事人领悟了他梦魇般进入恐怖的魍魉世界进行历险时所付出的代价。

倘若所谓的僭越行为由豆腐铺老板做出,而且跛脚号兵也企图做同样的事,那么它也同样在叙事人的心中完全展开。倘若叙事人是真正的掘墓人的话,其象征性效果是不相上下的。可是在这出象征性的欲望剧当中,死亡、僭越、对禁忌的违犯以及罪恶总括起来,又意味着什么呢?没有界限,也就没有僭越。正如上文所提及的,阶级界限在这篇小说中是头等重要的秩序,因为无论是性别界限,还是生死大限,都不能使三个男人对乡绅之女所体味的这种欲望得以囚禁,或是禁止。于是,对其尸骸的侵犯,象征了对于阶级界限的僭越,尽管它也意味着欲望的极限。如果说阶级体制所强加的社会禁忌阻碍三个男人接近他们的欲望对象,即那个明艳女子,那么,他们不可能是通过冒犯禁忌,便可以成功地解除这个禁忌。叙事人及其友人对自身阶级地位的厌憎,以及他们试图借助那年轻女子这一象征之物从而得以超越的渴望,只能在梦魇里终结。无论叙事人还是他的友人,都无法成功地跻身上流社会。通过叙事性地调节现在与过去的指示功能,叙事人告诉我们,号兵现在仍是第四十七连的号兵,他还是跛脚,而叙事者本人早已告别与其性情不大相容的军旅生涯,漂流到都市,而又发现都市的生活同样"不大合适"。在叙事人深刻的失望中,他一直被指示性过去(当时)的知识所缠绕,并力图用讲故事的方式,在指示性当前(现在)的状态里战胜过去的记忆。当叙事人对其听众说到那一效果时,他得出的结论是:"我老不安定,因为我常常要记起那些过去的事情。一个人有一个人的命运,我知道。有些过去的事情永远咬着我的心,我说出来,你们却以为是个故事,没有人能够了解一个人生活里被这种上百个故事压住时,他用的是一种如何心情过日子。"(245页)

沈从文笔下为数众多的叙事人每每坦言相告他们所讲述的故事的虚构性。[1]本篇开场白处,叙事人警醒听众,"凡美丽的都常常不是真实的,天上的虹同睡眠的梦,便为我们作例"(223页)。然而,我们不必将这一有关虚构性的直白视为一种否认(disclaimer),而应审视

---

[1] 举例说来,在另一篇题为《灯》(《沈从文小说选》,154—174页)的小说里,沈从文的叙事人也戏弄了讲故事的成规。

叙事人在他本人以及他的听众之间设置的指示性关联,因为正在此处,写实主义的诠释被阻止,叙事人所呼唤的是对这篇故事的一种象征性解读。换言之,说者要求听者不必从字面上领会恋尸狂的故事,它是否真的发生无关大局。最为关键的是,当叙事人挑战听者的理解力时,在叙事人与其无名无姓的听众(后者镜照出潜在的读者,亦是你我之类的实际读者的镜像)之间,究竟有什么事发生?然而,讲故事的指示行为总是已经预先假定了理解的可能性,其不可思议的程度,一如叙事人的怀疑主义陈述却是出于叙事人对语言之可理解性的潜在信任。也许将听众和读者从这一宛如天方夜谭的诠释当中拯救出来的,恰恰是对讲故事人的信任,即对理解的邀请,这种信任在解读与诠释的外在表现中重演并更新了自身。

这便引领我们到鲁迅的小说《伤逝》,在这篇小说里,关于记忆、性别、时间、写作以及诠释性理解的种种指示性喻说,在一个完全不同的场景中徐徐展开。这一场景转换到现代北京(它也是后文将要讨论的《莎菲女士的日记》的背景),在这个城市,最奇异的浪漫梦想似乎也能得到实现。

忏悔之音

> 爱人赠我玫瑰花;
> 回她什么:赤练蛇。
> 从此翻脸不理我,
> 不知何故兮——由她去罢。
> ——鲁迅,《我的失恋》,1924[1]

虽然鲁迅写这首拟古的新打油诗,是戏仿东汉诗人张衡的《四愁诗》,但他公开承认自己的意图并非攻击中国的传统文学,而是"讽

---

[1]《野草》,收录《鲁迅全集》,2:170 页。

刺当时盛行的失恋诗"。[1]鲁迅诗中的恋人操现代白话，而且最为现代式的求婚标志，是他与他"之所爱"互换礼物如玫瑰花、阿司匹林和金表链等。如果说鲁迅在这一篇漫不经心的戏仿之作里嘲弄了现代两性关系，那么一年之后写就的《伤逝》，却开始严肃对待这种关系，并对之进行探讨。[2]这篇小说描写叙事人涓生与其爱人子君浪漫关系的幻灭。他们浪漫爱情实验的开始，是他们一同阅读翻译的文学作品时一种字面上的跨语际体验。受雪莱、易卜生以及其他浪漫派作家的激励，他们坠入情网，决定作同居的夫妻。然而当涓生失去工作时，事情开始恶化，经过几个月的困窘与苦难，他们人各一方。最后，子君孤寂而死。

涓生的叙事作为小说的副题，冠以一系列"手记"之名。其回忆是一种指示性表现（performance），它悼念子君的死，与此同时，也希望写作行为能够达到忘却的目的。鲁迅对叙事人之回忆的设计具有深刻的性别含义；尤其是这种回忆力图抹除子君的印迹，并将她抛掷在词语之间空虚的场所。当然，这并不意味着子君从来没有在涓生的回忆中出现。恰恰由于她的存在让人心神不宁，所以叙事人觉得有必要克服对她的记忆，以便恢复他对自己的信心，而这种信心已经被她的死讯所削弱。叙事人心怀愧疚地弃绝他过去记忆中的彼时彼处之际，于是，自我叙事看上去似乎是一种有意的指示性行为，欲将自我铆定在此时此地。但它首先是一种疗救的手段，目的是重建一个完整的自我："我活着，我总得向着新的生路跨出去，那第一步，——却不过是写下我的悔恨和悲哀，为子君，为自己……我要遗忘；我为自己，并

---

[1] 《〈野草〉英译本序》，中文原文收录《鲁迅全集》，4:356 页。鲁迅在杂文《我和〈语丝〉的始终》中重述了这一想法，收入《鲁迅全集》，4:166 页。
[2] 在同时收入《彷徨》集的一篇小说《幸福的家庭》当中，鲁迅幽默地嘲笑了资产阶级核心家庭的观念，他描写一名小说家梦想着现代的家庭应该由幸福的一对组成。他们不但出于爱情而自由结婚，并且"订有四十多条条约，非常详细，所以非常平等，十分自由。而且受过高等教育，优美高尚……。东洋留学生已经不通行，——那么，假定为西洋留学生罢。"（《鲁迅全集》，2:36 页）

且要不再想到这用了遗忘给子君送葬。"[1]

见证而又否认,这一奇特的杂糅,揭示了回忆文本的不安状态。涓生的遗忘以及他试图遗忘的心愿,搅扰了他回溯性的叙事所虚设的连贯性。这一张力关系在他偏离回忆行为时,表现得最为明显,而这些离题的内容时常打断关于过去的叙事:"我已经记不清那时怎样地将我的纯真热烈的爱表示给她。岂但现在,那时的事后便已模胡,夜间回想,早只剩了一些断片了;同居以后一两月,便连这些断片也化作无可追踪的梦影。"(112页)这一忏悔,质疑了回溯性叙事的可信度。倘若叙事人记忆力衰退,他又怎么能期望读者会相信他呢?意味深长的是,在记忆上永远遗留的事情,却转变成他耻于回忆的事情,于是他陡然中断了这段叙事,以免陷入更深的愧怍当中。那是他在慌张中,身不由己竟模仿了好莱坞电影男主人公对女主人公的方法。"我含泪握着她的手,一条腿跪了下去……"(113页)省略号可能压抑了记忆中不愉快的部分,但读者不禁怀疑叙事人压抑掉的内容究竟有多少。

虽然整篇小说回溯性的叙事发生在三个时间层面上,但回忆行为只出现在第一和第二层面。第一个时间层面是写作的过程,这个过程将第二和第三层面放置在指示性的过去。第二个层面指的是从涓生和子君作为夫妻共同生活开始,直到子君的死以及涓生的写作。在此期间,二人时常回忆着他们同居以前的日子。子君沉溺于回忆他们最初约会时的快乐时光,而涓生日益渴望他单身时的生活。第三个时间层面则更远,它回溯到二人同居之前,其标志是没有多少记忆。

倘若《伤逝》的标题指的是写作的时间(第一层面),那么不难发现,当叙事人懊悔于他与子君的缭乱,并以浓重的怀旧之情哀悼自己的过去时,它呼唤的是第二个层面:"忽然有安宁的生活的影像——会馆里的破屋的寂静,在眼前一闪,刚刚想定睛凝视,却又看见了昏暗的灯光。"(117—118页)这一段悲剧性的故事极其尖锐地戳穿了鲁迅所处时代盛行不衰的自由恋爱与女性独立的宏伟幻觉,这与鲁迅

---

[1] 鲁迅,《伤逝》,《鲁迅全集》,2:130页。

关于性别问题的立场是相吻合的。鲁迅认为，如果女性在一个男性宰制的社会尚无自谋生路的手段，那么，娜拉离开舒适的家，出走寻找自由，她的未来是不可想像的。[1]但如果仅仅从这些方面诠释，就无法领会这篇小说的复杂性，因为它对父权制的批判亦同时包含着对现代爱情观的反思，而这一爱情观的男性中心话语却富于反讽意味地再度复制着它力求推翻的父权制度。是叙事者本人通过向子君灌输来自西方文学的新知，才将她从传统中"解放"出来；也是涓生通过使用舶来的求爱的礼仪，包括电影中的场景，才吸引子君接受他本人有关现代恋爱的那些理想（在五四时期名为"自由恋爱"）。叙事人在两个迥然不同的场合提及西方浪漫派诗人以及易卜生的名字，这表明他按照自己的动机，将这一以性别为基础的话语，运用到自由恋爱以及妇女解放之中。如果在鼓励子君与自己同居的过程中，叙事者本人被这些话语所欺骗的程度与子君是不相上下的，那么当他一年后用同样的论点说服子君放弃他们的爱情时，涓生的词语显然是虚伪的：

> 我和她闲谈，故意地引起我们的往事，提到文艺，于是涉及外国的文人，文人的作品：《诺拉》，《海的女人》。称扬诺拉的果决……。也还是去年在会馆的破屋里讲过的那些话，但现在已经变成空虚，从我的嘴传入自己的耳中，时时疑心有一个隐形的坏孩子，在背后恶意地刻毒地学舌。（123页）

以外国文学的名义践行的自由恋爱的志业，在一个自我戏仿的时刻被迫夭折。谁是那个"隐形的坏孩子"？是负罪感、良知的谴责还是现代性本身？小说人物对现代情爱关系的憧憬，在叙事者本人对外国文学的戏仿中无情地幻灭了。

涓生的"伤"最终导致了子君的逝，而子君的逝反过来又造成了

---

[1] 例如，见鲁迅的杂文《娜拉走后怎样》，收入《鲁迅全集》，1:158—164页，此文最初是1923年12月26日在北京女子高等师范学校的讲演稿。亦见Hanan，71页。

进一步的"伤",虽然这"伤"是涓生的写作行为试图医治的。叙事人在子君生前和死后篡改过去并消解过去的愿望,最终将子君从自己的生活中放逐,而随之而来的对"伤"的书写,又是为了将她的幽灵从自己的记忆中放逐。由于这些错综复杂的动机,叙事人无法澄清他究竟是为了过去的"伤"而来书写他现在的"伤",还是试图为其辩护。不管是在哪一种情况下,这暧昧的文本都对叙事人有利:通过悼念子君的死,他试图将过去的"伤"投射到令人同情的状态,从而可以捍卫自己,逃避不负责任的指控。他的写作行为将她指示性地推往令人不快的过去,并从死者的沉默中获释。当他对子君说起她并不真正领悟"爱情必须时时更新"(115页)的时候,他是在指责子君,而子君又不能为自己辩护。通过压抑子君的故事,同时对她进行评判,涓生按照对自己有利的方式操纵着叙事。花白的叭儿狗阿随的片段(预示着涓生对子君的抛弃),所强调的正是这一点。由于他们不再能负担得起阿随的食量,涓生将它带到西郊,放在旷野。回到寓所,他对子君凄惨的神色很是吃惊。涓生不能而又不愿同情子君的感觉,为此他谴责了她。

> 我终于从她言动上看出,她大概已经认定我是一个忍心的人。其实,我一个人,是容易生活的,虽然因为骄傲,向来不与世交来往,迁居以后,也疏远了所有旧识的人,然而只要能远走高飞,生活还宽广得很。现在忍受着这生活压迫的苦痛,大半倒是为她,便是放掉阿随,也何尝不如此。但子君的识见却似乎只是浅薄起来,竟至于连这一点也想不到了。(120页)

由于叙事人不久即以类似的方式抛弃了子君,所以他的自我辩护带有很强的反讽意味。子君竟与他手中的宠物共享同一种命运。

倘若某种叙事试图从一个分裂式自我的淆乱体验中分辨出意义,那么自相矛盾便是这种叙事的症结所在。一方面,叙事人将自己过去的生活描绘成仿佛一块平和的港湾,只是由于子君的闯入,方才变成

地狱。而另一方面,在开篇的段落里,叙事人又作出了相反的说明:
"时光过得真快,我爱子君,仗着她逃出这寂静和空虚,已经满一年了。"(110页)这一巨大反差的真正原因,可能在于"叙事的自我"(narrating self)与"故事的自我"(experiencing self)在感受上的鸿沟,因为前者似乎并不相信后者。可是"叙事的自我"不正是从他先前的自我中成长起来的吗?

时间、体验与回溯,都可以为叙事人提供先前不可能达到的自我批评的独特视角,然而并不是说这样的自我批评一定是毫无问题的。事实上,贯穿整个文本的自相抵牾的陈述以及精心构思的意象,指出了"叙事的自我"与"故事的自我"之间重要的关联。这一关联是由逃避的主题确立的,该主题刻画了"叙事的自我"以及"故事的自我"的特征。这两种自我都试图从自知之明中逃脱出来,而忏悔式写作正是另一种逃避的企图。譬如,不断出现的笼中鸟的形象:

> 局里的生活,原如鸟贩子手里的禽鸟一般,仅有一点小米维系残生,决不会肥胖;日子一久,只落得麻痹了翅子,即使放出笼外,早已不能奋飞。现在总算脱出这牢笼了,我从此要在新的开阔的天空中翱翔,趁我还未忘却了我的翅子的扇动。(118页)

虽然叙事人此处使用的文学套语并无引人注目之处,但是在这逃向自由的隐喻式想象(figurative projection)中,子君竟如此明显地缺席,实在令人怵目惊心。(另一个意味深长的细节是,叙事者是《自由之友》杂志的长期作者。)不但子君从这一唯我论的图景中被省略掉,而且这一隐喻(很快成为叙事人特有的自我形象)也迅速使他与她疏远起来,这一切发生在涓生从普通职员的日常生活中解脱出来的时候。随着这个隐喻的出现,自由陡然间成为叙事人生活中的头等大事。借助一个意象的帮助,涓生开始为自由而战,这个意象有效地解开了他与子君的关系:

> 待到孤身枯坐,回忆从前,这才觉得大半年来,只为了爱,——盲目的爱,——而将别的人生要义全盘疏忽了。第一,便是生活。人必生活着,爱才有所附丽。世界上并非没有为了奋斗者而开的活路;我也还未忘却**翅子的扇动**,虽然比先前已经颓唐得多……(121页;黑体为笔者所加)

叙事人此时公开谴责子君的鸟笼角色,而赋予自身以鸟的优越形象。这个隐喻一笔勾销了情人及其所爱之间原有的关系,以便确立新的关系,即鸟与鸟笼的关系,这就使叙事人可以轻松无愧地摆脱子君。

与笼中鸟的形象相关联,叙事人反复召唤路的意象,以体现他对自由的渴望。在老调重弹地提及创造新开始的需要时,他将自己对未来的希望,寄托在子君脱离他的生活这一点上。由于缺乏勇气首先提出断绝两人的关系,所以他决定以暗示和隐喻的方式,向子君"说出我的意见和主张来:新的路的开辟,新的生活的再造,为的是免得一同灭亡"(123页)。对子君而言,新的路走向的是死胡同,而"路"这一意象却有助于叙事人把捉从当下的现实逃脱的可能。这是来自鲁迅《故乡》的遥远呐喊,在那篇小说里,路的形象体现了一种希望。正如李欧梵指出的,当《伤逝》中的个人之路在叙事人的眼里最终幻化成一条灰白的长蛇时,这一凶险的意象便使路"不那么可靠了"[1]。然而,叙事人仍决定向这可疑的逃往自由的路上跨去,因为对他而言,生活是一个孤独的旅程,而为了独自幸存下来,他必须让自己摆脱阻在路上的障碍。[2]对于"故事的自我"而言,那一障碍就是子君,而对于"叙事的自我"来说,那就是对子君幽灵的记忆,这记忆搅扰着他心神的平静。如果说先前涓生用言语将子君从他的生活中逐开,那么现在他则依赖写作行为消除对她的记忆,将这记忆抛入遗忘

---

[1] 李欧梵,*Voices from the Iron House*,88页。
[2] 正如李欧梵指出的,孤独的旅程或"孤独的旅行者"是中国现代小说中一个主要的形象。见其"The Solitary Traveler: Images of the Self in Modern Chinese Literature," in *Hegel and Hessney*.

之中，并肯定他本人对过去故事的权威的、指示性的控制。

涓生消解过去的尝试，将"叙事的自我"与"故事的自我"在一种令人怀疑的忏悔之声中联合起来。子君死后，叙事者重归他单身时曾经住过的小屋。他向读者描述着这间破屋的场景，来开始他的讲述。

> **依然是**这样的破窗，这样的窗外的半枯的槐树和老紫藤，这样的窗前的方桌，这样的败壁，这样的靠壁的床板。深夜中独自躺在床上，就如我未曾和子君同居以前一般，**过去一年中的时光全被消灭，全未有过**，我并没有曾经从这破屋子搬出，在吉兆胡同创立了满怀希望的小小的家庭。（110页；黑体为笔者所加）

当描述破屋子的情形，并将其未曾改变的模样与"过去一年中的时光"所经历的生活的骚乱相比照时，叙事人表露出一种深刻的无聊感。然而那哀悼与伤悔之情，是否因为子君之死，便可以传达由之而来的缺失感？或者是否因为最初与子君的纠葛，便可以达成对自我的呵责？也许二者皆有。在任何情形下，小屋不变的外表都镜照出叙事人力图抹掉过去的愿望。事实上，当我们考虑到子君在这一年的时光，在这小小的空间里，从一名活泼的少女转变成一个女人，并最终转化成幽灵般的记忆时，这个过程与叙事人自身状况的反差，便极为显豁明确了。由于叙事人在他开篇处作结，所以将"故事的自我"与"叙事的自我"分隔开来的时间，便构成一个轮回。而那不变的空间抵牾着，实际上取消了叙事人与其先前的自我之间的回溯式的话语所设置的时间距离，其抵牾与取消的程度竟如此之大，以至于我们绝无可能从字面的意义上来看待叙事人悔恨式的哀悼与回溯式的自我批评。

这种叙事情境的复杂性，由叙事人对他在子君之死一事中的责任的奇怪开脱，而得以证实。叙事人主要的错误，他说道，便是他对真实矢志不渝的忠诚:"我不应该将真实说给子君,我们相爱过,我应该永久奉献她我的说谎。如果真实可以宝贵,这在子君就不该是一个沉重的空虚。谎语当然也是一个空虚,然而临末,至多也不过这样地沉重。"(127页)读者不禁疑惑,当叙事人在"真实"与"爱"之间设立这种虚假的二元对立时,他与其说是在指控自己,不如说是在维护自己。他提出这样一个虚设的论点,诱使读者在非此即彼的困境中做出选择。然而这篇小说拒绝被归约成一次抽象的形而上学训诫,更不必说是说谎的教诲了,因为子君之死的悲剧与其说是由涓生对真实的忠诚而引起的,不如说是由于他对子君爱情的抛弃,而且特别是由于他无法调和他所认为的爱的要求与个人自由。但个人自由同自由恋爱一样,都是性别化的,而且对不同的人意味着不同的事情。倘若叙事人自责为一个"卑怯者"(127页),那么他由于社会压力而产生的懦弱,与其说出自同谎言生活在一起时的无能为力,不如说植根于他自我中心的世界。对于他那种逃避主义的生活观来说,爱情也不能例外。他通过爱情来逃避无聊与乏味,而一旦生活变得艰难,他又从爱情中逃离。实际上,他对自由的要求如此之强烈,甚至私下希望"她的死"(124页)。

叙事人从他虚设的有关真实与爱的讨论中所得出的合乎逻辑的结论,最终托出了整套叙事的基本框架:"我要向着新的生路跨进第一步去,我要将真实深深地藏在心的创伤中,默默地前行,用遗忘和说谎做我的前导。"(130页)读者不必从字面上接受这一套忏悔,因为它以一套不痛不痒的哲理(关于真实与谎言的争辩),来代替现代主体的深重危机,而且通过压抑受这一危机影响的人与人关系的黑暗现实,从而似乎重新开创(reinvent)了现代性的志业。即便是从字面意义看,鲁迅的小说在文本层面深刻质疑了叙事人以及这一整套叙事。正如叙事人将怀旧式写作视为走向新路的第一步,读者也许会问,他的写作是否掩盖了真实?叙事人所拥抱的,是否是在谎言的指导下写就的?也就是说,涓生回溯式的写作是一种指示性的暴力行为,这个行为与其说是用来掩埋"真实",不如说是用来抵消对已故女人的记忆。

我们已经看到，男性的欲望在女性尸骸上的铭写（inscription），在男性的恋尸幻想中反复出现，而且表现出如此非同寻常的相似性，我对郁达夫、沈从文以及施蛰存的分析恰恰也是强调性别书写的这一暴力倾向。

女性的自我言说

假设子君能亲口讲述自己的故事，那又会是怎样的故事呢？从女性自身的角度出发，作为一个"解放的"女性而生活，这究竟意味着什么？"解放的"女性是否必须总得像子君那样，在现代的夫妻关系与传统的家庭之间做出抉择？她是否总是必定因爱一个男人而受伤，或是为他而死？她能对自己有所认识吗？她怎样讲述自己的身体、性与写作？而且她怎样向别的女性讲述自己的故事呢？

与《伤逝》类似，在鲁迅作品三年之后发表的丁玲的小说《莎菲女士的日记》，试图从性别层面处理现代两性关系问题。然而与鲁迅不同的是，丁玲对女性的主体性的探讨，乃是让叙事人从女性自身的视角来讲述女人的体验。与子君判然有别的是，莎菲拒绝在现代的夫妻关系与传统的家庭之间做出选择。此外，这名"解放的"女性以接近受虐狂式的快感来分析自己，她的欲望对象既有女人也有男人，并且公开讲述她自己的身体与性，这种公开性在历代女作家的作品中是耳目一新的。[1]

这篇小说1928年2月发表于《小说月报》，顷获成功。正如一位批评家指出的，它的发表，"便好似在这死寂的文坛上，抛下一颗炸弹一样。"[2]小说的作者被欢呼为"'五四'以后解放的青年女子在性爱上的矛盾心理的代表者"[3]，而且她对"Modern Girl"（"摩登女

---

[1] 英语世界对丁玲生平与著述的研究，见梅贻慈（Yi-tsi Mei Feuererker），*Ding ling's Fiction*；以及白露（Tani Barlow）为丁玲作品 *I Myself Am a Woman* 撰写的导言。
[2] 毅真，《丁玲女士》，收入袁良骏，《丁玲研究资料》，223页。
[3] 茅盾，《女作家丁玲》，收入袁良骏，《丁玲研究资料》，253页。

郎",该词的中文音译,见附录 F)的理解,比任何一个同时代人都要深刻。[1]丁玲拒绝向"五四"时代极为流行的自由恋爱小说高唱赞歌,她所塑造的是一个力图了解自己的身份、性欲与孤独迷茫的现代女性,这一写作行为站在了同时代人的作品之上。[2]研究"五四"时期的小说史家亦将她归类为所谓的女性写作的传统,并与庐隐、冰心、冯沅君、凌叔华等人的名字联系在一起。[3]

丁玲小说的指称性文体来自其日记形式的表述,它自己向自己说话,而且有时以自我为他者。三十三篇日记记录了莎菲在北京的寒冬贫乏而又奢侈的生活。她大多时间住在旅馆或是租借的房子里,也曾短暂住在医院。由于厌倦自己的生活和友人,她将自己的思绪倾注于自身,仿佛写作可以解决自身的问题。虽然日记体写作为丁玲的小说提供了一个表面上的动机(pretext),但它也有助于创造一种女性写作,这种女性写作的特征是对性别化的主体性极度敏感,奋力抵抗对求爱以及女性的俗套描摹,骤然戳穿浪漫化的恋爱情节,最终否定写作是走向自我认知之有效途径。

西文名字"Sophia"在汉语中的音译"莎菲",将叙事人直接设置在读者熟悉的汉语文化语境的边缘。莎菲一如其名,选择了一种不同寻常的都市生活方式,偏离了"传统"意义上家庭以及社会的束缚。她是丁玲早期作品中创造出来的人物之一,这些女性人物在拒斥"传统"生活方式的同时,亦发觉自身陷入经济、社会以及道德的危机当中而一筹莫展。最糟糕的是,"她们在自己随心所欲、不合规范的存在状况中时常发现的是,在直面世界的同时,她们也必须遭遇自身。"[4]莎菲在一家公寓房里与孤独的自我面面相向,这是由第一篇日记所记

---

[1] 钱谦吾,《丁玲》,收入黄英,185—206 页。
[2] 对自由恋爱的文化遗产及其相关背景的讨论,见李欧梵,*Romantic Generation*,特别是第 13 章"The Journey of Sentiment,"以及第 14 章"The Romantic Heritage。"
[3] 近期对此女性传统的讨论,见文棣(Larson),"The End of *Funü Wenxue*";及其"Female Subjectivity and Gender Relations";刘禾,"Invention and Intervention";周蕾(Rey Chow);以及孟悦、戴锦华。
[4] 参见梅贻慈,*Ding Ling's Fiction*,29 页。

录的镜中图像导引出来的:"那洗脸台上的镜子——这是一面可以把你的脸拖到一尺多长的镜子,不过只要你肯稍微一偏你的头,那你的脸又会扁的使你自己也害怕……这都是可以令人生气了又生气。也许这只我一人如是。但我却宁肯能找到些新的不快活,不满足;只是新的,无论好坏,似乎都隔得我太远了。"[1](44页)这种自我审察的方式,与日记写作的反思行为是并行不悖的。[2]镜子的作用在于为莎菲的女性写作提供指示性隐喻,在这种写作中,它使我(日记作者)、她(主体)和你(读者)合而为一。富于反讽意味的是,镜子对其形象的扭曲(惹恼她如此之深),同样预示了她自恋式解读自我的缺陷,这便如同日记无法对自我(selfhood)之谜提供解答并最终让她以失望而告终一样。莎菲对写作和自我的态度,反映了女性若要抛弃男性关于女性欲望的书写时面临的困境,以及在男性主宰的文学语言中寻找全然令女性满意的另类语言时无获而终的结局。

作为一名"自我解放"的女性,莎菲试图将自身嵌入一种尚待书写的文本当中,在这一文本里,女性不再单单是一个女儿、姊妹、爱人或者朋友,而是一个自主性的我。然而这不是一项可以轻易实现的任务,因为在以往的文学中只有母亲、女儿、妻子、姊妹或者恋人的女性形象,所谓自主性的我根本不存在。"我,我能说得出我真实的需要是些什么呢?"(51页)莎菲成为自身的谜团。自我讯问、暧昧不清、不确定性以及自恋情结,恰恰成为这种女性写作的标志。

莎菲的日记是以一种"欧化"的白话文写就的。叙事人大量使用

---

[1] 《莎菲女士的日记》,收入《丁玲短篇小说选》,44页。五年后,丁玲在《文学》(1.4[1933])杂志发表一篇续作。其标题为《莎菲女士的日记,第二部分》,而续作无法与原作相比。先前之作的心理洞见以及丰富性,在续作中荡然无存。这位日记作家坦言承认她无法再进行以前的那种写作。

[2] 顺便一提,Colette 的《流浪者》(La Vagabonde)是以第一人称来叙述的法国女性主义小说,同样以一幅自恋式的镜像开始,而以叙事者致情人的日记式书信(她为追求自由以及女性自我的完整,而抛弃了这位情人)告终。这两部作品有许多共通之处,揭示了现代女性写作中许多奇特的共性。

了冗长的连接词和从句,尤其是因果从句——由"因为/所以"、"虽然"、"但是"以及"尽管"等词语引入的条件的、让步的、时间的从句。[1]虽然这一文体在"五四"小说中并非不同寻常(它促成了现代汉语白话文风格的发生),但是它出现在莎菲的日记里,却反映出叙事人讲述自身涌乱的欲望时,所做出的一种饶有趣味的选择。叙事人在沉思其处境时陷入种种"但是"和"虽然",显示一种深刻的暧昧心态,如她对苇弟的厌倦,以及她对西化作派的凌吉士的强烈渴望。在面对这两个男人时,莎菲开始与自身欲望的不确定性产生搏斗:"我真不知应怎样才能分析出我自己来。有时为一朵被风吹散了的白云,会感到一种渺茫的,不可捉摸的难过,但看到一个二十多岁的男子(苇弟其实还大我四岁)把眼泪一颗一颗掉到我手背时,却像野人一样的在得意得笑了。"(47页)苇弟的眼泪与多愁善感使莎菲无法善待之,因为她觉得他无聊而又缺乏魅力。这种"阳刚气"或者性吸引力的缺失,与其说触及苇弟本身,不如说它道出了莎菲对于阳刚气质以及男性本质的幻想。那么她所幻想的是何种类型的男人呢?"我又梦想到欧洲中古的骑士风度,这拿来比拟是不会有错,如其是有人看到凌吉士过的。他又能把那东方特长的温柔保留着。"(72页)莎菲幻想的是一个拥有白种男人之性魅力的中国男人,这一幻想即刻取消了苇弟自称拥有男性气质的资格。

这样的描述凸显了东西方遭遇时的性政治问题,在这种遭遇里,欲望、吸引力、女性特质和男性特质以某种意味深长的权力关系的重组形式(reconfiguration),沿着文化、民族和种族的脉络重新配置起来。可以说,弱势民族被西方的在场而象征性地阉割了,而这种在场又同时反馈在被宰制者与宰制者的性幻想中。[2]但是,我们必须小心,不能把莎菲的立场简单化为一个被殖民者的立场。在她与凌吉士的关系当中,莎菲尚能与自身的情欲狂想作斗争,而且能为她本

---

[1] 对现代汉语写作中欧化文体这一层面的讨论,见耿德华,239—240页。
[2] 参见 Fanon。

人,一名中国的女性,重新界定欲望。毕竟是由莎菲,而不是由她的"骑士",跨出了求爱的第一步,并迅即决定终止这种关系。日记以公开的性语言,通过将叙事人分派成引诱者的角色,改变了传统的骑士罗曼史。

> 我把他什么细小处都审视遍了。我觉得都有我的嘴唇放上去的需要。他不会也想到我是在打量他,盘算他吗?后来我特意说我想请他替我补英文,云霖笑,他听后却受窘了,不好意思的在含含糊糊的回答,于是我向心里说,这还不是一个坏蛋呢,那样高大的一个男人却还会红脸?因此我的狂热更炎炽了。(52页)

莎菲的侵略性与凌吉士的窘态,颠倒了传统的求爱过程中男性和女性的角色。如果说莎菲对社会常规的藐视靠的是对普遍接受的性别角色的颠倒,那么,倘若那男子决定予以回应,她又该做些什么呢?莎菲很快便惊奇地发现她梦中情人的真相。

> 真的,在他最近的谈话中,我懂得了他的可怜的思想;他需要的是什么?是金钱,是在客厅中能应酬他买卖中朋友们的年轻太太,是几个穿得很标致的白胖儿子。他的爱情是什么?是拿金钱在妓院中,去挥霍而得来的一时肉感的享受,和坐在软软的沙发上,拥着香喷喷的肉体,嘴抽着烟卷,同朋友们任意谈笑,还把左腿叠压在右膝上;不高兴时,便拉倒,回到家里老婆那里去。热心于演讲辩论会,网球比赛,留学哈佛,做外交官,公使大臣,或继承父亲的职业,做橡树生意,成资本家……这便是他的志趣!(65—66页)

金钱,权力,以及资本主义所勾勒的西化的中国男子的阳刚身份,竟是这样一幅暗淡的图像,结果在莎菲的眼里,这名男子的特殊魅力—

落千丈。与凌吉士相关联的西方资产阶级价值观,使叙事人骤然警醒到现代男性身份的社会经济构成,这种男性的性魅力无法脱离其压迫者的意识形态。莎菲最终抛弃了凌吉士,而且在此过程中,她也向她本人对中世纪骑士的幻想,宣告永别。

那么,在对抗资本主义男性身份时,整篇日记又是如何以指示性的词语,建构其自身的女性身份呢?面对着梅贻慈所命名的"写作本身的局限",这篇日记审视了其本身的意义的基础,以便开启女性写作的可能性。[1]莎菲采用的文本策略,是用女性删除意义的世界来对抗男性主宰的意义与价值观的世界。对牛奶的意象(也是莎菲所喜欢的表述女性身份的液体意象)的运用,便是一例。她在12月24日的日记中如是写道:

> 太阳照到纸窗上时,我是在煨第三次的牛奶。昨天煨了四次。次数虽煨得多,却不定是要吃,这只不过是一个人在刮风天为免除烦恼的养气法子。这固然可以混去一小点时间,但有时却又不能不令人更加生气,所以上星期整整的有七天没理它,不过在没想出别的法子时,是又不能不借重它来象一个老年人耐心着消磨时间。(43页)

曾有论者以为,这个段落从隐喻的意义上,指涉着自淫状态,至于事实是否如此,取决于分析者在多大程度上索解文本的字面含义。[2]假定我们解读的目的并不是要阐明隐喻后面的真实,那么,我们是否还有可能在莎菲的写作和阅读与她的牛奶和自淫之间找到一种有意义的关联呢?我们再来看紧随上述引文之后的段落:

> 报来了,便看报,顺着次序看那大号字标题的国内新闻,然

---

[1] 梅贻慈,*Ding Ling's Fiction*,48页。
[2] 参见丁玲,*I Myself Am a Woman*,355页注1。

后又看国外要闻，本埠琐闻……把教育界，党化教育，经济界，九六公债盘价……全看完，还要再去温习一次昨天前天已看熟了的那些招男女，编级新生的广告，那些为分家产起诉的启事，连那些什么六〇六，百零机，美容药水，开明戏，真光电影……都熟习了过后才懒懒的丢开报纸。(43—44页)

莎菲读报，并不试图理解她所阅读的内容，或是揭示某些潜藏的信息。这一描述，与前段引文中她重复不停的煨奶之举，其实并行不悖。一如她为煨奶而煨奶，此时此刻她所做的，是为读报而读报。这些无意义的琐屑之举之所以不断重复，是为了缓解无聊厌倦之感，而这种无聊与厌倦，在她思考自己生活中令其不快的周遭环境时，使她身心俱疲。莎菲无法适应现代男性主宰的世界和那里充斥的国内新闻、国外要闻、本埠琐闻，以及教育界、党化宣传、经济界、九六公债盘价的报道。她不加区分地翻看这些栏目，对标题新闻、为分家产起诉的启事以及美容药水的广告，皆一视同仁。莎菲的阅读行为，就像仪式般的表演，一如她的日记写作。既然凡此等等都是不及物的（intransitive）的行为，其意义只涉及行为的主体，我们便能在这一文本中**隐喻式地**解读自淫的含义。就此意义而言，不仅仅煨奶的行为，而且莎菲愤世嫉俗的阅读和写作，也可以被视作自淫的文本案例。

将日记写作说成自淫的比喻，是老生常谈，然而关键的是，莎菲在这个充斥着自恋、自怨与施虐受虐的矛盾充斥的文本当中，究竟是如何将这种写作联系到女性身份的？此处的女性身份是一种同语言和写作相互抵牾的存在状态（施虐受虐狂），而这种抵牾表现在叙事人在大声疾呼："语言，文字是怎样在这时显得无用"（78页）的同时，却又强迫性地书写自己。莎菲在日记的最后一页这样谴责自己的写作行为："在这本日记里，与其说是莎菲生活的一段记录，不如直接算为莎菲眼泪的每一个点滴，是在莎菲心上，才觉得更切实。然而这本日记现在是要收束了，因为莎菲已无需乎此——用眼泪来泄愤和安慰,这原因是对于一切都觉得无意识,流泪更是这无意识的极深的表白。"(79页)关于眼泪(另一种表达女性身份的液体意象)的隐喻,关涉到写作行为以及张力的缓解。它代表一种自觉的、女性化的标记(signature),标志着对男性主宰之写作的疏离,以及对笔与墨的所有权的规避。眼泪,带着消散与空白的内涵,意味着意义的缺失,而且通过打破有关"谨慎"的规范、社会的禁忌以及以"墨"书写的公开写作的成规,这样一篇充斥着眼泪的日记所凸显的正是写作的局限。日记结尾处莎菲诸般体验所具有的欣快感,读起来就像是自我表述的危机中一次受虐狂的沉溺。当她从第三人称走向第一人称的言说形式之际,她如是宣告:"可是在这最后一页的日记上,莎菲应该用快乐的心情来庆祝,她是从最大的那失望中,蓦然得到了满足,这满足似乎要使人快乐得到死才对。但是我,我只从那满足中感到胜利,从这胜利中得到凄凉,而更深的认识我自己的可怜处,可笑处。"(79页)

莎菲的自恋,深刻体现在她对写作和阅读的表述行为中性别差异的铭写。莎菲坦言相告,她之所以保留这份日记,是为她所挚爱的女友蕴姊的缘故,"自然,这日记,我总是觉得除了蕴姊我不愿给任何人看。第一是因为这是特为了蕴姊要知道我的生活而记下的一些琐琐碎碎的事,二来我也怕别人给一些理智的面孔给我看,好更刺透我的心;似乎我自己也会因了别人所尊崇的道德而真的也感到像犯下罪一样的难受。"(72页)写作被理解为两个女人之间联系情感的方式,以及对传统的、男性的关于欲望和性之叙事道德权威的抵抗。

这就是为什么当莎菲将自己的日记暴露给一名男性读者看的时候,这一冲动就违背了她本人和蕴姊之间指示性的阅读约定。换言之,这本日记并非是给男人看的。她让苇弟读到整本日记的一部分,是因为她想让他了解她的真实面目。苇弟却未能把握这些日记的真义,而只是相信另一个男人,即凌吉士,情场得胜,成为莎菲的情人。这部分日记并不能让苇弟理解莎菲,因为他用自己程式化的方式解读莎菲的日记，只能看到一种老套的三角关系，而在这种关系里，他的对手战胜了他。莎菲探讨了苇弟对她的"误"读：

> 谁能懂得我呢，便能懂得了这只能表现我万分之一的日记，也只能令我看到这有限的而伤心哟！何况，希求人了解，而以想方设计用文字来反复说明的日记给人看，已够是多么可伤心的事！并且，后来苇弟还怕我以为他未曾懂得我，于是不住的说："你爱他！你爱他！我不配你！"
>
> 我真想一赌气扯了这日记。我能说我没有糟蹋这日记吗？我只好向苇弟说："我要睡了，明天再来吧。"（73页）

莎菲在女性文本与男性读者之间的这种寓言式遭遇中，将写作行为和阅读行为构造成深刻的性别化行为。可惜的是，这本日记假想的女性读者还没有机会阅读，竟死于非命。莎菲视蕴姊之死，为传统言情文学的牺牲品。在忆及她们二人在上海共度的时光之际，她回想道：

> 在去年这时候，我过的是一种什么生活！为了有蕴姊千依百顺的疼我，我便装病躺在床上不肯起来。为了想受蕴姊抚摩我，便因那着急无以安慰我而流泪的滋味，我伏在桌上想到一些小不满意的事而哼哼唧唧的哭。便有时因在整日静寂的沉思里得了点哀戚，但这种淡淡的凄凉，却更令我舍不得去扰乱这情调，似乎在这里面我也可以味出一缕甜意一样的。至于在夜深了的法国公园，听躺在草地上的蕴姊唱《牡丹亭》，那又是更不愿想到的事了。假使她不会被神捉弄般的去爱上那苍白脸色的男人，她一定不会死去的这样快，我当然不会一人漂流到北京，无亲无爱的在病中挣扎，……（70页）

蕴姊对爱的歌唱，参照她与她所爱之男子的不幸婚姻，极具反讽意味。

那"苍白脸色的情人"指涉的是才子或者"小生"的刻板形象,在传统小说和戏剧中盛行不衰,代代流传。[1]莎菲弃绝传统的缠绵之爱,并抗议她所挚爱之女友的无端受害。她的日记与那曾打动无数多情男女之魂灵的古典情剧《牡丹亭》不同的地方在于,通过坚信女人和女人之间的亲密友谊,作者以性别化的手法,重新界定了阅读和写作。只有这样亲密无间的女性间的交谈,使才子(传统的男性美)以及中世纪的欧洲骑士(舶来的西方理想)都成为多余。然而,蕴姊在能够读出这些书页的含义之前便过早去世,深刻地揭示出那不过是一种乌托邦式的渴望。在结尾处,莎菲的日记真正成为眼泪的记录,它哀悼着心心相印之女友的离去。

就中国现代文学中的性别建构问题而言,**女性间交流**的失败究竟

---

[1] 思考莎菲是否故意曲解《牡丹亭》的含义,以适应她本人的需要,这是饶有趣味的。倘若《莎菲女士的日记》中的性别问题同阅读行为和写作行为相关,那么,可能为莎菲所忽视、而在古典戏剧中已得以表述的阅读状态究竟是什么呢?《牡丹亭》第七出(《闺塾》),在决定女主人公命运的游园活动之前,杜衙设帐的老师陈最良与学生丽娘及其侍女春香之间,有一系列喜剧性的对话,而话题集中在对《诗经》的解释上。当老师将《关雎》一篇的意思解释给自己年轻的女学生时,女性受教育的场景正式开始。陈最良首先援引《毛诗》的名篇"关关雎鸠,在河之洲。窈窕淑女,君子好逑",然后引经据典,解释该诗如下:"论《六经》,《诗经》最葩,闺门内许多风雅;有指证"而且"有风有化,宜室宜家"。最后他吁求孔子作结:"《诗》三百,一言以蔽之,没多些,只'无邪'二字,付与儿家。"(汤显祖,《牡丹亭》,26页)然而,丽娘与春香对陈最良的附会之解全无兴趣,而是坚持对该诗的字面诠释,她们将其读一首关于爱与合欢的抒情之作。当春香问,"怎样声儿?"或是"为甚好地求他?"春香的读法有效地颠覆了主宰着诠释该诗的确立已久的经学传统。值得回味的是,此后降临到丽娘身上的事件(游园之后,她与柳梦梅在梦中的浪漫遭遇,以及她的相思之苦),便直接来自这叛逆地读解经典作品的时刻。

然而,我们并不能随即作结论说,我们在这出戏里发现的性别化解读,可以确立女性的视角,尽管这种女性视角能够从文本中推论出来。借助女性人物来道出颠覆性的诠释行为,这在有明一代的文学作品中并非标新立异,该事实使这一情境大为复杂化。它不过是明朝盛行的"情"与"理"之更为宽泛的哲学话语的一个组成部分。此外,有鉴于戏剧这一通俗形式在等级森严的古典文学中所具有的卑微地位,在一出戏中对《诗经》进行性别化解读,这是特别耐人寻味的,因为它体现了通俗文学形式的定位,而且在此过程中,还嘲笑了私塾先生这一人物形象所代表的悠久的寓言传统(tradition of allegories)。因此,我们对《牡丹亭》或者其他传统文本进行解读时,必须仔细地重新设定条件,并详尽说明文本自身之内可以发现的迹象。倘若这样理解,那么性别化解读的任务,就不再是识别文学文本中男作家或女作家在描摹女性时的积极或者消极的态度,而是要阐明那些扮演的(staged)或者伪装起来的复杂的对抗形式(时常被符码化为传统文人诗文中的女性),以及这些形式如何抗拒着当时占主流地位的文学实践和思想实践。

给我们一些什么样的启示？它和那些表面上看来并不那么性别化的文本之间是什么关系？它是否将男性作家与女性作家之间的意识形态张力寓言化了？最后，文学批评在认可性别化或者非性别化之解读的过程中能起什么样的作用？下一章我对这些问题的探究，将落实在重新思考文学批评与国族建设的努力之间的关系，因为，只有当这一关系进入我们的视野，性别问题提出的方式，才不会只停留在列举**表述**男性身份或是女性身份的孤立文本的层次，才能为批判性思考提供更坚实的思想基础。换言之，本章所涉及的性别问题还需要在中国现代文学话语更为宽广的诠释语境中予以重新考虑。

[Ⅲ]

国族建构与文化建构

第七章　作为合法性话语的文学批评

在《迟到的现代性与审美文化》（*Belated Modernity and Aesthetic Culture*）一书中，格里高利·尤斯达尼斯（Gregory Jusdanis）考察了现代希腊的民族文化兴起时所伴随的环境因素。在他看来，希腊18世纪和19世纪发生的事件，主要关系到精英分子的欲望，他们希望看到希腊整合到更发达的欧洲民族国家的体系中去，并使自身西方化，现代化。

> 对他们而言，现代性与西方是同义词。当他们按照欧洲的范式，希望获致经济、社会、政治的联合时，他们也从欧洲的种种情境里，将若干结论普遍化了。希腊的情形表明，潜在于第三世界现代化总体论述中的二分思路，从一开始就公然在场。与现代性最初的遭遇，使希腊社会被投放到意识形态对抗（东方—西方，传统—现代，古代希腊语—现代希腊语，古典—当代，族群—国家）的急流当中，而这些对抗导致了社会的动荡，有时竟促成了暴力。为舒缓张力，即便仅仅是以想象的方式，另一种现代的建构也被输入进来，这便是自主的审美活动。[1]

所谓"审美活动"，尤斯达尼斯指的是符号和表述的领域，而这些符号与表述决定着国族文化的意义，就像英语、法语、德语国家的情形

---

[1] Jusdanis, p. xiv.

那样，文学被视为一种将人民社会化的手段，使他们接受资产阶级表述为民族价值的那些象征的和经济的价值。这些象征与表述，取代了希腊人在奥斯曼帝国内部的种族——宗教的身份认同，通过在想像的领域里使地方性的忠诚（local loyalties）同语言的变体（linguistic variations）融为一体，从而成为新国家的合法性的源泉。民族统一在成为政治现实之前，已经在话语的意义上被体验了。

虽然尤斯达尼斯的分析有时以本尼迪克特·安德森（Benedict Anderson）的方式（尤氏的著述令人不禁想起安德森），转向了社会学决定论，但它也提出了一些重要问题，譬如怎样富有成效地研究一个社会的文学与文化规划（projects），尤其是当这个社会发现自己与现代欧洲的宗主国相比是一个"迟到的"民族，它迫切需要减轻古代传统的重负，以求赶上世界其他的民族国家。[1] 与本章主题尤为相关的，是尤斯达尼斯对于文学批评、文学经典（canon）的形成以及其他相关实践的切中肯綮的分析，因为正是这些实践，使希腊现代文学成为现代希腊的一种社会体制（institution）。倘若这一切对致力于20世纪中国文学的学者而言，都是耳熟能详的，那么，这是否意味着中国人的现代性经验并不是独一无二的？与现代希腊、印度、非洲以及阿拉伯民族不无类似的是，中国的知识分子也力图在国族建构与文化建构的时代幸存下来，而他们几乎别无选择，只能直面西方强有力的现实，并屈服于这一现实，无论所谓的西方究竟是以殖民者、半殖民者、人文主义者、福音传道者，还是以文化帝国主义者的身份，冲击着他们的意识。这一层面的体验促成了各国之间令人惊奇的共同词汇表，那些有着不同历史的文化与社会的现代经验中都有这样一个词汇表。因此，诸如"民族国家"、"文化"、"传统"、"历史"与"现代"之类的词语范畴，不仅仅是对宗主国欧洲理论的翻译，更为重要的是，它们也是翻译式的表达形式，而这些形式承担着这些民族在体验整体化

---

[1] 参见 Benedict Anderson。

第七章 作为合法性话语的文学批评

的西方时,必须忍受的重负。[1]

在这样的环境下,文学批评在中国成为一种制造合法性的话语,为作家和批评家提供了理论语言,借此,他们能够解决与西方的窘困关联,同时反思自身的存在。当然,理论的这一功能,绝不仅仅局限于中国现代历史时期的文学话语,但是体制化的(institutionalized)文学批评逐步发展为20世纪中国的一种特殊的建制(establishment),成为一个中心舞台,文化政治国族政治经常在这个舞台上轰轰烈烈地展开。[2] 这一现代批评实践的肇始,可回溯到陈独秀、胡适、郭沫若、瞿秋白等人的写作行为,而最具爆破力(exploded)的表达形式,则在毛泽东对于现代文学与古典文学文本独特的诠释中达到了高潮。借助这些诠释,毛泽东发动了为数众多的政治运动,包括长达十年之久的"文化大革命"。贯穿整个20世纪,当中国的精英人士倾全力于文化、国民性、身份认同、现代白话文以及现代文学的地位等议题的时候,合法性的问题始终占据着核心位置。本书第七、八两章将通过集中论述民国初年文学批评和经典规范形成的具体环境,在体制化的层面追问以下问题,即政治的包容性与排斥性究竟怎样落实到每一个具体的过程?另类叙事和对抗性话语(counter discourse)是如何受到压制和排挤的?

需要指出的一点是,虽然我们必须提问究竟是怎样的合法化过程使得"中国文学"变成这种局面,但我们研究的目的并非仅仅是指明现代文学实践与国族建构的政治两者之间共谋的程度,而是探究使得这样一种实践得以出现并形成规模的**矛盾状况**(contradictory conditions)。所以,我们不必追随尤斯达尼斯多少带有决定论色彩的倾向,描摹在"迟到的"现代性的压力下一种民族国家文学是怎样形成的,毋宁说,我们的研究重点应转移到中国现代性复杂的合法化过程中矛盾状况与争议之声(譬如性别化的问题)的发生地。因此,合法性问

---

[1] 关于这一问题的讨论,见 Chatterjee。
[2] 英语世界对于中国现代批评流派的历史描述,见 Galik 以及 MaDougall。

题的反面是，在主流国家民族主义的意识形态之旁，是否还存在另类叙事和历史，我们能否对关于民族国家、文化与文学的耳熟能详的主流话语提出质疑？这一关注，几乎无可规避地促使我在第九章重新思考晚清时期，以及"五四"之后作为新文化运动对抗性话语而重新浮现的有关"国粹"问题的旧有论战。这一论战反复多变的情形（changing dynamics）将阐明范围更广的抗争性叙事和对抗性话语，正是这些叙事和话语，可以使我们能够比较复杂地理解民国时期的民族国家文化以及在翻译中生成的现代性。[1]

国族文学与世界文学

本节讨论的问题与当代有关民族国家文学的理论话语的大语境有密切关联。以詹明信（Fredric Jameson）备受争议的文章，即《多国资本主义时代的第三世界文学》一文为例。詹明信在此谈到了非西方知识分子对自己身属的民族国家的痴迷。在他眼中，这些知识分子代表了"第三世界"，而他们的表述多多少少是透明的，并与詹明信本人假定的"我们"或者第一世界的表述恰恰相反。关于两个世界的表述与权威的这一未加检验的假设使詹明信得出一个颇有争议的假说，即，所有"第三世界"的文本都必然可以读作**民族寓言**。[2] 艾哈迈德（Aijaz Ahmad）尖锐批评了詹明信所建构的成问题的理论，即关于第三世界文学的认知美学，并强烈质疑詹明信声称的第一世界和第二世界所拥有，而第三世界所不具备的假想出来的（imputed）知识基础。

> 如果我们看一看詹明信所"描述"的具体内容，就会发现第一世界和第二世界是用生产方式来定义的（分别是资本主义

---

[1] 在更广阔的历史语境中讨论中国国家民族主义问题的著述，见杜赞奇（Duara），《拯救历史于国族》（*Rescuing History from the Nation*）。
[2] 参见詹明信。

和社会主义),而第三个范畴——第三世界——却完全是用一种外部强加的"经验"来定义的。在前两个世界起着构造人类历史作用的东西,在第三世界竟告阙如。在意识形态的层面上,这种分类方式把世界划分为创造历史的人和仅仅是作为被历史作用的人。[1]

举例说来,詹明信在解读鲁迅的文本时究竟把哪些起着构造文学史作用的东西省略掉了?第三世界的文本是否只能被归结为纯粹的"经验",而第一世界和第二世界的文学却有能力构造更为复杂的文化生产方式?就这些问题而言,詹明信的假说意味深长且发人深省,而并非纯属谬误,因为它运转于第一世界以及第三世界的民族国家取向和以男性为中心的文学批评实践中。例如,可能恰恰是文学批评的体制,而不是"第三世界"文学,才把一部分文本经典化,代表"真正的民族经验",并且把它们作为这样的经验翻译介绍给西方,但詹明信从来不曾考虑到这一可能性。他本人对鲁迅的解读,在很大程度上,先入为主地接受了中国现代文学经典规范围绕鲁迅作品的这种已经建立起来的意义。我的目的并非辩驳詹明信对个别文本的特定解读,而是关注他本人第一世界的盲点,即视而不见这些文本已经被诠释过的现实。因此我们必须考虑的中介因素,是现代文学批评的体制,正是这一体制在民族国家文化的领域里,并在涉及跨国权力关系时,扮演文本生产者及经典规范生产者的双重角色。这种跨国的权力关系,明显体现在詹明信本人把第三世界文学展示给第一世界学术受众时的"翻译行为"。其结果是两个世界的马克思主义批评家就民族主义话语的问题,达成了一次奇特的跨国联合创作。

---

[1] 艾哈迈德,*In Theory*, 99—100页(译者此处借用陈燕谷先生的打印稿译文)。这一批评最早是以题为《詹明信的他者修辞和"民族寓言"》的文章形式付样的。在该书的其他部分,艾哈迈德也批判了"第三世界"的观念(第一、二、七、八章)。他在另一篇早期的文章《"第三世界文学"与民族主义意识形态》("Third World Literature" and the Nationalist Ideology)中处理了同一问题。

第一世界的理论家对第三世界文学的当下挪用，还关涉到詹明信如此切中肯綮地描述出来的多国资本主义的全球化倾向。在很多层面，这些倾向令人想起19世纪关于民族文学和世界文学的话语，这一话语仍旧存活在第一世界和第三世界的当代批评词汇之中。歌德1827年首创的"Weltliteratur"（世界文学）一词，提出了不同文化之间以及不同民族国家之间的一种交流观，这一交流观的目的在于通过为数众多的具体现象，揭示出"元现象"（*Urphänomen*）的准则或者永恒的同一性。正如安东·伯尔曼（Antoine Berman）指出的，对这位德国诗人而言，"世界文学"的概念并非指过去的文学和现在的文学之百科全书式的总和，亦非指已然获得普遍地位，并成为所谓文明遗产的有限的杰作之总和。它是"一个历史概念，关注的是不同民族国家文学或者地区文学之间关系的**现代状况**"[1]。因此，"世界文学"并不表示各种各样的民族国家文学将丧失其个性；恰恰相反，通过准许各国文学进入经济交换以及象征交换的全球系统的等级关系，"世界文学"构成了各国文学。不足为奇的是，世界文学的出现，与世界市场（Weltmarkt）的出现是同时的。弗里慈·斯特里奇（Fritz Strich）富于启发地评论了文学与经济相辅相成的关系（symbiosis），他认为世界文学"是一场思想交易，是各民族思想观念的交通往来，是一个文学性的世界市场，而不同民族将他们的精神宝库带至那里，用来交换。歌德本人便特别喜欢用取自商业贸易世界的这一类形象，来阐明自己的思想"[2]。下面一段文字，引自闻名遐迩的《歌德谈话录》，"世界文学"的概念首次出现于此，而这段文字则支持斯特里奇的观点。

理解并研习德语者，他发现自己身处各个国族分别提供各自**商品**的**市场**上，而他扮演着翻译者的角色，相应地他可以**丰富**自己。因此，每一名翻译者都应被视为一名调解者，力图推进这种

---

[1] 伯尔曼，55页。
[2] 斯特里奇，17页；转引自伯尔曼，55页。

普遍的精神**交换**,并以之为责任,使这种一般化的**贸易**再进一步。无论对翻译的缺陷可以怎样评头品足,翻译仍旧是世界上普遍的交通往来中最基本也最有价值的行为之一。《古兰经》说得好:神在每个民族的语言中,给予这个民族一名先知。就此意义而言,每一名翻译者都是他所属民族的一名先知。[1](黑体为笔者所加)

如果歌德直接关注的是在德国文化中翻译的重要作用,那么,他所使用的经济喻说,却指出了这种话语的历史条件,该话语有助于歌德想像一种全球化的情境,在这一情境中,德国语言和文学将成为"世界文学"绝妙的"交换市场"。举例说来,诚如他在《谈话录》稍后处指出的,"德国命中注定要将自身提高到代表全世界公民的姿态上去"。[2]

有趣的是,"世界文学"的观念,有点类似于今日的"后现代主义",乘着全球资本主义和帝国主义的翅膀,渗透到欧洲之外遥远的市场。从一开始,这个德语词汇的汉语翻译"世界文学",就背上一个沉重的负担,人们用它来解释并证明中国在现代世界共同体(community)中的成员资格(membership)。[3]实际上,中国作家完全无法分享歌德对于德国语言和文学之信心的乐观看法。德国的歌德想像自己**占据着世界市场**,而所有民族皆为他提供各自的**商品**,而他在**丰富**自身的时候,崇高地(magnanimously)扮演着翻译者的角色;与之不同的是,"五四"作家却大幅度转向欧洲文学,目的是要学会怎样生产自己的国族经典,既值得被世界文学接受,也值得被西方评估。这正是陈独秀1917年发表的文章《文学革命论》激动人心之挑战的要旨:"吾国文学界豪杰之士,有自负为中国之虞哥、左喇、桂特、郝卜特

---

[1] 歌德,18页。
[2] 同上书,30页。
[3] 对于歌德在中国接受状况的研究,见 Debon 和 Hsia。Galik(171页)断定"世界文学"这一新词最早出现在胡适1918年撰写的文章《文学进化观念与戏剧改良》。但我复核了原文,发现胡适该文使用的词语是"世界的戏剧文学"。Galik所引用的页码同样有误,应为382—385页。关于胡适的文章,见赵家璧,1:376—386页。

曼、狄铿士、王尔德者乎？"[1]

然而，如果我们由此得出结论说中国作家仅仅被一种梦想，即为自身在世界文学中寻找合法性地位，冲昏了头脑，那么这即使不是彻底荒谬的，至少也是不准确的。民族国家文学和世界文学概念的汉语翻译，必须与其他竞争性的理论和话语（这些理论和话语有很大一部分也自域外舶来，触及到何为文学以及文学应该怎样在中国现代社会中发挥作用等问题）一同思考。这些竞争性的立场包括众所周知的"唯美"理论、人生派、平民文学、阶级文学、普罗文学等等。我将试图说明，在民族国家斗争不同的危急关头，使用这些译介过来的理论有着不同的意义。

譬如郑伯奇，创造社的著名批评家，便是民国时期呼吁建设"国民文学"的第一份宣言的作者。他的文章《国民文学论》，1923年11月至1924年1月连续三期刊载于《创造周报》（33—35期），他在文中指出，关心中国文学之发展者，应将此任务视为当务之急。郑伯奇认为，此事的紧迫性在于，军阀混战时期逐渐恶化的国内形势已经造成了普遍的茫然和沮丧。[2]

郑伯奇纵览并批评了当时影响甚大的，特别是创造社的会员和文学研究会的成员所奉为圭臬的若干艺术和文学理论。他挑选出并且批判了"为艺术的艺术"、"人生文学"、"平民文学"、"阶级文学"等理论，也抨击了世界文学的观念，因为这些理论无法使艺术与生活"忠实于一切现实的东西，……国家生活国民感情，实在是我们今日现实生活的差不多一大部分"。他建议"国民文学"的观念要么总括所有这些流派，要么干脆一举取而代之。然而，世界文学不总是早已暗含了"国民文学"吗？郑伯奇的回答是实用主义原则：他将世界文学归类到不真实的、虚幻的领域（这与歌德形成鲜明对比），并集中关

---

[1] 陈独秀，《文学革命论》，收录于赵家璧，《中国新文学大系》，1:47页。
[2] 郑伯奇在后来的一篇文章中（1942），回忆到早期这篇文章撰写于北伐之前，当时反抗军阀主义和帝国主义的民族主义情感正空前高涨。他承认此文乃匆忙写就，无暇全面考虑问题。见郑伯奇，《二十年代的一面》，收录于饶鸿竞等编，2:761—762页。

注"国民文学",视之为真实的和当下的领域:"我们是世界市民,我们是 Cosmopolitans,这是我们的理想,我们是中国人,是汉人,这是现实。"[1]虽然郑伯奇试图使自己摆脱"国家主义"式的国族文学,但他无法从理论上有力地论述自己的立场,而只能声称"对故土的眷恋之情"与"共同的群体意识"。[2]男女老幼有所差别是不争的事实,但他主张,"无论什么人对于故乡的土地,都有执着的感情。"[3]郑伯奇还提及性别与年龄的差异,但很快就把这些差异撇开,而推崇他的有关国民文学的整体化观念。下面一节将讨论这种批评理论的性别政治。

无论是郑伯奇,还是同时代的其他知识分子,都不曾在"国家主义"(国家民族主义)与"民粹主义"(通常意义上的民族主义)之间画出一道清晰的界限。由此产生的滑动(slippage),覆盖着一个非常广泛而又悬而未决的思想话语领域,在那里,不同的人与不同的利益集团从这种语言的细微差别中挑挑拣拣,以求为自己的政治需求补充能量。虽然反对国家主义者,尽可以大谈特谈个人、人民或者民族,以对抗国家——这里的复杂性在第三章已有所论述——但是反过来,国家也同样宣称自己代表着人民与民族的利益。

一个很好的例证是,1930年国民党政府试图推行所谓的"民族主义文艺",反对革命文艺的兴起,这一运动以失败而告终。为此目的,一些新期刊应运而生,如《前锋周报》与《前锋月刊》,发表的作品主要描述英勇的战斗场面和爱国主义的感人实例,而其作者大多是默默无闻者,如王平陵、朱应鹏、傅彦长与黄震遐。鲁迅富于洞识地解读了黄震遐描写"青年军人"在中国西北"参加讨伐阎冯军事"的故事,他将这种类型的民族主义与殖民主义和帝国主义联系起来。黄震遐用到法国殖民主义者在非洲沙漠里与阿拉伯人争斗流血的形象,实

---

[1] 郑伯奇,76—77页。
[2] 对于郑伯奇放弃以前观点的讨论,见张英进,《在现代中国建设一种国民文学》(Building a National Literature in Modern China),15页。
[3] 郑伯奇,80页。

际上他无意间将自己与"法国客军"相关联。鲁迅讽刺道：

> 原来中国军阀的混战，从"青年军人"，从"民族主义文学者"看来，是并非驱同国人民互相残杀，却是外国人在打别一外国人，两个国度，两个民族，在战地上一到夜里，自己就飘飘然觉得皮色变白，鼻梁加高，成为腊丁民族的战士，战在野蛮的非洲了。那就无怪乎看得周围的老百姓都是敌人，要一个一个的打死。法国人对于非洲的阿剌伯人，就民族主义而论，原是不必爱惜的。仅仅这一节，大一点，则说明了中国军阀为什么做了帝国主义的爪牙，来毒害屠杀中国的人民，那是因为他们自己以为是"法国的客军"的缘故；小一点，就说明中国的"民族主义文学家"根本上只同外国主子休戚相关，为什么倒称"民族主义"，来朦混读者，那是因为他们自己觉得有时好像腊丁民族，条顿民族了的缘故。[1]

鲁迅对民族主义文学的批评，惟妙惟肖地捕捉到一块不确定的领域，民国时期的民族主义者、军阀、帝国主义者以及激进知识分子在这个领域就中国的国家民族主义的意义问题而展开相互争夺。[2]当时，大多数左翼分子视自身为国家主义的敌人，并公开批评政府。[3]这样的冲突经常逐步升级为暴力的冲突，而且常常导致政府对激进文学作品的查禁（见第八章）。但是，如果政府对于国族的合法性表述遭受了质疑——的确，这正是共产主义者攻击国家民族主义者的主要基础——那么，诸如郑伯奇所提倡的国民文学，又怎样适应这些两极化的国族主义构想呢？它又怎样关系到在不同时期，同样关注着国族建

---

[1] 鲁迅，《"民族主义文学"的任务和运命》，收入《鲁迅全集》，4:313—314页。
[2] 杜赞奇的文章《国族的地方叙事》（Provincial Narratives of the Nation）提供了一个有趣的新视角来看待这一时期地方身份与民族身份的关系。他所讨论的情境与文学话语中的情境相比，不仅类似，而且相关。
[3] 郁达夫的文章《艺术与国家》（收入饶鸿竞等编，55—59页）在郑伯奇的论文付梓七个月以前，刊登在《创造周刊》，此文即可从这一角度把握。

构与文化建构的国家呢?

郭沫若,一位因翻译歌德的作品,而赢得"中国的歌德"这一可疑的头衔(即是对陈独秀早期挑战的及时回应!)的作家,虽然并不赞成郑伯奇对国民文学的特定看法,但是他对文学和艺术的论点,即现代世界的美学具有国族建构的功能,却比郑伯奇的爱国取向表现出更高的理论水准。郭沫若在上海大学作题为《文艺之社会的使命》的演讲时指出:

> 我们可以知道,艺术可以统一人们的情感,并引导着趋向同一的目标去行动。此类的事实很多,一时也说不完:如意大利未统一前,全靠但丁(Dante)一部《神曲》的势力来收统一之效果;法国革命以前福禄特尔、卢梭的著作影响很大。从前德帝国之成立,特莱希克说,歌德的力量不亚于俾士麦(Bismarck);俄罗斯最近的大革命,我们都晓得是一些赤诚的文学家在前面做了先驱的呢。[1]

郭沫若认为文化建构的规划,是更伟大的国族建构事件必不可少的先驱,并强调文学是实现这个目标极为有效的途径。在论及20年代中国大局的混乱状态,以及一般国民的生活中艺术文化的衰亡与堕落时,他呼唤艺术家与作家提高人们的感情与精神,调动他们投身于更加伟大的事业。就这个意义而言,他发现中国的国家和政府与大多数欧洲政府所进行的中央领导相比,完全缺乏对文化事业的赞助,因为大多数欧洲政府都想方设法提倡艺术,设立文学奖金,建造美术陈列馆,建设国立戏院等,不遗余力。[2] 郭沫若关于艺术家与作家的职能的论

---

[1] 郭沫若,《文艺之社会的使命》,收入饶鸿竞等编,103页。在汉语原文中,Dante, Treitschke, Bismark 的名字用西文原文给出,放在括号内。
[2] 同上书,104—105页。倘若有识者觉察到这里面一种危险的倾向,具体体现在以后的岁月里国家对于艺术与文学作品前所未有的监督,那么,郭沫若的要点就不足为怪了。四分之一个世纪以后,郭沫若本人成为高级官员,掌管着什么该写,什么不该写。

点,明显地来自他的比较视角,在这种视角的观照下,中国的民族国家文学与文化倘若不是同时或隐或显地参照国际舞台或者"世界文学",就无法进入繁盛期。郭沫若的观点所表述的,与郑伯奇的立场大相径庭。[1]

我们要进一步追问,郭沫若究竟怎样看待全球与局部的辩证关系?即便在他完全认同国族主义和国际主义不证自明的逻辑时,他也并非没有意识到世界市场上中国与西方列强之间令人震惊的不平等的参与程度。就中国而言,军阀主义以及买办资本主义有效地混淆了地方性与全球性或者中国与非中国之间的界限,而这些界限本是国族主义可以发挥作用的地方。郭沫若使用当时在左翼话语中颇为典型的列宁主义语言,于1926年发表《文艺家的觉悟》一文讨论这种境遇:

> 中国的革命对于外国的资本家是生死关头,对于本国的资本家也是生死关头,他们的利害是完全共通的,要他们这样的人才是没有祖国的,他们的国际就是一个无形的资本主义的王国。只要他们的资产家的地位能够保持,中国会成为怎样,中国人会成为怎样,他们是不管的。[2]

我们可以把这一段引文解读成对于经济隐喻(买卖,精神交换,世界范围普遍的交通往来)的反讽式的颠倒,而这些隐喻本是早些时候歌德阐述其"世界文学"的概念时所采用的。歌德看到的是各个民族普遍交换的愉快场景,郭沫若发现的却是跨越国族界限并在东西方之间发生的剧烈的阶级冲突。这一立场促成了他在《革命与文学》一文中对国民文学的著名召唤:"我们的国民革命同时也就是世界革命。我们的国民革命的意义,在经济方面讲来,同时也就是国际间的阶级斗

---

[1] 中国早期无政府主义语境中有关民族主义与国际主义的讨论,见德里克(Dirlik),《中国革命中的无政府主义》,第一、二章。

[2] 郭沫若,《文艺家的觉悟》,收入饶鸿竞等编,121页。

争。"[1]阶级斗争的理论，为郭沫若提供了无产阶级世界主义的意气风发的语言，而这种世界主义有助于重新界定与全球资本主义以及帝国主义相对抗的中国现代文学的功能。虽然这种理论大大阐明了当时的问题，也揭示了郭沫若在发出对革命文学的呼唤时，他本人以及其他作家所面对的特殊环境，但是它也遭遇到一种困境，即谁代表哪个阶级，这一问题是阶级理论的倡导者所不能回避的。

那么，究竟谁代表受压迫者以及无产阶级？郑伯奇早期对于"阶级文学"的批评，恰恰提出了这一难缠的问题：

> 主张阶级文学的人们往往强调第三阶级的人替第四阶级作无谓的呻吟，这确是错了。我也承认第三阶级的自觉的人可以替第四阶级的抱不平，但是代抱不平绝不是现身说法。第四阶级的痛苦，只有第四阶级的人们自己感受过，自己可以表现。其他的阶级，虽不隔岸观火，那所表现的，总不免隔靴搔痒。[2]

我在第三章结尾处，曾扼要触及20年代中至30年代初，民国知识分子将个人主义作为"资产阶级价值观"而予以拒斥的事实。这一时期关于"普罗文学"与"革命文学"的整个论战，集中在阶级意识与代言人的问题上。虽然成仿吾与郭沫若这些批评家大声疾呼"革命的知识分子"，以否定旧自我，获得阶级意识，但也有人开诚布公地质疑进步的知识分子试图表述下层人民体验时，所固有的自欺欺人的可能。[3]这一群体中的著名持不同政见者郁达夫，便强烈反对其激进的同道人的自满情绪。1927年，他在与郭沫若等人发生一系列争吵之后，与创造社断绝了关系；一年后，他写道：

---

[1] 郭沫若，《革命与文学》，收入饶鸿竞等编，133页。
[2] 郑伯奇，79页。
[3] 参见鲁迅，《上海文艺之一瞥》，收入《鲁迅全集》，4:291—303页（亦收入饶鸿竞等编，2:954—964页）。

> 我对中国无产阶级的抬头，是绝对承认的。所以将来的天下，是无产阶级的天下，将来的文学，也当然是无产阶级的文学。可是生在十九世纪的末期，曾受过小资产阶级的大学教育的我辈，是决不能作未来的无产阶级的文学的一点，我是无论如何，也不想否认的。这些主张，我都已经在一本小著名《奇零集》的那册书里说过了，大约读过那册书的人，总已经知道得很明白，我也无须来再述。不过我对于不是工人，而可以利用工人，来组织工会，不是无产阶级者，而只教有一个自以为是无产阶级的意识，不管你有几千万家财，有几十乘汽车，有几十间高大洋楼，只教你有一个自以为是无产阶级的心，你就可以变成一个无产阶级者的这一种理论，我是绝对否认的。[1]

对此问题，鲁迅与郁达夫的看法常常是一致的，而且他早在 1924 年，就在小说《祝福》里触及了这一问题，大约和郑伯奇论国民文学的文章同时。这篇小说在中国现代小说史上，堪称描摹上层阶级的成员与一个社会受害者之间的不幸遭遇时，最不妥协的（uncompromising）作品之一，该作品展现了如何表述无法代言之体验这一叙事问题。正如周蕾富于洞识的分析所指出的，鲁迅的小说"引人注目地说明，写作最强有力的形式效果，即，保持距离（distancing）的表述效果，从不曾真正缓解痛苦，而只是加重了内疚"[2]。受伤害的"他者"祥林嫂，是叙事者怜惜的凝视所无法穿透的，叙事者对于这名不幸女人的同情，最终无法超越他本人受阶级限制的叙事所具有的指示功能（deixis）。并且，"保持距离的表述效果"同时也深刻地受到性别的限制，这就并非偶然了。

---

[1] 郁达夫，《对于社会的态度》，收入饶鸿竞等编，2:1071 页。亦见其《无产阶级专政和无产阶级的文学》，收入饶鸿竞等编，1:146—148 页。郁达夫同创造社脱离关系的正式声明，刊登在《申报》，1927 年 8 月 15 日，见饶鸿竞等编，2:1065 页。
[2] 周蕾，111 页。Theodore Huters（"Blossoms in the Snow"）与安敏成（*Limits of Realism*, 76—92 页）都曾论及这篇小说反讽式的叙事者所具有的调解作用。

第七章　作为合法性话语的文学批评

我认为鲁迅要比同时代人更为敏感地意识到性别与阶级问题，以及作为阶级的性别（gender as class）的问题。而大多数现代作家与批评家，主要是男性，在讨论民族国家、阶级、世界资本主义、文化与表述等话语时，几乎无一例外地暴露出一个明显的盲点。这一盲点与他们本人在这些话语中无意识的性别角色有关，因为大多数此类作家在处理压迫与剥削的问题时，发现下层阶级的女性形象要比下层阶级的男性形象更受欢迎，这不可能是纯属偶然的。虽然他们关于表述的思考有一部分极富洞见，而且甚至对今天的批评话语（如庶民研究）仍不无裨益，但是忽视性别（gender-blind）的研究取向其问题是，它常常遮蔽了压迫与剥削的另一面，而这正是当时男性国族主义话语的特征所在。但这并不是说批评家忽视女性问题，或是对女作家漠不关心。事实上，没有任何一个自封进步的思想家会不去对所谓的女性问题发表一点看法。鲁迅、茅盾、叶圣陶，此处仅仅罗列几个名字，都经常以各自的方式，帮助有希望的女作家发表作品。我所说的文学话语中的无意识的性别角色与男作家的意向几乎毫无关系。毋宁说，这一未被识别出来的状态是一种思考与言说的方式，它通过抹除自己和他人的性别特性（gendered specificity）的标志，使得一种普遍化表述的政治（a politics of universal representation）成为可能。

上文提到郑伯奇从国民文学的观念出发抹除性别差异的论点，他声称无论男女老幼，对于故乡的土地，都有执著的感情纽带。但他本人接下来在该文后面对男人女人的描述中，又使用了明显性别化的语言："离乡背井的时候，泪湿襟袖的，固然多是妇孺之流，丈夫所不屑为，但是一旦重归故乡的时候，就是不甘槁首乡井的莽男儿，也禁不得要热泪迸出。"[1]他用于妇女和儿童身上的贬损之词（"妇孺之流"），以及用于男人身上的赞美之语（"莽男儿"和"丈夫"），是深刻地性别化的，正如他关于眼泪的比喻一样。虽然其论点是反性别化的，但郑伯奇性别化的语言却与其国民文学规划的中立性相抵牾。下

---

[1] 郑伯奇, 80 页。

文我们会看到，萧红的《生死场》是如何强有力地对抗了关于故乡、民族、女人、阶级与文学的国家民族主义话语。

性别与批评

文学批评是不是性别化的？文棣（Wendy Larson）近期在研究庐隐和冰心时指出，"现代文学为女性提出了一个新的主体立场（subject position），即，女作家的立场，它在性别上是明确的。而男作家的情境却有所不同，因为虽然他们也以表述新自我为己任，但这一新自我却是一种普遍化的、现代化的自我，并非特指男性本身。"[1]文棣此处指出的男性性别是没有性别标记的性别化的立场，其功能是在现代文学批评的普遍化话语中，遮蔽了性别政治的真实状况。这也正是我从性别化的视角，不断思考国家民族文学的意义时，最为关注的状况。本节批评的要旨，并非集中在前面讨论的郑伯奇关于"国民文学"的具体阐述，而是落实在民国时期国族建构的过程中，体制化的文学批评具有怎样的性别情境，以及怎样的话语实践？

周蕾在《妇女与中国现代性》一书讨论鸳鸯蝴蝶派小说以往的研究成果时，强有力地批判了男性中心的文学批评。她在解读鸳蝴派故事以及其他文本时表现出来的对抗式研究取向，有效地澄清了文学表述和体制化批评的性别化政治。她之所以批评以往的鸳蝴派研究，并非因为批评家通常不能在自己的著述中注意或者谈及女性的角色——实际上，他们对此语焉甚详——而是因为"对他们而言，女性问题并未成为一个断裂点，一个进入不同类型之解读的切入点。女性可以被提及，但只是被放在历史、社会、传统以及诸如此类'更大的'标题下"[2]。周蕾的观察可谓及时而且重要，因为它展示给我们，女性主

---

[1] 文棣，《女性主体性与性别关系》（*Female Subjectivity and Gender Relations*），127页。亦见其《妇女文学的终结》（*The End of Funü Wenxue*）。

[2] 周蕾，50页。

义的性别批评并非仅仅是关于真实的女人与性征（sexuality）的——不少批评家虽然在理论上不熟悉女性主义的性别批评，但一以贯之地表现出对所谓的女性或者女作家形象的兴趣——按照周蕾此处援引的丝科特（Joan W. Scott）的说法，女性主义的性别批评乃是一种解读和介入主流理论与批评实践的方式。作为一种形式分析的手段，这种批评所处理的，"不单单是性别，而且还有文化解读过程中为权力所渗透的等级化和边缘化。"[1]

性别与性征的喻说，既主导着鸳蝴派的小说，也控制着"五四"一代对这种小说文类的批评。林培瑞（Perry Link）在《鸳鸯与蝴蝶》一书中提到一则引人注目的广告，是鸳蝴派小说或者所谓的"礼拜六"派的出版商1921年刊登在上海一家报纸上的，"宁可不娶小老婆，不可不看《礼拜六》。"[2]文学研究会的重要成员叶圣陶，公开反对这一广告的海淫之语。他说道，"这实在是一种侮辱，普遍的侮辱，他们侮辱自己，侮辱文学，更侮辱他人。"[3]为什么叶圣陶对他几年前熟视无睹的事情，现在的反应却如此强烈？此处的关键是什么？这则广告将阅读体验与性体验毫不掩饰地等同起来，是否有颠覆新文学之议程的危险力量？[4]

这里所说的议程，是刚刚成立的文学研究会（1921）的改革纲领，它一心一意致力于把上海趣味低级之小说的消费者转变成国族文学严肃作品的读者。因此，改革后的《小说月报》与《礼拜六》这两种杂志之间在读者群、性别政治、意识形态与国族建构等方面的斗争，便是关键所在。指责鸳蝴派小说是**文学卖淫活动**（literary prostitution），这种性别化构造，是以其自身的性政治为开端的。把妓女与鸳蝴派小说等同起来的娱乐消费的逻辑，标志着一种有关女性身份（femininity）的意识形态构造，它虽与文学研究会的构造有所不同，但绝不是没有

---

[1] 周蕾，52页。
[2] 林培瑞，171页。
[3] 叶圣陶，《侮辱人们的人》，收入魏绍昌，47页。
[4] 参见张英进，《建设一种民族文学》，8页。

问题的。譬如鲁迅在写作有关鸳蝴派小说的文章时，就嘲笑了这种有关女性特质与卖淫活动的喻说。

> 佳人才子的书盛行的好几年，后一辈的才子的心思就渐渐改变了。他们发现了佳人并非因为"爱才若渴"而做婊子的，佳人只为的是钱。然而佳人要才子的钱，是不应该的，才子于是想了种种制伏婊子的妙法，不但不上当，还占了她们的便宜，叙述这各种手段的小说就出现了，社会上也很风行，因为可以做嫖学教科书去读。这些书里面的主人公，不再是才子+（加）呆子，而是在婊子那里得了胜利的英雄豪杰，是才子+流氓。[1]

鲁迅对鸳蝴派小说的解读，以卖淫活动之喻说为焦点，试图揭露此类文学作品的性别政治。如果说茅盾等其他批评家贬斥鸳蝴派文学主要是因为其庸俗性以及对享乐的强调，那么鲁迅则有所不同，他之所以提出异议，是因为这些作品将男性特质投放到金钱以及男人的购买权之中，与此同时却把女性特质等同于卖淫行为。这一点促使我们重新思考周蕾的做法，即策略性地把**女性特质**等同为鸳蝴派小说的积极特征。[2]无论读者接受与否，鲁迅的解读要求我们在检验鸳蝴派小说的性别政治时，不仅要与其对手的意见相左地解读，而且要在二者之间可能的共谋关系上来考察。这一共谋关系，恰恰存在于鸳蝴派文本与左翼批评家的语言之间，**因为卖淫活动和女性特质**的喻说在此间自由流通。我们的任务并非要认可鸳蝴派小说本身的女性特点，而是要拆解其基本的性别政治，这样我们才有可能将"五四"一代的批评与鸳蝴派小说的男性话语揭示出来。正如我在上文指出的，性别化的解读，并非将一个文本归约成女性特质或者男性特质，更不用说简化成女人或者男人，我们的解读也不是要先验地确定女性是什么或者应

---

〔1〕 鲁迅，《上海文艺之一瞥》，《鲁迅全集》，4：292页。

〔2〕 参见周蕾，55页。

该是什么，无论它是以一个本质还是以被构造的身份提出来的。对我来说，更富成效的研究取向，是深入探索这样一些特殊的历史构成（formation）和实践，它们使得"女性"或者"男性"进入到与其他的话语**达成关系**的变化着的意义的场域。换言之，只有**相对于这些关系的表述**，特定的有关"女性"或者"男性"的身份构造，才可能在其语境中呈现出自己的意义。[1]

鲁迅对鸳蝴派小说的解读，除开关注鸳蝴派作家与其批评家之间的共谋关系之外，还以对比的眼光，观察了倡导新文学的自由派与左翼分子是如何对男性与女性身份进行构造的。举例说来，在文学研究会与激进的左翼分子的国族建构与文化建构的规划里，女性与男性身份的构造，不再是男人的购买权与女人的卖淫活动所隐喻的那样，而在于国族主义意识形态如何打造不同的性别价值观。民族文学和反帝宣传中最常被使用的形象是被强暴的女性。然而，正如我在下文的分析将要指出的，这一形象在男作家与女作家的手里，运用起来是有所不同的，而且性别方面的差异时常令人惊异地一以贯之。有争议的问题不是如何描摹日本人真正的暴行及其对中国女性犯下的滔天罪恶，而是中国的男女作家在国族主义斗争的语境中，决定怎样去诠释这些性暴力的行为。其诠释方式的差异，在很大程度上道出了性别是怎样参与国族主义话语的。

以男作家萧军的小说《八月的乡村》（1935）为例。其情节线索之一讲述的是农村寡妇李七嫂的故事。她饱受可怕运命的折磨，在抗日战争中失去丈夫、情人和孩子，而她最大的苦痛，是受日军蹂躏而遭丧身之辱。作为被蹂躏的牺牲品，她加入了男作家笔下为数不少、同样受辱的牺牲品之列，她们的故事会激发普通的中华儿女踏上革命的道路。然而，作为一个象征交换的符号，她的身体则被国族主义的议程所取代，并且被否认了其特殊的女性体验的意义，因为中华民族决定着这种体验的一切含义：作为母体的中国正在遭受日本强暴者的

---

[1] 关于性别与表述性的讨论，见 Butler, *Gender Trouble*。

污辱。[1]由于中华民族本身正处于生死存亡之际，所以强奸的罪恶只有在它是外国侵略者犯下的，才能获得意义。但正如《八月的乡村》里面一名游击队员漫不经心地揭示的，虽然女人也被要求着参加革命，但民族主义革命是男性化的：

> 革命？革命就是把从祖先就欺负我们的那些臭虫们，全杀了；把现在东三省的日本兵全赶跑了，剩下田地我们自己种。我们不再纳粮，纳租，养活那些白吃白喝的臭虫，懂了吗？比方没革命以前，富人们有三个五个十个八个老婆，你现在三十多岁了，还没有娶起一个老婆呢；**革命以后，一个钱不花，你就可以有个老婆！**[2]（黑体为笔者所加）

民族革命的性别政治在一些女作家的作品中，受到了强有力的抵制。丁玲和萧红二人，就反对民族革命造成的新式父权制所导致的女性的从属状态；[3]白露（Tani Barlow）对于丁玲小说《我在霞村的时候》的精彩分析，便有助于阐明抗日战争时期女性与民族主义话语之间的冲突。女主人公贞贞，一个被日军蹂躏的牺牲品，被抗日组织所挽救，并为抗日组织刺探日本人的情报。于是贞贞的身体成为象征性的战场，在那里，敌我双方的男性军人在争取主权时相互交战。在贞贞的同乡人眼中，她沦为一个娼妓，而在革命战士的眼里，贞贞却是一个英雄，因为她为了民族国家的神圣事业不惜牺牲自己的身体。可是，这两种解读方式对贞贞本人来说，都是毫无意义的，她拒绝被视为惨遭蹂躏的牺牲品，最后她决定离开自己居住的村庄，去寻求教育、知识以及界定她自身存在之意义的权利。简而言之，这篇小说拒绝用

---

[1] 这并非否认抗战期间日本军人对中国女性所犯下的具体罪行。此处我想做的，是说明这个时期的话语实践所证实的女性对民族主义体验的复杂性。
[2] 萧军，129页。
[3] 参见丁玲的文章，《三八随想》。

第七章　作为合法性话语的文学批评

有关性强暴的隐喻来指涉国家的受辱。[1]

与丁玲的小说类似的是，萧红的《生死场》（1935）颠覆了民族主义话语中受辱女人的隐喻。就仿佛是有意戏仿萧军的小说，发生在萧红作品中的强暴行为（也设置在抗日战争的前夜）的肇事者不是日本军人，而是中国男子。这是值得深思的。萧红的小说将民族认同的问题，放置在女性身体与民族主义话语的交叉点，并挑战了民族主义对于这种意义的控制，以及对这个身体的所有权。与那些男性农民有所不同的是，乡村妇女金枝从来不曾有效地变成民族国家的主体，因为她被迫在丈夫以及那个蹂躏她的人的手下忍气吞声，这一生理体验，与由于日本人的在场而施加给她的民族认同相抵触。萧红拒绝将女性身体升华或者置换，这便导致了一种性别化的立场，该立场介入了小说表面上建立起来而实际上予以颠覆的民族主义话语。民族主义于是成为深刻的男权意识形态，它将主体位置赋予到男人身上，促使他们为领土、所有权以及主宰权而战。萧红小说中的女性却因为自身被男性所占有，所以并不能共享那种男性中心的领土占有感。

女性身体与民族主义话语：重读《生死场》

萧红，一位来自东北的女作家，生活在民族危机的时代并身受其苦。她写下了几部长篇小说，以及数量丰富的短篇小说和散文，回应着民族生死存亡之际的危机，而在1942年过早离世。[2]作为小说家，萧红在文学史家的笔下，要比另一些女作家，如凌叔华、张爱玲、庐隐等幸运得多，因为这些女作家长期以来在现代文学中处于边缘地位，直到最近张爱玲的命运才有所改观。此种现象部分是由于鲁迅经久不衰的影响力，因为他曾经指导过萧红，并高度评价她在30年代的

---

[1]　白露，导言，收入丁玲，*I Myself Am a Woman*，38页。
[2]　英语世界对萧红生平与著作的研究，见葛浩文。

作品,除此之外也还因为在大多数男性批评家的眼里,萧红并未将自身局限在女性生活的"琐屑细节"之中,而是触及了民族存亡与反帝斗争的宽广主题。这种不无裨益的解读保证了萧红在中国现代文学中的经典地位,虽然萧红的经典地位与其他大家相比还是偏于低下,但其代价是它抹除了萧红对于女性与民族国家思考中的深刻张力。

我们在这里讨论萧红,并不是为了抬高这位作家的经典地位,而是为了检讨民族国家取向以及由男权宰制的文学批评实践,因为它们对挪用萧红作品服务于民族主义的目的起到了关键的作用。经典化并非每个人与生俱来的权利。有关权利与"天赋人权"的话语在使批判性思考成为可能的同时,亦同样会使之无能为力。譬如,女性主义批评毫无疑问地要关注在已经确立的文学经典中女性的缺席或者边缘化位置。但这种批评的切入方式恐怕需要重新检讨,因为中心与边缘的二元修辞其本身并不能生发出有活力的批判性思考。我们必须正视如下事实:有些人比如女性是被历史地逼到边缘地位,而有些男性却有能力选择边缘位置,以更好地向中心发动进攻。[1]文学史处于边缘位置的作家进入经典,会使文学经典与以往有所不同甚至有所改进,但是,这一做法究竟是向经典规范化本身进行挑战,还是通过更为自由,也更为多元的表象,反而强化了经典规范?当斯皮瓦克说,"我们正在尝试的,不仅仅是以另类经典来扩大经典规范,而是废黜经典规范化的方法"的时候,她也许过于乐观了,但我认为在她的陈述背后隐含的批判性洞识,是值得深铭于心的。[2]

萧红以她本人的一生和著述与民族主义话语的斗争,可以从多方面关系到中国现代批评及其民族主义意识形态的性别化状况。自打《生死场》作为鲁迅发起的"奴隶社丛书"之一种(其他两本为

---

[1] Suleiman 在《颠覆的意图》(*Subversive Intent*,11—32 页)一书中对于法国先锋派运动的性别化边缘政治所作的分析,精彩地说明了这一点。
[2] 斯皮瓦克,《教学机器之外》(*Outside in the Teaching Machine*),276 页。

叶紫的《丰收》，萧军的《八月的乡村》）发表后，对这部作品的接受与评价，一直受到民族国家话语的宰制，这种宰制试图抹平萧红对于民族主义的暧昧态度，以及她对男性挪用女性身体这一隐喻的否定。[1]大多数评论者将它视为一部"民族寓言"，一部充满爱国主义精神的反帝国主义作品。其结果是，我们几乎离不开这一高度发达的、体制化的、男权中心的批评传统，去解读萧红，因为这种批评传统限制并决定着对其小说意义的理解。不过，文学批评实践中的这种性别政治，迄今尚未引起那些身陷其中的评论者与文学史家的注意。[2]

用"民族寓言"去解释萧红作品的基调最初始于鲁迅和胡风。众所周知，鲁迅和胡风分别为《生死场》的第一版写了序言和后记。作为"奴隶丛书"的编者，胡风在后记中赞扬书中体现的抗日精神和中国农民爱国意识的觉醒："这些蚁子一样的愚夫愚妇们就悲壮地站上了神圣的民族战争的前线。蚁子一样地为死而生的他们现在是巨人似的为生而死了。"[3]相比之下，鲁迅虽然没有在他后来被广为引用的序言中把民族之类的字眼强加于作品，但他仍然模糊了一个事实，即萧红作品所关注的与其说是"北方人民对于生的坚强，对于死的挣扎"[4]，不如说是乡村妇女的生活经验。鲁迅未曾考虑这样一种可能性，即《生死场》表现的是女性的身体体验，特别是与农村妇女生活密切相关的两种体验——生育以及由疾病、虐待和自残导致的死亡。鲁迅本人的民族兴亡的眼镜，清晰体现在他有意提及上海闸北的火线，以及北国的哈尔滨，或是英法的租界，这造成了鲁迅对萧红作品的阅读盲点。

对于《生死场》这部小说，除去鲁迅和胡风奠立的主流的民族主

---

[1] 参见《萧红研究》。
[2] 葛浩文是一个著名的例外，他不十分赞成把《生死场》归入反帝抗日作品一类。另见两位大陆女批评家孟悦和戴锦华，174—199页。
[3] 胡风，《读后记》，3页（葛浩文英译，280页），收入《生死场》。
[4] 鲁迅，《生死场》序言，1页。

义的解读外，是否可能有不同的阅读？我对《生死场》的分析，关注的是作为意义争夺（contestatory meanings）之重要场所的农妇的身体。围绕萧红本人为这部小说1935年版设计的封面图案（黑色的块面包含小说的标题，并叠印到深红色的背景上，见图五）展开的一场争论，似乎暗示了不同读法的可能性。毋庸赘言，批评家对这幅画的确切含义一直观点不一。有人说画中的黑色块喻示着一座旧碉堡，而背景上的深红色代表在抗日战争中死难的东北人民的鲜血。另一些观点认为那片黑色块实际上代表的是日本统治下的满洲国地图。[1]只有刘福臣在一篇讨论萧红的绘画及其他艺术创作的文章中指出，那片黑色的图案是一幅妇女头像的剪影，而切过封面的斜线则象征着中国被切割的国土。他认为，向上仰起的农村妇女的脸庞和划过她嘴角及脖颈的笔直线条表现了与日本侵略者浴血奋战的东北人民的愤怒和力量。[2]虽然刘福臣没有解释萧红何以用女性的而非男性的头像来代表东北人民，他的文章还是暗示了从性别角度解释萧红封面创作的可能性。不过这一可能性由于民族国家话语的遏制而未能展开。或许更有说服力的解读是，如若那片黑色勾勒的是女性头像，又与满洲国的地图相契合，那么完全有理由认为，图中斜穿而过的线条不仅象喻中国领土的分裂，而且也象喻着民族主体的分裂。同理，若是封面的深红色块可以联想为东北人民的鲜血，则也可将这同一片深红理解为女性身体的血，因为小说对女性之躯的表现总是与流血、伤残、变形与死亡密切关联的——不论是由于生育、被殴、疾病，还是自尽。女性身体的无所不在，在民族国家话语上投射了一道全范围的阴影，并坚持在东北农村的生死搏斗中强调女性身体的异质性意义。虽然人们不一定接受以上的读法，但围绕《生死场》的封面设计所引发的争论，对以往的萧红研究中盛行不衰的单一的民族主义诠释提出了质疑，因而至少开辟了多种阅读的可能性空间。

---

[1] 刘福臣，《萧红绘画琐谈》，收录于《萧红研究》，209—210页。
[2] 同上书，210页。

第七章 作为合法性话语的文学批评

图五 萧红为1935年版《生死场》设计的封面

女性身体与民族主义的关系是什么？批评家经常诧异萧红的"抗日小说"何以要包罗如此繁多的乡村妇女生活的细节，何以直到最后几章才涉及日本侵略的事件。孟悦和戴锦华在她们出色的著作《浮出历史地表》中，曾对《生死场》从女性主义角度作过评价。虽然她们没有直接与民族国家话语交锋，但已开始试图从女性的身体体验去看待生与死的意义。[1]在此我想将她们对《生死场》的分析再向前推进一步，探讨一下为什么女性的身体能够为观察民族国家的兴亡提供批评的视角，而不是反之亦然。

小说中女性身体的界限，主要是通过农村妇女对于生育、疾病、性、衰老与死亡的体验来界定的。尽管这部小说暗示着生死轮回的佛教观念，但小说本身却不拥戴它的某些人物的佛教信仰；恰恰相反，小说强调的是女性肉体的困境，将其受伤害的意义落实在此生此世当下的社会经济语境中，而不是放置在因果报应的世界里。死，是肉体可怕的分解，而不是对生活之苦难的最终规避。贫穷、无知、阶级剥削、帝国主义以及父权制皆达成共谋关系，是这一切使农村人民，特别是妇女，降低到动物的生存层次上。

虽然小说中的妇女无止无休地生育着，但旺盛的生育力被投以一束令人震惊的否定的目光。生育的过度，使这个村庄的贫困更加恶化；更为糟糕的是，在生儿育女的过程中，女性的身体遭受了严重的惩罚。当叙事人描述这个独特的女性世界时，她的语言交替浸满着同情与嘲讽——同情产妇所承受的肉体痛苦，嘲讽在本能驱使下的传宗接代无异于自我毁灭式的灾难。她的同情闪现在对妇女分娩场景的描写："赤身的女人，她一点不能爬动，她不能为生死再挣扎最后的一刻。"[2]除了五妹的大姐之外，另有三名村妇也在同一章中生下孩子。金枝的分娩因其丈夫在分娩之日的前一个晚上仍欲行房事，而变得更为艰难。在王婆的帮助下，她生下一个女婴，但这个女婴却在一个月后，被她

---

[1] 参见孟悦和戴锦华，特别是 174—199 页。
[2] 萧红，《生死场》，70 页。

自己的亲生父亲摔到地上，一命呜呼。李二婶错结姻缘，几乎付出了一生的代价；二里半的傻媳妇，也在分娩的世界里挣扎。正值婴儿出世的一刻，"窗外墙角下谁家的猪也在生小猪"。叙事者频繁地将人的性和生育与动物的交配繁衍并列在一起，时时几近讽刺。"牛或是马在不知不觉中忙着栽培自己的痛苦。夜间乘凉的时候，可以听见马或是牛棚做出异样的声音来。牛也许是为了自己的妻子而角斗，从牛棚里撞出来了。……在乡村，人和动物一起忙着生，忙着死……"（74页）

生活与生育是女性面对的可怖现实，死亡亦如是。小说短短的篇幅内充斥了无数的死亡——有杀婴，有绝症，有战争以及瘟疫。虽然男人也难逃死亡的命运，但女性似乎更为经常地屈从于死神的威胁。在大多数情形下，叙事人将女性受难者一个一个地呈现给我们。在这些牺牲品当中，包括王婆摔死的自己三岁的女儿小钟，以及她长大成人后死去的女儿冯丫头；金枝的那个被亲生父亲杀害的小女儿；一同上吊而死的北村的老婆婆和她的孙女；美丽的月英因瘫痪而又无人照看，终致身死；最后，二里半的媳妇和孩子都在战争期间死去。为数不多的几个男人的死亡被提及仅仅是因为它们波及到了女人的生活。当金枝成为寡妇，并被迫自谋生路时，作者并没有告诉我们她的丈夫是何时、何地、为什么以及怎样死去的，而妇女死亡的方式，如王婆的自杀事件，却获得了远为细腻的处理。整部小说有两名试图自尽的女人，一个是日军占领前的王婆，另一个是日军占领后北村的老妇。她们有一个而且是共同的原因：即，她们失去了爱子。叙事人没有详尽描述王婆听到自己儿子被政府处决的噩耗后内心的悲痛，却转而将笔触径直落实在自杀行为的生理外观及其带来的身体残损上。她所呈现的是王婆嘴角堆起的泡沫，肿胀的胃和两腮，她可怕的号哭，眼中鬼一般的凝视等等身体细节。王婆的自杀既未表现成英雄行为，又不是反抗社会，在这里，唯一触目惊心的是可怖的身体的毁形。

由于农村妇女的生活与她们的身体极为密切，所以小说中受病痛折磨所致的身体的变形与死亡的毁形比比皆是，而且不分轩轾。月英曾是村里最美丽的女人。她瘫痪之后，她丈夫开始失去耐心，后来全然抛弃了她。他拒绝给她水喝,而且为了进一步折磨她,在她的床上放了一堆砖头,作为她病弱身体的支撑物。村里的女伴前来探望她时,发现她因为长久得不到照看,身体的下半部已浸泡在粪便里。而从前的美人就这样被折磨成形状可怕的怪物:

> 她的眼睛,白眼珠完全变绿,整齐的一排前齿也完全变绿,她的头发烧焦了似的,紧贴住头皮。她像一头患病的猫儿,孤独而无望。……她的腿像两双白色的竹竿平行着伸在前面。她的骨架在炕上正确的做成一个直角,这完全用线条组成的人形,只有头阔大些,头在身子上仿佛是一个灯笼挂在杆头。(51—52页)

月英的下体腐烂成蛆虫的巢穴。王婆试着帮月英擦洗时,小小的白色蛆虫甚至掉在她胳臂上。月英终于死了,不过那是在她亲眼从镜子中目睹了自己身体的毁形之后。

女性之躯任人摆布的无望还体现在乡村妇女的性经历中,而这份经历总是与怀孕相关。与男性身体相比,女性身体表现的是女性对自己命运的无法自主。这种无法自主倒不是因为性欲望是一种动物本能,而是由于欲望连同贞节的意义都由父权制决定着,且只服务于男性的利益。金枝发现自己未婚先孕时陷入了莫大的恐惧和绝望,这种处境使她转而开始害怕和憎恨自己的身体:

> 金枝过于痛苦了,觉得肚子变成个可怕的怪物,觉得里面有一块硬的地方,手按得紧些,硬的地方更明显。等她确信肚子有了孩子的时候,她的心立刻发呕一般颤嗦起来,她被恐怖把握着了。奇怪的,两个蝴蝶叠落着在她膝头。金枝看着这邪恶的一对虫子而不拂去它。金枝仿佛是玉米田上的稻草人。(30页)

女性在自己的身体防线被诸如暴力、疾病、伤残等打破时,常常会感受到自我遭到侵害,然而怀孕的意味却十分暧昧。怀孕的意义必定是由某种通过将女性身体规范化来控制妇女行为的社会符码所决定。因此金枝将她的婚前孕理解为身体的畸变（邪异），将她腹中的非法胎儿视为外来的侵犯物。那一对自由交配的蝴蝶反衬的是她作为女人在人类社会中走投无路的绝境；男权中心的社会体制要控制她的身体，苛求她的贞节，惩罚她的越轨行为。她的身体如同稻草人一样，被抽空了内容，简约成一个被父权制预定了功能的能指。这一性别化的知识往往由母亲传输给女儿，是母亲禁止金枝走近河畔，因为河畔的男人勾引过金枝："福发的媳妇，不就是在河沿坏的事吗？全村就连孩子们也是传说。唉！……那是怎样的人呀？以后婆家也找不出去。她有了孩子，没法做了福发的老婆，她娘为这事羞死了似的，在村子里见人，都不能抬起头来。"（25 页）实际上不仅仅是金枝重蹈福发媳妇的道路，而且勾引她的人不是别人，恰恰是福发的外甥成业。同他之前的福发一样，成业对他所勾引的女人从来不曾放在心上。无论他们在什么时候遭遇，他只是推倒她，以全身的重量压在她的身体上。他从不曾亲吻她，亦没有温柔的话；成业之所作所为完全受基本欲望的驱策。由金枝的母亲安排、欲掩盖女儿耻辱的二人之间的婚事，最终也不过重复的是父权制家庭中的夫妻故事。丈夫时常斥责妻子："懒老婆，白天呢做什么来？"而出嫁没几个月，妻子就渐渐学会了如何诅咒丈夫，并"渐渐感到男人是严凉的人类！那正和别的村妇一样"（73 页）。

小说笔墨所及的农村妇女当中，王婆得到了特殊的关注，因为她获得了村里妇人的尊敬，而且在某种程度上，她也获得了自己丈夫的尊重，因为她本人拥有不同寻常的智慧、言说的能利、勇气，以及独立的心智。她年轻的时候，曾离家出走，为反抗自己第一个丈夫的纵欲行为而永远离开了他。而她现在的丈夫赵三，是第三个。村里的女人常常聚集在王婆的家里，倾听并吸取着她的故事。王婆关于生与死的深奥知识，来自她本人关于爱、丧亲、贫困与忧愁的亲身体验。当她讲故事的时候，便一如在以权威的身份宣讲着妇女的"历史"，而她的听众，所有的女人，完全被她的语气和音调所震撼。自打中国妇女在男性中心的历史编纂学中被否认了主体位置以来,讲故事或是长舌妇般的唠叨,成为女性之间传达她们关于生与死之独特知识的唯一工具。《生死场》中王婆讲述的故事之一,是有关她三岁的女儿的致命的一摔。当她说话的时候,一道闪电陡然划破天空,而讲述者突然失去常音,仿佛魂不附体:

> ……啊呀!……我把她丢到草堆上,血尽是向草堆上流呀!她的小手颤颤着,血在冒着汽从鼻子流出,从嘴也流出,好像喉管被切断了。我听一听她的肚子还有响;那和一条小狗给车轮轧死一样。我也亲眼看过小狗被车轮轧死,我什么都看过。……
>
> 我的孩子小名叫小钟呀!……我接连着煞苦了几夜没能睡,什么麦粒?从那时起,我连麦粒也不怎样看重了!就是如今,我也不把什么看重。那时我才二十几岁。(11—12页)

如此鲜明地充溢着流血的鼻子、嘴、喉咙、小手与肚子的悲惨印象,从她对死的深切体验里,王婆领会了人类生命的无常。也正是这种知识,赋予她一种强有力的性格,以及一副悲天悯人的心肠,所以她四处奔走,帮助村里的女人生育,照看病中的村妇,甚至骑上一头老驴去屠宰场。然而父权制社会里女人的困境,也是造成王婆最终弃绝女性身份的直接缘由。她自杀未成之后,为替自己的儿子报仇雪恨,她开始教导自己的女儿成为一名女战士。当日军入侵东北时,王婆加入了男人们为民族的生死存亡而战的行列。不足为怪的是,从这时起直到小说的结尾,她的权威不断削减,而成为民族战士的男人们的威望则不断上升。

萧红本人对民族主义的态度,是胡风在其后记当中有意强调过的。我们只要把萧红对日军占领前的农村生活图景的描写和萧军的《八月的乡村》稍作比较,那么,萧红态度的暧昧性就马上进入我们的视野。不难看出,萧军小说中的乡村世界与萧红笔下的悲惨生活毫无共同之处。例如《八月的乡村》里有一段游击队员小红脸思念家乡的描述,就是颇具典型意义的:"他(小红脸)默默地想着太平的日子。什么时候他再可以自由自在地咬着小烟袋去耕地?是不是可以将欺负过他底人们,和硬占了他底田地的日本人,杀得一个不剩?"[1]这种太平的景象是萧红小说中所没有的。两萧眼中的社会图景如此不同,唯一可能的解释是他们的作品里蕴含着不同的性别因素。萧军的作品重在描绘男人的自足和戎马情状,而萧红却侧重于乡村女性的状况和命运。在《生死场》中,不论是占领前还是日据时期,女人的故事使作者无法将现存的父权—男权社会理想化。国家的劫难既不能解释也不能抹去女人身体所承受的种种苦难。

萧红在小说的后七章中清楚表明,国家与民族的归属感很大程度上是男性的,这种归属与认同赋予乡村男性农人以民族主体意识,使他们得以克服自己低下的社会地位去向他们的女人传播新的福音。比如,王婆的丈夫老赵三,就对民族主义的说教有着极高的热情,并热衷于向寡妇宣传:

> 那夜老赵三回来得很晚,那是因为他逢人便讲亡国、救国、义勇军、革命军,……这一些出奇的字眼,……他把儿子从梦中唤醒,他告诉他得意的宣传工作;东村那个寡妇怎样把孩子送回娘家预备去投义勇军。小伙子们怎样准备集合。老头子好像已在衙门里作了官员一样,摇摇摆摆着他讲话时的姿式,摇摇摆摆着他自己的心情,他整个的灵魂在阔步。(114—115页)

在老赵三心中,他的宣传工作提高了自身的价值。由于获得了新的自我定义,穷苦的男性农人得以借助民族主义超越自己低下的社会地位。这个得到认可的新定义在新的权力话语中仍将男性置于主体地位,因此,它与一个"衙门里的官员"并无根本区别,不过是旧有父权体系的翻版。耐人寻味的是,小说中参军的农妇无一例外都是寡妇,

---

[1] 萧军,4页。

她们必须在以某种自戕方式拒绝其女性身份之后，才能成为国家的一员并为民族国家而战。男性的情形则全然不同。民族主义不仅给予男性以新的自我定义，同时还重振了他们的"男子汉"之气。在村人出发远征前立誓忠于祖国的庄严场合中，李青山的演讲明确无疑地传达出民族国家话语的性别含义："弟兄们！今天是什么日子！知道吗？今天……我们去敢死……决定了……就是把我们的脑袋挂满了整个村子所有的树梢也情愿，是不是啊？……是不是……？弟兄们？"（120页）具有反讽意味的是，喊声先从寡妇群里传出："是呀！千刀万剐也愿意！"（同上）寡妇在响应这一号召的同时丧失了自己的性别，加入了弟兄们的行列。人们几乎可以在她们的誓言中，识别出类似悲剧性人物秋瑾的声音。[1]

小说中抗日情绪的高潮集中在第十三章。然而，这一章并没有单纯去肯定民族主义，而是叙述了民族主体的诞生过程。比如，老赵三在其过去的生命岁月里和其他人一样，不过是一个乡村家庭的家长，一个从不敢反抗东家的懦弱的农人。他"从前不晓得什么叫国家，从前也许忘掉了自己是哪国的国民"（119—120页），只有通过一种话语——民族国家话语，老赵三才发现了自己作为"中国人"的存在，（重新）呼唤民族主体的复活。在向自告奋勇的战士们讲话时，他喷涌着强烈的民族主义热情：

国……国亡了！我……我也……老了！你们还年青，你们去救国吧！我的老骨头再……再也不中用了！我是个老亡国奴，我不会眼见你们把日本旗撕碎，等着我埋在坟里……也要把中国旗子插在坟头，我是中国人……我要中国旗子，我不当亡国奴，生是中国人，死是中国鬼……不……不是亡……亡国奴……（121页）

---

[1] 秋瑾（1875—1907）是为共和国革命而英年就义的女烈士。英语世界对其生平与著述的研究，见 Rankin, *Emergence of Women at the end of the Ch'ing*; Spence, 83—93页；以及 Ono, 59—65 页。秋瑾本人的著述，见《秋瑾集》。

这段话有着一切民族国家话语的共同特征,如个体在一个共有空间("中国"、"国家")里采用主体立场发言("我"、"我是"等等),并由此获得新的自我定义和发现新的生命意义("拯救国家")。就连那个离开自己的山羊就无法生活的二里半,最后也成为这样的主体。

与其他人物不同的是,二里半是个跛脚,因此可以说他的男性特征被象征性地阉割了;不仅如此,他同动物之间那种不寻常的依附关系,也使他的身份更接近萧红笔下的女性。王婆时常关爱自己的毛驴并同它讲话,二里半正与她一样,也把自己的山羊视为家庭的一员。正是这种"女性"特征妨碍着二里半像别的男人一样爽快地投入抗日救国的行列。当村民说服他交出山羊作为献祭仪式上的牺牲时,他却设法找到了一只公鸡去代替,从刀下救出了老山羊:"只有他没曾宣誓,对于国亡,他似乎没甚伤心,他领着山羊,就回家去。别人的眼睛,尤其是老赵三的眼睛在骂他:'你个老跛脚的东西,你,你不想活吗?'"(121—122页)然而二里半最后还是表明了自己是一个"男性"——小说结束在二里半出发寻找革命军的情节上——但那是在他的妻子和孩子去世之后。二里半从一名沉溺于自身的农民向民族国家主体的转型,再一次说明,成为民族国家主体的关键对男人和女人是有所差别的。毕竟父权—男权的体系是以财产来衡量和确立男人在社会中的地位和价值的,而妻子儿女正是男人财产的重要组成部分。因此,当日本侵略者夺走他们时,二里半才起来抗日,从一个"自私"的农民转变为爱国者。民族主义话语通过赋予他新的主体位置,从而使这个男人发现自己的"阳刚之气"。这一转变同失去丈夫的女人金枝的下场相比,表明在男性和女性之间,成为"中国人"的过程是十分不同的。在小说中,成为寡妇的女人只可能有两种下场:或是否定自己的女性身份,加入到"弟兄们"的行列,但无法分享那些男人所占有的自尊和地位,并最终像王婆的女儿一样被敌人杀害;或是像金枝那样,为了生存而在男性的欺凌中挣扎。

金枝长期忍受丈夫的折磨,丈夫死后她去哈尔滨城里作缝穷妇。

唯恐被日本人抓住，她以泥抹面，把自己弄得像一个又老又丑的乞婆，方才作罢。在进城的路上，她果然遇到一群日本兵，日本兵一开始拦住她，看过她的样子便把她安全放过。逃脱日军之手的金枝，却又落入省城一个中国男人的魔爪。作为缝穷妇，她必须到主顾的家里求活，在一次找活的过程中，金枝被强奸。这一经验使她对女性的命运有了深切的认识；因此，当王婆斥责日本兵切开中国孕妇的肚子，残杀女人和婴儿的暴行时，萧红的叙述人告诉我们："金枝鼻子作出哼声：'从前恨男人，现在恨小日本子。'最后她转到伤心的路上去：'我恨中国人呢？除外我什么也不恨。'王婆的学识有点不如金枝了。"（140页）金枝所获得的知识，是以身体为代价的。为使自己的身体不再受各种男人所扰，她决定落发为尼。使她大失所望的是，村里的尼姑庵早已被荒废，于是她深感将来的路毫无希望可言。小说结尾处，无家可归的金枝与走向革命的二里半形成了鲜明的对照。

但长期以来，男性批评家对《生死场》的理解，使得民族主义的解读在萧红研究中非但不是例外，而且是唯一的解读规则。在40年代，当时很有声望的批评家茅盾评论萧红的另一作品《呼兰河传》时，虽然与胡风观点不同，却同样是依据投身民族主义阵营的程度来判断作者的写作成就的。例如茅盾在缅怀萧红在香港的最后岁月时写道：

> 在1940年前后这样的大时代中，像萧红这样对于人生有理想，对于黑暗势力作过斗争的人，而会悄然"蛰居"多少有点不可解。她的一位女友曾经分析她的"消极"和苦闷的根由，以为"感情"上的一再受伤，使得这位感情富于理智的女诗人，被自己的狭小的私生活的圈子所束缚（而这圈子尽管是她咒诅的，却又拘于惰性，不能毅然决然自拔），和广阔的进行着**生死**搏斗的大天地完全隔绝了，这结果是，一方面陈义太高，不满于她这阶层的知识分子们的各种活动，觉得那全是扯淡，是无聊，另一方面却又不能投身到农工劳苦大众的群中，把生活彻底改变一下。这

又如何能不感到苦闷而寂寞？[1]（黑体为笔者所加）

的确，萧红没有表现胡风曾在《生死场》里发现的那种民族主义热情。事实上在抗战后期，她甚至不再介入全国作家抗战协会的反战宣传活动。[2]但作为被茅盾贬为"情感富于理智"的女性，萧红所投身的是另一场斗争。那场斗争很难使她愉快地接受茅盾关于个人和集体的观念以及他关于社会、民族、战争的男性中心意识形态。对《生死场》和《呼兰河传》的作者而言，"生"与"死"的意义主要体现在个人的身体，特别是女性的身体上，而不仅仅在民族兴亡，因此毫无理由把她"缺乏""民族主义"热情看作是一种败笔或缺陷。茅盾所不能理解的是：萧红并非不想抗日或对民族命运不关心——她的困境在于她所面对的不是一个而是两个敌人：帝国主义和男性父权专制。后者会以多种多样的方式重新发明自身，而民族革命亦不例外。

这一困境十分生动地呈现在她写于1936年的一篇短文《失眠之夜》里。萧红在抗日战争爆发之际这样写道："坐在驴子上，所去的仍是生疏的地方；我停留着的仍然是别人的家乡。家乡这个观念，在我本不甚切，但当别人说起来的时候，我也就心慌了！虽然那块土地在没有成为日本的之前，'家'在我就等于没有了。"萧红的怀疑主义直指她的情人萧军，她似乎很难与萧军那种热切悲壮的思乡之心发生共鸣，她从一个女性的角度向"家"这个概念提出了质疑："而我呢？……你们家对于外来的所谓'媳妇'也一样吗？"[3]萧军的民族主义热情在她看来，恰恰是一种男性中心的情感。萧红对沦陷中的东北故乡的暧昧态度，使她与情人萧军之间的怀乡之情形成了鲜明对比。

"我家是荒凉的"，这是萧红的叙事者在《呼兰河传》中一再重复的一句话。在叙事人家乡的村里有两座庙，老爷庙与娘娘庙——甚至

---

[1] 茅盾，萧红《呼兰河传》前言，10页。
[2] 葛浩文，78页。
[3] 萧红，《失眠之夜》，收入萧红，《代表作》，59页。

连庙里的神仙也服从于性别的区分。老爷庙里的泥像个个"威风凛凛，气概盖世"的威猛相，而娘娘庙的泥像却慈眉善目，温顺而屈从。读者可以知晓，这些泥塑的神像几乎全是男人造的：

> 可见男人打女人是天理应该，神鬼齐一。怪不得那娘娘庙里的娘娘特别温顺，原来是常常挨打的缘故。可见温顺也不是怎么优良的天性，而是被打的结果。甚或是招打的原由。[1]

诚然，作者本人年方二十便离家出走，原因在于她的父亲，那个在她心目中体现父权制之邪恶的形象，力图逼迫萧红屈从于一场指定的婚姻。[2]在1936年与作者其他类似的散文同时发表并收入《桥》这一文集的《初冬》这篇散文中，萧红的叙事人表达了自己坚定的决心，永远不再踏入他父亲的房子一步："那样的家我是不能回去的，我不愿意受和我站在两极端的父亲的豢养……"[3]这一父亲的形象，在萧红漂泊无定的青岛、上海、东京以及许多其他地方的短暂而充满风暴的生涯中，一直是她挥之不去的梦魇，直到她1942年病逝于香港。[4]

正如我在前文指出的，萧红并不身处文学史上亟待重写的边缘化

---

[1] 萧红，《呼兰河传》，174页。这部作品1940年11月29日完成于香港，她去世后才出版。
[2] 在其自传体作品《永远的追忆和憧憬》（见萧红，《代表作》，3—4页）中，作者将自己的父亲描摹成一个全然没有人类的同情心与宽容的男人。他是呼兰当地一个有影响的文人以及有势力的豪绅，却鄙视并时常殴打自己的亲生女儿。萧红的母亲对女儿亦很严酷。全家之中唯一爱她的人是她的祖父，但在家里却没有势力，而且实际上也是家里被抛弃的人。
[3] 萧红，《初冬》，收入萧红，《代表作》，7页。
[4] 实际上，萧红本人的一生，便是由一组长系列的绝望的尝试组成的，她孜孜不倦地试图理解作为女人与作为中国人的意义。早在她与萧军逃离日军统治时期的东北之前，萧红已经开始规避her暴戾专制的父亲。在她随与萧军在上海等地漂流的岁月里，她又不幸遭受后者持续的虐待与身体的侵犯。当她无法忍受他的暴力时，她所能做的常常是离家出走。曾有一次她为了躲避萧军一段时日，出走之远竟离开中国，远渡日本。由于中日两国在1936年的恶劣关系，选择日本作为自己寓居的国度，是值得进行症候式解读的。无论背后原因到底是什么，萧红的抉择说明她强烈希望保护她的身体与心智不受男性的宰制，哪怕这意味着她背井离乡，孑然一身流浪在敌方的国家里。

作家之列。恰恰相反，文学史本身必须反省被普遍接受的诠释，通过再解读萧红本人复杂的写作行为，来经受批判性审查。诚然，中国现代批评史上，"女作家"这个次范畴（subcategory）本身就是以"民族"文学的名义发明出来并得以合法化的，但是，这一"民族"文学却不愿将其自身的性别化面目命名为男性的。"女作家"这一次范畴使得男性批评家可以把女性的写作纳入更大的国族范畴，正如同国家将"妇女"的范畴运用到政治动员上。我们必须认识到这种性别化的文学批评实践，一直是民族主义话语得以生产的主要场所。在这样的知识框架里，从国家取向和男性垄断的批评角度去解读文学文本（无论是传统的，还是现代的）这一长期的实践，是无须讨论，而且无法遭受质疑的。[1]因此，除开将女性写作视为一种歧异之声外，我们还应该把女性主义者对作品的诠释，看作对现代文学批评霸权式实践的一种必要的挑战。也就是说，国族文学、民族国家取向的文学批评、学科与机构建制必须敞开、接受质问和彻底地反思。

下一章我们转向文学经典本身的形成问题。通过探讨一家出版社的一位名不见经传的年轻编辑如何成功地促成了中国新文学权威文选之诞生，来重新思考一下为什么以往有关"五四"文学的学术研究中，现代文学的经典化问题没有受到足够重视。

---

[1] 正如我在《发明与介入》（Invention and Intervention）一文中指出的，中国大陆的女性批评家最近开始用"女性文学"和"女性传统"之类的词语，力图从男性统治的批评文字中开辟女性创作的空间。

第八章　《中国新文学大系》的制作

　　从 1920 年代到 1936 年去世，鲁迅最常去的地方是上海一家日文书店，即内山书店。[1]在鲁迅的书信和日记中，可以明显看到这位中国作家与书店的日本老板内山完造之间牢固的友谊。[2]鲁迅经常参加内山组织的漫谈会，还在内山书店举办过三次由他本人和其他人收藏的德国、俄国木刻藏品展。[3]他在上海生活的不平静的最后几年里，让多数寄给他的信都寄到内山那里，不管他的左翼朋友或业务联系人什么时候想见他，总能在那里找到他。[4]尽管鲁迅在上海的这些活动细节很有意思，但我在这一章里要谈的不是他，而是一个也经常光顾这家日文书店的二十多岁的年轻人。他

---

[1] 内山书店建于 1917 年，是日本人在上海开的书店中历史最久的一个。关于内山完造的研究，参见小泽正元，P. Scott，和 Fogel 的《上海的日本人及中日战争》。还可参见赵家璧《书比人长寿》，292—298 页；刘献彪和林治广编《鲁迅与中日文化交流》，227—241 页，242—246 页。

[2] 鲁迅是 1927 年 12 月迁居上海后在内山书店第一次结识内山完造的，他搬家后成为内山书店的近邻。鲁迅是一个藏书家和热心的读者。据鲁迅日记所记录的开销，从 1928 年到 1935 年，他平均每年仅在内山书店买书的支出达 600 元到 2400 元。（参见薛绥之《鲁迅与内山完造》，载刘献彪与林治广编《鲁迅与中日文化交流》，231 页）鲁迅和内山完造结下很深的友谊，差不多每天都要去内山书店。如果他因病未来，内山完造也要派人问讯或亲自造访。当日军 1932 年 1 月 28 日进攻上海时，内山完造帮助鲁迅一家避往英租界。在鲁迅遇到困难的时候他多次伸出援助之手。1935 年内山完造出版《一个日本人的中国观》，鲁迅为之作序，见《鲁迅全集》第 6 卷，266—268 页。

[3] 内山完造的书即产生于这些谈话。

[4] 出于安全和方便的考虑，鲁迅总是让人在寄信时把地址写作"内山书店转周豫才"。前此他也用过四马路的北新书局作为通信地址。

去那里主要不是为了买书（因为他的日语知识不过是能读日语中的汉字而已），而是去见鲁迅并同他商量事情。[1]这个年轻人就是位于内山书店附近的良友公司的初级编辑赵家璧。长期以来，赵家璧的名字一直同《中国新文学大系》这部权威著作联系在一起，这部巨著的最初构想和出版几乎完全可以归功于他的想像力和社交能力。

1930年代的出版业与激进主义文学

赵家璧是不显山不露水的人物，这种人经常出现在学者的卡片索引中，并且提醒人们注意那些有关重要人物和重大事件的历史叙述是多么地不可靠。作为一个自称文学爱好者的人，赵家璧出生太晚（1908年），未能赶上五四运动；但作为一家小出版社的编辑，他却学会了如何以其特殊才能结交"五四"以来的著名作家和学者。[2]他的角色让人想起詹姆斯·波斯维尔（James Boswell），虽然远比不上那位英国传记作家那么有名。同波斯维尔一样，他爱强调自己在名人事务中所起的作用，他发表的一些传记片段，如《老舍和我》、《回忆郁达夫与我有关的十件事》、《和靳以在一起的日子》等，都可以证明这一点。[3]赵家璧从未打算写波斯维尔所写的那些抬高自己身价的访谈录和冗长的传记，但他确实设法实现了一个非凡的文学规划，这个规划在中国现代文学中产生了不可忽略的重要影响。

据赵家璧本人回忆，对"五四"文学进行大规模编辑、分期和编纂选集的念头，是1933年他有一次到内山书店，在一本出版社目录中看到日本文学大系时产生的：

---

[1] 参见赵家璧《编辑忆旧》，172页。
[2] 在一篇纪念他的老朋友靳以的文章里，赵家璧说他比靳以大一岁。如果这个说法准确，那么赵家璧出生于1908年。参见赵家璧《和靳以在一起的日子》，120页。现已落实他1908年生，1997年去世。
[3] 参见赵家璧《老舍和我》、《回忆郁达夫》、《回忆郑振铎》以及《回忆郑伯奇》。

>有一次，内山先生送了我几本日本的新书目录。目录中有一套日本创作文学的文库，按时代先后编成完整的一套。当时正值国民党提倡复古运动，叫青年学生尊孔读经；进步的文化人都认为应当继承和发扬"五四"运动的革命传统，才能拯救中国。"五四"运动离开那时不过十多年，但是许多代表作品已不见流传，文学青年要找这些材料同古书一样要跑旧书摊。日本的文库计划触动了我要出版一个"五四以来文学名著百种"的念头。[1]

这个想法不久就兑现为皇皇十卷的《中国新文学大系》，赵家璧从日语汉字中借用了"大系"一词，把这个新词引入了现代中国。他与老朋友、当时的《现代》主编施蛰存，以及同事兼好友郑伯奇（他于上一年加盟良友公司）商讨这个书名，得到两人的热烈赞同。他后来回忆郑伯奇说，此前中国出版界尚无人用这样的总称词来命名一套丛书，这是一个独出心裁的新词。与老板进一步协商之后，赵家璧决定用这个外来词来突出自己构想的新异之处，以取代他在编辑多卷本作品时曾数次采用过的"丛书"（如《一角丛书》、《良友丛书》）这一类老词语。[2]

"大系"的编辑于1934年下半年开始进行，它几乎使"五四"时代以来的所有尚健在的著名作家和批评家都参与进来。然而，上面引用的那段话中，有一个引人瞩目的细节，即30年代初"五四"文学已经衰落并且被迅速忘却，这似乎与官方文学史有关"五四"文学高涨的通常说法相悖。赵家璧的说法是否准确把握了"五四"文学在1930年代的处境呢？我们难以直截了当地回答这个问题。在很长一段时间里，这一"高雅"文学（其读者主要是进步学生和激进知识分子小团

---

[1] 赵家璧，《编辑忆旧》，172页。
[2] 赵家璧，《话说中国新文学大系》，167页。除了杂志上的连载小说之外，丛书是20世纪中国文学和人文学科出版的重要现象之一。赵家璧的丛书需要与当时的大小出版社出版的最流行的丛书相竞争。例如，王云五在1930年代初执掌商务印书馆时出版了著名的人文生物论丛。

体)在上海中下层市民中流行并不广,他们更喜欢看电影或者读鸳鸯蝴蝶派小说消磨时光。[1]然而,在谈到民国时期文化产品的类型时,我们使用"雅"和"俗"这类耳熟能详的理论术语必须慎之又慎。

从1930年代看,高雅文学和通俗小说是难以区别的——在此,可能需要更具想象力的分析类型——这不仅仅是因为在这个时期左翼作家和批评家的理论用语中,有关"大众文艺"和"通俗文学"的论争占有很大的比重,而且更重要的是因为进步的小说家们以出版畅销书打破了这种区别。巴金的感伤小说《家》既包含了"五四"文学遗产,又有鸳鸯蝴蝶派小说的商业上的成功。[2]当"严肃"文学开始要求在商业市场上占有更大的份额时,鸳鸯蝴蝶派小说的地位就发生了显著的变化,而不再垄断中下层市民的阅读。林培瑞注意到这种变化:

> 作为一个整体,鸳鸯蝴蝶派小说开始丧失它在中国市民读者中的主导地位。巴金、茅盾、曹禺这些"五四"作家在当时的学生和其他"新潮"读者中颇有市场。这些"新潮"人物在本世纪最初十年读的可能全是鸳鸯蝴蝶派故事。到1935年大多数城市读者无疑两类作品都读,虽然读的时候心情有些不同。30年代鸳鸯蝴蝶派小说的相对衰落还有一个同样重要的原因,那就是日本人对中国的进攻以及城市民众中随之产生的民族危亡的急迫情感。民意使得包括张恨水、周瘦鹃、包天笑在内的一些主要通俗作家毫不含糊地登上了要求民族团结,抵抗日本侵略的政治舞台,这种行动拉近了他们与"五四"作家的距离,后者一致主张文学应当服务于现代国家。[3]

---

[1] 参见 Link,和 Rey Chow,尤其是第二章。
[2] 丁玲未完成的自传体小说《母亲》的出版情况显示了"严肃"文学可以成为市场上的抢手货,并为出版商带来丰厚的利润。
[3] Link,14—15页。

如果林培瑞的论断正确（我赞同他的观点），那又该如何理解赵家璧关于"五四"文学在1930年代初几乎完全消失的说法呢？这里应当注意，赵家璧的叙述里并没有说，相对于鸳鸯蝴蝶派小说而言，"五四"作家缺乏通俗的吸引力，他很可能认为这根本无关宏旨而不予考虑。根据他那时代左翼知识分子的看法，他表达了对蒋介石的文化高压政策的担忧。当时（1934年2月）蒋介石正要发起新生活运动以弘扬传统儒家价值。为了回应这些变化，赵家璧把他的这个规划设想成一种反对诋毁新文化运动的方式。作为一个精明的编辑，他强调"五四"文学"面临"消亡是为了促使其他人参与计划。而他所想到的那些人，无一例外均是新文化时代的先驱，这个计划的成功与否和他们利害攸关。同时这也给了赵家璧向往已久的机会，使他能够结交许多久仰的文学家。

另一种可能是赵家璧从左翼作家和评论家那里接受了政治抵抗的观点，然后又把它变成自己的观点，那么他对"五四"文学的评论就不仅仅是用来招揽人参与其项目的手法了。我的这种推测产生于赵家璧当时与马克思主义理论家阿英的一次谈话以及阿英当时写的一些评论。阿英热烈赞同赵家璧的新构想并且慷慨相助，用自己个人藏书中的"五四"资料为他提供方便（阿英的个人藏书非常丰富，很有名望[1]。这位评论家本人刚刚完成《中国新文学运动史资料》的编纂，以张若英的笔名由光明书局于1934年9月出版。在交谈中，阿英把这本书的亲笔签名本赠给赵家璧，并让他去查阅刘半农刚出版的"五四"实验诗集《初期白话诗稿》。阿英特别提到这本书的序言，刘半农在序言里以深切的怀旧意识回顾了"五四"的黄金时代。阿英在自己那本书里引用刘半农的话来强调保存现代白话文学成果，以使之不被时光消蚀的重要性：

> 虽只是短短的二十五年内的事，但是现在回想起来已令人起

---

[1] 赵家璧，《话说中国新文学大系》，166—167页。

渺茫之感。所以，作为新文学运动初期干部之一的刘半农，在《初期白话诗稿》的序引里，就如此的记着："当时所以搜集，只是为着好玩，并没有什么目的，更没有想到过了若干年后可以变成古董。然而到了现在，竟有些像起古董来。"而当他和当时的另一位干部（陈衡哲）说到要印这部书的时候，她的回答是："那已经是三代以上的事了，我们都是三代以上的人了。"其实，不仅回想起来，使人起窅远之想，就是在不到二十年的现在，想搜集当时的一些文献，也真是大非易事。[1]

毋庸赘言，被阿英和刘半农那代人视为"新文学"（或"五四文学"）的那批作品所涵盖的时间段，比我们这个时代的文学史家所理解的"新文学"一词涵盖的时间范围要窄得多。按照阿英的阐述，"五四"文学时代在形式上恰好处于两次革命运动——1919年的"五四"和1925年的五卅——期间，尽管他并不否定新文化运动所起的先锋作用。[2]茅盾不同意这种分期（后面会论及这一点）。现在，我们提出这个问题，目的并不是要卷入他们的分期策略（对此我将在本章后面涉及），而是一方面要探讨阿英、刘半农和赵家璧在"五四"文学业已去远的看法上有趣的吻合，另一方面要探讨刘半农、阿英和赵家璧等人用诗集、论文集、大系等形式对这一时期文学所作的编选和经典化。这并非是要否定有些"五四"作家可能已经被遗忘了，而是要提请大家注意这些人的主张与某些实践形式的关联。例如，阿英是一个坚定的马克思主义者，他有各种理由倡导"五四"文学，但除了这些动机以外，我们是否还有其他的线索？或许，1930年代初的这种经典化尝试可以使我们了解更多的东西：如左翼作家与国民党政府的斗争，与这些斗争相伴随的合法化话语，上海出版界的复杂情况，

---

[1] 钱杏邨（张若英），《中国新文学运动史资料》，1—2页。参见刘复《初期白话诗稿》，见《半农杂文二集》，353页。
[2] 钱杏邨，《中国新文学运动史资料》，1页。

还有某些个人在这些形形色色的活动中所下的赌注。

前面谈到，巴金的畅销小说《家》作为商业化的进步文学突然在1930年代的商业市场出现，并从鸳鸯蝴蝶派小说那里争取了大批读者。这部小说于1931年4月以《激流》的标题在上海《时报》连载，分246期，直到1932年5月载完。由于小说很受欢迎，开明书店于1933年出版了第一个单行本，更名为《家》。到1937年初，《家》已行销十版。1933年至1951年，该书共印刷了33版。[1] 在20世纪三四十年代上海的文化生产和消费中，巴金的受欢迎并不是一种孤立现象。叶文心对邹韬奋及其新闻事业的研究表明，《生活周刊》这样的通俗刊物——该刊以每周15万份的发行量而自豪（这是1949年以前在现代中国由独家期刊所创的最高发行量）——明确参与了"对当代事务的严肃评论并介绍其读者广泛涉猎那些被视为进步或同情社会改革的社会科学出版物"[2]。的确，在上海，文化生产的多变局面，使出版商和书商即使在不利的政治气候下也有可能销售激进政治读物，其中一些企业家知道把资金投入左翼文学是在冒生意的风险，但常识使他们知道，激进政治刊物如果畅销，他们的钱也花得值。

在一封谈及这种状况的信里，鲁迅以敏锐的洞察力看到，促使出版商和书商不顾国民党当局的巨大压力去销售左翼作家的作品的，与其说是因为他们同情左翼事业，不如说是因为他们常常看到靠政治赚钱的机会，"他们也知道禁绝左倾刊物，书店只好关门，所以左翼作家的东西，还是要出的，而拔去其骨骼，但以渔利。有些官原是书店的股东，所以设了这圈套，这方法我看是要实行的，则此后出版物之情形可以推见。"[3] 这"圈套"和"方法"指政府可能强行实施的书刊审查。考虑到这封信的日期（1933年11月5日）和1934年春国民党

---

[1] 龚明德，《巴金〈家〉的修改》，《中国新文学运动史资料》，246—263页。
[2] Wen-hsin Yeh, "Progressive Journalism and Shanghai's Petty Urbanites: Zou Taofen and the *Shenghuo Weekly*, 1926—1945," in *Wakeman and Yeh*, p. 191. 关于现代中国小说和杂志读者研究，参见 Lee and Nathan。
[3] 《鲁迅书信集》第一卷，431页。

第八章 《中国新文学大系》的制作

图书杂志审查委员会的成立，不能不惊叹鲁迅的洞察力。

1933年对于上海有魄力的出版商和电影制片人来说，是个不寻常的年份。11月12日，一伙自称中国电影界铲共同志会成员的武装分子袭击了上海艺华影片公司，捣毁了摄影器材并散发传单，号召立即采取行动，反对控制电影业并在银幕上宣传阶级斗争的共产党煽动家。[1]11月13日，四川北路851号的良友图书公司门市部的橱窗被一不明身份者用铁锤击碎。几天后，一个自称作家的人带一捆手稿来到良友公司，坚持以高价把手稿卖给该公司。[2]人们普遍相信，橱窗事件和这起敲诈是国民党当局对良友公司的警告，如果继续印刷丁玲、鲁迅、茅盾、阿英、周扬、夏衍及其他左翼作家的著作，将会带来可怕的后果。

这个事件的直接起因，是1933年6月赵家璧的良友丛书出版了丁玲未完稿的小说《母亲》。5月14日，秘密警察绑架了丁玲和她的情人冯达（自胡也频死后她就与冯同居），并把他们软禁在南京。[3]良友公司及时抓住此事渔利，因为许多人都认为丁玲已被国民党杀害。[4]这件事被广泛宣传，许多认定她已遇难的悼念文章见诸报端。赵家璧手里正好有丁玲未完成的手稿以及一百份作者的署名页，这一百份署名页是作者签署出版合同时，赵家璧巧妙地从她手里得到的。[5]快到6月

---

[1] 该会禁止剧院上演田汉、夏衍、金焰、胡萍等人的影片；参见鲁迅《准风月谈·后记》，《鲁迅全集》，5:395—397页。

[2] 鲁迅在《准风月谈·后记》里详尽地叙述了针对良友公司的这一系列有联系的暴行，还可参见鲁迅的《中国文坛上的鬼魅》，《鲁迅全集》，6:156页。茅盾在《1934年的文化"围剿"与"反围剿"》中也提到这些事件。参见赵家璧《话说中国新文学大系》，163页；《编辑生涯忆鲁迅》，11—12页。

[3] 关于丁玲被捕和监禁的情况，见丁玲《魍魉世界》；张维夫、袁良骏，《丁玲研究五十年》，《丁玲研究资料》。

[4] 在《书比人长寿》里，赵家璧说是鲁迅强烈要求他出版丁玲的未完成的小说（6页）。鲁迅当然非常关心丁玲的生死，他甚至自己冒着生命危险参加营救丁玲的活动。但是，我对赵家璧的说法略有保留，因为我的研究表明，这碰巧是商业利益与政治目标产生的一致。

[5] 丁玲于1932年开始写这部小说，原打算在《大陆新闻》上连载。但这家报纸很快就倒闭了。赵家璧让丁玲与良友公司签了合同。丁玲每写完一章就寄给赵家璧，这也可以说明丁玲被捕时手稿为什么会在赵家璧的手里。在此之前，丁玲已经在赵家璧编辑的《一角丛书》发表了短篇小说《法网》。参见赵家璧《书比人长寿》，61—62页。

底时，良友公司加紧在报上（包括上海两家发行量最大的报纸《时报》和《时事新报》）为丁玲的小说作广告。据赵家璧回忆，一百份署名页于6月28日售出，一个月之内，第一版四千册书亦已告罄，良友公司不得不在10月和12月增印两版，每版重印二千册。的确，这部小说成为当时已出版的良友丛书中的头号畅销书，为公司赚取了大量利润。[1]看到丁玲自传体小说的成功，赵家璧立刻签约出版沈从文的《记丁玲》一书，该书于1934年9月问世。这本书销路甚佳，不得不于1935年6月重印。回过头去看，橱窗事件提高了良友公司的知名度，给它带来宝贵的无形资产。

赵家璧与良友图书公司

良友公司是1925年7月由一位叫伍联德的广东人创办的。作为商务印书馆的前美术编辑，伍联德最初在一家专门给其他商家承印单幅图片的小印刷所当老板，但1926年1月创办《良友画报》后不久，他就成为成熟的出版家。[2]《良友画报》在全国城市的发行量迅速增加，在诸如体育、妇女问题以及电影等大众感兴趣的领域，它做得尤为出色。早在1928年，当赵家璧还是光华大学附中高年级学生和校学生刊物编辑时，伍联德就注意到他。赵家璧成为光华大学的学生后，伍联德就给他机会在课余时间为良友公司工作，让他担任月刊《中国学生》的画报编辑。在三年编辑任期内，赵家璧赢得了公司的信任，1932年大学毕业后，伍联德就让他在良友公司工作。

赵家璧进入良友公司时，是个二十来岁的青年。对他来说，金钱、政治和意识形态斗争仅仅是这一行当的一部分，在他各种计划背后的

---

[1] 我粗略估计，6个月内卖掉8000册的收入大概是7200元，因为赵家璧编辑的丛书的布封面版每册售价9角。丁玲在湖南的亲属闻讯后纷纷来信要求分成，赵家璧在商业上的成功由此可见一斑。在1934年1月22日致赵家璧的信里，鲁迅建议他不要给提出要求的人寄钱，而只是给丁玲的母亲寄100元，其他的等接到丁玲母亲的亲笔信以后再说。鲁迅还随信附上丁玲母亲的通信地址。《鲁迅书信集》第一卷，482页。

[2] 参见赵家璧《回忆我编的第一部成套书》，227—228页。

第八章 《中国新文学大系》的制作

主要驱动力，是他很早就怀有的抱负，即要成为一个了不起的编辑和出版家。赵家璧后来坦露，他对装帧精美的书籍感兴趣，他被良友公司吸引是因为在他眼里，印制纸张一流、有时髦图画作插图并以昂贵材料装订的《良友画报》是这一职业的理想与美的体现。他在光华大学读书时，就对制作精美的图书、出版文学经典作品梦寐以求。他学过英国文学，并听过徐志摩、胡适、潘光旦、罗隆基和其他与新月社有关系的作家和学者的课。赵家璧把自己看作是徐志摩的学生。他像他的老师一样夸示他对西方文学、尤其是对西方经典作品的推崇。在一篇描述他为良友公司所编的第一套丛书的文章里，赵家璧回忆了在大学图书馆度过的无数美好时光，在那里他浏览西方文学书籍，并喜欢上诸如莎士比亚、巴尔扎克和托尔斯泰等作家的个人全套作品集。他的职业兴趣把他引到了上海的四马路，那里有商务印书馆、世界图书公司以及其他重要的出版社。在这些地方贪婪地浏览时，他发现自己被标有《百科全书》或《ＡＢＣ丛书》等书名的丛书和文集所吸引。他认为对其职业观产生决定性影响的，首先是像中美图书公司这样的位于南京路和四马路上的几家西文书店。

> 午休时间或下班以后，我常常在那里徘徊欣赏，乐而忘返。各种进口图书，特别是成套的文学丛书，例如《哈佛大学文学丛书》、《万人丛书》和《近代丛书》等，一律开架陈列，随你翻阅。我像跨进了一个知识的宝库，不但作品、书名、作者开阔了我的眼界，单单那些丛书的编排、扉页、封面装帧、整体设计和大小开本等，都保持统一的规格，我被这种排列整齐美观、内容丰富多彩的成套书迷住了。我问自己，将来是否也能为中国文学出版事业，编辑这样规模的成套书，来满足我国的文学读者呢？根据我当时的实际情况，那当然是纯属梦想；但我自信先可从小的做起！[1]

---

[1] 赵家璧《回忆我编的第一部成套书》，227—237 页。

赵家璧的青春抱负与良友公司的利益大体一致。1932年，他向伍联德呈交一份预算，请伍联德批准他建议编辑的第一套丛书——"一角丛书"，这套丛书每册一角，预计将突破三千套的销售量。伍联德觉得他的想法有意思，能赚钱，同意他着手编辑。在成为良友公司正式雇员的头两年中，赵家璧得到很多机会来展示他运用技巧和毅力去完成艰巨任务的能力。1933年，他编辑良友文丛时，设法从中国现代文学一些最知名的作家那里组到稿件，如老舍（小说《离婚》）、鲁迅（苏联短篇小说译文集《竖琴》，共十篇）、巴金（以《爱情三部曲》著称的《雾》、《雨》、《电》）、施蛰存（短篇集《善女人行品》）、茅盾（《话匣子》）、凌叔华（《小哥儿俩》）、郁达夫（《闲书》）、谢冰莹（非常畅销的《一个女兵的自传》）以及叶绍钧（《三四集》）等。[1]

1934年底，赵家璧沉湎于初次成功的喜悦之中，因为他所编的第二套丛书那时已有十本出版，其中包括前面提到的丁玲和沈从文的销路很好的作品。所以，1934年，他提出十卷本的《中国新文学大系》的构想时，几乎毫不费力就得到老板的同意。对伍联德来说，同以往投资的项目相比较，这套大型项目需要更多资金，但同赵家璧前两套丛书中的那些由各个作家所写的单卷本相比较，它也意味着更大的收益。情况的确如此，因为布封面的《大系》以二十元一套或两元一本的价格上市销售。相比之下，"一角丛书"的效益就要低得多，即每本只卖一角钱。虽然赵家璧的第二套丛书《良友文丛》赚得多些，布封面版每本定价9角，平装本每本定价5—7角。例如，丁玲的《母亲》平装本每本定价5角，沈从文有关丁玲的回忆录及其续集每本为6角。[2]

赵家璧在1935年初为《大系》精心策划的广告战，包括一本40

---

[1] 赵家璧也写了一本评论美国当代作家（包括海明威、福克纳等）的书，在同一套丛书出版。参见赵家璧《新传统》。
[2] 这类消息总是刊登在封面的内侧或封底刊登广告的地方。

页的样本册,由各卷编辑陈述该卷内容的短文《编选感想》组成,一篇蔡元培所写的总序缩写(以他那备受推崇的书法写成),编者的照片和该书封面的彩色套印,以及由著名作家、批评家写的简介该书的广告等。由于这些努力,这套书大部分在出版前即已预售出去。良友公司最初印了两千套布装本,随即又重印了两千套布装本和数量相同的平装本。对一个不大的商家而言,十卷书(五百万字)印了六千套,不仅对其经济收益,而且对它在出版界的职业形象都有巨大影响。[1]

《中国新文学大系》的编纂

不过将伍联德的商业野心和赵家璧对成功的追求相提并论是不公平的。正如前面所说,对赵家璧而言,金钱和政治不过是这一行当的一部分,最重要的是,《中国新文学大系》为他实现自己很早就有的梦想,使自己成为出版业最出色的编辑提供了一个机会。一开始,赵家璧在采用有版权保护的材料方面、在政府书报审查问题上以及仅仅在试图得到别人的合作方面,就碰到许多困难。[2] 1934年12月25日鲁迅致赵家璧的信,使我们可以重新感受当时的某些背景。鲁迅在信中谢绝了赵家璧请他选编三部小说集之一并为该集作序的请求。鲁迅一开始就提到他为一家文学期刊写的一篇文章,对这篇六千字的文章发表前就被政府检察官删去四分之三表示愤慨,他关于明末的感想和偶然提到的古书一般被认为是对国民党政府的影射(它们的确是一种影射),然后他写道:

> 我因此想到《中国新文学大系》,当送检所选小说时,因为

---

[1] 赵家璧,《编辑生涯忆鲁迅》,63—66页。
[2] 例如,鲁迅所选向培良的小说《我离开十字街头》就因版权属于光华书局而无法入选。参见赵家璧《编辑生涯忆鲁迅》,69—70页。

不知何人所选，大约是决无问题的，但在送序论去时，便可发生问题。五四时代比明末近，我又不能做四平八稳，"今天天气、哈哈哈"到一万多字的文章，而且真也和群官的意见不能相同，那时想来就必要发生纠葛，我是不善于照他们的意见，改正文章，或另作一篇的，这时如另请他人，则小说系我所选，别人的意见，决不相同，一定要弄得无可措手。非书店白折费用，即我白费功夫，两者之一中，必伤其一。所以我就决计不干这事了，索性开初就由一个不被所憎恶者出手，实在稳妥得多，检察官们虽宣言不论作者，只看内容，但这种心口如一的君子，恐不常有，即有，亦必不在检察官之中，他们要开一点玩笑是极容易的，我不想来中他们的诡计，我仍然要用硬功对付他们。〔1〕

三个月后，鲁迅改变了主意。在1935年3月6日的一封短简中，他告知赵家璧，序言已达到一万字，准备付梓。关于其政治观点这个敏感问题，他说道："江山易改，本性难移，无论怎么小心，总不免发一点不妥的议论。"与他当初的说法形成鲜明对比的是，他加了一句："如果有什么麻烦，请先生随宜改定，不必和我商量了，此事前已面陈，兹不多赘。"〔2〕是什么使得鲁迅如此明显地改变了他的初衷呢？

在一篇纪念郑伯奇的文章里，赵家璧透露，郑伯奇曾经为他说项，并且成功地说服鲁迅改变想法。〔3〕这一细节在1935年1月4日鲁迅写

---

〔1〕《鲁迅书信集》第二卷，704页。事实上，赵家璧收到鲁迅的两封注明12月25日的与《大系》有关的信。在第一封信里鲁迅同意写导言，但因健康缘故可能要拖延一段时间。在第二封信里鲁迅出于正文里所说的理由推翻了原来的决定。赵家璧对《鲁迅书信集》第836和第838两封信进行比较后相信，鲁迅把日期弄错了，第838信应当是写于26日而不是25日。我认为赵家璧的分析是正确的。参见赵家璧《编辑生涯忆鲁迅》，60页。

〔2〕《鲁迅书信集》第二卷，766—767页。文章实际完成的时间是1935年3月2日。这篇文章收入《且介亭杂文二集》，批评家们公认这是关于"五四"小说的权威文献。

〔3〕按赵家璧的说法，这次会面是在内山书店进行的。见《编辑生涯忆鲁迅》，62页，在《回忆郑伯奇》里也有类似的叙述，231页。

第八章 《中国新文学大系》的制作

给郑伯奇和赵家璧两人的信中可以得到证实,鲁迅在信中请他们派人送《新青年》和《新潮》至内山书店,这样他可以开始编选。[1]郑伯奇是怎样参与此事的呢?在早期的创造社里郑伯奇是一个有影响的人物,1932年他化名郑君平进入良友公司。[2]赵家璧是靠了郑伯奇广泛的社会关系才得以结识鲁迅、阿英、夏衍、周扬、丁玲、张天翼、茅盾、何为、楼适夷等人,他们都曾为他的《一角丛书》、《良友丛书》或发行极广的《良友画报》出过力。赵家璧为《大系》找的十位编者,几乎无一例外都与郑伯奇进行过密切的磋商。这十位编者是郑振铎、郁达夫、鲁迅、茅盾、阿英、郭沫若(后来在图书杂志审查委员会的坚持下,由朱自清取代)、胡适、周作人、洪深以及郑伯奇本人。赵家璧与郁达夫早在1932年10月就相识了,当时他请郁达夫为《良友丛书》写一本书。会面是由郑伯奇安排,在郁达夫寓所里进行的。郑伯奇这样做需要克服巨大的感情障碍,因为在把郁达夫开除出左翼作家联盟时,这两个过去的创造社成员曾发生严重龃龉。

另一方面,与郑振铎的合作由于巴金的缘故而进展顺利,巴金当时正在北京同靳以、郑振铎一起编《文学季刊》。1934年8月,郑振铎来上海,赵家璧得以同他晤谈。郑振铎不仅在如何组织安排《大系》问题上给了他有益的忠告,而且还帮助他与当时的北大校长胡适接洽。胡适这时早就同激进政治力量分手,被左翼知识分子视为拥护现存体制的反动分子。赵家璧不顾阿英、郑伯奇这些人的反感,找胡适来参加这个以左派为主的项目,是因为(按他后来的回忆)胡适的名字可作为烟幕以掩护《大系》免受政府检察官的频繁干预。我们无须对赵家璧的说法的真实性提出质疑就可以看出,胡适的名字当然能

---

[1]《鲁迅书信集》第二卷,718页。
[2] 事后证明郑伯奇是被左联派到上海出版界工作的,参见赵家璧《回忆郑伯奇》,227页。赵家璧认为郑伯奇是一个共产党员,因为他和1930年代上海电影界和文学界的共产党艺术家(如阿英、夏衍)过从甚密。1978年他才从夏衍那里了解到郑伯奇当时并不是共产党员。

大大提高《大系》的知名度。[1]

不应忘记，1931年2月，国民党政府曾经处决包括柔石、胡也频在内的五位左联成员，这种严酷无情的惩戒导致对一些左翼作品的出版采取日益严格的控制，其结果是在1934年初建立了图书杂志审查委员会。政府要求出版社在付印前把所有要发表的稿件送交审查委员会审批。1934年3月14日，也就是赵家璧收到鲁迅谢绝担任分卷编者的信的9个月前，《大美晚报》报道说，国民党上海党部查禁了上海25家出版社的149种书籍，被审查的作家包括鲁迅、郭沫若、丁玲、田汉、巴金、胡也频、蒋光慈、阿英、柔石、茅盾和冯雪峰。[2]在这样严峻的现实条件下，赵家璧仍然邀请上述被查禁作家中的四位——鲁迅、郭沫若、茅盾和阿英——作为客座编辑，他对左派和右派的巧妙安排能力的确令人叫绝。除郭沫若在最后关头不得不被朱自清取代之外，赵家璧的项目奇迹般地通过了审查而未使编写计划受到多少损害。茅盾所选的小说集最先出版（1935年5月），除了阿英编选的研究资料卷，其他各卷也都在一两个月内如期出版。由于意想不到的干扰，阿英最后一个交稿，但赵家璧还是设法在1936年2月出齐了全套《大系》。这部书的实际编辑和付梓出版，前后只用了不到两年的时间。[3]

经典、理论与合法化

在本章有限的篇幅里，既不可能、也无必要去重复各个编者对其选本的重要性说了些什么。他们的说法广为人知，早已成为陈词滥调。人

---

[1] 后来赵家璧对胡适公开蔑视良友公司感到气愤。在徐志摩去世后不久，赵家璧就与徐志摩的遗孀陆小曼商量出版徐志摩遗作之事。但胡适说服陆小曼将手稿交给商务印书馆，使赵家璧功败垂成。见《回忆徐志摩和陆小曼》，收入《书比人长寿》，44—58页。

[2] 鲁迅在《且介亭杂文二集·后记》里记述了这方面的许多情况。《鲁迅全集》，6：452—464页。更详尽的资料见张静庐《中国现代出版史料》第二卷，190—254页，510—552页。

[3] 据赵家璧说，阿英的延误是由于国民党特务为逮捕他而将其父扣押，他不得不在外面躲避一段时间，无法利用图书资料。赵家璧《话说中国新文学大系》，184页。

们总是从《新青年》说起,文学革命、文学社团的形成、白话文运动、现实主义小说的兴起,等等。自从胡适、郑振铎、鲁迅以及《大系》的其他编者奠定了经典性的中国现代文学史观的基础后,这种千篇一律的叙述在中国大陆、在美国和欧洲被一遍一遍地讲述着。例如,茅盾提出按文学社团作为组稿原则的建议,在小说卷的编选中得到采用。茅盾自己围绕文学研究会的创作编选[1],郑伯奇的一卷以创造社为中心,鲁迅则将其他各种文学社团的出版物都囊括进来。不属于这些特定社团和文学圈子的文学作品则被置之不理。然而,对于一种文学形式非常适用的标准,用于另一种文学形式就似乎不奏效。例如,两卷散文就是按完全不同的原则编选的。按照其本来的构想,赵家璧是根据周作人与郁达夫当时所处的不同地域位置来理解其不同的编辑角色的。他以为他们会提出一套分别代表北方和南方的作家名单,但两位编者自己却对这种地域兴趣或文学安排方式并不恭维。相反,他们更愿意按自己的"趣味"行事,选取的是他们所喜欢的拥有"个人风格"的作家。[2]

《中国新文学大系》由十卷组成,取舍的一般标准来自于人们关于文学的普遍预设(何谓文学),各卷在将这个标准运用于对历史材料的权威性阐释的时候进一步加强了这种预设。入选的文学作品被分为四种基本类型:小说、诗歌、戏剧和散文,分类使这些作品在经典化尝试中再一次得到合法化。十卷中三卷是短篇小说,分别由茅盾、鲁迅和郑伯奇选编。一般不选较长的作品和长篇小说(只有少量被阿英编入索引),这不仅是因为"五四"时代的作家喜欢短篇的形式,也是因为长篇作品多有独立的版权,不易再版。[3]此外,还有分别由

---

[1] 茅盾《1935年记事》,9页。
[2] 周作人《现代散文导论》(上),郁达夫《现代散文导论》(下),见蔡元培等《中国新文学大系导论集》,179—197页,199—222页。
[3] 我在上文曾经指出,赵家璧最初的计划是出版"五四"以来文学名著百种,但他很快就意识到这个想法行不通:"选一百种书,要牵涉到十数家出版社的权益,谁愿意把版权让给你呢?而当时大部分作家,因迫于生计,许多作品都是以一次稿酬卖绝版权给出版社的;即或作者保留版权,作者同意了,原出版者也不会答应良友编入文库。"赵家璧,《编辑忆旧》,172—173页。

周作人和郁达夫编的两卷散文，朱自清编的一卷诗歌和洪深编的一卷戏剧。更重要的是，由胡适、郑振铎分别编选的第一、二卷包括了"建设理论"和"文学论争"，这使得"五四"文学的"理论"色彩得以突出。这些"理论"卷和各卷卷首的导言，与蔡元培的总序以及阿英主编的末卷《史料与索引》一起，基本上限定了《大系》所选的作品，自然也包括中国现代文学本身的阅读评价方式。

如果《大系》的遗产需要用当代观点重新认识的话，应该以什么为根据来从事这项工作呢？认为"纯"文学应当与政治保持距离的看法是无益的，因为这种看法常常有助于掩盖那些持这一主张者的政治立场。另一方面，人们很容易指出对某一流派或作家的"歪曲"或疏漏，并对编者在编选中的政见、分期和意识形态偏见持普遍异议。但我们何以知道自己不是在做另一种同样偏颇的解释呢？一种自命要对20世纪中国文学做更为公正的反叙事，就能使《大系》的遗产得到有趣有益的评价吗？我担心这种"完善"和"校正"中国现代文学经典的愿望本身，就是为一种完美神话所驱使的。在这种神话中包含着一个虚假的期望：将来有一天，会出现一种对整个情况作不偏不倚叙述的文学史写作，从而能给历史本身以公正的评价。换句话说，人们可以对已确立的经典选篇进行质疑，而制造经典的做法却无须经受严格的考察。但我们可不可以问，如能用比"完美"或"正确"更严格的依据去审视经典的制造，这种依据能否奏效？例如，能否问一问，文学史撰写的必要性是什么？它的合法性在哪里？

编辑《大系》的有关情况表明，编者们在以自己的方式展示"五四"文学遗产时，对他们向往的目标并没有提出不真实的期望。他们并不太关心是否用不偏不倚的观点看待中国现代作家的成就，而更关心的是在传统与现代对抗的话语领域对合法性的特定诉求。尽管在决定内容的取舍上每个编者都按其好恶行事，但这种合法性诉求的关键在于那种《大系》刻意营造的强劲的共同（男性）形象。我们所要讨论的是，正是合法化问题使编者们的共同努力对他们自身和他们的读者都具有了意义。以下分析，打算对这种合法化努力的各个方面进行探索,讨论的中心是《大系》所力图在其文学事业和当时觉察到的历史紧迫要求之间建立的那种联系。

良友公司为《大系》做的广告中有一个醒目的副标题,把这个项目称为"现代文学运动第一个十年(1917—1927)"。人们不应把这句话当成一种自夸或营销策略而加以忽视,因为分期恰好是《大系》编者们据以要求对中国现代文学作权威阐释的主要理论防线之一。当然,《大系》并不是对中国现代文学作形式上的分期的最初尝试。早在1922年,胡适就发表了《五十年来之中国文学》一文,意在对晚清和现代文学作初步的分期。30年代初,单独的现代文学史编开始出现。它们包括陈炳堃的《最近三十年中国文学史》(1930)、陆永恒的《中国新文学概论》(1932)、王哲甫的《中国新文学运动史》(1933)、钱基博的《现代中国文学史》(1933)以及周作人的《中国新文学之源流》(1934)。[1]这里,王哲甫的著作尤其值得一提,因为它通常被视为第一部论述现代文学发生的严肃学术论著。关于现代文学的分期,作者划分了两个阶段,第一阶段从1917年胡适呼吁文学改良到1925年五卅反帝运动的高涨,第二阶段从1925年五卅运动到1933年其著作写作发表的时候。[2]1934年4月,在一篇评论中,茅盾对王哲甫的主题和材料处理表示颇为不满,并呼吁搞一个更具综合性的研究项目,把理论文章、有关各个文学社团建立和解散的情况以及这些社团的刊物、作品梗概,还有对这些作品的批评与评论都包括进来。[3]即使茅盾的呼吁对赵家璧《大系》的产生没有直接作用,但是他参与编辑却对该书的倾向与格局的形成影响很大。凡是编者们在某个具体问题上出现分歧时,茅盾的意见往往被采纳。

在分期问题上,阿英的《中国新文学运动史资料》序言提出,以1919年5月4日和1925年5月30日作为新文学运动第一个时期的开

---

[1] 关于这些著作的讨论,参见张英进,"Institutionalization of Modern Literary History in China",351—353页。
[2] 见王哲甫,95页。
[3] 茅盾的评论见《中国新文学运动史》,《茅盾全集》第20卷,241—248页。

端和结束。但茅盾和郑振铎则作了不同的划分。[1]茅盾在回顾他1934年写给赵家璧的一封信时说:

> 断代以一九一七到一九二七年大革命为界较为妥当,因为新文学运动从"五四"前两年就开始酝酿了,一九一九年"五四"至一九二五年"五卅"这六年,虽然在新文学史上好像很热闹,其实作品并不多,"五卅"运动前后开始提出了"革命文学"的口号,但也只是理论上的初步讨论,并未产生相应的作品;而一九二七年大革命失败后,情形就完全不同了,这个阶段到现在还没有结束。[2]

因此,他提出1917年到1927年的十年间为中国现代文学第一个阶段的建议,这一意见最终被赵家璧和编辑集体的其他成员所采纳。茅盾的分期严格按照相应的政治事件去理解文学事件,从这个意义上说,他与阿英并无根本不同,只不过他的重点从反帝斗争转向了国共斗争。

《大系》出版以来,后来的文学史著作扩展了其内容,并使自己跟上时代以适应1927年以后现代文学史的新发展。但《大系》的概念范式——分期、体裁等等——在后来中国大陆学者所写的文学史中几乎没有任何改变,只是后来的文学史沿着共产党的意识形态路线而日趋政治化。例如,1939年李何林撰写他的现代文学史时,沿用并修改了《大系》在文学分期上采用的社会学方法,并帮助巩固了左翼在解释中国现代文学方面的支配权。中华人民共和国成立后,王瑶的《中国新文学史稿》通过抹去《大系》所包括的一些作家来建立一种政治意义上正确的中国现代文学史观。但无论是王瑶还是那些

---

[1] 见钱杏邨《中国新文学运动史资料》,1页。还可参见赵家璧《话说中国新文学大系》,171页。

[2] 茅盾,《一九三五年记事》,9页。赵家璧的《编辑忆旧》证实了这封信的部分内容。

步其后尘的官方文学史家都未停止使用《大系》所提供的资料、分期方法以及体裁分类。这些因素以及把这些作者组织起来的方式，极大地影响了文学史家对作者和文本的选择，或许比他们愿意承认的要大得多。

相比之下，夏志清的《中国现代小说史》（1961年）作为摆脱大陆学者所写的官方文学史模式的早期尝试而引人瞩目。太平洋两岸中国现代文学领域中的当代学术成就在许多方面都受惠于夏志清的著作，因为它将关注的目光投向了张爱玲、沈从文这些曾处于边缘或受到压抑的作家。通过重新把这些作家纳入中国文学史，他的著作改变了我们对现代文学的看法。当然，用反叙事取代既定的经典而对经典提出质疑是一回事，而从理论高度对文学史写作本身提出挑战则是另一回事。夏志清始终以反共的冷战意识形态来对待经典制造的问题，在理论方面他的修正方法也存在明显的缺陷。他与普实克之间引人瞩目的论战，进一步表明了当时的意识形态斗争是何等激烈。回顾既往，给我印象最深的是，在"冷战"年代（甚至今天）无论在中国还是在美国，学者们都同样难以保持其作为学者的独立性，尽管他们各自的政治诉求是截然相反的。

在1970年代的台湾，余光中及其合作者出版了一部由台湾国语作家的作品构成的反经典（counter canon），名为《中国现代文学大系》。这个多卷本选集自称为"大系"，表明其反经典努力深受《中国新文学大系》的影响。但是，一个更为重要的事件向我们表明《大系》的遗产自有后人继承，这就是1980年代中期上海文艺出版社出版的皇皇二十卷《大系》的续集（1927—1937）。[1]1982年，编辑工作刚刚着手进行，出版社负责人丁景唐不仅向当时已七十多岁的赵家璧求教，而且几乎逐字照搬了《大系》原来的版面。除了增加报告文学和电影外，续集的文类基本上是由理论、小说、散文、诗歌和戏剧组成的。

---

[1] 实际上早在1936年赵家璧就计划编纂《大系》的续集，但是日本的侵略和良友公司内部的问题使他未能如愿。赵家璧，《书比人长寿》，34—35页。

像原《大系》一样，续集也有一卷研究资料索引，各卷惯常的权威性序言由官方认可的评论家和作家撰写，他们包括：周扬、巴金、吴组缃、聂绀弩、芦焚（师陀）、艾青、于伶、夏衍。[1]

这令人想起《大系》的一个重要方面，而那些把主要注意力集中在作者的取舍问题上的批评家往往忽视这个方面。我指的是理论卷和各卷序言对编者们在作者和作品的取舍上施加的限制性影响。的确，在《大系》的总体构想中，理论所占的比重给人印象很深。正如安敏成（Marston Anderson）在《现实主义的界限》里指出的："理论在中国现代文学中被赋予的那种明显夸张的力量，只能在新文学由以产生的文化危机的语境中，根据中国知识分子所进行的文学借鉴的特定类型来加以理解。"[2]或许，这里的文化危机可以进一步具体阐释为对合法性的需要，因为各个编者从一开始就迅速抓住理论话语在争夺合法性方面所具有的头等的重要意义。例如，赵家璧最初对他的朋友、当时的《现代》主编施蛰存提及《大系》构想时，施蛰存就指出，对这样一个大型项目来说，只选文学作品是不合适的，绝对要把理论和研究资料包括进来。如前所述，茅盾在评论王哲甫的著作时也表达了类似的看法。郑伯奇和阿英（当时赵家璧也征求了他们的意见）都力劝赵家璧考虑采纳施蛰存的意见。他们俩甚至为理论卷推荐了一位合适的候选人——《小说月报》前主编、文学研究会的理论台柱郑振铎。郑振铎不仅接受了这一提议，还提出了自己的建议，这些建议后来都被主编所实行。他提的一条建议是，理论部分分成两个标题，第一卷名为《建设理论》，应当包括自文学革命伊始所发表的重要理论文章，第二卷《文学论争》应着重于新旧文学阵营之间以及文学研究会和创造社之间有关文学改革的重要论争。郑振铎主动要求编第二卷，并建

---

[1] 丁景唐，《中国新文学大系：1927—1937》。在1989年中国文联出版公司出版了一部新的多卷本大系，名为《中国新文艺大系》，分五个时期包括整个现代史：1917—1927，1927—1937，1937—1949，1949—1966，1976—1982。

[2] Marston Anderson, Limits of Realism, 2页。

议让胡适编《建设理论》卷。[1]

总的来说,《大系》赋予理论、批评和论争以重要地位,并将它们置于文集的显要位置。我们或许可以说,正是由于他们齐心协力地倡导理论,"五四"作家才能够压倒鸳鸯蝴蝶派这样的竞争对手。在当时,理论在话语领域是制造合法性的角色,长远看来象征资本在这个话语领域是一种比金钱更好的投资。鸳鸯蝴蝶派小说的兴旺完全依赖娱乐市场,其报酬或多或少是由大众消费决定的。而"五四"作家则凭借其理论话语、经典制造、评论和文学史写作这样一些体制化的做法,来着力于生产自己的合法性术语。理论起着合法化作用,同时它自己也具有了合法性地位,它以其命名能力、引证能力、召唤和从事修辞活动的能力使象征财富和权力得以复制、增值和扩散。"五四"作家和批评家凭借这种象征权威而自命为现代文学的先行者,同时把其对手打入传统阵营,从而取得为游戏双方命名和发言的有利地位。相比之下,鸳鸯蝴蝶派作家缺乏对理论话语的兴趣则对他们十分不利。

我并不是说五四作家和批评家压制了他者的声音。自我合法化不得不同时消解他者的合法性,这常常需要用自己的措辞来虚构他者的语言,而不是对他者的声音进行实际的压抑。例如,郑振铎编的《文学论争》卷收入了刊登在《新青年》1918年3月号上的王敬轩、刘半农的著名通信。这段文学史家熟知的插曲涉及两个激进思想家,他们不能容忍旧派文人对其文学革命号召的普遍冷漠,想激起反应。为此,钱玄同化名王敬轩,用旧派文人的语言对进步思想家进行攻击,这一虚构的挑战受到他的朋友刘半农的反驳,其他人很快加入了他的反驳,直至论争逐步升级为以林纾为首的文言文捍卫者同《新青年》的现代白话文倡导者之间的著名斗争。有趣的是,当林纾认同了王敬轩这个虚构人物的观点并用自己的声音说话时,他就步入一个已为他设置好的话语位置,并发现自己卷入一场在敌方领土进行的必败之战。从隐

---

[1] 赵家璧,《回忆我编的第一部成套书》,168—169页。

喻的意义上说，郑振铎所编的那一卷是这个极端事例的进一步延伸。在《文学论争》卷里，新文化人士和"保守派"之间的所有论争的安排和设置都有助于前者按照自己的理论来把自己的立场合法化。[1]

新文化人士及其对手为争夺自我合法化而展开交锋的话语基础是什么？如果说林纾由于被归入"传统阵营"而代表了一种失败的事业，那么"学衡派"则立足于其西学根基发出足以同新文化人士相抗衡的声音。但正如我在下一章要说明的，这第二次论争被新文化人士牢牢控制着，而且必然为《大系》的编者们所限定，似乎国粹派批评家不过是中国革命中一股保守的逆流罢了。这场斗争成败的关键完全在于谁能够掌握代表中国和代表西方发言的权力。蔡元培为《大系》作的总序，对我们理解新文化人士在争夺知识权力时所惯用的话语策略，提供了重要的启发。序言的第一段说：

> 欧洲近代文化，都从复兴时代演出；而这时代所复兴的，为希腊罗马的文化；是人人所公认的。我国周季文化，可与希腊罗马文化比拟，也经过一种烦琐哲学时期，与欧洲中古时代相埒，非有一种复兴运动，不能振发起衰；五四运动的新文学运动，就是复兴的开始。[2]

蔡元培接着详细阐述了科学和艺术在近代西方文化中的重要性，并在结束语中呼唤中国的拉斐尔和莎士比亚的诞生。现代知识分子似乎不借助西方的权威就不再可能在知识话语中取得有利地位，所以蔡元培用欧洲古典时代和中世纪的传统以及文艺复兴来阐释中国的文化和历史，这反映了中国知识分子所面临的知识权威危机。当然这样说的时候我们要小心不要过分夸大西方的重要性，从而低估不同政治团

---

[1] 郑振铎的导论毫不掩饰这个意图。见《五四以来文学上的争论》，收入蔡元培等《中国新文学大系导论集》，53—80页。
[2] 蔡元培，《中国的新文学运动——总序》，收入蔡元培等《中国新文学大系导论集》，3页。

体为把自己的看法强加于对方所进行的斗争。蔡元培的说法并不新鲜，它只是重复了胡适以及大多数新文化人士对新文化和五四运动的一贯看法。但是，在与《大系》直接相关的语境中，它的意义在于在经典制造和文学史写作等具体层面上凸显了合法性问题。简而言之，欧洲文艺复兴在这里显示了不容置辩的权威性，从而使《大系》本身得以合法化和经典化。

从这个意义上说，《大系》是一个自我殖民而非被人殖民的规划，西方成为人们赖以重新确定中国文学意义的终极权威。例如，《大系》把文类形式分为小说、诗歌、戏剧和散文，并且按照这种分类原则来组织所有的文学作品。这些文类范畴被理解为完全可以同英语中的 fiction，poetry，drama 和 familiar prose 相对应的文类。这些"翻译过来"的文学形式规范的经典化，使一些也许从梁启超那个时代就已产生的想法最终成为现实，这就是彻底颠覆中国经典作为中国文化和中国文学的意义的合法性源泉。我这里指的不仅仅是今天人们已经熟视无睹的事情：自从梁启超倡导政治小说以来，小说已经成为中国现代经典中最主要的文学形式，现代诗歌已基本上放弃了传统格律等等。我更为关注的是变化着的文学观念（什么样的写作算是文学），这种观念是如何对现代文学的写作和研究产生巨大影响的，以及它是如何形成当代人的古典文学观念的（哪些部分仍有教学价值和学术研究的价值）。

阿英在《大系》史料卷开列了十部1924年至1931年间出版的中国文学史专著，以及十多部外国文学史著作。在这十部中国文学史中，有一些对中国文学研究产生了持久的影响，如鲁迅开拓性的《中国小说史略》（1924年版，1931年再版）、胡适的《五十年来中国之文学》（1924）、郑振铎的《文学大纲》（1926）和谭正璧的《中国文学史大纲》（1927）。郑振铎的《插图本中国文学史》是一部旨在对中国古典文学重新进行理论阐释的重要著作，理所当然地属于这一现代文学史纂学谱系，只是由于战事影响，该书的出版延误多时，而未能列入阿英主编的史料卷。在《插图本中国文学史》序中，郑振铎明确阐述了为什么必须重写古典传统：

> 但假如一部英国文学史而遗落了莎士比亚与狄更司，一部意大利文学史遗落了旦丁和鲍卡契奥（即薄伽丘），那是可以原谅的小事么？许多中国文学史却正都是患着这个不可原谅的绝大缺憾。唐、五代的许多变文，金、元的几部诸宫调，宋、明的无数的短篇平话，明、清许多重要的宝卷、弹词，有哪一部"中国文学史"曾经涉笔记载过？[1]

在中国，以及在后来的海外汉学界，对白话文学和通俗形式的倡导耗去了20世纪学者的大量精力，他们按照自己时代对欧洲现代文学形式和体裁的理解（尽管这种理解经过了重重中介），实际上对中国文学史进行了重写。虽然我们对这些成果应给予充分的信赖，但人们容易忘记的是，不论在这个基础上重新发现了什么东西，它们都不可能摆脱一种总是有欧洲文学参与的学术史和合法化过程。人们总是能够提出这样的异议：为什么一谈到体裁形式，就要用小说、诗歌、戏剧、散文等形式来限制人们对汉语写作中可能存在的体裁和形式的认识呢？为什么有些写作形式由于正好不符合这些形式类型而被排除在文学之外呢？在人们常常问到的那个既简单又难以回答的"什么是文学"的问题中，真正至关重要的东西是什么？从世纪之交以来，这个双程扩散的新词语的词源似乎一直通过英语对译提示着同义反复的答案："文学"就是 literature。可是"文学"何以就正好等于 literature 呢？

殖民化和自我殖民化之间有区别吗？如果有的话，这种区别在多大程度上能使我们了解主体的作用？它又如何帮助我们理解中国人所陷入的深深的困境呢？这种困境的实质在于中国人利用非中国的或中国之外的东西来建构自己的同一性，使自己从矛盾的生存状态中解脱

---

[1] 郑振铎，《插图本中国文学史》，1页。

出来。这种矛盾既支持又损害了一种前所未有的举动,即让中国文学和文化成为世界民族文学和文化之一员的努力。这又使我们回到前一章讨论过的世界文学的问题上来。赵家璧的尝试再次可以作为例证。《大系》出版后不久,他就开始着手编辑一套十卷本的选集,该书是《大系》的姊妹卷,名为《世界短篇小说大系》,它很少为当代学者所知。这一规划在《大系》全部出齐一年后,即1937年春开始实施,同年秋天,日本人攻占上海而使计划告吹。

早在1935年秋天,赵家璧给蔡元培带去一本刚刚出版的《大系》时,蔡元培就提出编一套姊妹丛书的想法。据赵家璧回忆,蔡元培对《大系》很满意,并说:"假如这部书出版后销路不坏,你们很可以继续地编第二期;但是我个人认为比这更重要的是翻译作品的结集。五四时代假如没有西洋的优秀作品被介绍到中国来,新文学的创作事业就不会获得目前的成绩。"[1]为了着手这一新计划,赵家璧列出十位卓有成就的翻译家和作家(其中有些是《大系》编辑集体的成员),邀请他们参加编辑新书。这部《大系》各用一卷来编英国、美国、法国、德国和日本文学,剩下各卷编南欧、斯堪的那维亚、俄国、苏联及新兴民族(波罗的海国家)文学,反映了世界各民族文学的地位及其对中国作家的影响程度。[2]作品多为"五四"时期发表的译文。1937年8月13日日军入侵上海时,赵家璧已经收到一些稿件,其中包括蔡元培的序言和原定在1937年9月出版的南欧文学卷校样和一部分日本文学卷校样。在此之前,《良友画报》已经为这部时运不济的书登了几幅广告。

战争使这一规划夭折了。即便如此,人们还是能隐隐约约地感觉到,在30年代中后期,对民族文学和世界文学的认识正在发生变化。

---

[1] 赵家璧,《编辑忆旧》,62页。
[2] 各卷的编辑分别是傅东华(英国)、赵家璧(美国)、黎烈文(法国)、郑伯奇(日本)、郭沫若(德国)、郁达夫(斯堪的那维亚)、戴望舒(南欧,主要是意大利和西班牙文学)、鲁彦(波罗的海国家)、耿济之(俄国)、曹靖华(苏联)。见赵家璧《编辑忆旧》,63、173—175页。

从过去郑伯奇把世界文学描述为纯粹想入非非的东西，到赵家璧为这个雄心勃勃的"大系"所作的规划——要把中国文学放在与外国文学即使不能相提并论，至少也是可以互相比较的关系上——人们可以感觉到一种增长着的自信，这是一种来自对中国现代文学在各民族文学中所处的地位的自信（这种自信也使得蔡元培随时准备承认外来影响），但并不排除自我殖民这一困境的大环境。这种自信体现为经典的制造、文学批评的体制化、理论话语和文学史的写作，等等。实际上，《大系》毫不客气地把所有这些功能尽收网底，并为自己造就了一大笔可观的遗产。这部《大系》的姊妹选集的制作暗含着一句潜台词：把这两部选集放在一起，就可以展示中国现代文学以及它和世界文学的关系。具有讽刺意味的是，日本人的到来使它丧失了向世人展示的机会，起码在很长一段时间里，它都没有得到这样的机会。

附 言

1946年，赵家璧收到一位住在东京的中国新闻界人士的信，信中转达了日本翻译家仓石武四郎的想法，请求允许他把十卷本的《大系》译成日文。赵家璧当即表示同意。[1]一年后，他收到东京讲谈社寄来的《大系》第三卷日译本——茅盾编的小说卷，还有一本八页纸的《大系》广告册。此后直到1954年，他才又一次得到这位日本译者的音讯。当时，仓石来华访问，他们二人在上海首次见面，当被问及翻译《大系》的事时，仓石解释说，他只能发表这一本，后来由于各种他不愿谈的原因而不得不中止译事。1984年，赵家璧访问东京，在那里碰到已故内山完造的弟弟内山嘉吉，并访问了出版茅盾卷日译本的原出版社，在日本同行的帮助下，他揭开了这一翻译计划突然中断的真相。原来，在1947年，美国占领军总部强行实施书报检查，于是这个计划成为美国当局反共政策的牺牲品，使其中国编者深为遗憾。

---

[1] 赵家璧，《〈中国新文学大系〉日译本的苦难经历》，收入《书比人长寿》，265页。

第九章　反思文化与国粹

在现代语境中，文化对国族建构来说往往是不可或缺的。有鉴于此，在这一章，我将集中思考"文化"（culture）的问题，以求总结自己的思想，并力图从一个不同的角度来考察前几章探讨过的一些问题。本章的讨论以国粹运动为出发点，来考察更广泛的话语构成（discursive formations）的问题。这些话语的形成为"文化"建构以及"文学"（literature）建构打下了基础，并成为20世纪意识形态斗争的主要场所。我将探究，"文化"何以成为国家之间和人民之间差异的主要承担者（fundamental bearer），如何逐渐成为中国大多数知识分子关注的焦点。如果国粹论争的基础是文化差异，那么，这种文化差异是否排除了对权势的思考？如果不是，那么，中国国粹运动的倡导者们在其文化话语中，是如何看待差异、权势以及**作为权势的差异**？

文化一词在汉语中古来有之，但是，古汉语的"文化"一词却并不具有现代"文化"意义上的民族志含义。[1]在古汉语中，文化指文艺修养，与"武"，即军事技能相对。直至19世纪末20世纪初，"文化"的日语"汉字"bunka对等词被汉语借来，新的"文化"的民族志含义才进入汉语之中。[2]这段历史告诉我们，考察"文化"一词的

---

[1] 这里不是说英文"culture"一词不具有多义的或是不稳定的含义；实际上，该词当然具有这些特性（参见雷蒙·威廉斯的《关键词》[*Keywords*]，76—82页）。我的观点是，翻译能够**有选择地**介绍某些含义和等义词，而这些含义及等义词，在翻译之前并不存在于两种语言之间。
[2] 参见我在第一章和附录D讨论中—日—英的新词语时，所论及的最初源自古汉语的日本"汉字"词组。

含义在20世纪中国的变化，必须注意到它与其他语言和话语特定的历史关联，而不能总是追溯到汉语最初的词源（etymology）。

在殖民主义和帝国主义扩张时期，"文化"享有特殊的话语地位，这并不奇怪。"文化"或者"culture"的现代含义是近代东西方遭遇的历史产物，这一遭遇促使本土知识分子不得不关注种族、发展、文明和民族认同的问题。正如爱德华·萨义德提出的："什么是**另一种**文化？一种明确的文化（种族、宗教或者文明）的概念是否有用？或者，这一概念是否总是与沾沾自喜（当人们谈到自身的时候）、敌意或者攻击（当人们谈到'他者'的时候）相联系？"[1]萨义德的问题要求我们视文化为话语，因为西方曾以这种民族志的话语为工具，历史地建立关于他者的东方主义/帝国主义知识，并使之合法化，以与自我相对立。[2]在反思中国关于国粹的论战时，考察文化的话语通常是不无裨益的，但我更感兴趣的问题是，当非西方知识分子参与建立关于自我以及西方他者的东方主义知识时，文化话语发生了怎样的改变。被借用的语言的含义、目的和语境是否发生了变化？在主方语言的语境中，译介的知识被用于什么样的目的？西方主义是不是东方主义的反面？[3]

在他的关于中国国粹运动的论文中，施奈德（Laurence A. Schneider）指出："'国粹'概念和与之相关的社会群体的运动，最先宣布了醉心于文化的知识分子的出现。"[4]其他历史学家也指出，"文化"（culture）的发现是通向民族认同的道路，它标志着在西方帝国主义的压力下中国的整体宇宙观的解体。[5]和与之相关的词语"民族"（日

---

[1] Said, *Orientalism*, 325页。

[2] 阿里夫·德里克从马克思主义学者的辩证法视角对文化主义的批判表明，当文化被用作一个自足的概念时，它"把进入生产领域的社会政治关系神秘化了"（《作为霸权意识形态与解放实践的文化主义》〔*Culturalism as Hegemonic Ideology and Liberating Practice*〕，15页）。亦见其早期的文章《文化，社会与革命》（*Culture, Society and Revolution*）。

[3] 对中国的西方主义的讨论，见陈小眉。

[4] Schneider, 58页。

[5] 参见Furth,《变化的局限》（*Limits of Change*）。

语发音 minzoku，英语为 nation）和"国学"（日语发音 kokugaku，英语为 national learning）一样，"国粹"一词（日语发音 kokusui，英语为 national essence）最早是作为文化话语的一部分从日本舶来，它为中国人提供了一种理论语言，用以谈论种族、文明和民族认同，并用以解决在现代世界如何做中国人的困境。[1] 晚清时期，当国粹概念最先进入汉语话语时，它立刻在排满革命中担负起重要作用。国粹概念强调汉民族独特的民族认同，体现在汉民族的历史、文化遗产和经学当中，这一概念强有力地吸引了章炳麟等全身心致力于排满事业的晚清叛逆者。[2] 在章炳麟看来，国粹主要包括了汉民族的"语言文字"，"典章制度"以及"人物事迹"，而所有这些都保存在国学当中。[3] 保存汉族种族的任务落在受过教育的精英人士身上，因为他们深谋远虑，并有能力重建和保护这一知识实体。中华民国成立之后，国粹概念开始剔除早期有关汉民族种族优越性的修辞，逐步包容了文学文化（literary culture）的含义。

在本章，我试图分析两次国粹运动的倡导者们使用的不同的修辞

---

[1] 日本有关国粹的思想，见龟井；以及平冈，尤其是第一章。亦见 White 等。

[2] 我们处理的是这样一种历史经验的层面，它不能也不应该被贬成恐外症之类的东西，因为恐外症被说成是如此普遍的状况，以至于它已不再是一个有效的历史问题。举例说来，盛行于19世纪欧洲的"黄祸"思想，在很大程度上关涉到殖民主义的历史以及西方在亚洲国家的帝国主义扩张。倘若以为中国对帝国主义者在自己国家的在场所进行的抵制仅仅是恐外症的表达，或是"黄祸"的简单对应物，那么这种观点即使不是荒谬的，也是非历史的。Frank Dikötter 在其近著《现代中国的种族话语》（*Discourse of Race in Modern China*）中称，中国人有其自身的种族歧视的历史，这不应归咎于西方，而且"白祸"是当时盛行于西方的"黄祸"恐惧的明显的中国对应物（71页）。他在援引伊罗生（Harold Isaacs）1967年发表于 *Daedalus* 的文章时，还进一步指出："非欧洲人当中的种族歧视早在他们被白种欧洲人征服之前，就已经存在了，而且……指斥西方应该对前殖民地（ex-colonies）的种族态度负责，这只是局部有效的。"（1页）这里的问题是，就方法论而言，作者将恐外症与历史话语中的种族理论混为一谈。认为中国人与西方人的歧视态度是潜在一致的，这一看法模糊了中西交往过程中一些最具暴力性的时刻。再说，有些中国作家时至20世纪80年代后期，仍旧散布他们自身作为"黄祸"的危险，这一事实又当如何解释呢？

[3] 章炳麟（章太炎），《东京留学生欢迎会演说词》，1906年7月15日，收录于《章太炎政论选集》，1:276页。

策略，旨在理解"国粹"一词含义的重要转变，即从种族/文化的概念向文学/文化概念的过渡。我将追踪主要以"国学保存会"（其重要出版物《国粹学报》于1905年创刊）为代表的一群作家、学者和教育家的活动，由此考察第一次国粹运动。我对第二次国粹运动的探讨将集中在1922年创刊的《学衡》杂志，以及与此相关的在哈佛受过教育的学者群体。这些学者回国后，在东南大学担任教职，他们致力于倡导中国古典文学，视之为国粹。

与倡导国粹相关的作家、学者和教育家群体（包括国学保存会和创建于1909年的诗社南社）的活动，研究者们对之已经进行了大量的工作。[1]但是，大多数研究者倾向于把这些群体视为中国革命中的"保守"阵营。我虽然有时会使用"激进"一词，但我总体上对将现代中国的知识分子三分为激进派、自由派和保守派存有疑问，因为这样做，只能将现代中国的历史简化为普遍的（欧洲的）有关进步（progress）叙事的一个地方版本。[2]事实上，国粹派（保守派？）和新文化运动者（激进派？）都主要致力于中华民族认同的问题，这一关注使得他们的意识形态界限极易相互渗透。因此，我试图彰显他们共有的知识背景，以及他们相互对立的条件。正是这些背景与条件，使得竞争的双方关系密切，但不是作为激进派、自由派或者保守派，而是作为中国国族建构和文化建构过程中相互竞争的声音和彼此共存的叙事而存在。

关于《国粹学报》

在东京对中国学生公开演讲时，章炳麟扼要概括了他提倡国粹运

---

[1] 参见 Rankin, *Early Chinese Revolutionaries*; Schneider; 以及 Bernal, "Liu Shih-pèi and National Essence"; 以及 Furth, "The Sage as Rebel"。亦见 Rosen; 沈松侨; 与乐黛云。
[2] 见史华慈批判曼海姆（Mannheim）的模式，指出保守主义概念解释力有限的文章，"Notes on Conservatism in General and in China in Particular" in Furth, *Limits of Change*, 3—21页。

动的意图:"为甚提倡国粹?不是要人尊信孔教,只是要人爱惜我们汉种的历史。"[1]类似的,《国粹学报》的编者与著者,如刘师培、黄节与邓实,虽无一例外是献身国学的古典学者,但他们所想像的学术与其说是自足的实体,不如说是雄心勃勃的志业之一部分,即要拯救并将汉族的种族身份合法化,以判然有别于满族以及其他外来民族的身份。[2]一方面,这些学者认同于明末遗民的传统,自认乃是过去一直遭受外来入侵威胁的、本真的中国文化的传人。但另一方面,他们的"国魂"(日语发音是 kunidamashii,英语是 national soul)思想却脱胎自日语对德语"die deutsche Seele"的民族主义话语一词的翻译,这就深刻地削弱了他们所声称的文化本真性。[3]在当时相互冲突的民族认同理念中,明末遗民的话语在1911年之前作为排满运动的宣传,具有公开的颠覆性,这在反满成员组织的各种活动中是昭然若揭的。除了刊行明末遗民的传记材料、编撰先前被清政府禁毁的文学作品的详瞻书目外,这一群体还不遗余力地编辑并重印明末遗民的著述,其中有一部分显然具有煽动性。然而,以汉族文化的名义反抗清朝统治的政治行动只能解释这场运动的一个层面;而更为深刻的层面是一种危机感,是现代世界(他们视之为由相互竞争的民族国家所界定)大环境里面中国人的种族以及文化认同的危机。

黄节连载于《国粹学报》的《黄史》一文,表现了这一学术群体在建构中国认同方面最为雄心勃勃的努力。富于反讽意味的是,黄节的种族理论却是源自法国的东方学家拉古贝里(Terrien de LaCouperie)的论点,后者的观点亦曾被刘师培与章炳麟采用,引荐给中国读者。[4]这位法国人的文章主要写于19世纪80年代,刊登于他在英国编辑的刊物《巴比伦与东方记录》(*The Babylonian and Oriental Record*)上。

---

[1] 章炳麟,《章太炎政论选集》,1:276 页。
[2] 对刘师培生平与著述的讨论,见 Bernal, "Liu Shih-pèi and National Essence"。
[3] 这两个新词语皆从明治维新时期的日本舶来,而日语原词则是西方词语的翻译。对此语境中"国魂"一词的讨论,见许之衡,4 页。
[4] Schneider, 66 页。

到1900年，其论文的绝大部分收入其著作的日文版《支那文化史》一书，从而反过来深刻地影响了中国人的思想。[1]意味深长的是，拉古贝里在表达对支那文化的钦敬的同时，却又并不掩饰他对支那人的蔑视。这一东方主义式的对已逝文明的嗜好，似乎刚好符合国粹派的纲领，因为他们的使命毕竟是要（从遥远的过去）恢复真正的民族认同。然而，在跨语际实践的过程中，拉古贝里的东方主义与中国学者对此种知识的联合书写里面，存在着一个重要的差异。拉古贝里从来不曾质疑他本人的主体性或是他与东方之间的关系，而这些中国学者却不得不拒绝一个无法忍受的现代身份，以换取他们那无比遥远的古代理想。

这一由西方的东方主义者与中国学者联合创作的跨语际的国粹，究竟包含了什么内容？黄节在《国粹学报》创刊号的导论文章里，将"国学"确认为真正的中国精华的宝库："学亡则亡国，国亡则亡族。"[2]他提到明治维新时期高扬日本国粹的两位主将三宅雪岭与志贺重昂的名字，以支持他本人在《国粹学报》上推行国学思想的志业。富于反讽意味的是，当日本人在德川时代首倡国学思想时，他们是为了一改当时亲华的思想氛围。实际上，"国学"（kokugaku）本来是日本本土对古代诗歌的语文学研究，以及复兴作为"古道"（kodo）之"神道"的一种关注，目的是反对儒教与"唐心"（karagokoro）的。[3]而黄节与其他中国学者却在字面上挪用了这一概念，用来增强汉族抵抗满清统治的声势。他甚至把13世纪宋朝的倾覆归咎于中华国学的衰微，因为汉人不该遗弃自身的传统，转而倾慕蒙古人的语言和作品。尽管黄节本人的爱国主义不容置疑，但他所提倡的国学究竟是什么，却也不甚清楚。他在影射蒙古入侵一事的时候，似乎想的是汉族的文化传统，但当他提倡"诸子百家"（古代非经典的哲学家）的著述而反对千百

---

[1] 参见 Bernal, "Liu Shih-pèi and National Essence", 96—97页。
[2] 黄节，2页。
[3] 参见 Harootunian；以及 Najita 与 Schneider。

年来占统治地位的儒家经典时，他所指的又是全然不同的东西。因此，国学的思想捕捉到的，是族群（ethnic）身份与文化精粹的不稳定建构。这两个层面之间的滑移揭示出来的，是黄节作为现代人的危机感，而不是清晰的族群身份或文化精粹的特征。

如果所有的国学都奠基在国粹之上，那么，整体化地总结东西方之间的文化差异就势在必行了。在《论国粹无阻于欧化》一文中，许守微从中国的精神文明与西方的物质文明层面，谈及这种差异。在他看来，国粹满足的是个人的精神需要，而西方文化提供的是物质的丰富，二者与民族国家的康乐是密不可分的。此处，识者可以捕捉到一种熟悉的回声，它呼应着张之洞早期对中学与西学的论述。然而，当许守微动用欧洲文艺复兴运动的权威性，来证明自己重振国学的努力是正当的时候，精神文明—物质文明的二元分化轰然崩塌了，因为欧洲的文艺复兴运动事先已经为建构中国的国粹提供了不可或缺的理由与理论框架。许守微论述中的自相矛盾，反映了一种无法解决的紧张关系，一方面面临帝国主义的压力他需要强调文化的认同感，而另一方面，他生活在一个世界体系中，而这个体系不再赋予被宰治者的声音足够的权威性。

《国粹学报》的创办者与编者之一邓实则撰文数篇，试图命名国学的内容。通过将中国古代诸子百家的哲学流派置于儒家之上并反对之，邓实等学者预示了新文化提倡者破偶像运动的来临，并且无意间揭示了两个流派共同的话语基础。虽然邓实所有的著述皆围绕着一个前提：即国粹有待于从汉代以降儒家的政治禁忌下解放出来，但究竟什么构成国学或是国粹，他对此问题的论证却无法支持这一前提。举例说来，在《国学真论》以及《国学无用辩》二文中，他区分了"国学"与"君学"。邓实告诉我们，这种区分乃仿效西方的政治理论，后者认为民族国家与君主国秩序是两个不可调和的系统，而民族国家注定要在事物进化的秩序中，战胜君主国秩序。邓实说道："近人于政治之界说，既知国家与朝廷之分矣，而言学术则不知有国学君学之辨，以故混国学于君学之内，以事君即为爱国，以功名利禄之学即为国学，其乌知乎？国学之自有真哉。"[1]

在邓实的论述中存在着排满宣传，这是自不待言的，但他的观点让我们感兴趣的原因，与其说是他对民族认同的本质主义看法跟他非中国的参考框架之间的内在冲突，不如说是他观察到国学与现代民族国家之间有一对应关系，而这二者皆是现代的发明。国粹学派的理论似乎预告了中国现代文学的到来，这个文学是由新文化提倡者在20年后界定出来，作为反抗古代王朝"封建的"、贵族式的文学实践时开创的一项国族志业。每一个文明的民族国家都必须有自己的国族文学，并由自己的天才为代表，譬如英国、德国、法国文学中的莎士比亚、歌德、巴尔扎克，这一思想是现代欧洲民族主义理论的一部分，时常让人想起德人赫尔德的名字。当国粹学派拥抱这一理论，将其视为超越时间的真理，并用它来重估自身的古典传统时，他们没有意识到，从过去抽取出国粹的做法，已经清楚无误地刻上了现代人的印记。

1908年，章炳麟与求学巴黎的《新世纪》的编辑们围绕汉字书写系统的价值，发生了一场论战，这一论战例示了第一次国粹运动期间出现的问题，以及辩论的政治要旨。《新世纪》指斥汉语象形/表意的文字为"未开化人"所用之文字，并呼吁以自命为国际语言的世界语（"万国新语"）来废除并取代汉字。[2]章炳麟在《民报》发表长篇论文予以辩驳，该文同时连载于《国粹学报》，他通过强调世界语乃源自欧洲这一事实，质疑了国际主义者的主张："万国新语者，本以欧洲为准，取其最普通易晓者，糅合以成一种，于他洲未有所取也。大地富媪博厚矣，殊色异居，非白人所独有，明其语不足以方行世界，独在欧洲有交通之便而已。"[3]出于"小学"家的深厚的学养，章炳麟描述了汉语的演化史，弃绝了《新世纪》群体所信奉的非历史的以及

---

[1] 邓实，《国学真论》，1页。
[2] 明治维新最初几年曾提议在日语中禁止汉字，提倡言文一致的拉丁化语言。有关日本对晚清白话文运动的影响，见沈迪中。
[3] 章炳麟，《驳中国用万国新语说》，6页。

欧洲中心的观点。[1]

章氏论述中渊博的学识反映了他作为古典学者的非凡成就,尤其是早在 20 世纪之初,他便有了如下的洞见,他清楚地认识到文化差异是无法在权力与宰制的框架中恰当把握的。他认为如果一种语言无法跟另一种语言通约,这与优越性或野蛮性是全无干涉的;毋宁说,不可化约的差异性是无法调和的。章炳麟以拜伦诗歌的中译本为例,说按照英语的标准堪称绝美的一首诗,如若参照另一种语言的标准来判断,就会完全是枯燥无味的。这位小学家问道:欧洲以谁的名义将自身设置成普遍价值的合法承担者?此时此刻,章炳麟所提出的,恰恰是有关种族与文化认同这一场论战的核心难题。当西方无可抵挡的宰制力席卷全球,莅临在场时,章炳麟充分意识到自己的学理论述无法说服《新世纪》的成员,所以也不得不在文章的某个段落援引西方传教士的言论,以捍卫汉字的尊严。[2]

几乎无一例外的是,在抵抗西方的威胁、确立自己的民族认同时,中国学者仍需参照外借的权威,这一困境描述了国粹学派从始至终的特征。该刊物固定的栏目之一《爱国随笔》即可视为此一悖论的具体表现。作为该栏目的编者,邓实足以自豪的是,他大段大段地报道洋人对光辉灿烂的中国古代文化的景仰之情。譬如,丹麦文学士仿刻大秦景教碑运归欧洲;日儒崇拜孔子,发起孔子祭典会;法国收藏家藏有大量远东古代的美术品,并在卢浮宫展出。[3]在某一层面上,这是东方主义的翻写;然而在另一层面,国粹学派渴望成为自身历史的主体,他们求助于辉煌的古代以从事当下的斗争,这一渴望无可规避地与萨义德所批判的西方式的东方主义相抵牾,因为萨义德看到表述的主体通常是西方人,"表述的外沿总是为某种似是而非的常识所限:如果东方能够表述自己,它一定会表述自己;既然它不能,就必须由别

---

[1] 英语世界讨论章炳麟小学研究的,见 Furth,"The Sage as Rebel"。
[2] 同上书,9 页。
[3] 邓实,《爱国随笔》。

人担负起这一职责,为了西方,也为了可怜的东方。正如法国人所说:*faute de mieux*(因为没有更好的)。也正如马克思在《路易·波拿巴的雾月十八日》中所说的,'Sie konnen sich nicht vertreten, sie mussen vertreten werden'(他们无法表述自己,他们必须被别人表述)。"[1]

关于《学衡》

国粹的志业,超越了国粹运动的刊物所存在的时间段,这场运动在1911年后开始衰落,并受到与《新青年》杂志相联系的所谓激进知识分子的攻击。[2]1919年,刘师培创办了最终夭折的刊物《国故》,试图抵抗新文化运动,并拯救国粹的事业,然而该杂志终因刘师培的去世而在同一年停刊。直到1922年《学衡》的创办,国粹的问题才开始吸引形形色色的文学阵营以及政治阵营给予严正关注。这家新刊物是1911年后唯一一家可以在重整国学的事业、推行具体规划的组织力量方面,堪与《国粹学报》相比拟的出版物。《学衡》杂志的简章宣布了他们与较早的国粹派之间在思想上的亲和性:"论究学术,阐求真理,昌明国粹,融化新知。"[3]然而,此处的国粹观念与1911年之前章炳麟、刘师培、黄节等人首次使之在公共话语中流行开来的观念,是否承载着相同的意义?如果不同,那么这种意义的转变,对于我们了解"五四"时期知识的权威性,以及持不同思想信念的知识分子对民族认同问题的持续关注,又有什么启示?

很多学者已经论及那个时代思想氛围的转变,当时,对国粹的讨论由于《学衡》派的出现而卷土重来。劳伦斯·施奈德精确地捕捉到了这一境况:"《学衡》创建之际,正值满族失势、君主制垮台之时,因此,诗人手边的任务与那些独特的和惊世骇俗的活动相比,要更多

---

[1] Said, *Orientalism*, 21页。
[2] 对此一时期动荡环境的论述,见Schneider;以及Bernal, "Liu Shih-p'ei and National Essence"。
[3] 《〈学衡杂志〉简章》,《学衡》,第1期(1922)。

一些散漫,更少一些协调。此时此刻,东林党、复社以及侠客的形象被搁置一旁,取而代之的是最近的源自西方的模式——马修·阿诺德的诗人—批评家形象。"[1]《学衡》的创刊号背靠背地印刷着孔子与苏格拉底的威严画像,就很能说明问题了。晚清时候的《国粹学报》则全然致力于推行汉人自己的传统文学、绘画和书法。相形之下,新创办的《学衡》杂志还是继续刊载着欧洲历史上的伟人,只是偶尔印上东方文化的先贤。莎士比亚的肖像与约翰·弥尔顿相辉映(第3期),狄更斯与威廉·萨克雷(第4期),释迦牟尼与耶稣基督(第6期),萨缪尔·约翰逊与马修·阿诺德(第12期)等相比肩。

虽然"国粹"一词继续被呼唤着,但其意义在《学衡》派之手却发生了天翻地覆的转变。至为重要的是,曾经标示着国粹运动之特征的对西方的暧昧态度,现在被深深植根于西方人文主义传统的批判体系取而代之。如果说《国粹学报》将孔子贬黜到次要地位,在精神上更接近《新青年》而不是《学衡》,那么《学衡》复活古代智者的形象,则基于这样一种信念:每一个伟大的文明皆有其最为突出的先贤。苏格拉底与孔子分别代表西方文明与东方文明的人文主义精粹,这一思想并非《学衡》派的发明创造,他们乃从哈佛教授欧文·白璧德(1865—1933)那里习得这种观念,后者的新人文主义理论对他们的思想产生了决定性影响。[2]

形形色色的文学社团与派系在校友会以及意识形态的基础上形成,这在民国初年乃是常事。譬如"创造社"即由一群留日学生创办,而"新月派"的大多数成员皆有欧美教育背景。具体到《学衡》杂志,其主要创办者皆求学北美,吴宓与梅光迪在哈佛师从法国文学教授白璧德。胡先骕在伯克利加州大学修习科学。这些留美学生经由欧文·白璧德

---

[1] Schneider,79页。
[2] Irving Babbitt 最为知名的著述为《卢梭与浪漫主义》(*Rousseau and Romanticism*,1919),《文学与美国学院:捍卫人文学科论文集》(*Literature and American College: Essays in Defense of the Humanities*,1908),《新拉奥孔》(*New Laokoon*,1910),以及《法国现代批评大师》(*The Masters of Modern French Criticism*,1912)。

的新人文主义思想这一中介,发展了他们自己的国粹理念。白璧德的论文《白璧德中西人文教育说》由胡先骕亲手翻译成中文,刊登在1922年3月号的《学衡》杂志上。在这篇文章里,白璧德对卢梭、易卜生、斯特林堡、托尔斯泰以及萧伯纳等在中国年轻人当中的风行不以为然,他教导年青一代遵循所谓的人文国际主义,将西方古希腊背景之精髓与东方儒家背景之要义融会贯通:

> 则见此二文化,均主人文,不谋而有合,可总称为邃古以来所积累之智慧也。今中国留美学生,潜心研究西洋文化之渊源者,不过五六人,实可慨叹……吾所希望者,此运动若能发轫于西方,则在中国必将有一新孔教之运动。[1]

白璧德提到的五六个中国留学生是何许人也,不难猜出。《学衡》杂志不遗余力,试图确立白璧德的权威地位,然而此段引文的自我宣传,也同时揭示了这位美国权威被挪用到中国语境时的方式。他们一再引用欧文·白璧德的名字和权威,是为了加强《学衡》在与其对手新文化提倡者进行论战时的威力,因为后者翻译并介绍了约翰·杜威以及伯特兰·罗素,且自诩为西学的代言人。《学衡》的对抗姿态,本来可以使中国人对自我与西方之地位的思考发生一场深刻的变化。因为倘若可以用某一名西方权威来质疑另一位西方权威,那么,对于西方的笼统看法就不能成立。可惜的是,《学衡》派对探讨有关西方的异质性知识的潜在可能并不感兴趣,尽管他们介入的方式曾恰到好处地打开了这一层面。《学衡》派取消了东西方的分野,代之以"真""伪"之别的新的二元对立修辞。新文化运动的主将们所树立的偶像如卢梭、易卜生、托尔斯泰和尼采被他们冠之于"伪"并予以弃绝,

---

[1] 白璧德, *Humanistic Education in China and the West*, 91 页。胡先骕中译,《白璧德中西人文教育说》,收入《学衡》1922 年 3 月号。除非特别说明,所有《学衡》的页码皆指"通论"部分。

而西方文化所谓的精髓则体现在希腊罗马以及犹太教与基督教共有的传统中。[1]在他们看来，事情的关键并不是以中国文化的精华去对抗西方文化，就仿佛两种文化是不可调和的系统（早些时候的国粹派与提倡新文化者皆如是以为），而是确定谁更有权威对任何文化发言，目的是将两种文化的精髓整合起来，熔铸成梅光迪所称的"真正新文化"。[2]

鲁迅敏感地意识到19世纪末与20世纪初以来滋生的形形色色的国粹宣言所具有的历史偶然性。他1918年撰写的《随感录三十五》，论及了国粹的提倡者：

> 从清朝末年，直到现在，常常听人说"保存国粹"这一句话。前清末年说这话的人，大约有两种：一是爱国志士，一是出洋游历的大官。他们在这题目的背后，各各藏着别的意思。志士说保存国粹，是光复旧物的意思；大官说保存国粹，是教留学生不要去剪辫子的意思。现在成了民国了。以上所说的两个问题，已经完全消灭。所以我不能知道现在说这话的是那一流人，这话的背后藏着什么意思了。[3]

周作人在1922年4月对《学衡》派进行了尖锐的批评："现在所有的国粹主义的运动大抵是对于新文学的一种反抗，但我推想以后要改变一点色彩，将成为国家的传统主义。"[4]实际上，问题的关键似乎不在于保存所谓的国粹，而是在生产有关国族认同与国族文学的新知识的过程中，如何建立一种替代性的权威。与之前刘师培的《国故》

---

[1] 梅光迪一直批评新文化提倡者推行的是"伪欧化"。见其文章《评提倡新文化者》，《论今日我国学术界之需要》，以及《现今西洋人文主义》。亦见胡先骕。
[2] 此处的引语出于他"真正新文化之建设"的说法（梅光迪，《评提倡新文化者》，8页）。
[3] 鲁迅，《随感录三十五》，收入《鲁迅全集》，1：305页。
[4] 周作人（笔名仲密），《思想界的倾向》，收入《周作人代表作》，60页。该文最初发表于《晨报副刊》，1922年4月23日。

杂志类似，《学衡》自认的使命乃是唱出与新文化运动，特别是与现代白话文学相对抗的歧异之声。[1]在《学衡》一切努力的背后，是一种紧迫感，拥护国粹是为了反对新文化运动，而不是形成有关经典的成熟的学术研究。实际上，《学衡》虽然尊奉孔子为民族之圣，却极少详细研究作为国粹或是国学的儒家思想，这进一步提示我们，"国粹"的能指从来无法界定国粹之本义。所谓国粹其实是在回应变化中历史事件的浪潮时，一再被界定和重新界定的。

《学衡》派对新文化运动的公开对抗，在中国现代史上通常被视为保守派的表现。这样解读的危险是，我们会轻而易举地落入《学衡》对手，即新文化提倡者的修辞陷阱当中，到底是新文化人士最先给《学衡》加派上了一个社会进步之绊脚石的恶名。由于当时的环境相当错综复杂，因此我们需要更深细地探究。举例说来，吴宓早在题为《论新文化运动》的文章中，进行了这样的解读："故今有不赞成该运动之所主张者，其人非必反对新学也，非必不欢迎欧美之文化也。若遽以反对该运动之所主张者，而即斥为顽固守旧，此实率尔不察之谈。"[2]有学者马上会说，《学衡》派与西方保守派之间有相似之处，我们不能将他们自我辩护时的论点信以为真。[3]

那么我们是否可以得出结论说，《学衡》派在不知不觉中践行了文化保守主义？我们一旦这样想就会再一次遮蔽问题，而无法解释《学衡》派达成其立场时所采用的方式。我认为，我们应审察《学衡》派成员的话语策略，看他们如何运用这些策略将自身建构成人文主义与激进主义的全面争论中的一方。换言之，关键是要解释《学衡》派如何设法**与西方建立一种话语关系**，而不是简单描述西方的保守主义与它在现代中国对应者之间的类同与差异。一种可能的解释是，《学衡》派尝试着用当时美国的学术话语（该话语的权威性似乎他们才有

---

[1] 关于北京大学内部国故与新潮之对抗的详尽讨论，见沈松侨，尤其是第1章。
[2] 吴宓，2—3页。
[3] 参见沈松侨，以及乐黛云。

第九章 反思文化与国粹

资格代表),重新构想(reframe)有关国粹的论战。因此,这些留美归来的学生把陈独秀与胡适当作全球性问题(新人文主义与激进主义之战)的本土代表,而他们自己才担负着解决这一问题的责任。欧文·白璧德不是已经用这种人文主义的、福音般的使命激励过他们,并呼吁一场"新孔教之运动"吗?所以《学衡》派着手去做的第一件事,便是揭露并修正提倡新文化之人士对于西方以及对于中国过去的"误读"(misrepresentation)。欧文·白璧德的新人文主义被他们预设成对自由主义和浪漫主义极端流行之恶果的抵抗。

于是国粹理论便开启了一块解释空间,使《学衡》派能够将儒家思想重读重构成"人文主义"或者中国文化的人文主义精华。然而与早先的康有为不同的是,他们在为现代时期重新界定儒家思想的时候,并不关心国教不国教;毋宁说,他们试图确立一个共同的基础,使东西方的精髓在此基础上融汇成理想模式,以使某种普遍的人文主义成为未来奋斗的目标。在《学衡》派那里,国粹开始代表由文学精神所主宰的文化等级制度,它其实已然摆脱了早期的种族内涵。这一文化与文学的价值观的世界,包含着吴宓援引的马修·阿诺德所作的定义"古今思想言论之最精美者也"。[1]出于同样的理由,儒家思想也不再是一个固定的知识实体,而是某种超验的精神,能够在全球化的语境中产生新的意义,并提供新的象征资源。于是才有"新"儒家思想一说。[2]此处的"新"字是关键所在,因为一方面,它说明了欧文·白璧德的门徒们挪用儒家思想并使之与现代经验相关联的方式,而在另一方面,它也揭示了《学衡》派与提倡新文化者共享的话语基础。[3]

---

[1] 吴宓,13—14页。雷蒙·威廉斯(《马克思主义与文学》[*Marxism and Literature*])认为,这一文化观念(强调某种可以达到的发展状态)可以回溯到启蒙运动本身。
[2] 这一概念的深远影响,可以根据随后的"新儒家"运动来估价。见杜维明的《熊十力对本真经验的追求》(*Hsiung Shi-li's Quest for Authentic Experience*)与张灏的《新儒家与现代中国的思想危机》(*New Confucianism and the Intellectual Crisis of Contemporary China*),收入 Furth, *Limits of Change*,242—302页。
[3] 新儒家思想虽然有种种本质主义主张,但它最初乃从西方舶来。见胡先骕1922年所译的欧文·白璧德的文章,《白璧德中西人文教育说》,12页。

所有这一切都与晚清国粹派所表达之观点大相径庭,因为对晚清国粹派来说,汉族身份和儒家经典之外的诸子百家才构成不折不扣的中国人的国粹。《学衡》派则摒弃东方西方的二元对立,攻击新文化者,发动了一场对现代人的批判,其目的是要削弱对手对西方知识的垄断,但其论战方式和话语基础与新文化的倡导者有很多重合。

《学衡》吸取欧洲现代哲学思想的程度不亚于《新青年》,只是它对历史性地理解问题的坚持与强调,与"五四"反传统主义的主流"文化"话语格格不入,于是现代性的铁一样的必然性里开始出现断裂的缝隙。面对着现代人的苦恼问题,"中国的问题出在哪?"新文化提倡者通常在传统文化的罪恶中,或是在国民性的缺陷里,寻求他们的答案。相形之下,《学衡》派则实行了一条不同的思想路线。譬如柳诒徵便指出,中国的动荡乃因历史事件的无常,而不必归咎于儒家之类的文化传统。他说:"中国今日之病源,不在孔子之教,……在满清之旗人,在鸦片之病夫,在污秽之官吏,在无赖之军人,在托名革命之盗贼,在附会民治之名流政客,以迨地痞流氓,而此诸人固皆不奉孔子之教。"[1]他总结道,孔教道德的付之阙如,而不是其持久的在场,最终导致了中国的衰微。柳诒徵以儒家思想为救治近世中国之病的药方,于是过早地从他本人尖锐的诊断所达到的历史洞识中撤身出来,而倘若他再深究一步,即可意味深长地批判镶嵌在新文化之启蒙意识形态中的现代性话语。[2]

当胡先骕谴责物质主义、科学主义和工具主义是现代社会的主要罪恶,并且同柳诒徵一样,将中国公众道德的堕落归罪于资本主义价值观的侵入之时,他仍旧假定着中国文化是一个固定的、同质性的以及意义不变的场所。"而吾数千年之古国,或将有最后灭于西方文化之恶果矣,可不惧哉!"[3]这种观点在很大程度上与梁启超"一战"后

---

[1] 柳诒徵,1—2页。
[2] 对帝国主义的批判在马克思主义被引介到中国之际,主要是由新文化的提倡者承担的。
[3] 胡先骕,9页。

游历欧洲重返中国撰写的《欧游心影录》（1920）论调相通，并且在一定程度上亦与梁漱溟有争议的《东西文化及其哲学》（1921）一书的看法不谋而合。对西方物质至上主义文明的幻灭，似乎已然促使这些学者在自身文化的象征资源中，寻找替代性的解决方案。使得这一图景复杂化的是欧美人在当时的变化，他们在第一次世界大战之后，正经历着一段时期的危机，于是将摆脱困境的渴望投射到他者（部分是东方）身上。梁启超笔下的欧游经历，加上奥斯瓦尔德·斯宾格勒极为流行的《西方的没落》，以及欧文·白璧德对现代人的批判，共同证明了西方战后对现代性失望与幻灭之潮的兴起。[1]

另一方面，梅光迪与新文化提倡者的争执，由于不执拗于东西方的二元对立，亦展现了批判现代性的独特的前景。这一点清晰可见于梅光迪对新文化提倡者当中流行的文学进化论的激烈批判。正如下文所能看出的，梅氏论点的根基恰恰不在于东西方的文学传统之间有无可比性。

> 西国名家（如英国十九世纪散文及文学评论大家韩士立 Hazlitt）多斥文学进化论为流俗之错，而吾国人乃迷信之。且谓西洋近世文学，由古典派而变为浪漫派，由浪漫派而变为写实派，今则又由写实派而变为印象、未来、新浪漫诸派。一若后派必优于前派，后派兴而前派即绝迹者。然此稍读西洋文学史，稍闻西洋名家诸论者，即不作此等妄言。[2]

需要注意的是，梅光迪对进化论的摒弃，并非基于文化的差异，

---

[1] 梁启超妙笔生花地描述了他在旅途中与一位美国记者的遭遇："记得一位美国有名的新闻记者赛蒙氏和我闲谈，（他做的战史公认是第一部好的）他问我：'你回到中国干什么事？是否要把西洋文明带些回去？'我说：'这个自然。'他叹一口气说：'唉，可怜，西洋文明已经破产了。'我问他：'你回到美国却干什么？'他说：'我回去就关起大门老等，等你们把中国文明输进来救拔我们！'"（《欧游心影录》第9章，转引自陈崧，365—366页）这些章节最初发表于《晨报副刊》，1920年3月6日至8月17日。欧文·白璧德也提及了奥斯瓦尔德·斯宾格勒的书（《白璧德中西人文教育说》，4页）。

[2] 梅光迪，《评提倡新文化者》，2页。

因为他不是在辩驳西方理论是否能应用于中国文学，而是说人们熟悉的那个西方传统中没有证据支持文学进化论。他的批评直指当时欧美知识的主流模式，就此意义而言，这一批评在他身处的语境中，构成了有效的批评。他勇于针锋相对地反对多数人的意见，这一事实有力地证明了"五四"思想话语的异质性。梅光迪按照同样的游戏规则，通过吁请西方的权威打击提倡新文化者。然而，无论针对进化论、民主或是白话文学，他的批评由于明显没有反省自己吁请的权威之来源而受到很大程度的削弱。梅光迪在批判现代性时，拒绝处理帝国主义与欧美支配性这一棘手的问题，所以他在认同欧洲启蒙时代的保守阵线时，最终又坚持了现代性话语。此处暴露了梅氏政治表述的基本困境。一方面，他是发自内心地关注国粹、国族文学以及汉语文学的生死存亡。而另一方面，他的文化精英主义又使他无法感受到国粹理论与反抗外国宰制的民族主义斗争之间的逻辑关联，而晚清国粹运动的声势多基于此。在稍晚一篇文章里，梅光迪强调了一个民族对真正而且热诚之学者的极为紧迫的需要，这些学者必须被发动起来，"以拯国家，以殉真理"。[1] 由此可见，他受民族主义之激励而产生的对学术以及对文化精华的热情，不亚于早些时候国粹派的渴望。但与那些在国学与排满运动之间确立有意义之关联的前贤有所不同的是，梅光迪很难为自己的理论设置行之有效的基础，最终只能是一个未能如愿的爱国主义者。由于拒绝批判帝国主义，他也未能将自己的努力与当时的民族主义运动建立有意义的关联。

《学衡》派所想象的文化国粹以及全球人文主义的志业，显然低估了中西之间的历史冲突。按照吴宓的说法，由于一种伟大文明与另一种伟大文明的精粹是同构的（isomorphic），所以西化的志业不必与国粹的规划相抵牾。在《论新文化运动》一文中，吴宓解释道：

> 自光绪末年以还，国人忧国粹与欧化之冲突，以为欧化盛则

---

[1] 梅光迪，《论今日学术界之需要》，7页。

国粹亡。言新学者，则又谓须先灭绝国粹而后始可输入欧化。其实二说均非是。盖吾国言新学者，于西洋文明之精要，鲜有贯通而彻悟者。苟虚心多读书籍，深入幽探，则知西洋真正之文化与吾国之国粹，实多互相发明，互相裨益之处，甚可兼蓄并收，相得益彰。[1]

当吴宓展开自己的人文主义纲领时，他的国粹实际上是以西方为参照系。恰恰因为西方文明乃由古希腊传统与犹太教——基督教组成，所以中国必须保留其孔教人文主义与佛教思想。在此古典的—宗教的人文主义范式之外的任何流派，无论它是浪漫主义、现实主义、自然主义还是道教，非谬即"伪"。[2]人文主义所包含的是"the truth that is taught by the sage"（夫圣道者，圣人之道也）或是"ideal [men]"（出类拔萃之人，谓之圣人），而这些圣人是孔子、柏拉图、亚里士多德、耶稣和释迦。[3]

《学衡》派从一开始就拥抱着欧文·白璧德的人文主义思想。虽然这一思想导致他们批判中国与西方现代社会的罪恶，但也阻止他们去质疑恩师成问题的实践，因为白璧德普世的人文主义不仅仅试图在19世纪语文学研究成果的基础上，为现代欧美移植古希腊的文明，而且贸然以权威的口吻谈论着儒家思想。[4]将欧文·白璧德的声音如此译介给中国读者，他们进一步加强了，而不是动摇了主宰着"五四"的激进分子与进步的西方思想家之关系的权力话语。

毋庸赘言，国粹的倡导者遭到了新文化提倡者的有力抵抗。鲁迅、胡适、周作人、陈独秀等撰文尖锐批判了文化本质主义者的反

---

[1] 吴宓，6页。
[2] 同上书，14页。
[3] 同上书，23页。引号中的文字在吴宓的原文中即为英文。
[4] 1785—1985年间欧洲的文字学及其对古希腊文明的种族主义利用，对此问题的研究，见 Bernal, *Black Athena*；以及 Paliakov。

动意义。[1]举例说来,胡适在评论梁漱溟关于东方与西方的雄心勃勃的理论时,便批判梁对中国文化采用了一种整体化与非历史的看法。[2]梁氏断言,中国人是爱和平与中庸者,不践行物质至上主义,胡适不敢苟同,并引证了一夫多妻制、卖淫、纵酒与色情文学,来证明相反事实的存在。[3]

1920 年伯特兰·罗素到达北京,并公开发表演说,论及保存中国国粹的重要性,周作人对此如是回应:

> 罗素来华了,他第一场演说,是劝中国人要保重国粹,这必然很为中国的人上自遗老下至青年所欢迎。……我们看中国的国民性里,除了尊王攘夷,换一个名称便是复古排外的思想以外,实在没有什么特别可以保存的地方。……罗素初到中国,所以不大明白中国的内情,我希望他不久就会知道,中国的坏处多于好处,中国人有自大的性质,是称赞不得的。我们欢迎罗素的社会改造的意见,这是我们对于他的惟一的要求。[4]

周作人对中国国民性的诋毁,堪称新文化提倡者普遍立场的代表,这些人士坚决反对国粹说,并力图讲述一个迥然不同的有关国民性的故事。在以上有关罗素的引文中,周作人洞察到国粹说是如何由东西方共同书写的;但当周作人马上抬出同样成问题的国民性概念,以取代国粹时,这一洞察却又随即迷失了方向。

严格地讲,国民性与国粹的概念在发明"中国文学"(Chinese/national literature)的过程中,具有互补的作用,而"中国文学"正是由此而变成现代民族国家文化的重要组成部分。国粹派致力于按照历史

---

[1] 参见鲁迅,《随感录三十五》,在第二章有所讨论;周作人,《罗素与国粹》,收入《周作人代表作》;以及陈独秀,《学术与国粹》,收入《独秀文存》,545—546 页。
[2] 对梁漱溟的研究,见 Alitto。
[3] 胡适,《读梁漱溟先生的〈东西文化及其哲学〉》,收入《胡适文存》,2:72 页。
[4] 周作人,《罗素与国粹》,收入《周作人代表作》,9—10 页。该文最初用笔名仲密刊登在《晨报副刊》,1920 年 10 月 19 日。

的需要，不断地重新解释什么是中国的国粹，而国民性理论则通过强调现实主义，最终导致了一场文学运动，赋予小说以改良的功能。但是，《学衡》派与新文化提倡者在某些方面是共同的：他们都认为中国文学乃是其他国族文学中之一种，他们都为日益被外来的价值观所主宰的中国文学在世界的地位而感到焦虑，而且他们不得不同样面对这个矛盾：他们的自我界定源自于被译介的现代性。他们共享的终极目标与公开的对抗这二者之间的张力，时常模糊了现代知识的合法性的问题，而这一问题才是20世纪20—30年代有关中国文化与文学之大多数修辞的核心所在。

当《学衡》派和新文化运动人士争当中国文化独一无二的合法性声音，形成二虎相争的局面时，有一大块未经争辩（undisputed）的知识领域就被遮蔽了，而使相互竞争的话语以及这些话语的相互交战最初成为可能的正是这一不被争论的"灰色区"，也就是合法性问题之所在。这里的问题是，在民族国家和民族文化之名义下的中国文学，无论是儒家的经典还是白话文学，它应该如何被合法化。第二次国粹运动应被视为一场意义深远的国族建构志业，这一志业力图使国族政治与文学实践联合起来。就其本身而论，该运动与它那个摒弃传统的激进对手，其实共享着一个终极目标。然而这又恰恰是两个阵营无意相争之处（对我们来说，合法性问题变得极为重要）。究竟是什么构成了中国文化？谁代表它？谁又有资格去说，什么算中国的，而什么又不算中国的？虽然民国早期的争斗现在已然后退到历史遥远的地平线，但是，当种种耳熟能详的概念，如文化、民族国家、传统、现代性以及东西方等在"文化"生产的跨国模式中继续被唤起、重复、翻译、流转的时候，这些问题本身，仍旧顽固地同今天的世界滞留在一起。而中国文化只有在它与世界上的其他文化和其他历史的深刻关联中，才始获得它现代的特定含义。

附　录

　　词语和词语之间被假设的等值关系的构想（positing），是怎样表达语言和语言之间相互的可理解性（mutual intelligibility）或不可理解性的历史状况的？在常常自然化且固定化（reified）的翻译面前，我们如何对不同语言要素的等同过程给予历史的说明？本书描绘的跨语际的历史过程旨在表明，现代汉语的研究应该绝对关注可译性（translatability）的类型（人们现在视之为理所当然的），这些类型是19世纪以后，在汉语、现代日语以及欧洲语言之间建构起来的。不管是福是祸，外来词与新词已然如此深入地渗透到汉语以及其他亚洲语言之中，以至于驱逐这些"外来的"因素等于是要削弱主方语言本身的可理解性。后文的附录部分即尝试追溯并诠释近代以来汉语、日语和欧洲语言之间的往来"途径"（route）；此处提供的附录，是为了帮助读者重温这些语言之间所发生的（通常是偶然的）历史并对此有一些直观的体会，而这一历史性正是本书审视的内容。

　　正如我在导言一章提到的，语言学家们已然耗费心力，梳理现代汉语的外来词，尤其孜孜不倦于汉日与汉日欧的新词汇。综合此项工作大部分成果的《汉语外来词词典》（1985），可能是迄今为止出版的有关这一问题最全面的辞书。虽然该词典对过去和现在的汉语外来词作了有益的历史覆盖，但它极其简短的词源说明（正如马思尼已经指出的，许多说明明显有误），却无法解释进入现代汉语的不同类型的外来词所身处的特殊环境。在编纂附录的过程中，我遵循并拓展了高名凯和刘正埮在《现代汉语外来词研究》中所采用的分类系统。单独的词条共分七类，每一类分别阐明一种主要的外来词类型或者词源途径，现代的外来词与新词就是凭借这些途径驻足于汉语的。高刘二人最初的发现，由王立达、实藤惠秀、谭汝谦、柘丹卡·诺夫那（Zdenka Novotná）、关彩华、马思尼等人的研究予以补充。我也查阅了《汉语大词典》、《大汉和词典》、《中文大词典》、《辞源》以及马礼逊（Morrison）的《华英字典》（*Dictionary of the Chinese Language*，1815）等书。马礼逊的词典被除马思尼之外的其他学者所忽略，它出版于汉语和日语之间双程外来词大量兴起之前，而且，倘若与19世纪初的传教士汉语（missionary Chinese）译法一起观察，那么便可发现，这部词典举足轻重地阐明了日本在明治维新时代翻译欧洲文本时，日本人是如何使用"汉字"（kanji）译名的。

附录A主要取自马思尼近期出版的有关19世纪以来传教士引入的外来词与新词的专著，其他条目建立在高、刘的著作及其后继者的研究上。在决定哪些外来词该属于哪一个特定范畴时，特别是在编纂附录B和D的时候，我采用了"表意符合"（ideographic coincidence）的标准，而不是高、刘、马思尼等人采用的"语义等同"（semantic equation）的标准。"表意符合"，我指的是翻译过程中对已有汉字复合词的使用，而不问这个词在所谓的词义层面发生了什么。而"语义等同"却只能从一个棘手的问题开始，即，在日语使用古汉语复合词翻译欧洲语言的词语后，该古汉语复合词的词义是否已经改变——就好像不改变竟是一种可能。举例说来，"经济"（日语的 *keizai*；economy）一词通常被归入"源出现代日语的外来词"的范畴，因为这两个字组成的复合词的词义与其古汉语对应词的词义迥然不同。这里潜在的假设是，外来词可分为两类，一为"现代日语外来词"，这一类明指变化；另一类为"回归的书写形式借贷词（return graphic loans）"（即某些古代汉语复合词，日语用它们来翻译欧洲词语，后又被汉语重新输入），它展示的却是微乎其微的改变，或者干脆没有变化。

相比之下，"表意符合"关注的，并非这样一种有关词义有变化或者没有变化的武断结论。它关注的焦点乃是表意字符通过形形色色的亚洲语言的呈现方式,而不管这些表意字符在特定的语言环境是怎样发音或使用的——语音外来词(phonemic loans)作为一个例外的范畴,则很少(即使有的话)包含语义的翻译。(顺便提一句,这种考虑亦可用于朝鲜语和越南语类似的情境。)因此,凡是我能识别出外来词的古汉语来源时(其他学者将之归入原先的日语外来词的范畴),我便将该词归入"回归的书写形式借贷词"的范畴,并提供相关的词条说明以及古汉语文本的对比用法。(我并不排除如下的可能性,即一部分此类词语可能逃开了我的注意力。读者不妨比较一下附录 D 的 224 个词条,以及高、刘所列举的最初只有 68 条的古代"汉字"词语范畴。)

编纂附录的过程可谓辛苦有加,而我自己不得不花费大量时间尝试修正以往学者的技术性失误。我起初在编纂附录 D 时使用高、刘提供的古汉语来源,这里面有不少失误和不当之处。以双字复合词"权利"为例(附录 A)。为说明该词的古汉语用法,高、刘二人援引《史记》的一段文字,并指出该段文字出自子虚乌有的《灌夫传》的一节。(参见《汉书》的《窦田灌韩传》)《史记》所载灌夫的故事实际上收入《魏其武安侯列传》。高、刘在处理古汉语来源时另一个典型问题是,他们未能充分意识到变化的以及多义的词源发展。试举一例,"封建"一词(附录 D)在其被日语和汉语的翻译者等同于英语的"feudal"并成为现代汉语一个"返回的书写形式外来词"之前,便已经在古汉语文本中具有一个饶有趣味的词源学历史。高、刘二人径直提供了该词的一个定义,好像它只是在秦始皇之前使用着;然而,他们未能注意到该词自汉代以来的变化的用法。由于"封建"(feudal)一词恰好是现代跨语际历史中重要的翻译之一,而这些翻译围绕马克思主义对前资本主义亚细亚生产方式的诠释引发了许多论争,并因此而深刻地影响了这些社会认识自己过去的方式,所以该词的词源变化值得更深的研究,而不是孤立的词汇问题。

识别并证实古汉语来源这一难题,由于最新出版的《汉语大词典》而大大简化。我在编纂附录 A 和 D 时,从这部辞书汲取了许多有用的词源信息,而在此过程中,我也注意到甚至是这本权威的《汉语大词典》,也未能完全免除偶然的错误。附录 D 在说明"专制"一词的古代用法时,在"autocracy"词条下援引《左传》一段文字,有一句"何国之为",出自《昭公十九年》(同样用法亦见于《左传》其他地方,如《昭公十三年》)。《汉语大词典》误引为"何国为之"。我尽量减少上文所列的错误或不当的信息,虽然读者仍有可能发现我疏忽不查造成的问题。若要充分处理这一重要的话题,我们还须大耗时日与精力,其程度大大超出本书论题所提出的范围。

当决定如何增减某些现代外来词词条时,为求稳妥,我宁可采取保守姿态。与高、刘相似,我回避了科技术语,这些术语通常只在自身的专业领域(如化学或者医学)之内流通。提请读者注意的是,附录部分只是一个初步的统计,绝非已经穷尽所有。对现代汉语外来词更完整更系统的翔实研究尚付阙如,而有待来者。与本书作者不同的是,未来的学者将不必受缚于高、刘提出的最初的概念模式,而会为我们提供更富想像力的方式,来划分并诠释现代汉语的外来词。

最后,附录部分仅仅为双语读者而准备,而且需要读者对现代汉语和古代汉语皆有良好的知识背景,援引古汉语文本的原文,而不做翻译,并保留我的原始资料所提供的现代汉语的解释,是经过深思熟虑的决定,因为这些解释本身就是一种翻译,它提供了一种错综复杂的情境。不将这些段落译成英文,这一决定来自本书的理论冲动,也内在于跨文化翻译的困境:我们要么让一种语言替另一种语言说话,要么就干脆不去翻译。

附录 A　源自早期传教士汉译文本的新词及其流传途径

英语	汉字	汉语拼音	注释：出处与双程流传
acoustics	声学	shengxue	
air	空气	kongqi	经由日本的双程流传？参见古汉语用法：宋苏轼《龙虎铅汞论》："方调息时，则漱而烹之，须满而后咽。若未满，且留口中，候后次，仍以空气送至丹田，常以意养之。"道教谓元气，清气。
aerostat	气球飞车	qiqiu feiche	亦作 feiche 飞车。
airplane	飞机	feiji	
algebra	代数	daishu	经由日语 daisū 的双程流传？（附录中所有用罗马字母拼写的日语词一律为日语中汉字的发音）
auction	拍卖	paimai	
bank	银馆	yinguan	参见附录 B 来自日语的替代词 ginkō 银行。
battery	电池	dianchi	经由日语 denchi 的双程流传。
bicycle	自行车	zixingche	亦作 jiaotache 脚踏车。
blue book	蓝皮书	lanpishu	
botany	植物学	zhiwuxue	参见可供选择的日文译法 shokugaku 植学与音译词 botanika 菩多尼诃。
botanical garden	植物场	zhiwuchang	参见附录 B 来自日语的替代词 shokubutsuen 植物园。
brain	大脑	danao	参见下文的 xiaonao 小脑（the cerebellum）。
bread	面包	mianbao	
briefcase	手箱	shouxiang	
calculus	代微积	daiweiji	通过日语 sekibun 的双程流传，后来被 weijifen "微积分" 取代。请比较古汉语用法：一、《谷梁传·文公六年》："闰月者，附月之余日也，积分而成于月者也"，范宁注："积众月之余分，以成此月"，谓积累时差。二、《元史·选举志一》："泰定三年夏六月，更积分而为贡举，并依世祖旧制"，谓元、明、清三代国子监考核学生成绩，选拔人才之方法。

296

附录 A 源自早期传教士汉译文本的新词及其流传途径

carbon content	炭性	tanxing	
carpet	洋毯	yangtan	
cerebellum	小脑	xiaonao	参见 danao 大脑与 quantixue 全体学。
chemical element	原质	yuanzhi	参见附录 B 来自日语的替代词 genso 元素。
chemistry	化学	huaxue	
cold zone	冷带	lengdai	1602 年由利玛窦（Ricci）介绍，1623 年由艾儒略（Aleni）使用（Masini, p. 186）。参见附录 B 的 handai 寒带。
communication device	通信线机	tongxinxianji	
concrete	水泥	shuini	参见附录 B 日语也有的外来词 konkuriito 混凝土。
Congress	国会	guohui	或 zonghui 总会。"国会"一词也用来翻译英语"Parliament"。经由日语 kokkai 的双程流传？参见下文的 yiyuan 议院。
consumption	消流	xiaoliu	正如马礼逊（Morrison, 1815）所注释的。参见附录 B 的日语替代词 shōhi 消费。
court of law	法院	fayuan	参见附录 D 的 fating 法庭。
daily newspaper	日报	ribao	参见下文的 baozhi 报纸（newspaper）。使用该词来翻译这个英文短语的第一家报纸大概是 1864 年创办于香港的 Huaziribao《华字日报》（Masini, p. 193）。经由日语 nippō 的双程流传。参见古汉语用法。一、《汉书·食货志下》："夫事有召祸而法有起奸，今令细民人操造币之势，各隐屏而铸作，因欲禁其厚利微奸，虽鯨罪日报，其势不止"，谓每日审判定罪。二、清黄六鸿《福惠全书·钱谷·流水日报簿》："日报簿与日收簿，同时印发"，谓逐日呈报。
dance	跳舞	tiaowu	
debt	债欠	zhaiqian	参见附录 B 来自日语的替代词 saimu 债务。
democracy（早期，republican）	民主	minzhu	丁韪良（W. A. P. Martin）1864 年在其 Wanguo gongfa《万国公法》（Henry Wheaton 的 Elements of International Law 的中译本）当中，第一个用复合词"民主"将"republican"（form of government）翻译成词组 minzhuzhiguo 民主之国，以相对于"monarchic"（form of government）或 junzhu zhiguo 君主之国（参见 Masini, p. 189）。对"republican"的这种译法后来被回归的书写形式外来词 kyōwa 共和（附录 D）取代。按照实藤惠秀的说法，王芝在其 1872 年版《海客日谭》中，用"民主"一词来翻译"democracy"。而现代汉语中后来相同的译法的广泛流传，可归因于日语的 minshu。请比较下文的古汉语用法：《书·多方》："天惟时求民主，乃大降显

跨语际实践

English	中文	pinyin	注
			休命于成汤",谓民之主宰者,多指帝王或官吏。又见《左传·文公十七年》:"齐君之语偷。臧文仲有言曰:'民主偷必死'。"《文选·班固〈典引〉》:"肇命民主,五德初始",蔡邕注:"民主,天子也。"《资治通鉴·晋惠帝太安二年》:"昌遂据江夏,造妖言云:'当有圣人出为民主'。"
department store	大货铺	*dahuopu*	参见附录 B 的日语 *hyakkaten* 百货店。
Department of Foreign Affairs	外部	*waibu*	
divorce	离婚	*lihun*	参见 17 世纪的译法(艾儒略,1623):*xiang-xiuli* 相休离(Masini, p. 186)。
drain pipe (dragon mouth)	龙口	*longkou*	亦作 *longzui* 龙嘴。参见下文 "tap" 的译法 *longtou* 龙头(dragon head)。
duty, obligation	义务	*yiwu*	经由日语 *gimu* 的双程流传。参见汉徐干《中论·贵验》:"《诗》曰:'伐木丁丁,鸟鸣嘤嘤,出自幽谷,迁于乔木',言朋友之义务,在切直以升于善道者",谓合乎正道的事。
dynamic mechanics	动重学	*dongzhongxue*	后来被 *donglixue* 动力学取代。
economy	富国策	*fuguoce*	亦作 *fuguoxue* 富国学,*zishengxue* 资生学,*pingzhunxue* 平准学,等。严复在翻译西学文本时,用的是 *jixue* 计学。参见附录 F 的 *aikangnuomi*(*yikanglaomi*)爱康诺米(依康老米),以及附录 D 回归的书写形式外来词 *jingji* 经济(来自日语的替代词 *keizai*)。
elect election	选举	*xuanju*	亦作 *gongju* 公举;经由日语 *senkyo* 的双程流传。参见《文子·上义》:"仁义足以怀天下之民,事业足以当天下之急,选举足以得贤士之心,谋虑足以决轻重之权,此上义之道也",指选拔举用贤能。又见《后汉书·陈蕃传》:"自蕃为光禄勋,与五官中郎将黄琬共典选举,不偏权富,而为执家郎所潜诉,坐免归。"
electric bell	电线铃	*dianxianling*	亦作 *dianqiling* 电气铃;后来被 *dianling* 电铃取代。
electric cable	电缆	*dianlan*	
electric circuit	电路	*dianlu*	
electric lamp	电气灯	*dianqideng*	亦作 *qideng* 气灯?后来被 *diandeng* 电灯取代。
electric light	电气光	*dianqiguang*	
electric motor	电机	*dianji*	亦作 *dianqiji* 电气机。
electric pile?	电堆	*diandui*	
electric wire	电线	*dianxian*	亦作 *dianqixian* 电气线。

298

附录 A 源自早期传教士汉译文本的新词及其流传途径

electricity (the study of)	电学	*dianxue*	
electricity	电气	*dianqi*	亦作 *dian* 电。
elevator	自行屋	*zixingwu*	后来被 *dianti* 电梯取代。
empire	帝国	*diguo*	严复在翻译"empire"（1901–1902）时，用的是音译词 *yingbai'er* 英拜儿，并加注释解释道："近人译帝国"。（Masini，p. 168）然而不甚了了的是，"帝国"与"empire"等同起来究竟是最初见于传教士汉语的译法，还是经日语而进入汉语。参见宋周邦彦《看花回》词之二："雪飞帝国，人在云边心暗折"，指京都。
entomology	虫学	*chongxue*	
entrance	入口	*rukou*	早在 1844 年，即以 "import" 的含义使用；经由日语 *iriguchi* 的双程流传。参见下文的 *jinkou* 进口。
equation	方程	*fangcheng*	参见《九章算术·方程》：白尚恕注释："'方'即方形，'程'即表达相课的意思，或者是表达式……所谓'方程'即现今的增广矩阵"，今指含未知数的等式。亦见附录 B 的 *fangcheng shi* 方程式。
equator	赤道	*chidao*	17 世纪耶稣会新词：利玛窦，1602；艾儒略，1623。
Esperanto	万国新语	*wanguoxinyu*	参见附录 F 音位外来词 *Aisibunandu* 爱斯不难读，以及附录 B 来自日语的替代词 *sekaigo* 世界语。
evening newspaper	晚报	*wanbao*	
exhibition	博物会	*bowuhui*	亦译作 *xuanqihui* 炫奇会和 *saiqihui* 赛奇会。参见附录 B 的日语 *hakurankai* 博览会和 *tenrankai* 展览会。
experimental laboratory	试验场	*shiyanchang*	参见附录 B 的日语 *shikensho* 试验所。*shiyan* "试验"一词见于晋干宝《搜神记》卷十六："愿重启候，何惜不一试验之？"
export	出口	*chukou*	参见附录 B "exit" 的日语译法 *deguchi*。
extractor?	拔机	*baji*	
foreign language	洋语	*yangyu*	后作 *waiguo yu* 外国语和 *waiyu* 外语。
French communication wire	法通线	*fatongxian*	参见 *dianbao* 电报（telegraph）。
gas lamp	煤气灯	*meiqideng*	亦称 *zilaihuo* 自来火。参见下文的粤语替代词 *huochai* 火柴（matches）。
Gatling gun	藕心炮	*ouxinpao*	参见附录 F 的 *gelin pao* 格林炮。
geology (the study of)	地质学	*dizhixue*	亦作 *dixue* 地学。参见日语 *chishitsugaku*。经由日语 *chishitsu* 的双程流传。参见《易·坤》："六二，直方大"，三国魏王弼注："居中得正，极于地质，任其自然而物自生"，孔颖达疏："质为形质。地之形质，直方又大，此六二居中得正是尽极地之体质也。"

299

geometry	几何	jihe	
globe	地球	diqiu	17世纪耶稣会新词：利玛窦，1602。
goggles	风镜	fengjing	
governor	正统领	zhengtongling	后被 zhouzhang 州长取代。
guarantee	保障	baozhang	早在1830年代用来翻译"to guarantee"；经由日语 hoshō 的双程流传。参见一，《左传·定公十二年》："且成，孟氏之保障也。无成，是无孟氏也"，谓特以为保护障蔽者。二、清昭梿《啸亭杂录·宋金形势》："然建炎之初，河北尚为宋守，河南淮右坚城数十，自相保障"，谓保卫，保护。
handicrafts	手工	shougong	正如马礼逊（1815）所注释的。亦参见附录B来自日语的替代词 shukōgyō 手工业。参见《三国志·吴书·孙休传》："(孙) 谓先是科郡上手工千余人送建业"，谓工匠。
hospital	医院	yiyuan	19世纪初第一次用来翻译"hospital"。参见古汉语表达法 taiyiyuan 太医院"Imperial Academy of Medicine"。
hothouse greenhouse	暖房	nuanfang	参见附录B日语 onshō 温床（hotbed or breeding ground），以及附录D回归的书写形式外来词 wenshi 温室（greenhouse；日语 onshitsu）。
House of Commons	乡绅房	xiangshen fang	亦见附录F音译词 ganwen haosi 甘文好司。
House of Lords	爵房	juefang	亦见附录F的 lühaosi 律好司。
hydrant	水龙	shuilong	亦作 niuhou 牛喉。参见附录B日语语义外来词 shōkasen 消火栓。
hydraulics	水学	shuixue	
import	进口	jinkou	参见上文的 rukou 入口（entrance）。
independence	自主	zizhu	
information, signal	消息	xiaoxi	
international	万国	wanguo	1864年丁韪良在《万国公法》中用之来翻译英语"international"。后来被日语外来词 kokusai 国际（用于 kokusai kōhō 国际公法）所取代（附录B）。亦见附录F的音译 yingtenaxiongnaer 英特那雄那尔。
journalist	记者	jizhe	马礼逊早在1810年代即开始使用（Masini, p. 184）。后亦作 xinwenguan jizhe 新闻馆记者。
judgment, to judge	判断	panduan	派生词 panduanchu 判断处 1866年被用来翻译"British law court"（Masini, p. 191）。
jurist	公师	gongshi	后来被 falixuejia 法理学家所取代。
kerosene	煤油	meiyou	参见下文的 shiyou 石油。

附录 A　源自早期传教士汉译文本的新词及其流传途径

law	法律	*falü*	17 世纪被耶稣会传教士用来翻译"law"（艾儒略，1623）；1815 年马礼逊按此义加注；经由日语 *hōritsu* 的双程流传。参见古汉语用法：一、《庄子·徐无鬼》："法律之士广治。"又见《管子》："夫法者，所以兴功惧暴也，律者，所以定分止争也；令者，所以令人知事也。法律政令者，吏民规矩绳墨也。"指刑法，律令。二、明胡应麟《诗薮·古体上》："近体之攻，务先法律"，指诗文创作所依据的格式和规律。三、元吴昌龄《张天师》第四折："岂不知张真人法律精严，早仗剑都驱在五雷坛内，一个个供下状吐出真情"，指道行戒律。
law (the study of)	法学	*faxue*	经由日语 *hōgaku* 的双程流传。参见古汉语用法：一、《南史·范晔传》："晔性精微，有思致，触类多善，衣裳器服，莫不增损制度，世人皆法学之"，指效法。二、《南齐书·孔稚珪传》："寻古之名流，多有法学，故释之，定国，声光汉室，元常，文惠，绩映魏阁"，古指刑名，法治之学。
lawyer	律师	*lüshi*	亦作 *lüshi* 律士。参见古汉语用法：《涅槃经·金刚身品》："如是能知佛法所作。善能解说，是名律师"，指佛教称善解戒律者。参见附录 B 的日语 *bengoshi* 辩护士。
letter of credence	信凭	*xinping*	早在 1864 年被用来翻译这一英文词组。
life-belt	保险圈	*baoxianquan*	亦作 *jiumingquan* 救命圈。
literary subjects	文科	*wenke*	按照 Masini 的说法（p. 204），这一用法出现于 17 世纪耶稣会文本（艾儒略）中，19 世纪经由日语 *bunka* 的双程流传，与 like 理科或 shike 实科一起，重新使用。参见古汉语用法：唐刘禹锡《苏州谢上表》："谬以薄伎，三登文科"，指科举制时以经学考选文士之科。又见《旧五代史·选举志》："近代设文科，选胄子，所以纲维名教，崇树邦本也。"
literature	文学	*wenxue*	wenxue 文学与 "literature" 的等同过程可回溯到 17 世纪耶稣会的译法（艾儒略，1623）。这一复合词后来被 19 世纪的新教传教士使用以翻译现代英文词 "literature"，并经由日语 *bungaku* 的双程流传而播扬甚广（参见 Masini, p. 204）。请比较：一、《论语·先进》："文学·子游，子夏"，邢昺疏："若文章博学，则有子游，子夏二人也"，谓孔门四科之一。二、《韩非子·六反》："学道立方，离法之民也，而世尊之曰文学之士"，指儒家学说。三、南朝梁刘勰《文心雕

301

			龙·时序》：" 自献帝播迁，文学蓬转"，谓儒生，亦泛指有学问的人。四、北魏郦道元《水经注·江水一》："南岸道东，有文学。始文翁为蜀守，立讲堂作石室于南城"，谓学校，习儒之所。五、官名。汉代于州郡及王国置文学，或称文学掾，或称文学史，为后世教官所由来。
locomotive	汽车	qiche	亦作 xuhuoji 蓄火机。Qiche 汽车后被用来翻译"motor vehicle"。
Lower House	下房	xiafang	亦作 xiatang 下堂；后被 xiayiyuan 下议院取代。参见 yiyuan 议院（parliament）。
lunatic asylum	养疯院	yangfengyuan	亦作 fengrenyuan 疯人院。
magazine	杂志	zazhi	可能首次在《中外杂志》上使用，1862年由麦嘉温（John Macgowan）在上海出版，比 1867 年日本的 Seiyō zasshi《西洋杂志》提前几年（Masini, p. 216）。经由日语的双程流传。
manage, management	管理	guanli	正如马礼逊（1815）所注释的。后经由日语 kanri 的双程流传。在《圣武记》（1842）中，魏源写道"近日西洋英吉利，自称管理五印度"（England from the West has recently laid claims to the management of India）。参见明刘兑《娇红记》："去年听除回来，为见侄儿申纯在家管理事务，十分停当。"
master (degree)	硕士	shuoshi	经由日本的双程流传？参见《五代史·张居翰传》："前后左右者日益亲，则忠臣硕士日益疏"，谓品节卓著，学问渊博之士。
matches	火柴	huochai	这一粤语新词成功取代了官话中的 zilaihuo 自来火。
mechanics	力学	lixue	亦作 zhongxue 重学。按照 Masini 的说法（p. 187），lixue 力学一词可能经由丁韪良的《格物入门》（Introduction to Science, 1868）抵达日本，而且通过双程流传，它最终取代了可供选择的译法"重学"。
mediator	中保者	zhongbaozhe	《万国公法》（1864）中用来翻译英语"mediating power"。参见《说岳全传》第一回："〔师父〕逼他写卖华山文契，却是小青龙柴世荣，饿虎星郑子明做中保"，谓居中作保之人。
medicine	医学	yixue	17 世纪耶稣会传教士用来翻译"the study of medicine"；经由日语 igaku 的双程流传。参见《旧唐书·太宗本纪上》："（贞观三年）九月癸丑，诸州置医学"，谓古代培养医药人才的机构。亦作 yike（医科）。
meeting, assembly	会议	huiyi	早在1830年代就被用作名词，经由日语 kaigi 的双程流传？参见《史记·平津侯主父列传》："每朝会议，开陈其端，令人主自择，不肯面折庭争"。宋苏轼《东

302

附录 A 源自早期传教士汉译文本的新词及其流传途径

			坡志林·勃逊之》:"与勃逊之会议于颖,或言洛人善接花,岁出新枝,而菊品尤多"。又见清孔尚任《桃花扇·辞院》:"这等又会议不成,如何是好",谓聚会论议。
megaphone?	传声筒	*chuansheng tong*	亦作 *chuansheng zhi qi* 传声之器,*chuanshengqi* 传声器。参见 *anxiaoxi* 暗消息(secret informer?);*xiaoxi* 消息(information, signal)。
member, deputy	委员	*weiyuan*	经由日语 *iin* 的双程流传。
meridian of longitude	经线	*jingxian*	17 世纪新词(利玛窦,1620 以及艾儒略,1623)。见下文的 *weixian* 纬线。
microscope	显微镜	*xianweijing*	亦作 *dianqi guangshi xianweijing* 电气光视显微镜。
middle school	中学	*zhongxue*	亦作 *zhongxueguan* 中学馆。按照 Masini 的说法(p.219),"中学"一词短暂出现于 17 世纪(艾儒略,1623),后被 19 世纪的传教士汉语译法重新引入。经由日语 *chūgaku* 的双程流传。
montgolfier	天船	*tianchuan*	
museum	博物院	*bowuyuan*	亦作 *bolanyuan* 博览院;*bowuchang* 博物场。参见附录 B 来自日语的替代词 *hakubutsu kan* 博物馆。
natural science	博物	*bowu*	早在 19 世纪 50 年代就被用来翻译"natural science"。参见附录 B 来自日语的替代词"自然科学",以及附录 D 里"自然"和"科学"的回归的书写形式外来词。亦请比较《左传·昭公元年》:"晋侯闻子产之言,曰:博物君子也",谓通晓众物。汉桓宽《盐铁论·杂论》:"桑大夫据当世,合时变,推道术,尚权利,辟略小辩,虽非正法,然巨儒宿学,恶然大能自解,可谓博物通士也。"又见宋欧阳修《笔说·博物说》:"草木虫鱼,'诗'家自为一学,博物尤难"。
news	新闻	*xinwen*	1828 年付梓于马六甲的最早的传教士汉语杂志之一 *Tianxia xinwen*《天下新闻》,便使用该词翻译"news"。请比较:一、唐李咸用《春日喜逢乡人刘松》诗:"旧业久抛耕钓侣,新闻多说战争功",谓近日听来的事。二、宋苏轼《次韵高要令刘湜峡山寺见寄》:"新闻妙无多,旧学闲可束",指新知识。三、宋赵升《朝野类要·文书》:"朝报,日出事宜也。每日门下后省编定,请给事判报,方行下都进奏院报行天下。其有所谓内探,省探,衙探之类,皆衷私小报,率有漏泄之禁,故隐而号之曰新闻",指有别于正式朝报的小报。
newspaper	报纸	*baozhi*	亦作 *xinwenzhi* 新闻纸。参见《自作孽》:"乡里人家看报纸,大奇!大奇",谓邸报,朝报。

North Pole	北极	*beiji*	17世纪耶稣会新词：利玛窦，1602；艾儒略，1623。
parallel of latitude	纬线	*weixian*	17世纪新词（利玛窦，1602；与艾儒略，1623）。亦见上文的 *jingxian* 经线。
parliament	议院	*yiyuan*	经由日语 *giin* 的双程流传。亦作 *yizhengyuan* 议政院，*gongyitang* 公议堂，*gongyiting* 公议庭，*yishiting* 议事厅，*huitang* 会堂，*gonghui* 公会。参见附录B来自日语的替代词 *gikai* 议会以及附录F的音译词：*baliman/balimen* 巴厘满/巴力门。
parliament-ary official	绅士	*shenshi*	被日语外来词 *giin* 议员（附录B）取代，后被转而用来翻译"gentleman"（参见附录F）。
personal property	动物	*dongwu*	在《万国公法》中被用来翻译英语"personal property"（Masini, p. 170）。后来，出自日语的外来词 *dōsan* 动产（附录B）取代了这一译法，以避免与同形异义词"动物"（表示"animal"）混淆。
personal right	人之权利	*ren zhi quanli*	参见下文的 *quanli* 权利。
people's assembly	民间大会	*minjian dahui*	在丁韪良的《万国公法》中亦用来翻译"corporation"。
petroleum	石油	*shiyou*	亦作 *meiyou* 煤油换着用来翻译"kerosene"。参见宋沈括《梦溪笔谈·杂志一》："鄜延境内有石油，旧说高奴县出脂水，即此也"，又见明李时珍《本草纲目·石一·石脑油》："石油所出不一。国朝正德末年，嘉州开盐井，偶得油水，可以照夜，其光加倍。近复开出数井，官司主之，此亦石油，但出于井矣。"
photography	照像法	*zhaoxiangfa*	亦作 *yingxiang* 影像，*riying xiang* 日影像。参见附录D回归的书写形式外来词 *xiezhen* 写真。
photographic camera	照像镜	*zhaoxiang-jing*	亦作 *zhaoxiangqi* 照相器与 *shenjing* 神镜。
physics	物理	*wuli*	早在1634年即用来翻译"physics"，见于邓玉函（Johann Schreck）和王征的《奇器图说》；19世纪经由日语 *butsuri* 的双程流传。亦见附录E的日语外来词 *butsurigaku* 物理学。参见古汉语用法：一、《鹖冠子·王铁》："庞子曰：'愿闻其人情物理'"，谓事理。二、《周书·明帝纪》："天地有穷已，五常有推移，人安得常在，是以生而有死者，物理之必然"，谓常理、道理。
physiology; anatomy	全体	*quanti*	后来被回归的书写形式外来词 *seiri* 生理（附录D）取代，其情形一如 *quantixue* 全体学与其日语外来替代词 *seirigaku* 生理学（附录E）以及 *kaibōgaku* 解剖学（附录D）。参见古汉语用法：一、《释名·释饮食》："貊炙，全体炙之，各自以刀割，出于胡貊之为也"，又见清俞樾《茶香室续钞·天上

304

附录 A　源自早期传教士汉译文本的新词及其流传途径

			人》:"予亦曾见三人,一人全体,二半坐云",指整个身体。二、宋刘克庄《郊行》诗:"山晴全体出,树老半身枯",指事物的全部。
piano	洋琴	yangqin	后来被 gangqin 钢琴取代。
pistol	手枪	shouqiang	
plenipotentiary	全权	quanquan	
pneumatics	气学	qixue	
post office	邮局	youju	来自日语 yūsei 邮政的词语"邮政局"的缩写词。亦作 xinju 信局,gongxinju 公信局,dianqiju 电气局。参见日语 yūbinkyoku 邮便局。
post-stamp	邮票	youpiao	亦作 xiaopiao 小票与 longtou 龙头。
premier, prime mimister	总理	zongli	经由日语 sōri 的双程流传。在日语中,该词既被用来翻译"prime minister"(Sōri daijin 总理大臣),也被用来翻译"president"。参见古汉语用法:一、宋苏轼《德威堂铭》:"其总理庶务,酬酢事物,虽精练少年有不如",指全面管理。二、明刘若愚《酌中志·客魏始末纪略》:"谦于嘉靖四十一年选入,压升内官监总理",指总管某部门或事务的负责人。
president	统领	tongling	亦作 shouling 首领,zongtongling 总统领,dazongtong 大总统和 zongtong 总统(最后一个词可能是来自日语的回归的书写形式外来词)。参见附录 F 音译词:bolicitiande 伯力赐天德,bailixidun 佰理喜顿,bailixitiande 佰理玺天德。请比较古汉语:一、《后汉书·何进传》:"中官统领禁省,自古及今,汉家故事,不可废也",谓统率。二、军官名。宋清两代置。见《宋史·设职官志七》,《清史稿·职官志四》。
printer	印文机	yinwenji	
privilege	特权	tequan	1864 年丁韪良用之来解释"conditional or hypothetical rights"(偶有之特权),相对于"primitive or absolute rights"(自有之原权)(Masini, p. 199)。
propeller	荡机	dangji	
railway	铁路	tielu	见于郭实腊 K. F. A. Gützlaff,Maoyi tongzhi《贸易通志》(A general account of commerce,1840)。Masini(p. 200)令人信服地指出该汉语复合词是德语 Eisenbahn 的外来词译法(仿译词)。亦见 tiezhe 铁辙(现已过时)以及 tiedao 铁道;后者可能在 19 世纪 70 年代抵达日本(参见 tetsudō)。
real estate	植物	zhiwu	在《万国公法》中被用来翻译英语"real property",与"personal property"(dongwu 动物)相对(Masini, p. 218)。后来出自日语的外来词 fudōsan 不动产(附录

305

reasoning	推论道理	tuilun daoli	B）取代了这一译法，以避免与同形异义词"植物"（表示"plant"）混淆。正如马礼逊（1815）所注释的。参见附录 B 来自日语的替代词 suiron 推论。
residence	住所	zhusuo	正如马礼逊（1815）所注释的；经由日语 jūsho 的双程流传。参见《苏舜钦诗》："念君住所近不远"，泛言所居之处。
rifle	火枪	huoqiang	参见 dapenpao 大喷炮（air rifle?）。
right	权利	quanli	见于《万国公法》。早在 19 世纪 60 年代，被用来翻译"rights"；可能是经由日语 kenri 的双程流传。该译法清除了古汉语中该词与"权力"、"金钱"、"特权"相联系的否定性内涵。参见《史记·魏其武安侯列传》："陂池田园，宗族宾客为权利，横于颍川"，谓权势货财。
right of property	掌物之权	zhangwu zhi quan	参见附录 B 来自日语的替代词 sanken 产权。
rolling mill	轧机	zhaji	
school	学校	xuexiao	1623 年艾儒略用之描述欧洲的学校体制；是 19 世纪经由日语 gakkō 的双程流传，xuetang 学堂，xueshu 学塾以及 xueshe 学舍的替代词。参见《孟子·滕文公上》："设为庠，序，学，校以教之"。汉扬雄《官箴·博士箴》："国有学校，侯有泮宫"。宋欧阳修《议学状》："夫建学校以养贤，论材德而取士，此皆有国之本务。"
school for the mute	养哑院	yangyayuan	
sciences	理科	like	早在 17 世纪便有耶稣会传教士使用。19 世纪经由日语 rika 而重新使用。1896 年，梁启超解释了该词作为 gezhi 格致的含义（Masini，p. 186）。参见附录 D "science" 的汉语对应词 kexue 科学。
self-preservation	自护	zihu	
secret informer?	暗消息	an xiaoxi	现已过时。参见 xiaoxi 消息（information, signal）；chuan shengtong 传声筒（megaphone）。
semi-sovereign	半主	banzhu	后被 ban zhimindi 半殖民地取代。
sextant	量天尺	liangtianchi	
silvering (?)	银性	yinxing	
social intercourse	交际	jiaoji	起初于 19 世纪 60 年代用来翻译 "political relations"（Masini，p. 180）；经由双程流传，现在的译法与日语 kōsai 相联系。参见古汉语用法：一、《孟子·万章下》："敢问交际，何心也"，朱熹集注："际，接也。交际，谓人以礼仪币帛相交接也"。二、《魏书·尒朱荣传》："陛下登祚之始，人情未安，大兵交际，难可齐一"，犹会合。三、《乐府诗集·唐祭太社乐章·肃和》："九域底平，两仪交际"，谓融合感通。

附录 A　源自早期传教士汉译文本的新词及其流传途径

South Pole	南极	*nanji*	17 世纪耶稣会新词：利玛窦，1602；艾儒略，1623。
sovereignty	主权	*zhuquan*	见于《万国公法》。经由日语 *shuken* 的双程流传。参见古汉语用法：一、《管子·七臣七主》："藏竭则主权衰，法伤则奸门闿"，谓君主的权力。二、《资治通鉴·唐穆宗长庆三年》："上怜之，尽取弘（韩弘）财簿自阅视，凡中外主权，多纳弘货"，指有职权的官吏。
static mechanics	静重学	*jingzhongxue*	后被 *jinglixue* 静力学取代。参见 *dongzhongxue* 动重学与 *donglixue* 动力学。
station	站	*zhan*	早在 1866 年用来翻译 "railway station"。该词最初为来自蒙古语 *jam* 音译词，意思是军事要站（Masini，p. 216）。
steam boat	轮船	*lun chuan*	亦作 *an huo lunchuan* 暗火轮船，*huochuan* 火船，*huolun chuan* 火轮船；*huolunzhou* 火轮舟，*huoyanzhou* 火烟舟。参见附录 B 来自日语的另译 *kisen* 汽船。
steam engine	火轮机	*huolunji*	亦作 *huoji* 火机，*lunji* 轮机，*qiji* 汽机，*huolunjiqi* 火轮机器，*huolunqiju* 火轮器具。
steam pump	火轮取水具	*huolun qushuiju*	
stoker	司火食者	*sihuoshizhe*	
students studying abroad	洋学生 业童	*yangxuesheng yetong*	亦作 *chuyangxuesheng* 出洋学生。参见附录 B 来自日语的替代词 *ryūgakusei* 留学生。
substance	实体	*shiti*	正如马礼逊（1815）所注释的，经由日语 *jittai* 的双程流传。参见一、晋陆机《浮云赋》："有轻虚之艳象，无实体之真形"，指真实，具体的东西。二、南朝梁刘勰《文心雕龙·总术》："昔陆氏《文赋》，号为曲尽，然泛论纤悉，而实体未该"，谓要点。
tap（dragon head）	龙头	*longtou*	参见上文的 *longtou* 龙头（post-stamp）。
technology?	术学，艺学	*shuxue*，*yixue*	
telegram office	电报局	*dianbaoju*	参见 *dianqiju* 电气局（post office）。
telegraph, telegram	电报	*dianbao*	亦作 *dianjixin* 电机信；*dianliji* 电理机；*dianqibao* 电气报；*dianqixin* 电气信；*tongxianxin* 通线信，*xintongxian* 信通线。经由日语的双程流传。
temperate zone	温带	*wendai*	耶稣会传教士艾儒略引介，1623 年。
textile machine	织机	*zhiji*	
thermal level（?）	火性	*huoxing*	
thermo-dynamics	火学	*huoxue*	被 *relixue* 热力学取代。
tonnage	邅船	*dunchuan*	参见附录 F 的 *dun* 邅或吨。

307

tropical zone	热带	*redai*	1602年由利玛窦引介，1623年由艾儒略使用（Masini, p. 193）。
trade	交易	*jiaoyi*	《海国图志》（1844）中用来翻译"trade"。Masini（p. 181）指出，艾儒略早在1623年便采用了该译法。严复将该词解释为谓相易以物者（1901—1902）。参见日语 *kōeki* 与古汉语用法：一、《易·系辞下》："日中为市，致天下之民，聚天下之货，交易而退，各得其所"，谓物物交换，后多指做买卖，贸易。二、《公羊传·宣公十二年》："君之不令臣交易为言"，犹往来。三、《后汉书·朱浮传》："帝以二千石长吏多不胜任，时有纤微之过者，必见斥罢，交易纷扰，百姓不宁"，指官吏的更换。
train	火车	*huoche*	早在1840年代便已使用；亦作火轮车。
train ticket	车票	*chepiao*	
underground	地内 火轮车	*dinei huolunche*	亦作 *dixia huolun chelu* 地下火轮车路；现在被 *ditie* 地铁取代。
university	大学	*daxue*	亦作 *dashuyuan* 大书院，*daxue guan* 大学馆，*daxue gongtang* 大学公堂，*daxuetang* 大学堂，*wenxueguan* 文学馆等；经由日语 *daigaku* 的双程流传。按照 Masini 的说法（p. 164），*daxue* 大学乃由耶稣会传教士首次用来翻译"university"（艾儒略，1623）。
Upper House	上房	*shangfang*	亦作 *shanghuitang* 上会堂与 *shangtang* 上堂；后被日语双程外来词译法 *shangyiyuan* 上议院取代。参见附录B的 *giin* 议院（parliament）。
zoological garden	动物院	*dongwuyuan*	亦作 *wanshouyuan* 万兽园和 *wanshengyuan* 万生园。参见附录B来自日语的替代词 *dōbutsuen* 动物园。

附录 B　现代汉语的中—日—欧借贷词*

英语	日语拼音	汉字	汉语拼音
abstract	*chūshō*	抽象	*chouxiang*
academic association	*gakkai*	学会	*xuehui*
active service, duty	*gen'eki*	现役	*xianyi*
adjust, adjustment	*chōsei*	调整	*tiaozheng*
admission ticket	*nyūjōken*	入场券	*ruchangquan*
advertisement	*kōkoku*	广告	*guanggao*
affirmative	*kōtei*	肯定	*kending*
agreement, accord	*kyōtei*	协定	*xieding*
agricultural product	*nōsanbutsu*	农产物	*nongchan wu*
agriculture	*nōgaku*	农学	*nongxue*
aim, objective	*mokuteki*	目的	*mudi*
air raid alarm	*kūshū keihō*	空袭警报	*kongxi jingbao*
air raid drill	*bōkū enshū*	防空演习	*fangkong yanxi*
aircraft carrier	*kōkū bokan*	航空母舰	*hangkong mujian*
airspace	*ryōkū*	领空	*lingkong*
appear in court	*shuttei*	出庭	*chuting*
approval, adoption of a resolution	*kaketsu*	可决	*kejue*
aqueous rock	*suiseigan*	水成岩	*shuicheng yan*
arbitration	*chūsai*	仲裁	*zhongcai*
arc light, arc	*kokō*	弧光**	*huguang*
artery	*dōmyaku*	动脉	*dongmai*
asphalt	*rekisei*	沥青	*liqing*
association	*kyōkai*	协会	*xiehui*
association, union	*kumiai*	组合	*zuhe*
assumption, supposition	*katei*	假定	*jiading*

---

* 该类别相当于高名凯、刘正埮以及其他的语言学家所说的"来自现代日语的外来词"。它由"汉字"词语组成，乃由日语使用汉字来翻译欧洲词语（特别是英语词语）时所创造。

** 参见"arc"，在马礼逊那里（1815）被注释为"弧"。

English	Japanese	Chinese	Pinyin
atom	genshi	原子	yuanzi
background	haikei	背景	beijing
bank	ginkō	银行	yinhang
basic criterion	kijun	基准	jizhun
belligerent (party, group)	kōsen dantai	交战团体	jiaozhan tuanti
bicotyledous	sōshiyō	双子叶	shuangzi ye
bill, measure	gian	议案	yi'an
biology	seibutsugaku	生物学	shengwuxue
blackout	tōka kansei	灯火管制	denghuo guanzhi
book series	bunko	文库	wenku
botanical garden	shokubutsuen	植物园	zhiwuyuan
broad sense	kōgi	广义	guangyi
broadcast	hōsō	放送	fangsong
business trip	shutchō	出张	chuzhang
cadre	kanbu	干部	ganbu
cancer	gan	癌	ai
capitalist	shihonka	资本家	ziben jia
cartoon, comic book	manga	漫画	manhua
case, legal case, measure	hōan	法案	fa'an
cash, specie	genkin	现金*	xianjin
category	hanchū	范畴	fanchou
cell	saibō	细胞	xibao
chamber of commerce	shōkai	商会	shanghui
characteristic	tokuchō	特征	tezheng
circulating assets	ryūtsū shihon	流通资本	liutong ziben
civil code, civil law	minpō	民法	minfa
civil engineering	doboku kōji	土木工事	tumu gongshi
civil rights	minken	民权	minquan
climax, high tide	takashio	高潮	gaochao
club	kurabu	俱乐部	julebu
cold current	kanryū	寒流	hanliu
cold zone	kantai	寒带**	handai
collaboration	bōshō	旁证	pangzheng
collection	kaishū	回收	huishou
commerce, trade	shōgyō	商业	shangye
common sense	jōshiki	常识	changshi
communize	kyōsan	共产	gongchan
company	kaisha	会社***	huishe
compendium	taikei	大系	daxi
complication (medical)	heihatsushō	并发症	bingfa zheng
component, ingredient	seibun	成分	chengfen

---

* 参见马礼逊（1815）注释"现银子"。

** 参见附录 A 的 *lengdai* 冷带。

*** 参见附录 A 的 *gongsi* 公司。

English	Japanese	Chinese	Pinyin
concentration	shūchū	集中	jizhong
concept	gainen	概念	gainian
conclusion	ketsuron	结论	jielun
concrete	konkuriito	混凝土	hunning tu
condition, control	seiyaku	制约	zhiyue
conductor	dōtai	导体	daoti
conference, deliberation	kyōgi	协议	xieyi
connection, contact	renkei	连系（联系）	lianxi
constitutional government	kensei	宪政	xianzheng
construct, architecture	kenchiku	建筑	jianzhu
consumer	shōhisha	消费者	xiaofei zhe
consumption, spending	shōhi	消费	xiaofei
contract, exclusive arrangement	tokuyaku	特约	teyue
contrast, comparison	taihi	对比 *	duibi
control	kansei	管制	guanzhi
conversation	kaidan	会谈	huitan
copy right	hanken	板权，版权	banquan
corporation, association	shadan	社团	shetuan
course of lectures	kōza	讲座	jiangzuo
credit	saiken	债权	zhaiquan
creditor	kashikata	贷方**	daifang
crop, plant	nōsakubutsu	农作物	nongzuowu
cryptogam	inkashokubutsu	隐花植物	yinhua zhiwu
cycle	shūha	周波	zhoubo
debt	saimu	债务	zhaiwu
debtor	karikata	借方	jiefang
decision, judgment	dantei	断定	duanding
declaration of war	sensen	宣战	xuanzhan
decorative pattern	zuanga	图案画	tu'an hua
defect, flaw	ketten	欠点	qiandian
definition	teigi	定义	dingyi
deflation	tsūka shūshuku	通货收缩	tonghuo shousuo
degree (academic)	gakui	学位	xuewei
demobilization	fukuin	复员	fuyuan
denial	hinin	否认	fouren
department store	hyakkaten	百货店***	baihuo dian
designation, number	bangō	番号	fanhao
detective, spy	teitan	侦探	zhentan
	tantei	探侦	tanzhen
detector	kempaki	检波器	jianbo qi
development, progress	shinten	进展	jinzhan
dialectics	benshō	辩证	bianzheng
direct	chokusetsu	直接	zhijie

---

* 参见马礼逊（1815）注释"放在相对且比较"。

** 参见马礼逊（1815）注释"债主"。

*** 附录 A 为 *dahuopu* 大货铺。

direct current (DC)	chokuryū	直流	zhiliu
disinfection, sterilization	shōdoku	消毒	xiaodu
dispatch, send	haken	派遣	paiqian
distillation	jōryū	蒸馏	zhengliu
duet	nijūsō	二重奏	erchong zou
economic panic	keizai kyōkō	经济恐慌	jingji konghuang
efficiency	kōritsu	效率	xiaolü
electric industry	dengyō	电业	dianye
electrical conductor	dendōtai	电导体	diandaoti
electrical current	denryū	电流	dianliu
electrical switch	haidenban	配电盘	peidian pan
electromagnetic wave	dempa	电波	dianbo
electron, electronics	denshi	电子	dianzi
element	genso	元素	yuansu
employee	koin	雇员	guyuan
endocrine	naibunpitsu	内分泌	neifenmi
engineering (the study of)	kōka	工科*	gongke
ensure, guarantee	kakuho	确保	quebao
enterprise	kigyō	企业	qiye
epidemic, infectious disease	densenbyō	传染病	chuanran bing
equality	heiken	平权	pingquan
equation	hōteishiki	方程式**	fangchengshi
Esperanto	sekaigo	世界语	shijieyu
estimate	gaisan	概算	gaisuan
evaporation	jōhatsu	蒸发	zhengfa
evolution	shinka	进化	jinhua
exchange value	kōkan kachi	交换价值	jiaohuan jiazhi
exemplar	tenkei	典型	dianxing
exemption, remission	menjo	免除	mianchu
exercise, gymnastics	taisō	体操	ticao
exhibition	tenrankai	展览会	zhanlanhui
exit	deguchi	出口	chukou
exocrine	gaibunpitsu	外分泌	waifenmi
experimental laboratory	shikensho	试验所***	shiyansuo
explanation	setsumei	说明	shuoming
externality	gaizai	外在	waizai
extra (of a newspaper)	gōgai	号外	haowai
extradite	hikiwatashi	引渡	yindu
extraterritoriality	chigaihōken	治外法权	zhiwai faquan
extreme	kyokutan	极端	jiduan
facilitate	sokusei	促成	cucheng
factory	kōshō	工厂	gongchang

* 参见附录 A 的 *wenke* 文科与 *like* 理科。
** 参见附录 A 的 *fangcheng* 方程。
*** 参见附录 A 的 *shiyanchang* 试验场。

附录 B 现代汉语的中—日—欧借贷词

fair, exposition	hakurankai	博览会 *	bolan hui
farm	nōjō	农场	nongchang
fiber, staple	sen'i	纤维	xianwei
field, domain	ryōiki	领域	lingyu
finance	zaisei	财政	caizheng
finances	zaimu	财务	caiwu
fine arts	bijutsu	美术 **	meishu
fire extinguisher	shōkaki	消火器	xiaohuo qi
fire hydrant	shōkasen	消火栓	xiaohuo shuan
firefighting	shōbō	消防	xiaofang
fixed assets	fuhen shihon,	不变资本,	bubian ziben,
	kotei shihon	固定资本	guding ziben
flu (influenza)	ryūkan	流感	liugan
fluid	ryūtai	流体	liuti
foot (measure)	shaku	呎 ***	chi
forum, criticism	rondan	论坛	luntan
fossil	kaseki	化石 ****	huashi
foundation (organization)	zaidan	财团	caituan
function, property	seinō	性能	xingneng
fuse	dōkasen	导火线	daohuoxian
gas	gasu	瓦斯 *****	wasi
	kitai	气体	qiti
general mobilization	sōdōin	总动员	zongdong yuan
glossy (paper)	katazuya	片艳（纸）	pianyan
goods, merchandise	shōhin	商品	shangpin
groundwater	chikasui	地下水	dixia shui
guarantee, assurance	hoshō	保证	baozheng
guerrilla group	yūgekitai	游击队 ******	youjidui
guerrilla warfare	yūgekisen	游击战	youjizhan
hand grenade	shuryūdan (teryūdan)	手榴弹	shouliu dan
handicrafts	shukōgyō	手工业 *******	shougongye
hardening of arteries	dōmyakukōka	动脉硬化	dongmai yinghua
head, chief	shunin	主任	zhuren
heavy industry	jūkōgyō	重工业	zhonggongye
hemoglobin	kesshikiso	血色素	xuese su
high pressure/voltage	kōatsu	高压	gaoya
high temperature	kōon	高温	gaowen

* 参见附录 A 的 bowuhui 博物会, xuanqihui 炫奇会, saiqihui 赛奇会等。
** 参见附录 D 的 yishu 艺术。
*** 参见附录 F 的 futuo 幅脱。
**** 张德彝在《航海述奇》（1866）中用 hua wei shi 化为石一词，表示他曾在瑞典一家博物馆看到的化石（Masini, p. 177）。
***** 日语里面，"瓦斯"是 1822 年开始使用的来自荷兰语的音译词。亦见附录 F 的汉语音译词 jiasi 加斯。
****** 参见附录 D 的 youji 游击。
******* 参见附录 A 的 shougong 手工。

high-frequency	kōshūha	高周波	gaozhou bo
hotbed, breeding ground	onshō	温床	wenchuang
huge sum	kyogaku	巨额	ju'e
hygiene, sanitation	eisei	卫生	weisheng
hypnotism	saiminjutsu	催眠术	cuimian shu
idea, doctrine	rinen	理念	linian
ideal	risō	理想	lixiang
ideology	ishiki keitai	意识形态	yishi xingtai
igneous	kaseigan	火成岩	huocheng yan
imaginary, hypothetical	kasō	假想	jiaxiang
immanence, inherence	naizai	内在	neizai
immediate decision	sokketsu	即决	jijue
imported goods	hakuraihin	舶来品	bolaipin
improvement	kaishin	改进	gaijin
inch	sun	吋	cun
income tax	shotokuzei	所得税	suode shui
incorporated foundation	zaidan hōjin	财团法人	caituan faren
index number	shisū	指数	zhishu
indirect	kansetsu	间接	jianjie
individual	kotai	个体*	geti
induction	kinō	归纳	guina
industry	kōgyō	工业	gongye
inferiority	ressei	劣势	lieshi
inflation	tsūka bōchō	通货膨胀	tonghuo pengzhang
information, intelligence	jōhō	情报	qingbao
initiative, leadership	shudō	主动	zhudong
inorganic	muki	无机	wuji
inspect, inspection	kensa	检查	jiancha
instructor	kyōin	教员	jiaoyuan
intellectual trend	shichō	思潮	sichao
international	kokusai	国际	guoji
international law	kokusai kōhō	国际公法**	guoji gongfa
intuition	chokkaku	直觉	zhijue
investment	tōshi	投资	touzi
journalist, reporter	shimbun kisha	新闻记者***	xinwen jizhe
judgment, expert opinion	kantei	鉴定	jianding
judicial officer	hōjin	法人	faren
key point	yōshō	要冲	yaochong
kindergarten	yōchien	幼稚园	youzhiyuan
labor organization	rōdō kumiai	劳动组合	laodong zuhe
law department	hōka	法科	fake

---

   * 参见附录 D 的 *geren* 个人与附录 C 的 *gebie* 个别。
  ** 参见附录 A 的 *wanguo gongfa* 万国公法。
 *** 参见附录 A 的 *jizhe* 记者与 *xinwenguan jizhe* 新闻馆记者。

附录 B　现代汉语的中—日—欧借贷词

lawyer	bengoshi	辩护士*	bianhu shi
lecture, address	kōen	讲演	jiangyan
left wing	sayoku	左翼	zuoyi
legal, statutory	hōtei	法定	fading
library	toshokan	图书馆**	tushuguan
license, permit	menkyo	免许	mianxu
light industry	keikōgyō	轻工业	qing gongye
limitation	kyokugen	局限	juxian
liquid	ekitai	液体	yeti
liquid assets	kahen shihon	可变资本	kebian ziben
long-wave	chōha	长波	changbo
look forward, long	akogare	憧憬	chongjing
low frequency	teishūha	低周波	dizhou bo
low pressure/voltage	teiatsu	低压	diya
low temperature	teion	低温	diwen
low tide, nadir	teichō	低潮	dichao
lymph	rinpa	淋巴	linba
magnate, tycoon	kyotō	巨头	jutou
maritime affairs	kaiji	海事	haishi
match	taiō	对应	duiying
means of production	seisan shudan	生产手段	shengchan-shouduan
means, material, data	shiryō	资料	ziliao
meeting, gathering	shūgō	集合	jihe
member, membership	kaiin	会员	huiyuan
meter	metoru	米	mi
microbe	biseibutsu	微生物	weishengwu
military affairs	heiji	兵事***	bingshi
military alliance	kōshu dōmei	攻守同盟	gongshou tongmeng
military supplies	gunjuhin	军需品	junxu pin
miniature	kogata	小型	xiaoxing
mobilization	dōin	动员	dongyuan
modern	gendai	现代****	xiandai
molecule	bunshi	分子	fenzi
monocotyledous	tanshiyō	单子叶	danzi ye
monopoly	senbai	专卖	zhuanmai
monosodium glutamate	aji no moto	味之素	wei zhi su
most-favored nation	saikeikoku	最惠国	zuihui guo
motion	dōgi	动议	dongyi
motive	dōki	动机	dongji
movement	dōtai	动态	dongtai
moving body	dōtai	动体	dongti

---

* 参见附录 A 的 *lüshi* 律师和 *lüshi* 律士。

** 按照 Masini 的说法（P. 201），传教士李提摩太（T. Richard）在其《新学八章》（1889）一文中使用了 *tushuguan* 图书馆一词，该文付梓于他旅日之后。

*** 参见附录 D 的 *junshi* 军事（日语：*gunji*）。

**** 参见附录 F 的音译词 *modeng* 摩登。

museum	*hakubutsukan*	博物馆 *	*bowuguan*
narrow sense	*kyōgi*	狭义	*xiayi*
nation, race	*minzoku*	民族	*minzu*
national character	*kokuminsei*	国民性	*guomin xing*
national essence	*kokusui*	国粹	*guocui*
national soul	*kunidamashii*	国魂	*guohun*
natural science	*shizen kagaku*	自然科学	*ziran kexue*
natural selection	*shizen tōta*	自然淘汰	*ziran taotai*
naval cruiser	*jun'yōkan*	巡洋舰	*xunyangjian*
naval destroyer	*kuchikukan*	驱逐舰	*quzhujian*
negate, negation	*hitei*	否定	*fouding*
negative pole, cathode	*inkyoku*	阴极	*yinji*
negative, negativity	*shōkyoku*	消极	*xiaoji*
negotiation	*danpan*	谈判	*tanpan*
nervous	*kinchō*	紧张	*jinzhang*
neurasthenia	*shinkei suijaku*	神经衰弱	*shenjing shuairuo*
neuroticism	*shinkei kabin*	神经过敏	*shenjing guomin*
noncombatant	*hisendōin*	非战动员	*feizhan dong yuan*
nonmetallic	*hikinzoku*	非金属	*fei jinshu*
notary	*kōshōnin*	公证人	*gongzheng ren*
nutrition	*eiyō*	营养	*yingyang*
object	*kakutai*	客体	*keti*
object	*mokutekibutsu*	目的物	*mudi wu*
object	*taishō*	对象	*duixiang*
objectivity	*kyakkan*	客观	*keguan*
offer, proffer	*teikyō*	提供	*tigong*
oligarchy	*katōseiji*	寡头政治	*guatou zhengzhi*
ordinary	*futsū*	普通	*putong*
organic	*yūki*	有机	*youji*
organization	*dantai*	团体	*tuanti*
outline	*gairon*	概论	*gailun*
ownership	*shoyūken*	所有权	*suoyou quan*
parliament	*gikai*	议会**	*yihui*
parliamentary official	*giin*	议员	*yiyuan*
parole	*karishaku*	假释	*jiashi*
passenger	*jōkyaku*	乘客	*chengke*
passive	*hidō*	被动	*beidong*
peasant-worker government	*rōnō seifu*	劳农政府	*laonong zhengfu*
pedagogy	*kyōikugaku*	教育学	*jiaoyuxue*
period, periodic time	*shūki*	周期	*zhouqi*
period of effect (-iveness)	*jikō*	时效	*shixiao*
persecution	*hakugai*	迫害	*pohai*

* 参见附录 A 的 *bowuyuan* 博物院, *bowuchang* 博物场, *bolanyuan* 博览院。
** 参见附录 A 的 *yiyuan* 议院, 以及附录 F 的 *baliman* 巴厘满等。

personal property	dōsan	动产*	dongchan
personality	jinkaku	人格	renge
petition	seigan	请愿	qingyuan
phanerogam (flowering plant)	kenkashokubutsu	显花植物	xianhua zhiwu
philosophy	tetsugaku	哲学	zhexue
plan, program	hōan	方案	fang'an
plant diseases and insect pests	byōchūgai	病虫害	bingchong hai
play an instrument	ensō	演奏	yanzou
playing fields	undōjō	运动场	yundong chang
plutocracy, industrial conglomerate	zaibatsu	财阀	caifa
polemic	ronsen	论战	lunzhan
policy	seisaku	政策	zhengce
political party	seitō	政党	zhengdang
politics (the study of)	seijigaku	政治学**	zhengzhixue
positive	sekkyoku	积极	jiji
positive pole, anode	yōkyoku	阳极	yangji
potato	bareisho	马铃薯	malingshu
premise	zentei	前提	qianti
preparatory school	yobikō	预备校	yubei xiao
principle	gensoku	原则	yuanze
principle, theory	genri	原理	yuanli
printed matter	insatsuhin	印刷品	yinshua pin
	insatsubutsu	印刷物	yinshua wu
proletarian	rōdōsha	劳动者	laodongzhe
promotion	sokushin	促进	cujin
proposal, proposition	teian	提案	ti'an
prostate gland	setsugosen	摄护腺	shehu xian
psychology	shinreigaku	心灵学	xinlingxue
	shinrigaku	心理学***	xinlixue
public debt	kōsai	公债	gongzhai
public, open	kōkai	公开	gongkai
publish, issue	shuppan	出版	chuban
published material	shuppanbutsu	出版物	chuban wu
quality, mass (physics)	shitsuryō	质量	zhiliang
quantity	suryō	数量	shuliang
quantum	ryōshi	量子	liangzi
quota	teigaku	定额	ding'e
race	shuzoku	种族	zhongzu
radiation	hōsha	放射	fangshe
rambling chat	mandan	漫谈	mantan
random notes	manpitsu	漫笔	manbi
rate of progress	shindo	进度	jindu
rationing, distribution	haikyū	配给	peiji

* 参见附录 A 的 *dongwu* 动物。
** 参见附录 D 的 *zhengzhi* 政治。
*** 参见附录 D 的 *xinli* 心理。

English	Japanese	Chinese	Pinyin
real estate	fudōsan	不动产*	budong chan
reality	genjitsu	现实	xianshi
reasoning	suiron	推论**	tuilun
reciprocity	gokei	互惠	huhui
recognition, admission	shōnin	承认	chengren
reconnaissance, reconnoiter, scouting	teisatsu	侦察	zhencha
reduce, retrench	kinshuku	紧缩	jinsuo
reference book	sankōsho	参考书	cankao shu
reflection	hansha	反射	fanshe
reflection	han'ei	反映***	fanying
reform	kairyō	改良	gailiang
refrigeration	reizōko	冷藏库	lengcang ku
regular army	jobi-hei	常备兵	changbeibing
regulate, regulation	chōsetsu	调节	tiaojie
rejection	hiketsu	否决	foujue
relations of production	seisan kankei	生产关系	shengchan guanxi
report	hōkoku	报告	baogao
representative	daigenjin	代言人	daiyan ren
retarded child	teinōji	低能儿	dineng'er
right wing	uyoku	右翼	youyi
rupture	dankō	断交	duanjiao
safe, depository	kinko	金库	jinku
school age	gakurei	学龄	xueling
school master	kōchō	校长	xiaozhang
script	kyakuhon	脚本	jiaoben
secession	dattō	脱党	tuodang
second supporting troops	kōbi-hei	后备兵	houbeibing
securities (financial), fixed assets	kotei shihon	固定资本	guding ziben
securities, negotiable instruments	yūkashōken	有价证券	youjia zhengquan
see off	kansō	欢送	huansong
semester	gakki	学期	xueqi
sewer	gesuidō	下水道	xia shuidao
shortwave	tanpa	短波	duanbo
signal	shingō	信号	xinhao
silencer, muffler	shōonki	消音器	xiaoyin qi
slide	gentō	幻灯	huandeng
soda	sōda	曹达****	caoda
solid	kotai	固体	guti
solution (to a mathematical problem), quotient	tokusū	得数	deshu

* 参见附录 A 的 *zhiwu* 植物。
** 参见附录 A 的传教士汉语义译法 *tuilun daoli* 推论道理。
*** 参见马礼逊（1815）注释"反照"。
**** 参见附录 F 的 *suda* 蔬打与苏达。*Sōda* 曹达是来自荷兰语的日语音译词（Masini, p. 162）。

附录 B　现代汉语的中—日—欧借贷词

space, room	kūkan	空间	kongjian
special agent	tokumu	特务	tewu
special permission	tokkyo	特许	texu
sports, physical education	tai'iku	体育	tiyu
spy	kanchō	间谍	jiandie
staff, personnel	shokuin	职员	zhiyuan
standard, criterion	kihan	规范	guifan
standard-bearer	kishu	旗手	qishou
standing army	jōbihei	常备兵	changbei bing
standpoint	tachiba	立场	lichang
static, stationary	seitai	静态	jingtai
steamboat	kisen	汽船	qichuan
stencil, mimeograph	tōshaban	誊写板	tengxie ban
storage battery	chikudenchi	蓄电池	xu dianchi
store	shōten	商店	shangdian
storm troops	totsugekitai	突击队	tujidui
strike, walkout	dōmei hikō	同盟罢工	tongmeng bagong
struggle	tōsō	斗争	douzheng
students studying abroad	ryūgakusei	留学生*	liuxuesheng
subjectivity	shukan	主观	zhuguan
sublation (aufheben)	yōki	扬弃**	yangqi
sue, bring a case to court	shusso	出诉	chusu
sum, amount	kingaku	金额	jin'e
summary	gaikatsu	概括	gaikuo
summons, voucher	denpyō	传票	chuanpiao
sunlamp	taiyō tō	太阳灯	taiyang deng
superiority	yūsei	优势	youshi
supporting troops	yobieki	预备役	yubeiyi
surface water	chijōsui	地上水	dishang shui
symbol	shōchō	象征	xiangzheng
symmetry	taishō	对称	duicheng
sympathetic nerve	kōkan shinkei	交感神经	jiaogan shenjing
symphony	kōkyōgaku	交响乐	jiaoxiang yue
syncope, suspended animation	kashi	假死	jiasi
synthesis	sōgō	综合	zonghe
system	keitō	系统	xitong
tear gas shell	sairuidan	催泪弹	cuilei dan
technician	gishi	技师	jishi
telegraph, cable	denshin	电信***	dianxin
telegraph machine	denshinki	电信机	dianxinji

---

*　参见附录 A 的 *yangxueye shengtong* 洋学业生童，以及 *chuyang xuesheng* 出洋学生。
**　参见附录 F 的音译词 *aofuhebian* 奥伏赫变。
***　参见附录 A 的 *dianbao* 电报；*dianjixin* 电机信；*dianqixin* 电气信；*tongxianxin* 通线信；*xintongxian* 信通线等。

telephone	denwa	电话*	dianhua
telephone set	denwaki	电话机	dianhuaji
temperature	ondo	温度	wendu
territorial water	ryōkai	领海	linghai
territory	ryōdo	领土	lingtu
theater	gekijō	剧场	juchang
thermometer	kanshohari	寒暑针**	hanshuzhen
thyroid gland	kōjōsen	甲状腺	jiazhuang xian
tractor, tractor truck	ken'insha	牵引车	qianyin che
trade deficit	nyūchō	入超	ruchao
trade law	shōhō	商法	shangfa
trade surplus	shutchō	出超	chuchao
train	ressha	列车***	lieche
tram	densha	电车	dianche
transformer	hen'atsuki	变压器	bianya qi
treatise, dissertation	ronbun	论文	lunwen
trench mortar	hakugekihō	迫击炮	pojipao
trend, tendency	dōkō	动向	dongxiang
truce, armistice	kyūsen	休战	xiuzhan
trust	shintaku	信讬****	xinyi
tuberculosis	kekkaku	结核	jiehe
tutor, teacher	dōshi	导师	daoshi
type	ruikei	类型	leixing
ulcer	kaiyō	溃疡	kuiyang
ultimatum	saigotsūchō	最后通牒	zuihou tongdie
ultrashortwave	chōtanpa	超短波	chao duanbo
unknown quantity	michisū	未知数	weizhi shu
Ursa major	ōkumaza	大熊座	daxiong zuo
Ursa minor	kogumaza	小熊座	xiaoxiong zuo
use value	shiyō kachi	使用价值	shiyong jiazhi
usury	kōrigashi	高利贷	gaoli dai
uvula	ken'yōsui	悬雍垂	xuanyongchui
vacuum	shinkū	真空	zhenkong
vacuum tube	shinkūkan	真空管	zhenkong guan
vapor, steam	jōki	蒸汽	zhengqi
vein	jōmyaku	静脉	jingmai
ventilator, fan	senpūki	扇风机	shanfengji
view, prospect	tenbō	展望	zhanwang
viewpoint	kanten	观点	guandian
vocation	gyōmu	业务	yewu
volume	taiseki	体积	tiji
vote, decision	hyōketsu	表决	biaojue
voting, polling	tōhyō	投票	toupiao
vow, oath	sensei	宣誓	xuanshi
warm current	danryū	暖流	nuanliu

* 参见附录 F 的 *delifeng* 得利风与 *delüfeng* 得律风。
** 参见附录 A 的 *hanshubiao* 寒暑表。
*** 参见附录 A 的 *huoche* 火车。
**** 参见附录 D 的 *xinyong* 信用。

water-supply line	*jōsuidō*	上水道	*shang shuidao*
whole	*sōtai*	总体	*zongti*
woodcut	*hanga*	版画	*banhua*
workers, staff	*shokkō*	职工	*zhigong*
works (writings, artwork)	*sakuhin*	作品	*zuopin*
workshop	*kōjō*	工场	*gongchang*
year, annual	*nendo*	年度	*niandu*
zoological garden	*dōbutsujō*	动物场*	*dongwuchang*
	dōbutsuen	动物园	*dongwuyuan*
zoology	*dōbutsugaku*	动物学	*dongwuxue*

---

* 参见附录 A 的 *dongwuyuan* 动物院。

附录 C 现代汉语的中—日借贷词*

日语拼音	汉字	汉语拼音	英语
baai	场合	*changhe*	case, occasion
bamen	场面	*changmian*	scene
basho	场所	*changsuo*	place, scene, setting
benjo	便所	*biansuo*	toilet, lavatory
bihin	备品	*beipin*	equipment, parts, fixtures
bushidō	武士道	*wushi dao*	bushido
chōsei	调制	*tiaozhi*	preparation, modulation
daihon'ei	大本营	*dabenying*	headquarters
fukeiki	不景气**	*bu jingqi*	recession, slump, gloom
fukumu	服务	*fuwu*	service
fukushokubutsu	副食物	*fushi wu*	supplementary food, groceries
fukushū	复习	*fuxi*	review, practice
geta	吉地	*jidi*	wooden clogs
hamon	破门	*pomen*	expulsion, excommunication
hashutsujo	派出所	*paichusuo*	police station, branch office
hoken	保健	*baojian*	health, hygiene
hōshin	方针	*fangzhen*	policy, direction, guiding principle
hyōgen	表现	*biaoxian*	expression, manifestation

* 除了若干词条被确认为回归的书写形式借贷词并被重新放在附录 D，本词汇表严格遵循高、刘二人的发现（第 82—83 页），这些发现所属的范畴乃由高、刘命名为"前现代的日语创造的新词"，即，抵达现代汉语而不必直接翻译欧洲语言的"汉字"外来词。

** 参见附录 D 的 *jingqi* 景气。亦请参见实藤惠秀在《中国人留学日本史》对该词的讨论，第 222 页。

附录 C　现代汉语的中—日借贷词

ichiranhyō	一览表	yilanbiao	table, list
jinrikisha	人力车 *	renliche	rickshaw
keshō	化妆	huazhuang	makeup
keshōhin	化妆品	huazhuangpin	cosmetics
kobetsu	个别**	gebie	individual, singular
kokufuku	克服	kefu	overcome
koshō	故障	guzhang	obstacle, hitch
kyori	距离	juli	distance, interval
minarai	见习	jianxi	apprenticeship, probation
minogami	美浓纸	meinongzhi	*Gifu* paper (decorative)
mokuhyō	目标	mubiao	goal
monoga-tari	物语	wuyu	story, tale
naifuku	内服	neifu	oral ingestion (of medicine)
naiyō	内容	neirong	content
naiyō	内用	neiyong	internal use, private, classified
ninka	认可	renke	recognition, approval
rōnin	浪人	langren	masterless samurai, wanderer
rensō	联想	lianxiang	association (of ideas)
sanrinsha	三轮车	sanlunche	three-wheeled cart, trishaw
shibu	支部	zhibu	branch office, local chapter, party branch
shiten	支店	zhidian	branch store
shoho	初步	chubu	beginning, rudimentary
shōjō	症状	zhengzhuang	symptoms
shojosaku	处女作	chunü zuo	literary debut
shokei	处刑	chuxing	execute, punishment
shūdan	集团	jituan	group, corporation
shūkyō	宗教	zongjiao	religion
tadashi-gaki	但书	danshu	proviso
tetsuzuki	手续	shouxu	procedures
torishimari	取缔	qudi	outlaw
uchikeshi	打消	daxiao	cancel
yōso	要素	yaosu	element, factor
yōten	要点	yaodian	point, gist

---

* 参见附录 A 的 *dongyangche* 东洋车，或者 *yangche* 洋车。见第四章解读老舍小说《骆驼祥子》对相关词的分析。

** 参见附录 B 的 *kotai* 个体，以及附录 D 的 *kojin* 个人。

附录 D　回归的书写形式借贷词：现代汉语中源自古汉语的日本"汉字"词语[*]

英语	日语拼音	汉字	汉语拼音	古汉语用法对照
absolute	zettai	绝对	juedui	一、《镜花缘》第七七回："春辉道，长春对半夏，字字工稳，竟是绝对"，谓绝妙的对仗。二、清李渔《奈何天·闹对》："天生绝对，佳人才子"，谓最佳配偶。三、唐张鷟《游仙窟》："比目绝对，双凫失伴，日日衣宽，朝朝带缓"，谓不能成双。
accounting, accountant	kaikei	会计*	kuaiji	一、《周礼·地官·舍人》："岁终则会计其政"，谓核计，计算。二、《孟子·万章下》："孔子尝为委吏矣，曰会计当而已矣"，谓管理财物及出纳等事。三、《史记·夏本记》："自虞夏时，贡赋备矣。或言禹会诸侯江南，计功而崩，因葬焉，命曰会稽。会稽者，会计也"，谓古天子大会诸侯，计功行赏。
activity	katsudō	活动	huodong	一、宋文祥《和萧秋屋韵》："星辰活动惊歌笑，风露轻寒敌拍浮"，指物体运动。二、《京本通俗小说·错斩崔宁》："那人见刘官人手脚活动，便拔步出房"，谓灵活，不固定。三、《红楼梦》第九五回："见妙玉略有活动，便起身拜了几拜"，谓动摇。四、元刘埙《隐居通议·骈俪三》："所病者，层砌堆叠而乏疏畅活动之工"，指言语生动活泼。五、《醒世恒言·一文钱隙造奇冤》："那杨氏三十六岁，貌颇不丑，也肯与人活动，只为老公利害，只好背地里偶一为之，却不敢明当做事"，谓与人偷情。

[*] "回归的书写形式借贷词"指的是这样一些古汉语复合词，它们被日语用来翻译欧洲的现代词语，又被重新引入现代汉语。根据我在附录前言部分所解释的"表意符合"原则，以及我在鉴别外来词词条时所使用的新的资料来源，本部分词条的总数是高、刘二人原来提供的词汇表（以星号为标记）的四倍。

附录 D　回归的书写形式借贷词：现代汉语中源自古汉语的日本"汉字"词语

administr-ation	gyōsei	行政	xingzheng	《孟子·梁惠王上》："为民父母行政，不免于率兽而食人，恶在其为民父母也"，谓执掌国家政权，管理国家事务。（现代汉语使用的"行政"的名词形式可能来自日语 gyōsei）
agency	dairi	代理	daili	汉董仲舒《春秋繁露·天道无二》："阴与阳，相反之物也，故或出或入，或左或右。春俱南，秋俱北，夏交于前，冬交于后，并行而不同路，交会而各代理，此其文与天之道有一出一入一休一伏，其度一也，然而不同意"，指日月更替为治。（参见"agent"，在马礼逊那里［1815］被译为"代理事的"。）
alliance	dōmei	同盟	tongmeng	《左传·僖公九年》："秋，齐侯盟诸侯于葵丘，曰：'凡我同盟之人，既盟之后，言归于好'"，指古代侯国歃血为誓，缔结盟约。后泛指国与国共缔约，亦指人与人成密友，结伴。
allotment	bunpai	分配	fenpei	一、《左传·昭公二十年》："声亦如味，一气，二体，三类，四物，五声"，唐孔颖达疏："声之清浊，凡有五品，自然之理也。圣人配于五方，宫居其中，商、角、徵、羽，分配四方"，谓分别相配，配合。二、《后汉书·光武帝纪上》："悉将降人分配诸将，众遂数十万"，谓按一定标准分给。（参见马礼逊［1815］注释"分派"。）
analysis	bunseki	分析*	fenxi	一、《汉书·孔安国传》："世所传《百两篇》者，出东莱张霸，分析合二十九篇以为数十，又采《左氏传》，《书叙》为作首尾，凡百二篇"，谓分开，区分。二、《后汉书·马援传》："又于帝前聚米为山谷，指画形势，开示众军所从道径往来，分析曲折，昭然可晓"，谓分解辨析。三、《旧唐书·刘君良传》："大业末，天下饥馑，君良妻劝其分析"，谓分家。四、宋王安石《上仁宗皇帝言事书》："于是诸侯王之子弟，各有分土，而势强地大者，卒以分析弱小"，谓分割，离析。五、《宋书·谢灵运传》："于时内慢神器，外侮戎狄。君子横流，庶萌分析"，谓离别，分离。六、《古今小说·沈小霞相会出师表》："张千，李万被这妇人一哭一诉，就要分析几句，没处插嘴"，谓申辩，辩白。
apply, application	shinsei	申请	shenqing	《晋书·刘毅传》："前已口白，谨复申请"，指向上司或有关部门说明理由，提出请求。又见《新唐书·张浚传》："朝廷震动，即日下诏罢浚为武昌军节度使，三贬绣州司户参军。全忠为申请，诏听使便。"
appoint-ment	yoyaku	预约	yuyue	唐李商隐《忆雪》诗："预约延枚酒，虚乘访戴船"，谓事先约定。又见，宋侯寘《风入松》词："锦笺预约西湖上，共幽深，竹院松庄。"
approach	sekkin	接近	jiejin	一、《吕氏春秋·知接》："智者其所能接远也，愚者其所能接近也"，谓所见不远。二、《后汉书·西域传车师》："帝以车师六国接近北房，为西域蔽捍"，谓关系亲近。
arithmetic	sanjutsu	算术	suanshu	《三国志·蜀书·李撰传》："（撰）五经，诸子，无不该览，加眸好技艺，算术，卜数，医药，弓弩，机械之巧，皆致思焉"，谓数学的一个分科，论数的性质，关系及其计算方法。

325

army	rikugun	陆军	lujun	《晋书·宣帝纪》："若为陆军以向皖城，引权东下，为水战军向夏口，乘其虚而击之，此神兵从天而堕，破之必矣"，谓陆地作战的军队。
art	geijutsu	艺术*	yishu	《后汉书·孝安帝纪》："诏谒者刘珍及五经博士，校定东观五经，诸子，传记，百家艺术"，注："艺谓书，数，射，御；术谓医，方，卜，筮"，泛指各种技术技能。
artistic conception	ishō	意匠	yijiang	唐杨炯《〈王勃集〉序》："六合殊材，并推心于意匠。八方好事，咸受气于文枢"，又见宋陆游《题严州王秀才山水枕屏》诗："壮君落笔写岷蟠，意匠自到非身过。伟哉千仞天相摩，谷裹人家藏绿萝"，谓作文、绘画的精心构思。
aspect	hōmen	方面*	fangmian	一、《后汉书·冯异传》："（异）受任方面，以立微功。"李贤注："谓西方一面专以委之"，指一个地方的军政要职或其长官。二、《后汉书·逢萌传》："诏书征萌，托以老耄，迷路东西，语使者曰，尚不知方面所在安能济时乎？"谓方向。
authority	ken'i	权威	quanwei	《吕氏春秋·审分》："万邪并起，权威分移"，指权力，威势。又见《北史·周纪上论》："昔者水运将终，群凶放命，或权威震主，或衅逆滔天。"
autocracy	sensei	专制	zhuanzhi	一、《左传·昭公十九年》："若寡君之二三臣，其即世者，晋大夫而专制其位，是晋之县鄙也，何国之为"，指控制，掌管。二、《汉书·西域传下·乌孙国》："昆莫年老国分，不能专制，乃发使送骞，因献马数十匹报谢"，又见《韩非子·亡征》："婴儿为君，大臣专制，树羁旅以为党，数割地以待交者，可亡也"，谓独断专行。
autonomy	jichi	自治	zizhi	一、《史记·陈涉世家》："诸将徇地，至，令之不是者，系而罪之，以苛察为忠，其所不善者，弗下吏，辄自治之"，谓自行管理或处理。二、《淮南子·诠言训》："德可以自修，而不可以使人暴。道可以自治，而不可以使人乱"，谓修养自身的德性。三、《尹文子·大道上》："法用则反道，道用则无为而自治"，谓自然安治。四、《汉书·张禹传》："禹年老，自治冢茔，起祠室"，犹自营。（在丁韪良1864年的《万国公法》中用来翻译英语"self-government"［Masini, p. 222］。）
bachelor	gakushi	学士*	xueshi	一、《周礼·春官·乐师》："诏及彻，帅学士而歌彻"，郑玄注"学士，国子也"，谓在学的贵族子弟。二、《庄子·盗跖》："摇唇鼓舌，擅生是非，以迷天下之主，使天下学士，不反其本，妄做孝弟，而傲幸于封侯富贵者也"，指文士。三、官名，始于魏晋六朝，主掌典礼，编纂，撰述诸事。其后各朝代皆置有学士之官。
bail, bond	hoshaku	保释	baoshi	清东轩主人《述异记》卷下："天成见盗妇色美，力为保释"，谓请求释放被拘押者，并担保其随时接受传训或不再犯罪。
bankruptcy	hasan	破产	pochan	《史记·孔子世家》："夫儒者滑稽而不可轨法，倨傲自顺，崇丧遂哀，破产厚葬，不可以为俗"，谓丧失全部财产。
base	kichi	基地	jidi	《北史·魏临淮王谭传》："（端）位大行台尚书，华州刺史。性疏很，颇以基地骄物，时论鄙之"，犹门第，地位。

附录 D　回归的书写形式借贷词：现代汉语中源自古汉语的日本"汉字"词语

battle, make war	sakusen	作战	zuozhan	《孙子》有《作战》篇。指军队之间的敌对行动。
budget	yosan	预算*	yusuan	宋叶适《上宁宗皇帝札子》："今陛下申令大臣，先虑预算，思报积耻，规恢祖业，盖欲改弱已就强矣"，谓预先计算，事先估计。
business	eigyō	营业	yingye	一、《三国志·吴志·骆统传》："百姓虚竭，嗷然愁扰，愁扰则不营业，不营业则致穷困"，谓营谋生计。二、《儒林外史》第二四回："他家本是几代的戏行，如今仍旧做这戏行营业"，谓职业。
capital	shihon	资本	ziben	宋何薳《春渚纪闻·苏刘互谑》："吾之邻人，有一子稍长，因使之代掌小解。不逾岁，偶误质盗物，资本耗折殆尽"，谓经营工商业的本钱。（参见"母财"，严复用之翻译"capital"，见于《原富》，为亚当·斯密［Adam Smith］Inquiry into the Nature and Causes of the Wealth of Nations 1901—1902年的中译本。）
cease-fire	teisen	停战	tingzhan	清平步青《霞外攟屑·时事·彭尚书奏折》："三月十一日停战，华兵拔队齐回"，指交战双方停止作战。
century	seiki	世纪	shiji	记录帝王世系之书，如晋皇甫谧《帝王世纪》。
chairman	shuseki	主席*	zhuxi	一、《史记·绛侯周勃世家》："景帝居禁中，召条侯，赐食，独置大胾，无切肉，又不置箸。条侯心不平，顾谓尚席取箸"，应劭注："尚席，主席者"，谓主持宴席者。二、《警世通言·俞伯牙摔琴谢知音》："伯牙推子期坐于客位，自己主席相陪"，指宴席中的主人座位。三、《金史·食货志一》："寺观主席亦量其赀而鬻之"，指寺观的主持。
chance	gūzen	偶然	ouran	一、《后汉书·儒林传刘昆》："诏问昆曰，'前在江陵，反风灭火，后守弘农，虎北渡河，行何德政而致是事？'昆对曰：'偶然耳'"，谓事理上不一定要发生而发生的。二、唐元缜《刘氏馆集隐客》诗："偶然沽市酒，不越四五月"，谓间或，有时候。（在马礼逊那里［1815］被译为"偶然的"。）
China	shina	支那	zhina	唐义净《南海寄归内法传·师资道》："且如西国名大唐为支那者，直是其名，更无别义"，又见：《宋史·外国传六·天竺》："太平兴国七年，益州僧光远至自天竺，以其王没徙曩袈来上。上令天竺僧施护译云：'近闻支那国内有大明王，至圣至明，威力自在⋯⋯伏愿支那皇帝福慧圆满，寿命延长。'"
circulation	ryūtsū	流通	liutong	一、《尸子》卷上："水有四德，沐浴群生，流通万物，仁也"，又见《资治通鉴·汉光武帝建武二年》："三郡清静，边路流通"，谓流传通行，不停滞。二、汉桓宽《盐铁论·通有》："山居泽处，蓬蒿墝埆，财物流通，有以均之"，特指商品、货币流传。
citizen	kokumin	国民	guomin	《左传·昭公十三年》："先神命之，国民信之"，谓一国或藩封所辖百姓。
civilization	bunmei	文明*	wenming	一、《易·乾》："见龙在田，天下文明"，孔颖达疏："天下文明者，阳气在田，始生万物，故天下有文章而光明也"，指文采光明。二、《书·舜典》："浚哲文明，温恭允塞"，孔颖达疏："经天纬地曰文，照临四方曰明"，谓文德辉耀。三、前蜀杜光庭《贺黄云表》："柔远俗以文明，慑凶奴以武略"，谓文治教化。四、汉焦赣《易林·节之颐》："文明之世，销锋铸镝"，谓文教昌明。五、《易·明夷》："内文明而外柔顺，以蒙大难，文王以之"，犹明察。

327

class (social)	kaikyū	阶级 *	jieji	一、唐陆龟蒙《野庙碑》："升阶级，坐堂筵，耳弦匏，口粱肉，载车马，拥徒隶者，皆是也"，指台阶。二、汉王符《潜夫论·班禄》："上下大小，贵贱亲疏，皆有等威，阶级衰杀"，指尊卑上下的等级。三、《旧唐书·高宗纪上》："佐命功臣子孙及大将军府僚佐已下今见存者，赐阶级有差，量才处分"，指官的品位，等级。四、《朱子语类》卷一〇三："然为学自有许多阶级，不可不知也"，谓阶段，段落。
classics, classical	koten	古典	gudian	一、《汉书·王莽传》："汉氏诸侯或称王，至于四夷亦如之，违于古典，缪于一统"。又见《隋书·地理志上》："（汉高祖）扫清祸乱，矫秦皇之失策，封建王侯，并跨州连邑，有逾古典，而郡县之制，无改于秦"，谓古代典章制度。二、《后汉书·樊准传》："（孝明皇帝）庶政万机，无不简心，而垂情于古典，游意经艺"，谓典籍。
common, together	kyōdō	共同	gongtong	一、《孟子·梁惠王上》："古之人，与民偕乐，故乐也"，汉赵岐注："古言之贤君，与民共同其所乐，故能乐之"，犹言一同。二、《前汉书平话》卷上："刘武受诏牌金帛了，即请宋公达，李德，程彦雄共同商议"，指大家一起（做）。
comprehension	ryōkai	领会 *	linghui	一、晋向秀《思旧赋》："托运遇于领会兮，寄余命于寸阴"，李善注引司马彪曰："领会，言人禀命，如衣领之相交会，或合或开。"谓遭遇。二、《广弘明集二十·南朝梁简文帝庄严旻法师成实论义疏序》："于是标撮领会，商榷异端，删夷浮诡，搜聚贞实，造百有二品，以为斯论"，谓体会。
concrete	gutai	具体 *	juti	《孟子·公孙丑》："冉牛，闵子，颜渊，则具体而微"，谓大体具备。
condition	jōken	条件	tiaojian	一、《北史·郎基传》："遂条件申台省，仍以情量事科处，自非极刑，一皆决放"，谓逐条逐件。二、唐陆贽《奉天改元大赦制》："内外官有冗员及百司有不急之费，委中书门下即商量条件，停减闻奏"，谓为某事而提出的要求或标准。
confession	jihaku	自白	zibai	《史记·吴王濞列传》："吴王身有内病，不能朝请二十余年，尝患见疑，无以自白"，指自我表白。
consciousness	ishiki	意识	yishi	一、汉王充《论衡·实知》："众人阔略，寡所意识，见贤圣之名物，则谓之神"，又见《北齐书·文宣帝纪》："高祖尝试观诸子意识，各使治乱丝，帝独抽刀斩之，曰：'乱者须斩。'高祖是之"，谓见识。二、宋王明清《挥尘后录》卷二："子之所陈，心何意识，或欲周知，何从皆得"，指先人之见。
constitution	kenpō	宪法	xianfa	一、《集韵·去愿》："《周礼》：县法示人曰宪法。后人因谓宪为法"，谓公布法令。二、《国语·晋语九》："赏善罚奸，国之宪法也"，谓法典，法度。
construct, construction	kōzō	构造 *	gouzao	一、《后汉书·徐璆传》："张忠怨璆，与诸阉官构造无端，璆遂以罪征"，又见《宋书·恩幸传序》："构造同异，兴树祸隙"，犹捏造。二、《三国志·魏书·陈留王奂传》："癸巳，诏曰：前逆臣钟会构造反乱，聚集征行将士，劫以兵威，始吐奸谋，发言桀逆，逼胁众人，皆使下议，仓卒之际，莫不惊愕"，谓人为地造成某种气氛或局面。三、明何景明《略阳县迁建庙学记》："今兹之建是宅，阜隆以降湍悍，构造维新，地复其旧"，谓结构。

附录 D　回归的书写形式借贷词：现代汉语中源自古汉语的日本"汉字"词语

contact	renraku	连络	lianluo	《旧唐书·朱敬则传》："分山裂河，设磐石之固，内守外御，有维城之基。连络遍于域中，胶葛尽于封内"，犹组织联系。又见《红楼梦》第四回："四家皆连络有亲，一损俱损，一荣俱荣。"
conversation	kaiwa	会话	huihua	唐无名氏《玉泉子》："乾符末，有客寓止广陵开元寺，因文会话云：'顷在京寄青龙寺日，有客尝访知寺僧，属其匆遽不暇留连'"，又见宋欧阳修《与吴正肃公书》："前约临行少留会话，终不克遂，至今为恨"，谓聚谈。
copy, duplicate	fukusha	复写	fuxie	清叶廷琯《吹网录·石林家训》："跋语论士大夫作小说云云，与《避暑录话》中一条全文无异……是《录话》复写此书跋语，非此书跋语剿取《录话》之文也"，谓重复抄录。
countless	musū	无数	wushu	一、《东观汉纪·张堪》："珍宝珠玉委积无数"，言无法计算。二、《周礼·春官·宗伯》："男巫无数，女巫无数"，又见《礼记·礼器》："天子一食，诸侯再，大夫，士三，食力无数"，指没有限定的数量或规定的次数。
course, curriculum	katei	课程*	kecheng	一、《诗经·小雅·巧言》："奕奕寝庙，君子作之"，唐孔颖达疏："以教护课程，必君子监之，乃得依法制也"，谓做事、学习须遵循的规定进程。二、《旧唐书·职官志二》："（刑部比部）郎中，员外郎之职，掌勾诸司百僚俸料，公廨，赃赎，调敛，徒役，课程，逋悬物数，周知内外之经费，而总勾之"，指缴纳税物的限期。三、《金史·孙铎传》："铎上言：'民间钞多，宜收敛。院务课程及诸寨名钱须要全收交钞'"，指按税率缴纳的赋税。四、宋刘昌诗《芦浦笔记·白玉楼赋》："惟五城一睹之珍，三献不逢之宝，盖于此山积而云骈。然后大匠课程，群工谨度，琢瑗砻瑛，斗珪叠璐"，指规划工程。五、清曹寅《真州述怀奉答徐道积编修觇月见寄原韵》："课吏不课程，百里半九十。读书不读律，知一二乃失"，指考核工作进程。
court of law	hōtei	法庭	fating	唐柳宗元《柳州文宣王新修庙碑》："十月乙丑，王宫正室成。乃安神栖，乃正法庭"，指孔庙正殿。（参见附录 A 的 fayuan 法院）
criminal law	keihō	刑法	xingfa	《国语·鲁语上》："尧能单均刑法以仪民"，对刑罚规范的总称。又见《左传·昭公二十六年》："贯渎鬼神，慢弃刑法。"
criticism	hihan	批判	pipan	一、宋司马光《进呈上官均奏乞尚书省札子》："所有都省常程文字，并只委左右丞一面批判，指挥施行"，谓批示判断。二、《朱子语类》卷一："而今说天有个人在那里批判罪恶，固不可，说道全无主之者，又不可"，谓评论，评断。
critique	hihyō	批评	piping	明李贽《寄答留都书》："前与杨太史书亦有批评，倘——考去，乃足见兄与彼相处之厚也"，谓评论，评判。（"Critics of books" 在马礼逊那里[1815]译成"善批评书士"）
crop	sakumotsu	作物	zuowu	南朝梁任昉《到大司马记室笺》："明公道冠二仪，勋超邃古，将使伊周奉辔，桓文扶毂，神功无纪，作物何称"，指造物，主宰万物之神。
culture	bunka	文化*	wenhua	汉刘向《说苑·指武》："凡武之兴，为不服也，文化不改，然后加诛"，又见晋束晳《补亡诗·由仪》："文化内辑，武功外悠"，谓文治教化。

329

English	Japanese	汉字	Pinyin	出处
deduction	en'eki	演绎	yanyi	宋朱熹《中庸章句序》:"于是推本尧舜以来相传之意,质以平日所闻父师之言,更互演绎,作为此书",谓推演铺陈。
delusion	mōsō	妄想	wangxiang	一、《楞严经》:"一切众生,从无始来,生死相续,皆由不知常住真心性净明体,用诸妄想,此想不真,故有轮转",佛家指幻念。二、唐白居易《饮后夜醒》诗:"直至晓来犹妄想,耳中如有管弦声",谓胡思乱想。三、宋陆游《山园草木四绝句》之一:"少年妄信今除尽,但爱清樽浸晚霞",谓不切实际或非分的想法。
detention	kōryū	拘留	juliu	《汉书·匈奴传赞》:"匈奴人民每来降汉,单于亦辄拘留汉使,以相报复",谓扣留。
dictatorship	dokusai	独裁	ducai	《晋书·李绩载记》:"慕容恪欲以绩为尚书右仆射,昩憾绩往言,不许。恪屡请,乃谓恪曰,'万机之事委之叔父,伯阳(李绩)一人,昩请独裁。'绩遂忧死",谓独自裁断,独自决定。
digest	shōka	消化	xiaohua	一、《释名·释天》:"火,化也,消化物也",谓熔化。二、晋王羲之《杂帖》:"前却食小差,数数便得疾,政由不消化故",谓消化食物。(参见"Digest food in the stomach",马礼逊[1815]译为"胃中消化"。)
director	riji	理事	lishi	一、《管子·问》:"官承吏之无田伫而徒理事者几何人",谓治事,处理事务。二、官名。清宗人府设有理事官,掌宗室事。
disappear	shissō	失踪	shizong	唐裴铏《传奇·崔炜》:"炜因迷道失足,堕于大枯井中。道者失踪而返",谓寻不到踪迹。
dissection	kaibō	解剖	jiepou	《灵枢经·经水》:"若夫八尺之士,皮肉在此,外可度量切循而得之,其死可解剖而视之",谓把人或动植物体剖开。在19世纪,该词与 jiepouxue 解剖学或 kaibōgaku 一道,被从日语重新引入。
doctor, Ph. D.	hakase hakushi	博士*	boshi	一、《战国策·赵策三》:"郑同北见赵王,赵王曰:'子南方之博士也'",指博通古今的人。二、《史记·循吏列传》:"公仪休者,鲁博士也,以高第为鲁相",古代学官名。六国时有博士,秦因之。两汉太常属官,皆为博士。汉武帝置五经博士,掌以五经教子弟。晋又置国子博士,历代因之。唐有太学国子诸博士,和律学博士及算学博士等,并为教授之官。明清有国子博士,太常博士,而以五经博士为圣贤后裔的世袭官。三、《敦煌变文集·父母恩重经讲经文》:"学音乐,屈博士,弄坡调弦浑舍喜",犹师傅。四、自唐以来,江南俗称卖茶者曰博士,见《封氏见闻记》。
doctrine	shugi	主义	zhuyi	一、《逸周书·谥法解》:"主义行德曰元",谓谨守仁义。二、《史记·太史公自序》:"敢犯颜色,以达主义,不顾其身,为国家树长画",谓对事情的主张。(参见附录E的后缀"-ism")
dominate	shihai	支配	zhipei	《北齐书·唐邕传》:"及世宗崩,事出仓卒,显祖部分将士,镇压四方,夜中召邕支配,造次便了。显祖甚重之",谓调派,安排。
dormitory	shuku sha	宿舍	sushe	《史记·张仪列传》:"(苏秦)乃言赵王,发金币车马,使人微随张仪,与同宿舍,稍稍近就之",谓住宿停留。
duty (military service)	kinmu	勤务	qinwu	《广韵·去御》:"剧,勤务也",谓勤于事务,对事务用力多。

附录 D　回归的书写形式借贷词：现代汉语中源自古汉语的日本"汉字"词语

English	Japanese	汉字	pinyin	出处
economy	keizai	经济*	jingji	一、《晋书·殷浩传》："足下沈识淹长，思综通练，起而明之，足以经济"，又见唐李白《赠别舍人弟台卿之江南》诗："令弟经济士，谪居我何伤"，谓经世济民。二、清孔尚任《桃花扇·修札》："写的激切婉转，有情有理，叫他不好不依，又不敢不依，足见世兄经济"，指治国的才干。（参见附录A的"富国策"与附录F的"爱康诺米"）
editor-in-chief	shuhitsu	主笔	zhubi	明沈德符《野获编史部大计纠内阁》："每年初冬，朝审罪犯，俱太宰主笔，相仍已久"，谓主持判案。
education	kyōiku	教育*	jiaoyu	《孟子·尽心》："得天下英才而教育之"，谓教诲培育。
effect	sayō	作用	zuoyong	一、《魏书·孙绍传》："治乖人理，虽合必难，作用失机，虽成必败"，谓作为，行为。二、唐白居易《赠杨使君》："时命到来须作用，功名未立莫思量"，谓努力。三、唐皎然《诗式·李少卿并古诗十九首》："《十九首》辞精义炳，婉而成章，始见作用之功"，谓着意加工刻画。四、《水浒传》第五四回："便把剑在马上望空作用，口中也念念有词"，谓施行法术。
encroachment, infringement	shingai	侵害	qinhai	《韩非子·难三》："物之所谓难者，必借人成势而勿使侵害己，可谓一难也"，谓侵犯损害。又见《后汉书·李固传》："自顷选举牧守，多非其人，至行无道，侵害百姓。"
environment	kankyō	环境*	huanjing	一、《新唐书·王凝传》："时江南环境为盗区，凝以疆弩据采石，张疑帜，遣别将马颖，解和州之围"，指周围的地方。二、《元史·余阙传》："环境筑堡寨，选精甲外捍，而耕稼其中"，指环绕所管辖之区域。
erosion	shinshoku	侵蚀	qinshi	宋陆游《玉局观拜苏东坡先生海外画像》："至宝不侵蚀，终亦老侍从"，谓逐渐侵害使之毁坏。又见明王鏊《震泽长语·国猷》："魏本都安邑，为秦侵蚀，不得已东徙大梁。"
ethics	rinri	伦理	lunli	一、《礼记·乐记》："凡音者，生于人心者也，乐者，通伦理者也"，郑玄注："伦，犹类也。理，分也"，谓事物的条理。二、汉贾谊《新书·时变》："商君违礼义，弃伦理"，谓人伦道德之理，指人与人相处的各种道德准则。
examination, selfcriticism	kentō	检讨*	jiantao	一、唐白居易《与元九书》："仆数月来，检讨囊帙中，得新旧诗，各以类分，分为卷目"，谓查核，整理。二、官名。宋有史馆检讨。明时始属翰林院，位次于编修，与修撰编修同谓之史官。
exception (to a rule)	reigai	例外	liwai	宋沈作哲《寓简》卷五："大臣例外受赐不辞，若人主例外作事，何以止之？"指在规定、常规之外。
exchange, communicate	kōryū	交流	jiaoliu	汉班昭《东征赋》："望河路之交流兮，看成皋之旋门"，谓江河之水汇合而流。
exchange trade	kōkan	交换	jiaohuan	《通典·兵十》："其虞侯军职掌准初发交换"，指各自把已有之物交给对方。
experience	keiken	经验	jingyan	一、晋陶潜《搜神后记》卷二："高平郝超……得重病。庐江杜偔少尝外祖郭璞学《易》卜，颇有经验。超令试占之，卦成，不悆"，谓效验，验证。二、《红楼梦》第四二回："虽然住了两三天，日子却不多，把古往今来没见过的，没吃过的，没听见的，都经验过了"，指亲身经历过。

experience	taiken	体验	tiyan	一、《朱子语类》卷一一九：" 讲论自是讲论，须是将来自体验。说一段过又一段，何补！……体验是自心里暗自讲量一次"，谓亲身领会。二、宋司马光《涑水记闻》卷十二："或斫倒人头，或伤中重，系第一等功劳者，凡一百一十五人，伏乞体验"，谓查核，考察。
expression (of emotion)	hyōjō	表情*	biaoqing	汉班固《白虎通・性名》："人所以相拜者何？所以表情见意，屈节卑体尊之者也"，谓表达感情，情意。
feudal	hōken	封建*	fengjian	一、《诗・商颂・殷武》："命于下国，封建厥福"，谓大立。二、《礼记・王制》："王者之制禄爵，公，侯，伯，子，男凡五等……天子之田方千里，公，侯田方百里，伯七十里，子，男五十里"，谓封邦建国。又见《左传・僖公二十四年》："昔周公吊二叔之不咸，故封建亲戚，以蕃屏周"，孔颖达疏："故封立亲戚为诸侯之君，以为蕃篱，屏蔽周室。"三、《史记・三王世家》："昔五帝异制，周爵五等，春秋三等，皆因时而序尊卑。高皇帝拨乱世反诸正，昭至德，定海内，封建诸侯，爵位二等"，按秦统一中国，废封建而立郡县。但汉自景帝平七国之乱后，虽行封王侯建邦国之制，实集权于中央。
freedom	jiyū	自由*	ziyou	一、《玉台新咏・古诗〈为焦仲卿妻作〉》："吾意久怀忿，汝岂得自由"，谓由自己作主，不受限制和拘束。（早在 1868 年被用来翻译 "freedom" [Masini，p. 221]。该词经由来自日语的双程流传而在中国播扬甚广。）
frugal, frugality	setsu yaku	节约	jieyue	一、《汉书・辛庆忌传》："庆忌居处恭俭，食欲被服尤节约"，谓节省，俭约。二、《墨子・节葬下》："金玉珠玑比乎身，纶组节约，车马藏乎圹"，孙诒让间诂："《淮南子・齐俗训》云：'古者非不能竭国縻民，虚府殚财，含珠麟施，纶组节束追送死也。'许注云：'纶，絮也。束，缚也'，案，'节约'与《淮南》书 '节束' 义同"。三、《朱子语类》卷五二："今学者要须事事节约，莫教过当，此便是养气之道也"，谓节制约束。四、明王世贞《艺苑卮言》卷二："傅武仲有《舞赋》，所少十分之七……岂武仲衍玉赋以为己作耶？抑后人节约武仲之赋，因序语而误以为玉作也"，犹节录。
government	seifu	政府	zhengfu	《资治通鉴・唐宣宗大中二年》："前凤翔节度使石雄诣政府自陈黑山，乌岭之功，求一镇以终老"，胡三省注："政府，即谓政事堂"，唐宋时称宰相治理政务的处所为政府。
grammar	bunpō	文法*	wenfa	一、《史记・李将军列传》："程不识孝景时以数直谏为太中大夫，为人廉，谨于文法"，原意为法律规则之属。二、元刘埙《隐居通议・文章四》："公为文斩截峻刻，得左氏文法"，指文章的作法。（"文法"与 "grammar" [？] 的等同过程可以回溯到 17 世纪，当时葡萄牙的耶稣会传教士傅泛济 [François Furtado] 与李之藻合作从事一项译事，题为《名理探》。经由日语 bunpō — 在黄遵宪 1878 年的作品有稽可查 [Masini，p. 203] — "grammar" 的现代含义开始替代其古汉语内涵。参见附录 F 的 gelangma 葛郎玛）

附录 D 回归的书写形式借贷词：现代汉语中源自古汉语的日本"汉字"词语

guerrilla warfare	yūgeki	游击*	youji	一、官名，汉置游击将军，历代皆有之，为武散官，元废，明复置，为军之将官，后省称游击，清因之，位次参军，与今之中校相等。二、唐沈亚之《万胜冈新城记》："是时李时亮为先锋将，使百骑游击左右"，谓或东或西，流动袭击。
guidance	shidō	指导	zhidao	汉荀悦《汉纪·宣帝记》："囚人不胜痛，则饰妄辞以示之，吏治者利其然，则指导以明之"，谓指示教导，指点引导。
history	rekishi	历史	lishi	《三国志·吴书·吴主传第二》："纳鲁肃于凡品，是其聪也……屈身于陛下，是其略也"，宋裴松之注："（吴王）志存经略，虽有余闲，博览书传历史，藉采奇异，不效诸生寻章摘句而已"，指对过去事实的记载。
hope	kibō	希望	xiwang	一、《周髀算经》："立八尺表，以绳系表颠，希望北极中大星"，谓仰望，瞻望。二、《后汉书·李固传》："初，顺帝时所除官，多不以次。及固在事，奏免百余人。此等既怨，又希望冀旨，遂共作飞章虚诬固罪"，谓揣测别人的意图而加以迎合。三、《后汉书·班固传》："（匈奴）徒以畏汉威灵，逼惮南虏，故希望报命，以安其离叛"，谓盼着出现某种情况或达到某种目的。四、《宋书·殷孝祖传》："国乱朝危，宜立长主……而群小相煽，构造无端，贪利幼弱，竞怀希望"，谓欲望。
hothouse	onshitsu	温室	wenshi	《汉书·孔光传》："或问光温室省中树皆何木也。光嘿不应，更答以它语"，谓暖和的房舍。（参见附录 A 的教会汉语译法"暖房"，以及附录 B 的现代日语新词 onshō 温床 [hotbed or breeding ground]。）
humanity	jindō	人道	rendao	一、《易经·系辞下》："有天道焉，有人道焉"，谓为人之道。二、《礼记·丧服小记》："亲亲，尊尊，长长，男女之有别，人道之大者也"，谓人伦。三、《诗经·大雅·生民》："以弗无子，履帝武敏歆"，汉郑玄笺："心体歆歆然，其左右所止住，如有人道感己者也"，谓男女交合。四、明冯梦龙《智囊补·明智·唐六如》："唐六如知其必反，遂佯狂以处。宸濠遣人馈物，则裸形箕踞，以手弄其人道，讥呵使者"，谓男性生殖器。五、佛教用语，犹言人界。
hypothesis	kasetsu	假说	jiashuo	唐刘知几《史通·杂说下》："夫以园吏之寓言，骚人之假说，而定为实录，斯已谬矣"，谓虚构的事。
idealism	yuishin	唯心	weixin	《楞伽经》："由自心执著，心似外境传，彼见所非有，是故说唯心"，佛教语，谓一切诸法（指万事万物），惟有内心，无心外之法。
image (portrait)	shashin	写真	xiezhen	一、北齐严之推《严氏家训·杂艺》："武烈太子偏能写真，坐上宾客，随宜点染，即成数人，以问童孺，皆知姓名也"，谓画人的真容。二、宋王安石《胡笳十八拍》之八："死生难有却回身，不忍重看旧写真"，指肖像画。三、南朝梁刘勰《文心雕龙·情采》："为情者要约而写真，为文者淫丽而烦滥"，指如实描绘事物。（王韬 1879 年用之翻译"photography"："写真即西法影像"[Masini, p. 208]。源出自这一回归的书写形式借贷词的其他相关的日语"汉字"词语包括镜写真，写真镜，写真器。参见附录 A"photography"的汉语对应词日影像，照像法，神镜等。）

333

English	Japanese (romaji)	汉字	pinyin	出处
imagine	sōzō	想象	xiang xiang	一、《楚辞·远游》："思旧故以想象兮，长太息而掩涕"，谓缅怀，回忆。二、《列子·汤问》："伯牙乃舍琴而叹曰：'善哉，善哉，子之听夫，志想像犹吾心也'"，犹设想。
implement, carry out	shikkō	执行	zhixing	一、汉刘向《列女传·黎庄夫人》："黎庄夫人，执行不衰，庄公不遇，行节反乖"，谓坚守情操。二、唐元稹《弹奏剑南东川节度使状》："追得所没庄宅，奴婢文案，及执行案典耿瑶，马元亮等检勘得实"，谓承办，经办。
improvement	kaizen	改善	gaishan	《后汉书·独行列传·王烈》："盗惧吾闻其过，是有耻恶之心。既怀耻恶，必能改善"，谓改正过失或错误，回心向善。
incident	jihen	事变	shibian	《荀子·富国》："万物得宜，事变得应"，泛指事物的变化。又见《诗序》："吟咏情性，以风其上，达于事变而怀其旧俗者也。"
index	sakuin	索引	suoyin	宋曾巩《移沧州过阙上殿札子》："航浮索引之国，非有发召，而赢赍橐负，以致其赘者，惟恐不及"，指用绳索牵引。
individual	kojin	个人	geren	宋陈亮《念奴娇·至金陵》词："因念旧日山城，个人如画，已作中州想"，谓彼人，那人，多指所爱的人。又见清曹垂璨《忆秦娥·蟋蟀》词"个人今夜秋肠千结"。（参见附录 B 的 kotai 个体以及附录 C 的 kobetsu 个别）
inheritance	iden	遗传	yichuan	一、《史记·扁鹊仓公列传》："庆有古先道遗传黄帝，扁鹊之脉书"，犹留传。二、北魏郦道元《水经注·易水》："余按遗传，旧迹多在武阳，似不饯此也"，指遗留下来的传闻。
injection	chūsha	注射	zhushe	《新唐书·陆贽传》："工属辞，敏速若注射然"，谓倾泻，流射。
intentional, purposeful	koi	故意*	guyi	《杜甫诗》："千觞亦不醉，感子故意长"，谓故人之情意。（参见"intentional"，在马礼逊那里[1815]被译为"固意做的"。
intention, purpose	ito	意图	yitu	《元典章·刑部三·不义》："（刘世英）意图升迁，强将李丑驴执缚，亲手用力割去囊肾，欲作行求之物。以人为货，重爵轻生"，谓希望达到某种目的的打算。
invasion, invade	shin ryaku	侵略	qinlüe	《史记·五帝纪》："舜耕历山，历山之人皆让畔"，张守节正义："韩非子'历山之农相侵略，舜往耕，期年，耕者让畔'也"，谓侵犯掠取。
judgment, judge	hanketsu	判决	panjue	一、《南史·孔觊传》："醒时判决，未尝有壅"，谓裁断，确定。二、《元典章·台纲一·内台》："诸官府见问未决之事，监察御史不得辄凭告人饰词取人追卷，候判决了毕，果有违错，依例纠弹其罪"，指官府断案。
judiciary	shihō	司法	sifa	一、官名。两汉有决曹，贼曹掾，主刑法。历代皆有。如唐制在府曰法曹参军，在州曰司法参军。二、星官名。清挥敬《文昌宫碑阴录》："《晋书·天文志》'文昌六星在北斗魁前，天之六府也。四曰司禄，司中、司隶赏功进。'与《天官书》'四曰司命，五曰司中，六曰司禄'不同。《星经》又曰'六曰司法'。"
knowledge	chishiki	知识	zhishi	一、《墨子·号令》："其有知识兄弟欲见之，为召，勿令入里巷中"，谓相识之人。二、《南史·虞悰传》："悰性敦实，与人知识，必相存访，亲疏皆有终始，世以此称之"，谓结识，交游。三、汉刘

				向《列女传·齐管妾婧》:"人已语君矣,君不知识邪",谓了解,辨识。四、《坛经》:"能大师言:'善知识!净心念摩诃般若波罗蜜法'",佛教文献中常把道德学问素养高的僧人或居士称为善知识,有时泛称听讲佛经的听众。
labor	rōdō	劳动*	laodong	一、《庄子·让王》:"春耕种,形足以劳动",谓操作,活动。二、《三国志·魏书·钟会传》:"诸葛孔明仍规秦川,姜伯约屡出陇右,劳动我边境,侵扰我氐羌",谓使之不安宁。三、三国魏曹植《陈审举表》:"陛下可得雍容都城,何事劳动銮驾暴露于边境哉",谓烦劳。四、《红楼梦》第四二回:"贾母笑道:'劳动了。珍儿让出去好生看茶'",犹言劳驾,多谢。
landlord	jinushi	地主	dizhu	一、唐郎士元《春宴王补阙城东别业》诗:"山下古松当绮席,檐前片雨滴春苔,地同声复同舍,留欢不畏夕阳催",谓当地的主人,对客而言。二、《国语·越语下》:"皇天后土,四乡地主正之",神名。三、《元典章·刑部十八·宿藏》:"王拜驴等于贺二内掘得埋藏之物,于所得物内,一半没官,一半付告人,于地内得者,依上令,得物之人与地主停分",谓田地的主人。
law, rule	hōsoku	法则	faze	一、《周礼·天官·大宰》:"二曰法则,以驭其官",郑玄注:"法则,其官之制度",谓制度,法度。二、《荀子·劝学》:"君子之学也,入乎耳,箸乎心,布乎四体,形乎动静,端而言,蠕而动,一可以为法则",谓准则,规则(参见附录A的 guize 规则)。三、《尉缭子·治本》:"帝王之君,谁为法则",谓榜样,表率。四、《史记·周本记》:"及为成人,遂好耕农,相地之宜,宜谷者稼穑焉,民皆法则之",谓效法。五、《西游记》第十回:"盖因猴原是弼马温,在天上看养龙马的,有些法则,故此凡马见他害怕",谓法术。
lecture	kōgi	讲义*	jiangyi	一、宋梅尧臣《闻临淄公薨》诗:"官为喉舌勋爵一品兮,经筵讲义尊尊匡",谓讲说经义。二、讲说经义之书,为经筵进讲而作,亦有师儒讲学,汇录其说以成书者。如宋汤义《周义讲义》。
liberation	kaihō	解放	jiefang	一、北魏贾思勰《齐民要术·安石榴》:"十月中,以蒲裹之缠之,二月初乃解放",谓解开,放松。二、《三国志·魏书·赵俨传》:"俨既囚之,乃表府解放,自是威恩并著",谓除罪释放。三、元贯云石《青江引·惜别》曲:"闲来唱会'青江引',解放愁和闷",谓消释,融化。
machinery	kikai	机械*	jixie	一、《庄子·天地》:"吾闻之吾师,有机械者必有机事,有机事者必有机心",器之巧者曰机械。二、《淮南子·原道训》:"故机械之心,藏于胸中,则纯白不粹,神德不全",高诱注:"机械,巧诈也"。三、金蔡松年《庚申闰月从person还自颍上对新月独酌》:"自要尘网中,低眉受机械",谓桎梏,束缚。
manager	keiri	经理*	jingli	一、《史记·秦始皇本纪》:"皇帝明德,经理宇内",谓治理。二、《荀子·正名》:"心也者,道之工宰,道也者,治之经理也",谓常理。
maneuver, drill	enshū	演习	yanxi	一、《新唐书·南诏传》:"大府主将曰演习,副曰演览",官名。二、元汪元亨《沈醉东风·归田》曲之二:"薰陶成野叟情,铲削去时官样,演习会牧歌樵唱",谓练习,温习使熟悉。

English	Japanese romaji	Chinese	Chinese pinyin	释义
market	shijō	市场	shichang	南唐尉迟偓《中朝故事》："每阅市场，登酒肆，逢人即与相喜"，商品买卖的场所。
material	shiryō	材料	cailiao	一、宋苏轼《乞降度牒修定州军营房状》："一面置场和买材料烧造砖瓦"，谓用来造成品之物。二、元张可久《庆东原·次马致远先辈韵》曲："山容瘦，木叶凋。对西窗尽是诗材料"，谓写作素材。
matter	busshitsu	物质	wuzhi	金刁白《物质》诗："物质方圆定，营营止自疲"，谓物的形体。
meaning, signify	imi	意味*	yiwei	《敦煌变文集·欢喜国王缘》："无限难思意味长，速须觉悟礼空王"，谓意境，趣味。又见宋张戒《岁寒堂诗话》："大抵句子中若无意味，譬之山无烟云，春无草树，岂复可观？"
means	shudan	手段*	shouduan	宋苏轼《与循守周文之书》之二："郑君知其俊敏，笃问学，观所为诗文，非止科场手段也"，谓本领，技巧。
memory	kioku	记忆	jiyi	《隋书·儒林传何妥》："臣少好音律，留意管弦，年虽耆老，颇皆记忆"，谓记得，不忘。
metaphysical	keijijō	形而上	xing'ershang	《易经·系辞》："形而上者谓之道，形而下者谓之器"，谓无形，抽象。
method	hōhō	方法	fangfa	一、《墨子·天志中》："中吾矩者谓之方，不中吾矩者谓之不方，是以方与不方，皆可得而知之。此其故何？则方法明也"，谓测定方形之法。二、《朱子语类》卷一一七："伯丰有才气，为学精苦，守官治事，皆有方法"，谓办法，门径。三、唐张籍《书怀》诗："别从仙客求方法，时到僧家问苦空"，谓方术，法术。
military affairs	gunji	军事	junshi	《史记·律书》："会高祖厌苦军事，亦有萧张之谋，故偃武一休息，羁縻不备"，谓有关军旅或战争之事。（参见附录B的日语外来词 heiji 兵事）
military official	shikan	士官	shiguan	《书·立政》："准人"，孔传："准人，平法，谓士官"，即士师，掌刑狱之官。
monograph	tankōhon	单行本	danxingben	清叶廷琯《吹网录·胡注失收考异》："散入时实有遗漏数条，幸有单行本在，尚可勘对而知"，谓单独刊行之书籍，以别于丛书或散附它书而流行者。
monopoly	dokusen	独占	duzhan	唐方干《赠郑仁规》诗："一石雄才独占难，应分二斗借人寰"，谓单独占有。
move, movement	undō	运动*	yundong	一、汉董仲舒《雨雹对》："运动抑扬，更相动薄"，谓运行移动。二、汉陆贾《新语·慎微》："若汤武之君，伊吕之臣，因天时而行罚，顺阴阳而运动"，犹行动。三、《隋书·天文志上》："梁华林重云殿前所置铜仪……其运动得东西转，以象天行"，谓转动。四、《太平广记》卷二二六引唐颜师古《大业拾遗记·水饰图经》："木人长二尺许，衣以绮罗，装以金碧，及作杂禽兽鱼鸟，皆能运动如生，随曲水而行"，谓人或动物在空间的移动。五、《朱子语类》卷一一五："又如人作商，亦须先安排许多财本，方可运动。若财本不赡，则运动未得"，指为达到目的而奔走活动。六、《英烈传》第三十回："刘基便登将台，把五方旗号，按方运动，发出了三声号炮，击了三声鼓，诸将都台下听令"，谓挥动，舞动。七、《西游记》第三二回："只看你腾那乖巧，运动神机，仔细保你师父。假若怠慢了些儿，西天路莫想去得"，谓施展。

附录 D　回归的书写形式借贷词：现代汉语中源自古汉语的日本"汉字"词语

national learning	koku gaku	国学	guoxue	《周礼·春官·乐师》："乐师掌国学之政，以教国子小舞"，古代指国家设立学校。
nationwide	zengoku	全国	quanguo	一、《孙子·谋攻》："凡用兵之法，全国为上，破国次之"，谓使敌国不战而降。二、三国魏曹植《又赠丁仪王粲》："权家虽爱胜，全国为令名"，谓保全国家。
nature, natural	shizen	自然*	ziran	一、《老子》："人法地，地法天，天法道，道法自然"，又见《淮南子》："因天地之自然"，谓宇宙万物之存在。二、《陈绎会诗谱》："谢灵运以险为主，以自然为工"，谓浑成，诗不加雕琢。三、《晋书·裴秀传》："生而岐嶷，长蹈自然"，谓无所勉强。（丁韪良在《万国公法》中将英语"natural right"翻译为"自然之权"时，"自然"一词被用作形容词 [Masini, p. 221]。）
navy	kaigun	海军	haijun	《资治通鉴·后梁均王龙德二年》："大封王躬乂，性残忍，海军统帅王建杀之。自立，复称高丽王"，指在海上作战的军队。
necessity	hitsuyō	必要	biyao	《二刻拍案惊奇》卷二一："即差快手李彪随着王爵跟捕贼人，必要擒获，方准销牌"，谓非此不行，不可缺少的。
negotiate, negotiation	kōshō	交涉*	jiaoshe	一、前蜀贯休《闻无相道人顺世》诗之五："百千万亿偈，共他勿交涉"，又见宋范成大《病中闻西园新花已茂及竹径皆成而海棠亦未过》诗："春虽与病无交涉，雨莫将花便破除"，谓关系，牵涉。二、宋朱彧《萍洲可谈》卷三："熙觊但言平生不喜与福建子交涉"，谓接触。
nerve	shinkei	神经	shenjing	《后汉书·方术列传》："然神经怪牒，玉策金绳，关扃于明灵之府，对膝于瑶坛之上者，靡得而窥也"，谓神秘奥妙之典籍。
normal (school)	shihan	师范	shifan	一、《北史·杨播传》："恭德慎行，为世师范"，谓模范。二、南朝梁刘勰《文心雕龙·通变》："今才颖之士，刻意学文，多略汉篇，师范宋集"，谓效法。三、元乔吉《金钱记》第二折："著宋玉为师范，巫娥做生员"，指师傅，老师。
obey	fukujū	服从	fucong	《礼记·内则》："四十始仕，方物出谋发虑，道合则服从，不可则去"，孙希旦集解："服从，谓其事而从君也"，后以顺服，遵从为服从。
office, organ	kikan	机关*	jiguan	一、《汉书·艺文志》："技巧者，习手足，便器械，积机关，以立攻守之胜者也"，谓机所以发，关所以闭，凡设有机件而能制动的机械。二、元戴善夫《风光好》第三折："不想陶学士被某识破十二字隐语，用些机关，果中其计"，谓计谋。三、《素问·厥论》："少阳厥逆，机关不利。机关不利者，腰不可以行，项不可以顾"，指人体的关节。
only, sole	yuiitsu	惟一* （唯一）	weiyi	《书·大禹谟》："惟精惟一，允执厥中"，又见李邕《春赋》："迈惟一之德"，专一之意。
opinion	iken	意见	yijian	一、《后汉书·王充王府仲长统列传》："夫遭运无恒，意见偏杂，故是非之论，纷然相乖"，谓见解。二、明李贽《与焦漪圆太史书》："盖意见太多，窭曰遂定，虽真师友将如之何哉"，指不满的想法。三、元张光祖《〈言行龟鉴〉序》："虽然人之气质意见终有限，惟学问义理为无穷"，谓识见。
opportunity	kikai	机会*	jihui	唐韩愈《与柳中丞书》："动皆中于机会"，又见《苏轼诗》："东邻小儿识机会，半年外舍无不知"，谓可借以行事之时机。（在马礼逊那里 [1815] 被译为"机会"。）

337

oppose	hantai	反对	fandui	一、南朝梁刘勰《文心雕龙·丽辞》："故丽辞之体，凡有四对，言对为易，事对为难，反对为优，正对为劣"，谓对偶一法。二、《明史·天文志一》："东方见日早，西方见日迟……相距一百八十度则昼夜时刻俱反对矣"，谓相反，对立。
optimistic	rakkan	乐观	leguan	一、《史记·货殖列传》："当魏文侯时，李克务尽地力，而白圭乐观时变，故人弃我取，我取我与"，谓善于观察。二、唐韩愈《送王秀才序》："自孔子没，群弟子莫不有书，独孟轲氏之传得其宗，故吾心而乐观焉"，谓喜欢观看。
order	meirei	命令	mingling	一、《后汉书·皇后纪上》："时后前母姊女贾氏亦以选入，生肃宗。帝以后无子，命令养之"，谓发令以使之。二、《楚辞·天问》："何亲揆发足，周之命以咨嗟"。汉王逸注："当此之时，周之命令已行天下，百姓咨嗟叹而美之也"，指帝王的诏命，朝廷的文书。
organize, organization	soshiki	组织	zuzhi	一、《吕氏春秋·先己》："《诗》曰：'执辔如组'"，汉高诱注："组读组织之组。夫组织之匠，成文于手，犹良御执辔于手而调马口，以致万里也"，谓经纬相交，织作布帛。二、南朝梁刘勰《文心雕龙·诠赋》："丽词雅义，符采相胜，如组织之品朱紫，画绘之著玄黄"，谓织成的织物。三、刘勰《文心雕龙·原道》："雕琢情性，组织辞令"，指诗文的造句构辞。四、元姜个翁《霓裳中序第一·春晚旅寓》："园林罢组织，树树东风翠云滴"，谓安排，整顿。五、唐李白《叙旧赠江阳宰陆调》诗："邂逅相组织，呵吓来煎熬"，谓构陷，犹罗织。
park	kōen	公园	gongyuan	《魏书·任城王传》："（元澄）又明黜陟赏罚之法，表减公园之地以给无业贫口"，谓古代官家的园林。
peasant, farmer	nōmin	农民	nongmin	《榖梁传·成公元年》："古者有四民。有士民，有商民，有农民，有工民"，范宁注："农民，播殖耕稼者"，指务农的人。又见北齐颜之推《颜氏家训·勉学》："人生在世，会当有业，农民则计量耕稼，商贾则讨论货贿。"
pencil	enpitsu	铅笔*	qianbi	《东观汉记·曹褒传》："寝则怀铅笔，行则诵文书"，指蘸铅粉涂改错字之笔。
perform	enshutsu	演出	yanchu	一、唐黄滔《误笔牛赋》："于是逐手摘成，随宜演出，斯须亡堕落之所，顷刻见下来之质"，谓演变而出，演变而来。二、《好逑传》第二回："（铁公子）骑了一匹白马，只叫一人跟随，竟暗暗演出齐化门来，并不使一人知觉"，偷地出行。
period, era	jidai	时代	shidai	一、《宋书·礼志一》："况三国鼎峙，历晋至宋，时代移改，各随事立"，指改朝易代中的某个时期。二、唐高适《酬马八效古见赠》诗："时代种桃李，无人顾此君"，犹世代。
pessimism	hikan	悲观	beiguan	《法华经·八普门品》："悲观及慈观，常愿常胆仰"，佛教语，五观之一。谓以慈悲之心观察众生，救人苦难。
phenomena	genshō	现象	xianxiang	《宝行经》："观世音现象三十有九，文殊现象七十一"，谓神，佛，菩萨等现身于人间。
physiology	seiri	生理	shengli	一、《百喻经·种熬胡麻子喻》："昔有愚人，生食胡麻子，以为不美，熬而食之为美。便生念言，不如熬而种之，后得美者。便熬而种之。永无生理"，谓生长繁殖之理。二、宋苏轼《问养生》：

附录 D　回归的书写形式借贷词：现代汉语中源自古汉语的日本"汉字"词语

English	Japanese	汉字	拼音	释义
plan, project	keikaku	计划 *	jihua	"安则物之感我者轻，和则我之应物者顺。外轻内顺，而生理备矣"，谓养生之理。三、唐杜甫《自京赴奉先县咏怀五百字》："以兹悟生理，独耻事干谒"，谓为人之道。（参见附录 E 的 seirigaku 生理学）元无名氏《符金锭》第二折："我忙回住宅，自有个计划，便著你花烛筵会宾客"，谓计策，打算。
poetry	shika	诗歌	shige	《汉书·礼乐志》："和亲之说难形，则发之于诗歌咏言，钟石筦弦"，古代不合乐的为诗，合乐的为歌，现代一般统称为诗歌。
police	keisatsu	警察	jingcha	一、唐玄奘《大唐西域记·籃摩国》："野象群行，采花以散，冥力警察，初无间替"，谓警戒，监察。二、《金史·百官志》："诸京警巡院使，掌平理狱讼警察别部"，谓监督，检察。三、明陈敬宗《题晦庵先生书简墨迹卷后》："乃知先生虽己造大贤之域，亦有资于警察涵养之功也"，谓警惕，省察。
politics	seiji	政治 *	zhengzhi	一、《书·毕命》："道洽政治，泽润生民"，谓政事得以治理，政事清明。二、《周礼·地官·遂人》："掌其政治禁令"，指治理国家所施行的一切措施。三、《宋书·沈攸之传》："至荆州，政治如在夏口，营造舟甲，常如敌至"，谓政事的治理。
popular	ryūkō	流行 *	liuxing	《孟子》："孔子曰德之流行，速于置邮而传命"，谓如水之流行，所及者远之意。
preach	sekkyō	说教	shuojiao	《汉书·儒林传·梁丘贺》："待诏黄门数入说教侍中，以召贺"，谓讲解和教授。
prejudice	henken	偏见	pianjian	一、《汉书·杜邺传》："疏贱独偏见，疑内亦有此类"，颜师古注："邺自谓傍观而见之也"，谓从侧面看到。二、《庄子·齐物论》："与物相刃相靡……不亦悲乎"，晋郭象注："各信其偏见，而恣其所行，莫能自反"，谓片面的见解。（参见"prejudice"，在马礼逊那里［1815］被译为"偏私之见"。）
present, attend a meeting	shusseki	出席	chuxi	《金瓶梅词话》第四九回："蔡御史便说：'深扰一日，酒告止了罢。'因起身出席"，谓离开席位。
presentation, symbol	hyōshō	表象 *	biaoxiang	一、《史记·龟策列传》："会上欲击匈奴，西攘大宛，南收百越，卜筮至预见表象，先图其利"，谓显露在外的征象。二、《后汉书·天文志》："言其事星辰之变，表象之应，以显天戒，明王事焉"，谓征兆。
production	seisan	生产	shengchan	一、《史记·货殖列传》："吾治生产，犹伊尹，吕尚之谋，孙吴用兵，商鞅行法是也"，谓生计。二、明陶宗仪《辍耕录·传国玺》："大师国王之孙曰拾得者，尝官同知通政院事，今既殁矣，生产散失，家计窘极"，谓财产，产业。三、《三国志·吴书·骆统传》："又闻民间，非居处小能自供，生产儿子，多不起养，屯田贫民，亦多弃子"，谓生育。
professor	kyōju	教授 *	jiaoshou	一、《史记·仲尼弟子列传》："子夏居西河教授，为魏文侯师"，谓以道艺传授生徒。二、学官名，宋代除宗学、律学、医学、武学等置教授传授学业外，各路的州、县学均置教授，掌管学校课试等事，位居提督学事司之下。三、《京本通俗小说·西山一窟鬼》："吴教授看那入来的人，不是别人，却是十年前搬去的邻舍王婆"，对私塾先生的尊称。
progress	shinpo	进步 *	jinbu	《传灯录》："百尺竿头须进步，十方世界是全身"，谓逐次前进，如行步之不已。

英文	日文罗马字	中文	拼音	出处
propagation	denpa	传播	chuanbo	《北史·突厥传》："宜传播天下，咸使知闻"，又见元辛文房《唐才子传：高适》："每一篇已，好事者辄为传播吟玩"。清袁枚《随园诗话》卷十四："一砚一铫，主人俱绘形作册，传播艺林"，谓广泛散布。（Masini [p.162] 将现代汉语"传播"一词的名词用法归因于日本的双程流传。）
proposition	meidai	命题	mingti	宋王禹偁《赠别鲍秀才序》："公出文数十章，即进士鲍生之作也。命题立意，殆非常人"，指所确定的诗文等的主旨。
props	dōgu	道具	daoju	唐严维《送桃岩成上人归本寺》诗："道具门人捧，斋盂谷鸟衔"，佛教语。指修行者用的衣物器具。又见宋惠洪《冷斋夜话·石崖僧》："师寄此山如今几年矣，道具何在？伴侣为谁？"
prosperity, economic boom	keiki	景气	jingqi	晋殷仲文《南州桓公九井作》诗："景气多明远，风物自凄紧"，景色，景象之意。（参见附录C的日语 fukeiki 不景气）
protest	kōgi	抗议*	kangyi	一、《后汉书·卢植传》："（董卓）大会百官于朝堂，议欲废立，群僚无敢言，植独抗议不同"，谓持论正直。二、《旧唐书·裴耀卿传》："李怀光以河中叛，朝廷欲以含垢为意，佯抗议请讨。上深器之，前席慰勉"，指进言，献议。
psyche, psychology	shinri	心理	xinli	一、南朝梁刘勰《文心雕龙·情采》："是以联辞结采，将欲明理，采滥辞诡，则心理愈翳"，谓心中包含的情理。二、明王守仁《传习录》卷中："此区区心理合一之体，知行并进之功，所以异于后世者，正在于是"，理学名词，谓情与理。
reaction, reactionary	handō	反动	fandong	《北齐书·杨愔传》："高归彦初虽同德，后寻反动，以疏忌之迹尽告两王"，谓与原来的行动相反。
reaction, response	hannō	反应	fanying	《后汉书·刘焉传》："（赵韪）还共系璋（刘璋），蜀郡，广汉，犍为皆反应"，谓响应反叛。
record	kiroku	记录	jilu	一、《后汉书·班彪传》："太中大夫陆贾记录时功，作《楚汉春秋》一篇"，谓载录，记载。二、宋曾巩《太子宾客致仕陈公神道碑铭》："惟陈氏，其先虞舜之后，封于陈。春秋时，陈灭入楚，其子孙以国为氏，世为显姓，见于记录"，谓史册，记载的材料。三、唐崔致远《谢生料启》："岂料司空相公俯念海人久为尘吏，特垂记录，继赐沾濡"，指记名在册，以备录用或治理。
reform	kaizō	改造*	gaizao	一、《通鉴·秦昭襄王五十二年》："改造则不易同也"，谓更选择也。二、《宋史·律历志》："请改造新历"，谓重行制造。
registration	tōki	登记	dengji	明李颐《条陈海防疏》："兵部量发马价，于密，蓟，永三道，每道二万两，听备前项买马造器及海防杂办一应必需之物，详为登记"，指记载在册籍上。
relation, connection	kankei	关系	guanxi	《宣和遗事》前集："这个阴阳，都关系着皇帝一人心术之邪正是也"，谓关联，牵涉。又见《金瓶梅词话》第五六回："哥教唱此词，关系心间之事，莫非想起过世的嫂子来。"
relativity	sōtai	相对	xiangdui	一、《仪礼·士昏礼》："妇乘以几，从者二人，坐持几相对"，谓面对面，相向。二、唐韩愈《朝归》诗："服章岂不好？不与德相对"，谓相符，相称。三、宋张载《正蒙·太和》："反者，屈伸聚散相对之谓"，指两相对应。四、宋沈括《梦溪笔谈·杂志一》："以变化相对言之，既能变而为大毒，岂不能变而为大善？既能变而杀人，则宜有能生人之理"，指依条件而存在或变化。

附录 D　回归的书写形式借贷词：现代汉语中源自古汉语的日本"汉字"词语

English	Japanese	汉字	Pinyin	出处
represent, delegate	daihyō	代表	daibiao	明吴承恩《寿苏山陈公章词》："郢中寡和，风高《白雪》之篇，日下无双，代表青云之业"，谓显耀于一代。
republic	kyōwa	共和*	gonghe	一、《史记·周本纪第四》："召公，周公二相行政，号曰共和。"韦昭注："公卿相与和而修政事，号曰共和也。"二、《竹书纪年》："厉王十二年出奔彘，十三年共伯和摄行天子事，号曰共和"。三、《汉书·古今人表》注："师古曰'共，国名也。伯，爵也。和，共伯之名也。共音恭。'而《迁史》以为周召二公行政，号曰共和，无所据也。"
request	seikyū	请求	qingqiu	一、《史记·游侠列传》："解（郭解）执恭敬，不敢乘车入其县廷。之旁郡国，为人请求事，事可出，出之"，以私事相求。二、《汉书·宣帝纪》："虚间权渠单于请求和亲"，说明要求，希望得到满足。
resolution	giketsu	议决*	yijue	《汉书·酷吏传》："延年按剑叱叱群臣，即日议决"，谓议论并作出决定。
retreat	taikyaku	退却	tuique	《后汉书·皇甫规传》："郡将知规有兵略，乃命为功曹，使率甲士八百，与羌战，斩首数级，贼遂退却"，谓倒退，多用于军队在作战中向后撤退。
revolution	kakumei	革命*	geming	《易·革》："天地革而四时成，汤武革命，顺乎天而应乎人"，孔颖达疏："夏桀，殷纣，凶狂无度，天既震怒，人亦叛主，殷汤，周武，聪明睿智，上顺天命，下应人心，放桀鸣条，诛纣牧野，革其命，改其恶俗，故曰汤武革命，顺乎天而应乎人"，谓天子受命于天，王者易姓。
romantic	rōman	浪漫	langman	宋苏轼《与孟震同游常州僧舍》诗之一："年来转觉此生浮，又作三吴浪漫游。"谓纵情，任意。（参见附录 F 的音译词"浪漫蒂克"）
rule, method	hōshiki	法式*	fashi	《史记·秦始皇本纪》："治道运行，诸产得宜，皆有法式"，又见《管子·明法解》："案法式而验得失，非法度不留意焉。"
rule, regulation	kisoku	规则*	guize	一、唐李群玉《湘中别成威阇黎》诗："至哉彼上人，冰雪凛规则"，指仪范。二、明徐光启《农政全书》卷九："在京各衙门，仍照军民粮运见行规则，刊刷易知单册，给与纳户，以便交纳扣除"，谓规章，法则。
sanction	seisai	制裁	zhicai	《资治通鉴·后唐明宗天成三年》："及安重诲用事，稍以法制裁之"，谓惩处，管束。
satire	fūshi	讽刺*	fengci	南朝梁刘勰《文心雕龙·书记》："刺者，达也，诗人讽刺"，谓以婉言隐语相讥刺。
savings	chochiku	贮蓄	zhuxu	唐白居易《唐故湖州长城县令赠户部侍郎博陵崔府君神道碑铭》："大丈夫贮蓄材术，树置功利，镃基富贵，焯耀家邦"，谓储存，积聚。
science	kagaku	科学	kexue	宋陈亮《送叔祖主筠州高要簿序》："自科学之兴，世之为士者往往困于一日之程文，甚至于老死而不遇"，谓科举之学。
secretary	kanji	干事	ganshi	《易·乾》："贞固足以干事"，谓办事。又见宋朱熹《答黄子耕书》："今且造一小书院，以为往来干事休息之处。"（现代汉语中 shi "事"的名词形式以及轻声用法，使得回归的书写形式外来词"干事"有别于其动词形式。实际上，这两个复合词应被视为同形表意词 [homo-ideographs]，而不是同音词。）
self	jiga	自我	ziwo	一、《文选·陆机〈豪士赋〉》序："夫我之自我，智士犹婴其累。物之相物，昆虫皆有此情"，指自己肯定自己。二、宋苏轼《戏书乐天身心问答后》诗："渊明形神自我，乐天身心相物"，犹相，谓相偶。

society	shakai	社会*	shehui	《东京梦华录》:"八月秋社,市学先生,预敛诸生钱作社会,春社重午重九,亦是如是",又见《梦粱录》:"安排社会,结缚台阁,迎列于道"。《二程全书》亦有"乡民为社会"之语,谓里社之民,逢节日举行集会行赛之活动。(参见附录E的 shehuixue 社会学)
solve, solution	kaiketsu	解决	jiejue	一、汉王充《论衡·案书》:"至于论,不务全疑,两传并纪,不宜明处。孰与剖破浑沌,解决乱丝,言无不可知,文无不可晓哉",谓梳理清楚,作出决断。二、唐杜牧《李府君墓志铭》:"年三十,尽明六经书,解决微隐,苏融雪释,郑玄至于孔颖达辈凡所为疏注,皆能短长其得失",谓解释,疏通。
special	tokubetsu	特别	tebie	《三国志平话》卷上:"吕布东北而进。数日,见桑麻地土特别",谓不一般,与众不同。
speculation	tōki	投机*	touji	一、唐司空图《复安南碑》:"投机扼险,委劲待时",谓设置有机件而能制动的器械。二、《新唐书·屈突通张公谨等传赞》:"投机之会,间不容糡",谓切中时机。三、宋陈师道《和黄预病起》:"似闻药病已投机,牛斗蛇妖顿觉非",指两相契合。四、清徐大椿《洄溪道情·行医叹》:"要入世投机,只打听近日时医,贯用的是何方何味,试一试偶然得效,倒觉得希奇",指乘机牟利。五、《续传灯录·法光禅师》:"使言言相副,句句投机",佛家语。谓契合佛祖心机,喻彻底大悟。
speech	enzetsu	演说*	yanshuo	一、《书·洪范》:"初一曰五行……威用六极",(疏):"自初一曰已下,至此六极已上,皆是禹所次第而叙之,下文更将此九类而演说之",谓引申其说。二、《莲社高贤传·慧远法师》:"又见水流光明,分十四支流注上下,演说空苦无常无我之音",谓阐述。三、清李渔《蜃中楼·献寿》:"待兄弟手舞足蹈,演说一番,只当作一出戏文",谓表演叙说。
square, plaza	hiroba	广场	guang-chang	一、汉张衡《西京赋》:"临迥望之广场,程角牴之妙戏",谓广阔的场地。二、宋王禹偁《赠别鲍秀才序》:"其为学也,依道而据德,其为才也,通古而达变,其为识也,利物而务成。求之广场,未易多得",谓人多的场合。
stage	butai	舞台	wutai	唐颜师古《隋遗录》:"舟前为舞台,台上垂蔽日帘",指供演出的台。又见宋赵令畤《侯鲭录》卷二:"泪脸补痕劳獭髓,舞台收影费鸾肠。"
staple food	shushoku	主食*	zhushi	《资治通鉴·梁武帝普通元年》:"使主食中黄门胡定自列",胡三省注:"主食,主御食者也",指主管君主膳食的官。
statistics	tōkei	统计	tongji	明胡应麟《少室山房笔丛·经籍会通一》:"古今书籍,统计一代,前后之藏,往往无过十万。统计一朝,公私之蓄,往往不能十万",谓总括的计算。
status, personal background	minbun	身份	shenfen	一、《宋书·王僧达传》:"固宜退省身份,识恩之厚,不知报答,当在何期",指出身,地位。二、明陶宗仪《辍耕录·写山水诀》:"树要有身份,画家谓之纽子,要折搭得中,树身各要有发生",指模样,姿态。三、《儒林外史》第十二回:"张铁臂一上一下,一左一右,舞出许多身份来",指手段,本领。四、《初刻拍案惊奇》卷二十:"(那婆子)所以闲常也与人做些不伶俐的身份",指行为,勾当。五、《金瓶梅词话》第二五回:"比杭州织来的花样身份更强十倍",谓质地,质量。

附录 D　回归的书写形式借贷词：现代汉语中源自古汉语的日本"汉字"词语

stop, cease	teishi	停止	tingzhi	一、《梁书·武帝纪中》："属车之间，见讥前世，便可自今停止"，指不再进行，不再实行。二、《周书·柳庆传》："有贾人持金二十斤，诣京师交易，寄人停止"，谓住宿。三、元吴昌龄《张天师》第一折："仙子，您直恁般慌速，便再停止一会儿也好"，指停留。
subject	shutai	主体	zhuti	《汉书·东方朔传》："上以安主体，下以便万民，则五帝三王之道可几而见也"，指君主的统治地位。
sum total	sōkei	总计	zongji	一、《三国志·魏书：刘廙传》："可以死效，难用笔陈"，裴松之注引《刘廙别传》："岁课之能，三年总计，乃加黜陟"，谓总共计算。二、《宋史·外国传五：阇婆》："有文吏三百余员，目为秀才，掌文本，总计货财"，犹统计。
supply	kyōkyū	供给	gongji	一、《管子·地图》："论功劳，行赏罚，不敢蔽贤有私，供给军之求索"，谓以物资、钱财等给人而供其所需。二、唐杜甫《有客》诗："不嫌野外无供给，乘兴还来看药栏"，谓生活所需之钱物。
support	shiji	支持*	zhichi	一、《淮南子·本经训》："标枺欂栌，以相支持"，谓支撑。二、《元典章·圣政二：均赋役》："中书省官人每奏国家应办，支持浩大"，谓开支，供应。三、元萧德祥《杀狗劝夫》第二折："他觉来我自支持他，包你无事"，谓对付，应付。四、《英烈传》第六五回："徐达传令水陆三军一齐进战，以防贼众彼此支持"，指支援。五、元孟汉卿《魔合罗》："不要你狂言诈语，花唇巧舌，信口支持"，谓说话不老实。六、元郑廷玉《后庭花》第四折："好教我不解其中之意，起初道眼迷奚。他如今则把手支持，真个是哑子做梦说不的"，谓做出姿势。
teaching assistant	jokyō	助教	zhujiao	古代学官名。晋咸宁时设置，协助国子祭酒、博士教授生徒。其后除个别朝代外，国学中都设经学助教，称国子助教，太学助教，四门助教，广文助教等。
theory	riron	理论	lilun	一、晋常琚《华阳国志·后贤志李宓》："著述理论，论中和仁义儒学道化之事凡十篇"，谓说理立论。二、《水浒传》二十四回："如若有人欺负你，不要和他争执，待我回来，自和他理论"，谓据理辩论。
thought	shisō	思想*	sixiang	一、《公羊传·桓公二年》："纳于大庙"，汉何休注："庙之言貌也，思想仪貌而事之"，谓想念，怀念。二、《素问·上古天真论》："外不劳形于事，内无思想之患"，谓思忖，考虑。
time	jikan	时间	shijian	一、金董解元《西厢记诸宫调》卷一："时间尚在白衣，目下风云未遂"，犹眼下，一时。二、《西游记》第四回："如若不依，时间就打上灵霄宝殿，教他龙床定坐不成"，犹立即，马上。
topic (of conversation)	wadai	话题	huati	明无名氏《白兔记·团圆》："贫者休要相轻弃，否极终有泰时，留与人间作话题"，谈话的题目。
toy	omocha	玩具	wanju	明唐顺之《重修泾县儒学记》："周衰，王道废缺……《易》象，《春秋》，十六国之乐，徒以夸于诸侯宾客，为古物玩具，而未尝以教诸弟子"，指供玩耍游戏的器物。
tradition	dentō	传统	chuantong	《后汉书·东夷传》："自武帝灭朝鲜，使驿通于汉者三十许国，国皆称王，世世传统"，又见南朝梁

343

				沈约《立太子恩诏》："守器传统，于斯为重。"明胡应麟《少室山房笔丛·九流序论上》："儒主传统翼教，而硕士名贤之训附之"，谓帝业、学说等世代相传。
traffic	kōtsū	交通	jiaotong	一、《管子·度地》："山川涸落，天气下，地气上，万物交通"，谓交相通达。二、《庄子·田子方》："至阴肃肃，至阳赫赫。肃肃出乎天，赫赫发乎地。两者交通成和而物生焉"，谓感通，感应。三、《韩诗外传》卷十："渊愿贫如富，贱如贵，无勇而威，与士交通终身无患难"，谓交往，往来。四、《汉书·江充传》："（充）诣阙告太子丹与同产姊及王后宫奸乱，交通郡国豪猾，攻剽为奸，吏不能禁"，指勾结，串通。五、《百喻经·摩尼水窦喻》："昔有一人与他妇通，交通未竟，夫从外来，即便觉之"，指交媾。
transition, interim	kato	过渡	guodu	宋苏轼《荆州十首》："野市分獐闹，官帆过渡迟"，谓横越江河。
trust, credit	shin'yō	信用*	xinyong	一、《左传：宣公十二年》："王曰：'其君能下人，必能信用其民矣，庸可几乎？'"谓以诚信使用人。二、《三国志·魏书·董卓传》："悉发掘陵墓，取宝物"，裴松之注引晋司马彪《续汉书》："《石苞室谶》，妖邪之书，岂可信用？"谓相信，采用。
truth	shinri	真理	zhenli	南朝梁萧统《令旨解二谛义》："真理虚寂，惑心不解，虽不解真，何妨解俗"，谓最纯真的道理，亦指佛法。
understanding (the power of)	gosei	悟性	wuxing	宋赵师秀《送汤干》诗："能文兼悟性，前是惠休身"，明谢榛《四溟诗话》卷四："诗固有定体，人各有悟性"，谓领会事物的能力。
unfold	tenkai	展开	zhankai	《朱子语类》卷十八："欲致其知者，须先存得此心。此心既存，却看这个道理是如何，又推之于身，又推之于物，只管一层展开一层，又见得许多道理"，谓铺开，张开。
unique, special	tokushu	特殊	teshu	晋夏侯湛《芙蓉赋》："固陂池之丽观，尊终世之特殊"，谓不同一般。又见宋苏辙《谢改著作佐郎启》："固天地付予之特殊，宜朝廷进退之亦异。"
unit	tan'i	单位	danwei	《敕修清规日用规范》："昏钟鸣，须先归单位坐禅"，谓禅位。
view, outlook	kannen	观念	guannian	唐魏静《禅宗永嘉集序》："物物斯安，观念相续，心心靡间，始终抗节"，佛教用语，对特定对象或义理的思维和记忆。
violate, violation	shinpan	侵犯	qinfan	一、《史记·律书》："大至君辱失守，小乃侵犯削弱"，谓侵凌触犯。二、《朱子语类》卷九十四："只是那一个定理在此中截然不相侵犯"，谓抵触。
warehouse	sōko	仓库	cangku	《国语·晋语九》："从者曰：'邯郸之仓库实'"，贮藏粮食之处为仓，贮藏兵车之处为库。后即以仓库泛指贮存保管大宗物品的建筑物或场所。又见《史记·万石张叔列传》："城郭仓库空虚。"
will	ishi	意志	yizhi	《商君书·定分》："夫微妙意志之言，上知之所难也"，指决定达到某种目的而产生的内心状态，常以语言或行动表现出来。
world	sekai	世界	shijie	一、《楞严经》卷四："何名为众生世界？世为迁流，界为方位。汝今当知，东、西、南、北、东南、西南、东北、西北、上、下为界，过去、未来、现在为世"，佛教语。世犹指时间，界指空间。二、唐孟浩然《腊月八日于剡县石城寺礼拜》诗："竹柏禅庭古，楼台世界稀"，谓人间。三、宋陆

附录 D 回归的书写形式借贷词：现代汉语中源自古汉语的日本"汉字"词语

游《老学庵笔记》卷一："金腰带，银腰带，赵家世界朱家坏"，谓天下，江山。（请注意，"世界"与英文词"world"的等同过程，乃以日语 *sekai* 为中介，而且重要的是，"世界"一词的这一世界化过程，成功地取代了早期汉语对于时空界限的概念性命名过程，如 *tianxia*"天下"。参见附录 A 教会汉语将"international"译为 *wanguo* 万国，以及附录 B 后来出现的日语外来词替代词 *kokusei* 国际。）

附录 E 源自现代日语的后缀前缀复合词采样

英语	日语拼音	汉字	汉语拼音
1. "anti-"	*han-*	反	***fan-***
anti-party	*hantō*	反党	*fandang*
counterrevolution	*hankakumei*	反革命	*fan geming*
oppose, counter	*hantai*	反对	*fandui*
reaction	*handō*	反动	*fandong*
2. "as"	*to-*	为	***-wei***
become	*to naru*	成为	*chengwei*
believe, consider as	*to mitomeru*	认为	*renwei*
view as	*to minasu*	视为	*shiwei*
3. "class"	*kaikyū*	阶级	***jieji***
bourgeoisie	*shisan kaikyū*	资产阶级	*zichan jieji*
landlord class	*jinushi kaikyū*	地主阶级	*dizhu jieji*
peasant class	*nōmin kaikyū*	农民阶级	*nongmin jieji*
proletariat	*musan kaikyū*	无产阶级	*wuchan jieji*
propertied class	*yūsan kaikyū*	有产阶级	*youchan jieji*
4. "effect", "function"	*-sayō*	作用	***-zuoyong***
alienation	*ika sayō*	异化作用	*yihua zuoyong*
assimilation	*dōka sayō*	同化作用	*tonghua zuoyong*
psychological function	*shinri sayō*	心理作用	*xinli zuoyong*
spiritual effect	*seishin sayō*	精神作用	*jingshen zuoyong*
5. "era", "age"	*-jidai*	时代	***-shidai***
Atomic Age	*genshi jidai*	原子时代	*yuanzi shidai*
Bronze Age	*dōki jidai*	铜器时代	*tongqi shidai*
Iron Age	*tekki jidai*	铁器时代	*tieqi shidai*
Neolithic	*shin sekki jidai*	新石器时代	*xinshiqi shidai*

English	Japanese romaji	Chinese	Chinese pinyin
Paleolithic	kyū sekki jidai	旧石器时代	jiushiqi shidai
6. "-feeling"	-kan	感	-gan
aesthetic feeling	bikan	美感	meigan
anxiety	kinchōkan	紧张感	jinzhang gan
bad impression	akkan	恶感	egan
favorable impression	kōkan	好感	haogan
feeling, emotion	jōkan	情感	qinggan
impression of a literary work	dokugokan	读后感	duhou gan
sensitivity	binkan	敏感	mingan
sex appeal	seikan	性感	xinggan
superiority complex	yūetsukan	优越感	youyue gan
7. "-ism"	-shugi	主义	-zhuyi
anarchism	museifu shugi	无政府主义	wuzhengfu zhuyi
capitalism	shihon shugi	资本主义	ziben zhuyi
communism	kyōsan shugi	共产主义	gongchan zhuyi
feudalism	hōken shugi	封建主义	fengjian zhuyi
humanism	jinbun shugi	人文主义	renwen zhuyi
imperialism	teikoku shugi	帝国主义	diguo zhuyi
individualism	kojin shugi	个人主义	geren zhuyi
militarism	gunkoku shugi	军国主义	junguo zhuyi
nationalism	minzoku shugi	民族主义	minzu zhuyi
naturalism	shizen shugi	自然主义	ziran zhuyi
realism	genjitsu shugi	现实主义	xianshi zhuyi
romanticism	rōman shugi	浪漫主义	langman zhuyi
socialism	shakai shugi	社会主义	shehui zhuyi
state socialism	kokka shakai-hugi	国家社会主义	guojia shehui zhuyi
national essentialism	kokusui shugi	国粹主义	guocui zhuyi
8. "-itis"	-en	炎	-yan
arthritis	kansetsuen	关节炎	guanjie yan
coronary inflammation	shinzō-naimaku'en	心脏内膜炎	xinzang neimo yan
encephalitis	nōen	脑炎	nao yan
enteritis	chōen	肠炎	chang yan
gastritis	ien	胃炎	wei yan
pleurisy	rokumakuen	肋膜炎	lemo yan
pneumonia	haien	肺炎	fei yan
tracheitis	kikan'en	气管炎	qiguan yan
9. "-ization"	-ka	化	-hua
arterial-sclerosis	dōmyaku kōka	动脉硬化	dongmai yinghua

automation	*jidōka*	自动化	*zidong hua*
beautification	*bika*	美化	*meihua*
centralization	*ichigenka*	一元化	*yiyuan hua*
colloquialization	*kōgoka*	口语化	*kouyu hua*
degeneration	*taika*	退化	*tuihua*
electrification	*denki ka*	电气化	*dianqi hua*
formulism, formulaic	*kōshiki ka*	公式化	*gongshi hua*
generalization	*ippanka*	一般化	*yiban hua*
idealization	*risō ka*	理想化	*lixiang hua*
industrialization	*kōgyō ka*	工业化	*gongye hua*
modernization	*gendai ka*	现代化	*xiandai hua*
nationalized	*minzoku ka*	民族化	*minzu hua*
pluralization	*tagenka*	多元化	*duoyuan hua*
popularization	*taishūka*	大众化	*dazhong hua*
protracted	*chōki ka*	长期化	*changqi hua*
scientific, scientized	*kagakuka*	科学化	*kexua hua*
softening	*nanka*	软化	*ruanhua*
specialization	*tokushuka*	特殊化	*teshu hua*
strengthening	*kyōka*	强化	*qianghua*
tree planting, greening	*ryokka*	绿化	*lühua*
weakening	*jakuka*	弱化	*ruohua*

10. "-line," "ray" | *-sen* | 线 | ***-xian***

battleline	*sensen*	战线	*zhanxian*
branch line, feeder line	*shisen*	支线	*zhixian*
high-voltage power lines	*kō'atsusen*	高压线	*gaoya xian*
hunger line	*kigasen*	饥饿线	*ji'e xian*
lifeline, lifeblood	*seimeisen*	生命线	*shengming xian*
radiation rays	*hōshasen*	放射线	*fangshe xian*
traffic corridor	*kōtsūsen*	交通线	*jiaotong xian*
trunk line, main line, artery	*kansen*	干线	*ganxian*
ultraviolet ray	*shigaisen*	紫外线	*ziwai xian*

11. "method," "law" | *-hō* | 法 | ***-fa***

analytic method	*bunsekihō*	分析法	*fenxi fa*
deductive method	*enekihō*	演绎法	*yanyi fa*
dialectics	*benshōhō*	辩证法	*bianzheng fa*
expressive mode	*hyōgenhō*	表现法	*biaoxian fa*

English	Japanese	Chinese	Pinyin
inductive method	hinōhō	归纳法	guina fa
synthesis	sōgōhō	综合法	zonghe fa
trigonometry	sankakuhō	三角法	sanjiao fa
12. "of"	**-teki**	**的** *	**-de**
artificial	jin'iteki	人为的	renwei de
fundamental	konponteki	根本的	genben de
historical	rekishiteki	历史的	lishi de
national	minzokuteki	民族的	minzu de
natural	shizenteki	自然的	ziran de
necessary	hitsuzenteki	必然的	biran de
of social intercourse	shakōteki	社交的	shejiao de
of the masses	taishūteki	大众的	dazhong de
open, overt	kōkaiteki	公开的	gongkai de
scientific	kagakuteki	科学的	kexuede
secretive, covert	himitsuteki	秘密的	mimi de
spontaneous	jihatsuteki	自发的	zifa de
13. "-on"	**ni-shite**	**于** **	**-yu**
about, relating to	ni kanshite	关于	guanyu
as for, about	ni taishite	对于	duiyu
based on	ni motoshite	基于	jiyu
owing to	ni yotte	由于	youyu
14. "-point"	**-ten**	**点**	**-dian**
focal point	shōten	焦点	jiaodian
important point, emphasis	jūtem	重点	zhongdian
main point, gist	yōten	要点	yaodian
main point, purpose	chūten	注意点	zhuyi dian
point of departure	shuppatsuten	出发点	chufa dian
viewpoint	kanten	观点	guandian
15. "power"	**-ryoku**	**力**	**-li**
consumer buying power	shōhiryoku	消费力	xiaofei li
electric power	denryoku	电力	dianli
imagination, imaginative power	sōzōryoku	想象力	xiangxiang li

---

* 近期对该词缀的讨论，参见耿德华，*Rewriting Chinese*, p. 89, p. 305n24；以及 Fogel, "Recent Translation Theory and Linguistic Borrowing," pp. 30–31。

** 对此中文词组后缀的讨论，参见耿德华，*Rewriting Chinese*, pp. 217–218。

impetus	*dōryoku*	动力	*dongli*
labor, manpower, workforce	*rōdōryoku*	劳动力	*laodong li*
memory	*kiokuryoku*	记忆力	*jiyi li*
power, control	*shihai ryoku*	支配力	*zhipei li*
powers of expression	*hyōgenryoku*	表现力	*biaoxian li*
productivity	*seisan ryoku*	生产力	*shengchan li*
static	*seiriki*	静力	*jingli*
16. "problem", "question"	*-mondai*	问题	***-wenti***
international problem	*kokusai mondai*	国际问题	*guoji wenti*
land problem	*tochi mondai*	土地问题	*tudi wenti*
nationality problem	*minzokumondai*	民族问题	*minzu wenti*
population problem	*jinkō mondai*	人口问题	*renkou wenti*
social problem	*shakai mondai*	社会问题	*shehui wenti*
17. "quality"	*-sei*	性	***-xing***
actuality	*genjitsusei*	现实性	*xianshi xing*
class character	*kaikyūsei*	阶级性	*jieji xing*
contingency, chance	*gūzensei*	偶然性	*ouran xing*
creativity, creativeness	*kōzōsei*	创造性	*chuangzao xing*
distinctive quality	*tokusei*	特性	*texing*
extensiveness, wide-ranging	*kōhansei*	广泛性	*guangfan xing*
habituality	*shūkansei*	习惯性	*xiguan xing*
impenetrability	*fuka'nyūsei*	不可入性	*bukeru xing*
importance	*jūyōsei*	重要性	*zhongyao xing*
inevitability	*hitsuzensei*	必然性	*biran xing*
in principle	*gensoku sei*	原则性	*yuanze xing*
necessity	*hitsuyōsei*	必要性	*biyao xing*
periodicity	*shūkisei*	周期性	*zhouqi xing*
possibility	*kanōsei*	可能性	*keneng xing*
radioactivity	*hōshasei*	放射性	*fangshe xing*
reason	*risei*	理性	*lixing*
revolutionary character	*kakumeisei*	革命性	*geming xing*
seductiveness	*yūwakusei*	诱惑性	*youhuo xing*
sensibility, sensitivity	*kanjusei*	感受性	*ganshou xing*
sensitivity	*kansei*	感性	*ganxing*
social nature	*shakaisei*	社会性	*shehui xing*
traditional	*dentōsei*	传统性	*chuantong xing*

附录 E 源自现代日语的后缀前缀复合词采样

character truth, authenticity, credibility	*shinjitsusei*	真实性	*zhenshi xing*
18. "rate" efficiency	**-*ritsu*** *kōritsu* *nōritsu*	**率** 效率 能率	**-*lü*** *xiaolü* *nenglü*
rate of production	*seisanritsu*	生产率	*shengchan lü*
utilization ratio	*shiyōritsu*	使用率	*shiyong lü*
19. "-scale", "type"	**-*kei*, -*kata*, -*gata***	**型**	**-*xing***
large-scale	*ōgata*	大型	*daxing*
medium-scale	*chūgata*	中型	*zhongxing*
model, typical example	*tenkei*	典型	*dianxing*
new type	*shingata*	新型	*xinxing*
small-scale	*kogata*	小型	*xiaoxing*
standard type	*hyōjungata*	标准型	*biaozhun xing*
streamlined	*ryūsenkei*	流线型	*liuxian xing*
type	*ruikei*	类型	*leixing*
20. "society"	**-*shakai***	**社会**	**-*shehui***
capitalist society	*shihon shakai*	资本社会	*ziben shehui*
communist society	*hyōsan shakai*	共产社会	*gongchan shehui*
feudal society	*hōken shakai*	封建社会	*fengjian shehui*
primitive communist society	*genshi kyōsan-shakai*	原始共产社会	*yuanshi gongchan shehui*
slave society	*dorei shakai*	奴隶社会	*nuli shehui*
21. "studies", "-ology"	**-*gaku***	**学***	**-*xue***
accounting	*bokigaku*	簿记学	*buji xue*
aesthetics	*bigaku*	美学	*meixue*
anatomy	*kaibōgaku*	解剖学	*jiepou xue*
applied fine arts	*kōgei-bijutsugaku*	工艺美术学	*gongyi meishu xue*
architecture	*kenchikugaku*	建筑学	*jianzhu xue*
biology	*seibutsugaku*	生物学	*shengwu xue*
chemistry	*kagaku*	化学	*huaxue*
civil engineering	*doboku kōtei-gaku*	土木工程学	*tumu gongcheng xue*

* "学"作为后缀的用法，可见于早期教会汉语文本（参见附录 A），因此，它应当被视为汉语的新词用法，而不是日语的输入。我将其收录本类别，是为了强调其广受承认的经由现代日语的流传途径。

economics	*keizai gaku*	经济学	*jingji xue*
ethics	*rinrigaku*	伦理学	*lunli xue*
ethnology	*minzokugaku*	民族学	*minzu xue*
geography	*chirigaku*	地理学	*dilixue*
harmonics	*waseigaku*	和声学	*hesheng xue*
horticulture, garden design	*engeigaku*	园艺学	*yuanyi xue*
hydraulic engineering	*suiryoku-kōgaku*	水力工学	*shuili gongxue*
hygienics	*eiseigaku*	卫生学	*weisheng xue*
law, jurisprudence	*hōgaku*	法学	*faxue*
logic	*ronrigaku*	论理学	*lunli xue*
mathematics	*sūgaku*	数学	*shuxue*
mechanical engineering	*kikai kōgaku*	机械工学	*jixie gongxue*
medical jurisprudence	*hōigaku*	法医学	*fayi xue*
medicine	*igaku*	医学	*yixue*
metallurgy	*yakingaku*	冶金学	*yejin xue*
metaphysics	*keijijōgaku*	形而上学	*xing'er shang xue*
natural science	*shizen kagaku*	自然科学	*ziran kexue*
pathology	*byōrigaku*	病理学	*bingli xue*
philosophy	*tetsugaku*	哲学	*zhexue*
physics	*butsurigaku*	物理学	*wuli xue*
physiology	*seirigaku*	生理学	*shenglixue*
psychology	*shinrigaku*	心理学	*xinli xue*
sociology	*shakaigaku*	社会学	*shehui xue*
statics	*seirikigaku*	静力学	*jingli xue*
study of finance	*zaiseigaku*	财政学	*caizheng xue*
study of plant diseases and insect pests	*byōchūgaku*	病虫学	*bingchong xue*
telecommunication	*denki tsūshingaku*	电气通信学	*dianqi tongxin xue*
trigonometry	*sankakugaku*	三角学	*sanjiao xue*

22. "-style", "form" | *-shiki* | 式 | **-shi**

accelerated	*sokuseishiki*	速成式	*sucheng shi*
equation	*hōteishiki*	方程式	*fangcheng shi*
identical equation	*kōtōshiki*	恒等式	*hengdeng shi*
Japanese-style	*nihonshiki*	日本式	*riben shi*
mobile form	*ryūdōshiki*	流动式	*liudong shi*
rhetorical form	*mondōshiki*	问答式	*wenda shi*
simple form	*kan'ishiki*	简易式	*jianyi shi*
Western-style	*yōshiki*	洋式	*yang shi*

23. "super-", "sur-" | *chō-* | 超 | **chao-**

superman	*chōnin*	超人	*chaoren*

English	Japanese	Chinese	Pinyin
supernatural	chō shizen	超自然	chao ziran
surreal	chōgenjitsu	超现实	chao xianshi
ultra shortwave	chōtanha	超短波	chao duanbo

24. "theory", "-ism" — -ron — 论 — -lun

English	Japanese	Chinese	Pinyin
atheism	mushinron	无神论	wushen lun
conclusion (of a syllogism), verdict	ketsuron	结论	jielun
dualism	nigenron	二元论	eryuan lun
epistemology	ninshikiron	认识论	renshi lun
fatalism	shukumeiron	宿命论	suming lun
idealism	yuishinron	唯心论	weixin lun
inference	suiron	推论	tuilun
materialism	yuibutsuron	唯物论	weiwu lun
methodology	hōhōron	方法论	fangfa lun
monism	ichigenron	一元论	yiyuan lun
pantheism	hanshinron	泛神论	fanshen lun
pluralism	tagenron	多元论	duoyuan lun
rationalism	yuiriron	唯理论	weili lun
solipsism	yuigaron	唯我论	weiwo lun
spiritualism	yuishinron	唯神论	weishen lun
theory of evolution	shinkaron	进化论	jinhua lun

25. "view" — -kan — 观 — -guan

English	Japanese	Chinese	Pinyin
historical materialism	yuibutsushikan	唯物史观	weiwu shiguan
life outlook	jinseikan	人生观	rensheng guan
objective	kyakkan	客观	keguan
scientific outlook	kagakukan	科学观	kexue guan
subjective	shukan	主观	zhuguan
universal view	uchūkan	宇宙观	yuzhou guan
world view	sekaikan	世界观	shijie guan

26. "world", "circles" — -kai — 界 — -jie

English	Japanese	Chinese	Pinyin
artistic circles	geijutsukai	艺术界	yishu jie
educational circles	kyō, ikukai	教育界	jiaoyu jie
financial world	kin'yūkai	金融界	jinrong jie
intellectual world	shisōkai	思想界	sixiang jie
journalistic circles	shinbunkai	新闻界	xinwen jie
judicial world	shihōkai	司法界	sifa jie
literary circles	bungakukai	文学界	wenxue jie
publishing circles	shuppankai	出版界	chuban jie

附录F 源自英语、法语、德语的汉语音译词

本源语言	汉字	汉语拼音	注释
academy	阿加的米	ajiademi	来自日语的 替代词：学院
acetylene	阿西台林	axitailin	
acre	爱克	aike	
adieu	亚丢	yadiu	
albite	阿勒倍得	alebeide	
alcohol	阿尔科尔	a'erke'er	
alizarine	阿里杀林	alishalin	
alkali	阿尔加里	a'erjiali	
Allah	阿拉	Ala	
alpha waves	阿尔法射线	a'erfa shexian	
alto	耳朵	erduo	
amateur	爱美的	aimeide	
amen	阿门	amen	
ammonia	阿摩尼亚	amoniya	
amoeba	阿米巴	amiba	
ampère	安培	anpei	
ampère mètre	安培表	anpei biao	
ampoule	安浦耳	anpu'er	
anabaptist	安那巴达派	annabada pai	
anarchism	安那其主义	annaqi zhuyi	来自日语的 替代词：无政府主义
angel	安琪儿	anqi'er	
angora	安歌拉	angela	
aniline	阿尼林	anilin	
anonym	阿囊	anang	
anthracene	安特拉生	antelasheng	
Anti-dumping Party	反屯并党	fan tunbing dang	
antimony	安的摩尼	andimoni	

附录 F　源自英语、法语、德语的汉语音译词

antipyrine	安提比林	antibilin	
apomorphine	阿朴吗啡	apumafei	
apple pie	苹果派	pingguo pai	
are	阿尔	a'er	
armored troops	坦克兵	tanke bing	
arnica	亚尼架	yanijia	
Arrow shirt	鸦佬恤	yalao xu	粤语独有： *alou seut*
aspirin	阿士匹林	ashipilin	可供选择的词：*asipiling* 阿司匹灵
Atlas	亚脱拉斯	yatuolasi	
atropine	阿托品	atuopin	
aufheben	奥伏赫变	aofuhebian	来自日语的 替代词：扬弃
autarkie	亚太基	yataiji	来自日语的 替代词：自治运动
baby	啤仔	pizai	粤语来源：*bijai*
	啤啤	pipi	粤语独有：*bihbi*
bacon	培根	peigen	
bacteria	拨克替里亚	boketiliya	
ball	波	bo	闽方言来源
ballet	芭蕾舞	balei wu	
band	扮	ban	粤语来源：*baan*
bandage	绷带	bengdai	
bank	版克	banke	来自日语的 替代词：银行
bar	酒吧	jiuba	可供选择的词： *jiuba jian* 酒吧间
Barbary ape	巴巴利	babali	
barbitol	巴比妥	babituo	
baritone	巴利东	balidong	
baroque	巴洛哥	baluoge	
	巴罗克	boluoke	
barrel	把列而	balie'er	
barricade	巴列卡台	baliekatai	
barroom	酒排间	jiupaijian	
bass	巴斯	basi	
bass guitar	贝司	beisi	
bassoon	巴松	basong	
Bastille	巴士的狱	Bashidi yu	
beer	啤酒	pijiu	粤语来源：*bejau*
	必耳酒	bi'erjiu	
benzene	遍西尼	bianxini	
benzol	遍蔬尔	bianshu'er	
bergamot	巴机密油	bajimi you	
bloc	布洛克	buluoke	
boron	硼	peng	
boss	波士	boshi	粤语独有：*bosi*

跨语际实践

bourgeois	布尔乔亚	*bu'erqiaoya*	来自日语的替代词：资产阶级，中产阶级
bourgeoisie	布尔乔亚汜	*bu'erqiaoyasi*	来自日语的替代词：资产阶级
bowling	保龄球	*baoling qiu*	粤语来源：*boulihng kauh*
boxing	扑克胜	*pukesheng*	粤语：卜成 *boksing*
boy (servant)	仆欧	*pu'ou*	
boycott	杯葛	*beige*	粤语来源：*buigot*
boycotters	杯葛派	*beige pai*	
Brahman	婆罗门	*poluomen*	
brandy	白兰地	*bailandi*	
Browning	勃郎宁	*Bolangning*	
bund	崩得	*bengde*	
Bunsen burner	本生灯	*besheng deng*	
bus	巴士	*bashi*	粤语来源：*basi*
bushel	蒲式耳	*pushi'er*	
bust	半身	*banshen*	
butter	白脱	*baituo*	
bye-bye	拜拜	*baibai*	粤语：*baaibaai*
cable	开勃儿	*kaibo'er*	
cacao	卡高	*kagao*	
café (coffee)	架菲，架非 咖啡	*jiafei* *kafei*	在马礼逊那里（1815）被译为 *kafei* 咖啡
café (coffeehouse)	咖啡馆	*kafeiguan*	
caffeine	咖啡因	*kafeiyin*	
cake	极仔	*jizai*	闽方言来源
caliph	哈里发	*halifa*	
calorie	卡路里	*kaluli*	
Calvinism	加尔文教	*jia'erwen jiao*	
Cambrian Period	寒武纪	*Hanwu ji*	
Cambrian system	寒武系	*Hanwu xi*	
camera	开麦拉	*kaimaila*	
cancer	n/a	n/a	粤语独有：*kensa*。参见：癌
cannon	加农炮	*jianongpao*	
caoutchouc (Indian rubber)	羔求	*gaoqiu*	
captain	甲必丹	*jiabidan*	
car	卡车	*kache*	
carat	卡剌特	*kalate*	
carbine	卡宾枪	*kabin qiang*	
carbolic acid	加波力克酸	*jiabolike suan*	
carborandum	卡波兰登	*kabolandeng*	
card	卡片	*kapian*	粤语：*kaat* 卡
carpet-bag	急必袋	*jibidai*	粤语来源：*gapbit doi*
carré	街害	*jiehai*	粤语：*gaaihoih*

附录 F　源自英语、法语、德语的汉语音译词

英文	汉字	拼音	备注
car tire	车胎	chetai	其他译名：*luntai* 轮胎，*lundai* 轮带 粤语来源：*chetaai*
cartoon	卡通	katong	来自日语的替代词：漫画
cash	n/a	n/a	粤语独有：*kesyuh*。参见附录 B *xianjin* 现金
cashmere	开四米	kaisimi	粤语等义词：*kesihme* 茄士米
caste	喀士德	keshide	
catarrh	加答儿	jiada'er	
Catholic mass	玛斯	masi	其它译名：*misa* 弥撒
catsup	茄汁	jiazhi	粤语独有：*kejap*
cavatina	卡弗铁茄	kafutiejia	
cello	塞洛	sailuo	
cellophane	塞璐玢	sailufen	
celluloid	写留路以德	xieliuluyide	
cellulose	写留路斯	xieliulusi	
Celtic Revival	克勒特复兴运动	Kelete fuxing yundong	
cement	士敏士	shiminshi	
cent (Dutch and Swedish currency)	生式	shengshi	
cent (U.S. penny)	生脱	shengtuo	粤语等义词：仙 *sin*
cental	生脱尔	shengtuo'er	
centiare	生的阿尔	shengdia'er	
centigramme	生的克兰姆	shengdike lanmu	
centiliter	生的立脱尔	shengdilituo'er	
centime	生丁	shengding	
centimètre	生的米突	shengdimitu	
certificate	沙纸	shazhi	粤语独有：*saji*
chain	奢因	sheyin	
chaldron	巧特仑	qiaotelun	
champagne	三鞭	sanbian	
	香槟酒	xiangbinjiu	
champion	香槟	xiangbin	
Charlie Chaplin	差利	Chali	粤语独有：*chalei*
chauvinism	沙文主义	shawen zhuyi	亦见附录 G
check	乞克	qike	粤语等义词：*chek* 仄
cheese	吉士	jishi	粤语：芝士 *jisi*，在官话中被"奶酪"取代
chef d'oeuvre	赛的物儿	saidewu'er	
chloroform	哥罗仿	geluofang	

跨语际实践

chocolate	炒扣来	chaokoulai	粤语等义词：朱
	巧克力	qiaokeli	古力 jyugulik
cholera	虎列拉	huliela	
Christianity	基督教	Jidu jiao	
chrome	克罗米	keluomi	
cigar	雪茄	xuejia	
clarinet	克拉管	kela guan	
clarinetti	卡拉理纳提	kalalinati	
coal tar	可尔脱	ke'er tuo	
coca	可加	kejia	
Coca-cola	可口可乐	kekou kele	
cocaine	可加因	kejiayin	粤语等义词：高加因 gougayan
cocktail	鸡尾酒	jiwei jiu	粤语来源：gaimeihjau
cocoa	可可	keke	粤语等义词：谷咕 gukgu
codeine	可提因	ketiyin	可供选择的词：kedaiyin 可待因
collotype	珂罗版	keluoban	
combination	康拜因维雄	kangbaiyinweixiong	
commendam	康门达	kangmenda	
commission	孔米兄	kongmixiong	
communism	康门尼斯姆	kangmen nisimu	来自日语的替代词：共产主义
communist	康门尼斯特	kangmennisite	来自日语的替代词：共产主义者，共产党员
compania	康班尼亚	kangbanniya	
comprador	康白度	kangbaidu	
condor	公度儿	gongdu'er	
conga	康茄	kangjia	
consul	公修尔	gongxiu'er	
cookie	曲奇	quqi	粤语来源：kukkeih
coolie	咕哩	guli	粤语独有：guleih
	苦力	kuli	
copal	古派尔	gupai'er	
copy	拷贝	kaobei	
cornet（musical instrument）	柯尔纳提	ke'ernati	
corset	哥塞脱	gesaituo	
cortisone	可的松	kedisong	
coulomb	库仑	kulun	
coup d'etat	苦迭达	kudieda	来自日语的替代词：政变
coupling	靠背轮	kaobeilun	
crayon	古丽容	gulirong	
cray-pas	古丽巴斯	gulibasi	
cream soda	忌廉梳打	jilian shuda	粤语独有：geihlimsoda

creosote	几阿蔬油	ji'ashu you	
Crookes glasses	克罗克眼镜	Keluoke yanjing	
crown	克伦	kelun	
cruzeiro (currency)	克鲁塞罗	kelusailuo	
cube	朱勃	zhubo	
curry	加/咖喱	jia/kali	粤语来源：galei
cushion	箍臣	guchen	粤语来源：guchahn
cut	卡脱	katuo	
cyanide	山埃	shan'ai	粤语来源：saanngaai
cymbal	省摆尔	shengbai'er	
cynicism	昔匿克学派	xinike xuepai	
dadaism	达达主义	dada zhuyi	
daddy	爹地	diedi	粤语独有：dedih
dahlia	大理花	dalihua	
dancing girl	弹性女郎	tanxing nülang	
darling	达尔玲	da'erling	粤语：打玲
Darwinism	达尔文主义	da'erwen zhuyi	
Davis cup	台微斯杯	Taiweisi bei	
DDT	滴滴涕	diditi	
décadent	颓加汤	tuijiatang	
décagramme	特卡克兰姆	tekakelanmu	
décalitre	特卡立脱尔	tekalituo'er	
déccamètre	特卡米突	tekamitu	
décigramme	特西克兰姆	texikelanmu	
décilitre	特西立脱尔	texilituo'er	
décimètre	特西米突	teximitu	
democracy	德谟克拉西	demokelaxi	来自日语的替代词：民主主义
dermitol	代马妥儿	daimatuo'er	
deutschmark	马克	make	
dialectic	第亚纳蒂克	diyanadike	来自日语的替代词：辩证法
diastase	对阿斯打斯	duiasidasi	
dictator	狄克推多	diketuiduo	来自日语的替代词：独裁，专政
dictatorship	狄克推多制	diketuiduo zhi	
diesel engine	狄塞尔机	disai'er ji	
diptheria	实扶的里亚	shifudiliya	
doctor, Ph. D.	多看透	duokantou	双程外来替代词：博士
dollar	他拉	tala	
Don Quixote type	唐吉诃德型	Tang Jikede xing	
Dowling paper	道林纸	Daolin zhi	
Downing Street	唐宁街	Tangning jie	
dozen	打	da	粤语词：打臣 dachahn
drachma	德拉马	delama	
dram	打兰	dalan	
duce	刁时	diaoshi	粤语独有：diusih
dumdum bullet	达姆达姆弹	damu damu dan	

dumping	屯并	*tunbing*	
duralumin	杜拉铝	*dulalü*	
dynamism	代纳密斯	*dainamisi*	
dynamite	代那美脱	*dainameituo*	
dynamo	代那模	*dainamo*	
dyne	达因	*dayin*	
economy	爱康诺米（依康老米）	*aikangnuomi* (*yikanglaomi*)	参见附录A的 *fuguoce* 富国策以及附录D回归的书写形式外来词
Eden	伊甸	*Yidian*	
Eleatic School	埃理亚学派	*Ailiya xuepai*	
emir	阿米尔	*ami'er*	
empire	英拜儿	*yingbai'er*	严复的音译词。参见附录A的 *diguo* 帝国
energy	爱纳尔基	*aina'erji*	
engine	引击	*yinji*	
English horn	英国杭	*Yingguo hang*	
entelechy	隐德来希	*yindelaixi*	
erg	厄格	*ege*	
Esperanto	爱斯不难读	*Aisibunandu*	参见附录A的 *wanguoxinyu* 万国新语以及附录B来自日语的替代词"世界语"
essay	爱说	*aishuo*	
Essene	曷生派	*hesheng pai*	
ester	爱斯他	*aisita*	
Etagone	爱泰冈	*Aitaigang*	
ether	以太（伊太）	*yitai*	
ethyl	以脱	*yituo*	
ethylene	以脱林	*yituolin*	
exarch	埃塞克	*aisaike*	
Fabian Society	费边社	*Feibian she*	
fail	肥佬	*feilao*	粤语独有：*feihlou*
fair play	费厄泼赖	*fei'e polai*	
farad	法拉特	*falate*	
farthing	法新	*faxin*	
fascism	法西斯主义	*faxisi zhuyi*	
fascists	法西斯分子	*faxisi fenzi*	
fashion	花臣	*huachen*	粤语来源：*fachahn*
fathom	花当	*huadang*	粤语来源：*faadang*
feminism	费弥涅士姆	*feiminieshimu*	来自日语的替代词：女权主义
feuilleton	阜利通	*fulitong*	
file, holder	快劳	*kuailao*	粤语独有：*faailou*
film	非林	*feilin*	粤语来源：*feilam*
flannel	法兰绒	*falan rong*	
florin	福禄林	*fululin*	
flute	弗柳特	*fuliute*	
foot (measure)	幅脱	*futuo*	
formalin	福尔马林	*fu'ermalin*	
franc	法郎	*falang*	
Franciscans	法兰西斯党	*Falanxisi dang*	

附录 F 源自英语、法语、德语的汉语音译词

fugue	赋格曲	*fuge qu*	
funt	风脱	*fengtuo*	
furlong	富呵浪	*fu'a lang*	
gabardine	戈别丁	*gebieding*	
gallon	加仑	*jialun*	粤语来源：*galeun*
gallop	加罗普	*jialuopu*	
gas	加斯	*jiasi*	来自日语的替代词 *gasu* 瓦斯（附录 B）
gasoline	格士林	*geshilin*	
Gatling gun	格林炮	*gelin pao*	参见附录 A 的 *ouxin pao* 藕心炮
Gauss	高斯	*Gaosi*	
gene	基因	*jiyin*	
gentleman	竟得尔曼	*jingde'erman*	双程外来替代词：绅士
geometry	几合学	*jihe xue*	
Gestapo	盖世太保	*Gaishitaibao*	
gill	及耳	*ji'er*	
gin	毡酒	*zhanjiu*	粤语来源：*jinjau*
giraffe	其拉夫	*qilafu*	
	支列胡	*zhiliehu*	
gluten	格路登	*geludeng*	
glycerin	各里司林	*gelisilin*	
golf	高尔夫	*gaoerfu*	
gothic	峨特式	*ete shi*	可供选择的词：哥特，哥德
grain（measure）	克泠	*keling*	
grammar	葛郎玛	*gelangma*	双程外来替代词：文法（附录 D）
gramme	克兰姆	*kelanmu*	
Groschen	克罗钦	*Keluoqin*	
gross	哥罗	*geluo*	
grotesque	格洛特斯克	*geluotesike*	
Grub Street	格剌布街	*Gelabu jie*	
guild	基尔德	*ji'erde*	
guilder	克尔达	*ke'erda*	
guillotine	吉罗丁	*jiluoding*	
guitar	吉他	*jita*	
gulash	古拉士	*gulashi*	
gypsy	吉普赛	*jipusai*	
haemoglobin	希玛格洛宾	*ximageluobin*	参见附录 B 来自日语的替代词：血色素
hallelujah	哈利路亚	*haliluya*	
Halley's Comet	哈雷雪星	*halei xuexing*	
Hamlet type	哈蒙雷特型	*Hamengleite xing*	
handsome maid	咸水妹	*xianshuimei*	粤语来源：*haahmseui muih*
hectare	海克脱阿尔	*haiketuo'a'er*	
hectogramme	海克脱克兰姆	*haiketuokelanmu*	
hectolitre	海克脱立脱尔	*haiketuolituo'er*	
hectomètre	海克脱米突	*haiketuomitu*	
Helicon	海利空	*Hailikong*	
Hellenism	希腊主义	*Xila zhuyi*	粤语来源：*heilaah*

361

Hellenistic period	希腊时代	*Xila shidai*	
Heller	海来	*Hailai*	
hello	哈啰	*haluo*	
henry (physics)	亨利	*hengli*	
hernia	赫尼亚	*heniya*	
heroin	海洛因	*hailuoyin*	
hertz	赫芝	*hezhi*	
homespun	霍姆斯本	*huomusiben*	
hormone	荷尔蒙	*he'ermeng*	
hops	忽布	*hubu*	
horse power	马力	*mali*	
hot dog	热狗	*regou*	
House of Commons	甘文好司	*ganwen haosi*	粤语来源：*gemmen housi*. 参见 *xiangshenfang* 乡绅房（附录A）
House of Lords	律好司	*lü haosi*	参见 *juefang* 爵房（附录A）
(i') humanité	虞芒尼德	*yumangnide*	来自日语的其他译名：人类，人道，人性
humor	幽默	*youmo*	
humorist	幽默家	*youmo jia*	
hundred-weight	汉厥怀特	*hanjue huaite*	
husband	黑漆板凳	*heiqibandeng*	
hyena	海乙那	*haiyina*	
hypo	海波	*haibo*	
hystérie	歇斯的里	*xiesidili*	
ice cream	冰积凌	*bingjiling*	
	冰琪林	*bingqilin*	
idea	依提亚	*yitiya*	来自日语的替代词：意见，概念，观念
idéologie	意德沃罗基	*yidewoluoji*	参见附录B来自日语的替代词：意识形态
inch	因制	*yinzhi*	
indanthrene	隐丹士林	*yindanshilin*	
index	引得	*yinde*	
inflation	因发热凶	*yinfarexiong*	参见附录B来自日语的替代词：通货膨胀
ink	因克	*yinke*	
inspiration	烟士披和纯	*yanshipihechun*	
insulin	因素林	*yinsulin*	
insure	燕梳	*yanshu*	粤语来源：*yinso*
international	英特那雄那尔	*yingtenaxiong-na'er*	参见附录A的 *wanguo* 万国以及附录B来自日语的替代词"国际"
iodine	碘	*dian*	
iodine tincture	碘酒	*dianjiu*	
ion	伊洪	*yihong*	
jacket	甲克	*jiake*	可供选择的词：夹克
jam	占	*zhan*	粤语来源：*jim*
James Bond	占士邦	*Zhanshi Bang*	粤语来源：*jimsihbong*
Janissary	惹尼恰利	*reniqiali*	

jasmine	耶悉茗	*yeximing*	
jazz	爵士乐	*jueshi yue*	
jeep	吉普车	*jipu che*	
Jehovah	耶和华	*Yehehua*	
jelly	这喱冻	*zheli dong*	粤语来源：*jelei dung*
jelly	者喱	*zheli*	粤语来源：*jelei*
John Bull	约翰勃尔	*Yuehan Bo'er*	
joule	朱尔	*zhu'er*	
journal	集纳	*jina*	
journalism	集纳主义	*jina zhuyi*	来自日语的 替代词：新闻事业
Judaism	犹太教	*youtai jiao*	
Junker	凶哥儿	*xiongge'er*	
Jurassic period	侏罗纪	*Zhuluo ji*	
Jurassic system	侏罗系	*Zhuluo xi*	
kaiser	恺撒	*kaisa*	
kangaroo	更格卢	*genggelu*	
kapron	卡布龙	*kabulong*	
Kartell	卡忒尔	*katei'er*	
katarrh	卡他	*kata*	
kettle drum	克脱鼓	*ketuo gu*	
khaki	卡叽	*kaji*	
kilo	基罗	*jiluo*	
kilogramme	基罗克兰姆	*jiluokelanmu*	
kilolitre	基罗立脱尔	*jiluolituo'er*	
kilomètre	基罗米突	*jiluomitu*	其他译名：*qiankemi* 千克米
kilowatt	基罗瓦特	*jiluowate*	其他译名：*qianwa* 千瓦
kiss	开司	*kaisi*	
knot (nautical)	诺脱	*nuotuo*	
Kodak	柯达	*keda*	
konzern	康采恩	*kangcai'en*	
Koran	可兰经	*Kelan jing*	
Kremlin	克里姆林宫	*Kelimulin gong*	
krona	克罗纳	*keluona*	
Krupp	克卢炮	*Kelupao*	
kvass	可瓦士	*kewashi*	
L'école de l'ermitage	欧尔密太西学校	*ou'ermitaixi xuexiao*	
laine	冷	*leng*	粤语来源：*laahng*
Lamarckism	拉马克学说	*lamake xueshuo*	
lamp	滥斧	*lanfu*	闽方言来源
last	拉司	*lasi*	
last car	拉斯卡	*lasi ka*	沪语来源
lemon	柠檬	*ningmeng*	粤语来源：*lihngmung*
lemonade	柠檬水	*ningmeng shui*	
lemon time	柠檬时间	*ningmeng shijian*	
lepton	雷波顿	*leibodun*	
Leveler (political party)	尼微拉党	*niweila dang*	

英文	中文	拼音	备注
liaison	连咏	lianyong	
libido	来比多	laibiduo	
lift（elevator）	n/a	n/a	粤语独有：*lip*。参见附录 A 的"自行屋"及其后来的替代词 *shengjiangji* 升降机与 *dianti* 电梯
linen	连仁	lianren	粤语来源：*lihnyahn*
link	令克	lingke	
lira	里拉	lila	
litmus	立低莫斯	lidimosi	
litre	立脱尔	lituo'er	
logic	逻辑	luoji	来自日语的替代词：论理
logic（the study of）	逻辑学	luoji xue	
logos	逻格司	luogesi	
lorry	罗厘	luoli	粤语来源：*lohleih*
lumen	流明	liuming	
luminol	鲁米那	lumina	
lux	勒克斯	lekesi	
Lysol	来沙而	laisha'er	
malina	马林	malin	
Malthusianism	马尔萨斯主义	Ma'ersasi zhuyi	
mandolin	曼独林	mandulin	
manganese	曼淹	manyan	
mango	芒果	mangguo	
manorial system	马纳制度	mana zhidu	
mantle	幔袉	mantuo	
marathon	玛拉松赛	malasong sai	
mark	嚜，麦	mo，mai	粤语来源：*mok*，*maak*
Marseillaise	马赛曲	Masai qu	
martini	马天尼	matianni	粤语独有：*mahtinneih*
Marx-boy	马克思少年	makesi shaonian	
Marx-girl	马克思少女	makesi shaonü	
Marxism	马克思主义	makesi zhuyi	亦见附录 G
Marxism-Leninism	马克思列宁主义	makesi liening zhuyi	亦见附录 G
mauser	毛瑟枪	maose qiang	
maxwell	马克斯维尔	makesiwei'er	
meat pie	肉批	roupi	粤语来源：*yuhkpai*
Mendelism	孟德尔主义	mengde'er zhuyi	
mentholatum	面速力达姆	miansulidamu	
merchant	孖毡，马占	mazhan	粤语来源：*majin*
messiah	弥赛亚	misaiya	
meter	咪表	mibiao	粤语独有：*maibiu*
methane	灭坦	mietan	
mètre	米突	mitu	
micron	密仑	milun	
microphone	麦克风	maikefeng	粤语其他译词：*mai* 咪。参见附录 A 的 *chuansheng qi* 传声器

附录 F　源自英语、法语、德语的汉语音译词

mile	迈尔	mai'er	粤语词：咪 mai
	咪	mi	粤语独有：mai
milkshake	奶昔	naixi	粤语独有：naaih sik
milliampere	毫安	hao'an	
milligramme	密理克兰姆	milikelanmu	
millilitre	密理立脱尔	mililituo'er	
millimètre	密理米突	milimitu	其他译名：haomi 毫米
milreis（currency）	密而斯	mi'ersi	
mince	免治	mianzhi	粤语独有：mihnjih
miniskirt	迷你	mini	
ministerialism	米勒兰主义	milelan zhuyi	
minotaur	梅拿尔	meina'er	
misanthrope	蜜桑素罗普	misangsuluopu	
miss	密斯	misi	
missal	弥撒书	misashu	
mister	密斯特	misite	
mistress	密昔司	mixisi	
mocha	磨加咖啡	mojia kafei	
model	模特儿	moteer	
modern	摩登	modeng	来自日语的译名：现代（附录 B）
modern girl	磨登钩儿	modeng gou'er	
molecule	磨勒	mole	
mommy	妈咪	mami	粤语独有：mamih
montage	蒙太奇	mengtaiqi	
Moorish	摩尔式	Mo'er shi	
morphine	吗啡	mafei	
mosaic	马塞克	masaike	
motor	摩托	motuo	粤语词：moda 摩打
motorboat	摩托船	motuo chuan	
motorcar	摩托卡	motuo ka	
motorcycle	摩托车	motuo che	
mummy	木乃伊	munaiyi	
muslim	穆士林	mushilin	
muslin	毛丝纶	maosilun	
myriagramme	迈里格兰姆	mailigelanmu	
naphthalene	纳他连	natalian	
narcissism	腊西雪兹姆	laxixuezimu	
nautical mile	诺脱埋尔	nuotuo mai'er	
Nazi party	纳粹党	Nacui dang	
Nazism	纳粹主义	nacui zhuyi	
neck tie	呔	tai	粤语来源：taai；官话词：领带
neon light	霓虹灯	nihong deng	
neuter	扭脱	niutuo	
nicotine	尼古丁	niguding	
nip	夹镊	jianie	
novocaine	奴佛卡因	nufokayin	
number	林巴	linba	粤语来源：lahmba
number one	那么温	name wen	沪语来源

nylon	尼龙	*nilong*	粤语来源：*naihluhng*
oboe	欧勃	*oubo*	
Oedipus Complex	耶的卜斯错综	*Yedibusi cuozong*	
office	奥非斯	*aofeisi*	
ohm	欧姆	*oumu*	
oil pump	油泵	*youbeng*	
old man	阿尔迈	*a'er mai*	
oleic acid	哇勒因酸	*waleyin suan*	
olive oil	俄列夫油	*eliefu you*	
Olympic Games	奥林匹克运动会	*Aolinpike yundong hui*	
opium	鸦片	*yapian*	
orcin	俄尔幸	*e'erxing*	
ounce	盎斯	*angsi*	粤语词：*onsi* 安士
Ovaltine	阿华田	*Ahuatian*	粤语独有：*owahtihn*
oxygen	沃克顺更气	*wokeshungeng qi*	
ozone	阿巽	*axun*	
pair	啤（派）	*pi（pai）*	粤语来源：*pe*
palmitic acid	拍尔昧忝酸	*pai'erweitian suan*	
pan-European	泛欧	*fan'ou*	
pan-Germanism	泛日耳曼主义	*fan ri'erman zhuyi*	
pancake	班戟	*banji*	粤语独有：*baankik*
paradoxical	怕拉多客思的	*paladuokeside*	
paraffin	巴拉芬	*balafen*	
pariah	巴利亚	*baliya*	
Parker pen	派克笔	*paike bi*	
parliament	巴厘满	*baliman*	参见附录 A 的 *gongyitang* 公议堂，*gongyiting* 公议庭，*huitang* 会堂，*guohui* 国会等；以及附录 B 的来自日语的替代词 *yihui* 议会和 *yiyuan* 议院
	巴厘满衙门	*baliman yamen*	
	巴力门	*balimen*	
	巴力门会	*balimen hui*	
partner			粤语独有：*paatnah*
pass	派司	*paisi*	粤语独有：*pasih*
passport			粤语独有：*pasihpot*
pastel	巴斯推尔	*basitui'er*	
pastorale	派斯忝莱尔	*paisitulaier*	
pear	啤梨	*pili*	粤语独有：*belei*
peck	配克	*peike*	
pence	辨士	*bianshi*	
penicillin	盘尼西林	*pannixilin*	
pennyweight	本尼怀脱	*benni huaituo*	
pepsin	百布圣	*baibusheng*	
peptone	百布顿	*baibudun*	
percent	配生	*peisheng*	
pest	百斯笃	*baisidu*	
petite bourgeoisie	小布尔乔亚阶级	*xiao buerqiaoya jieji*	来自日语的替代词：小资产阶级
pfennig	分尼	*fenni*	
phalanx	法郎其	*falangqi*	
phenazone	非纳宗	*feinazong*	

phenobarbital	苯巴比妥	benbabituo	
philosophy	菲洛素菲 （非罗沙非）	feiluosufei (feiluoshafei)	来自日语的 替代词：哲学
piano	披亚诺	piyanuo	
piastre	披亚斯特	piyasite	
piccolo	皮可罗	pikeluo	
pickles	必克尔	bike'er	
picnic	辟克涅克	bikenieke	
pin	边扣	biankou	粤语来源：binkau
ping-pong	乒乓球	pingpang qiu	
pint	品脱	pintuo	
platije	布拉及	bulaji	
platonic (love)	柏拉图式（恋爱）	bolatu shi lian'ai	
plug	扑落	puluo	
point	磅音	pangyin	
poker	扑克	puke	
pole	布尔	bu'er	
polka	坡尔卡	po'erka	
porter	波打	boda	
port wine	菩提万酒	putiwan jiu	粤语词：砵 but
postcard	甫士咭	pushiji	粤语独有：pouhsikaat
pound	磅	bang	粤语来源：bong
pound sterling	镑	bang	
powder	泡打粉	paoda fen	粤语来源：paauda fan
president	伯力赐天德 佰理天德 佰理喜顿 佰理玺天德	bailicitiande bailitiande bailixidun bailixitiande	参见附录 A 的 tongling 统领， shouling 首领，和 zongtongling 总统领，以及双程外来（？） 替代词：总统
procaine	普鲁卡因	pulukayin	
proletarian	普罗列太林	puluolietailin	来自日语的替代词：无产者， 无产阶级
proletarian literature	普罗文学	puluo wenxue	来自日语的替代词：无产阶 级文学
prolétariat	普罗列塔利亚	puluolietalieya	来自日语的替代词：无产 阶级
property	伯劳伯的	bolaobodi	
ptyalin	普起阿林	puqi'alin	
pud	普特	pute	
pudding	布丁	buding	粤语等义词：布甸 boudin
pump	帮浦	bangpu	
pyramidon	匹拉米洞	pilamidong	
quart	夸尔	kua'er	
quarter	块雅特尔	kuaiyate'er	粤语等义词：骨 gwat
Quartier Latin	拉丁区	Lading qu	
quinine	奎宁	kuining	
quinquina	贵林那	guilinna	
quintal	贵里特	guilite	
quixotism	吉诃德主义	jicide zhuyi	
radar	雷达	leida	
ramifon	雷米封	leimifeng	
resorcin	利锁耳金	lisuoerjin	

rhetoric	勒托列克	letuolieke	
rheumatism	偻麻质斯	loumazhisi	
rial	里尔	li'er	
ribbon	礼凤	lifeng	
rifle	来福	laifu	参见 huoqiang 火枪
	来复枪	laifu qiang	
romanesque	罗马式	luoma shi	
romantic	浪漫蒂克	langmandike	双程外来替代词：浪漫
rood	路得	lude	
rugby football	辣古皮史足球	lagupishi zuqiu	
rum	林酒	linjiu	粤语来源：lahmjau
rumba	伦巴舞	lunba wu	
rupee (currency)	卢比	lubi	
rye	拉爱	la'ai	
safety valve	安全阀	anquan fa	
salad	沙辣	shala	粤语词：沙律 saleut
salmon	萨门鱼	samen yu	粤语词：三文 saammahn
salon	沙龙	shalong	
salpa	萨尔帕	sa'erpa	
Salvarsan	沙尔法尔散	Sha'erfa'ersan	
sandwich	三明治	sanmingzhi	
santonin	珊笃宁	shanduning	
Sapphism	沙弗式恋爱	shafushi lian'ai	
sardine	沙汀鱼	shating yu	
Satan	撒但	Sadan	
saxhorn	萨克斯喇叭	sakesi laba	
saxophone	沙士风	shashifeng	粤语词：色士风 siksifung
schilling (currency)	先令	xianling	
science	塞因斯	saiyinsi	来自日语的替代词：科学
screen	斯库林	sikulin	
scruple	斯克路步	sikelubu	
sentimental	生的闷特	shengdemente	
sequin	西衮	xigun	
serge	哔叽	biji	
servant	沙文	shawen	粤语来源：samen
	西崽	xizai	
shaft	车湿	cheshi	粤语来源：chesap
shellac	舍来克	shelaike	
sherry	舍利	sheli	
sherry cobbler	沙士水	shashi shui	
shilling	先令	xianling	
shirt	恤衫	xushan	粤语来源：seutsam
shock	休克	xiuke	
sidewalk	街（该）娃克	jiewake	粤语来源：gaai mahthaak
silon	西龙	xilong	
sir	阿蛇	a she	粤语独有：aseuh
siren	塞连	sailian	
sister	雪丝黛	xuesidai	

附录 F　源自英语、法语、德语的汉语音译词

size	晒士	shaishi	粤语独有：saaisi
Slavic studies	斯拉夫学	silafu xue	
snuff	士拿	shina	
Social Darwinism	社会达尔文主义	shehui da'erwen zhuyi	
soda	蔬打，苏达	suda	参见附录 B 的 sōda 曹达
sofa	沙发	shafa	粤语等义词：sofa 梳化
sofabed	沙发床	shafa chuang	
solo	n/a	n/a	粤语独有：soulouh
sonata	朔拿大	shuonada	
sonnet	商籁式	shanglai shi	
sophist	蔬斐斯特	sufeisite	
sovereign (currency)	素佛令	sufoling	
sovereignty	萨威棱帖（梭威棱帖）	saweilingtie (suoweilingtie)	双程外来替代词：主权
soviet	苏维埃	suwei'ai	亦见附录 G
spanner	士巴拿	shibana	粤语来源：sibanah
spare	士啤	shipi	粤语独有：sihbe
Spartakus Grupe	斯巴特卡斯团	Sibatekasi tuan	
spermine	赐保命	cibaoming	
sphinx	斯芬克士	sifenkeshi	
sportax	司泡汀	sipaoting	
spring	司必令	sibiling	
stamp	士担	shidan	粤语来源：sidaam
steam	水汀	shuiting	沪语来源；粤语来源：sidihn 士店；官话中来自日语的替代词：蒸气
stearin	司替阿林	siti'alin	
stick	士的克	shidike	
store	士多	shiduo	粤语来源：sihdo
strawberry	士多啤梨	shiduopili	粤语独有 sihdobelei
streptomycin	史他杜迈仙	shitadumaixian	粤语来源：sitadomaisin
strychnine	士的宁	shidining	
sultan	蔬丹	shudan	
Sunkist	新奇士	Xinqishi	粤语独有：sankeisih
sweater	司卫脱	siweituo	沪语来源
symphony	生风尼	shengfengni	来自日语的替代词：交响乐
syndicalism	幸狄开主义	xingdikai zhuyi	来自日语的替代词：工团主义
syndicate	幸狄开	xingdikai	
syrup	舍利别	shelibie	
taboo	达波	dabo	
talkie (movie)	托剧	tuoju	
tambourine	汤薄铃	tangbuling	
tango	探戈舞	tange wu	
tank	坦克车	tanke che	
tannic acid	单宁酸	danning suan	
tarantella	塔兰台拉舞曲	talantaila wuqu	
tart	蛋哒	danda	粤语来源：daan daaht

taxi	的士	*dishi*	粤语来源：*diksi*
tcheka	切卡	*qieka*	
technocracy	推克诺克拉西	*tuikenuokelaxi*	来自日语的替代词：技术统治
telephone	得利风	*delifeng*	来自日语的替代词：电话（附录B）
	德律风	*delüfeng*	
television	德律维雄	*delüweixiong*	
tempo	停破	*tingpo*	
tenant	佃农	*diannong*	
terylene	特丽令	*teliling*	
Thames River	泰晤士河	*taiwushi he*	粤语来源：*taimhsi*
Thermidor	齐密图	*qimitu*	
thymol	替摩耳	*timo'er*	
Times (newspaper)	泰晤士	*taiwushi*	粤语来源：*taimhsi*
tin	听	*ting*	
tincture	丁几	*dingji*	
tip (gratuity)	贴士	*tieshi*	粤语来源：*tipsi*
tissue	体素	*tisu*	
title	抬头	*taitou*	
tittup	踢踏舞	*titawu*	
toast	吐斯	*tusi*	粤语词：多士 *dosi*
tobacco	旦把孤	*danbagu*	
	淡巴菰	*danbagu*	
toffee	太妃糖	*taifei tang*	粤语词：拖肥糖 *tofeitong*
tommy gun	汤姆式枪	*tangmu shi qiang*	
ton	吨，趸	*dun*	粤语来源：*den*
tonne	脱因	*tuoyin*	
topology	拓扑学	*tuopu xue*	
Tory party	托利党	*Tuoli dang*	
total	拓都	*tadu*	来自日语的替代词：总体
totem	图腾	*tuteng*	
trachoma	托拉火姆	*tuolahuomu*	
tractor	拖拉机	*tuolaji*	
troubadour	特鲁巴多尔	*telubaduo'er*	
trumpet	屈郎拍	*qulangpai*	
trust	托辣斯	*tuolasi*	亦见附录D的 *shin'yō* 信用
tsar	沙尔	*sha'er*	亦见附录G
tuba	提优把	*tiyouba*	
turbine	透平机	*toupingji*	
Turkic studies	突厥学	*tujue xue*	
typhus	窒扶斯	*zhifusi*	
tyrant	代兰得	*dailande*	
ultimatum	爱的美顿	*aidimeidun*	来自日语的替代词：最后通牒
Uncle Sam	山姆叔叔	*Shanmu shushu*	
union	由任	*youren*	沪语来源
unit	幺匿	*yaoni*	双程外来替代词：单位
United Harvester combine	联合收割机	*lianhe shouge ji*	

附录 F　源自英语、法语、德语的汉语音译词

utopia	乌托邦	*wutuobang*	
	乌有帮	*wuyoubang*	
varnish	凡立司	*fanlisi*	
Vaseline	凡士林	*Fanshilin*	
vermouth	维尔木	*wei'ermu*	
vernier	佛逆	*foni*	
Veronal	肥罗那	*Feiluona*	
vicar	维克尔	*weike'er*	
viedro	浮驼罗	*futuoluo*	
viersta	阜斯特	*fusite*	
violin	梵哑铃	*fanyaling*	
violoncello	费屋龙	*feiwulong*	
vitamin	维他命	*weitaming*	
volt	伏特	*fute*	
voltmeter	伏特机	*fute ji*	
waffle	威化	*weihua*	粤语来源：*waifa*
Wall Street	华尔街	*Hua'er jie*	
waltz	华尔兹舞	*hua'erzi wu*	
waste	威士	*weishi*	粤语来源：*waisi*
water pump	水泵	*shuibeng*	
watt	瓦特	*wate*	
Werthersfieber	维特热	*Weite re*	
Whig party	辉格党	*Huige dang*	
whiskey	威士忌	*weishiji*	粤语来源：*waisihgei*
wire	威也	*weiye*	粤语来源：*waiyeh*
x-ray	爱克司光	*aikesi guang*	粤语词：*iksihgwong* X 光
Yankeeism	洋鬼风	*yanggui feng*	
yard（measure）	依亚	*yiya*	
yelling	夜冷	*yeleng*	粤语来源：*yehlaahng*
yes	也司	*yesi*	
zinc	锌	*xin*	
Zionism	西雄主义	*xixiong zhuyi*	粤语：*Saihuhng*

附录G 源自俄语的汉语音译词

俄语	汉字	汉语拼音	注释
Болъшевик	布尔什维克（鲍尔扎维克）	bu'ershiweike（bao'-erzhaweike）	Bolshevik
БУза	布乍	buzha	一种发酵过的俄国饮料
БУнд	崩得	bengde	Bund（立陶宛、波兰和俄罗斯犹太社会民主总联盟）
ведро	浮驼罗	futuoluo	bucket（桶），dustbin（垃圾桶）；表度量的词
верста	阜斯得	fuside	verst（俄里）
вершок	胃索	weisuo	俄寸
водка	伏特加	futejia	vodka
госплан	高士泼林	gaoshipolin	gosplan（国家计划委员会）
г. п. у.	戒白伍（葛杯吴，葛柏乌）	jiebaiwu（gebeiwu, ge-baiwu）	CPU（国家政治保卫局）
дума	杜马	duma	duma（沙皇时代的议会）
Иванович	伊凡诺维基	Yifannuoweiji	Ivanovich
интеллигенция	印贴列根追亚	yintieliegenzhuiya	intelligentsia（知识分子，知识界）
катюша	喀秋沙（卡秋霞）	kaqiusha（kaqiuxia）	katiusha（rocket）（火箭筒，火箭发射器）
квас	可瓦斯（葛瓦斯，喀瓦士，喀瓦斯）	kewasi（gewasi, kawashi, kawasi）	kvas（用面包、面粉加麦芽经发酵制成的低度饮料）
колхоз	科尔火支	ke'erhuozhi	collectivized farm（集体化农场）
комбайн	康拜因	kangbaiyin	combine（联合收割机）
Коминтерн	康民团	Kangmintuan	Comintern（共产国际）
комиссар	康密沙	kangmisha	commissar（政委）
комсомол	康沙模尔（共莎莫勒）	kangshamo'er（gong shamole）	Komsomol（共青团），(Communist Youth League)
комсомолка	康沙模尔卡	kangshamo'erka	Komsomolka（女共青团员）
копейка	戈比（哥比）	gebi（gebi）	kopek（前苏联辅币名）
Крестинтерн	克雷斯丁团	Keleisiding tuan	Krestintern（红色农民国际）

附录 G 源自俄语的汉语音译词

Лапп	拉普	Lapu	LAPP（列宁格勒无产阶级作家协会）
ленинец	列宁主义者	Liening zhuyizhe	Leninist
ленинизм	列宁主义	Liening zhuyi	Leninism
ленинист	列宁主义者	Liening zhuyizhe	Leninist
Ленинский уголок	列宁纪念室	Liening jinianshi	Lenin memorial
малина	马林果	malinguo	raspberry
марксизм	马克思主义	Makesi zhuyi	Marxism
марксизм-ленинизм	马克思列宁主义	Makesi Liening zhuyi	Marxism-Leninism
марксист	马克思主义者	Makesi zhuyizhe	Marxist
машина	马神（中国东北方言）	mashen	机器，机器化犁具
меньшевик	孟什维克（门塞维克）	Mengshi weike (Mensaiweike)	Menshevik
мир	米尔	mi'er	农民集体，村社
Московское общество художников станковистов	莫斯科劳动者艺术家协会	Mosike laodongzhe yishujia xiehui	Moscow Society of Worker-Artists
нэп	纳普	Napu	NEP（前苏联在 1921—1936 年间实行的新经济政策）
нэпман	耐普曼（耐泼曼）	Naipuman (Naipoman)	Nepman（用来表示新经济政策的支持者）
паёк	排雅克	paiyake	ration（配给量）
печь	壁里砌（壁里气—东北方言）	biliqi (biliqi)	壁炉
платье	布拉吉（不拉及）	bulaji (bulaji)	dress（连衣裙）
пуд	普特（波特，铺德）	pute (bote, pude)	pood（前苏联重量单位，相当于 16.38 公斤）
рубль	卢布	lubu	ruble（前苏联货币单位）
самовар	沙莫瓦	shamowa	samovar（俄国式茶炊）
семинар	习明纳尔	ximingna'er	seminar（研讨班）
совет	苏维埃	Suwei'ai	Soviet
союз	沙油子（东北方言）	shayouzi	工会
стахановец	斯达汉诺夫工作者	Sidahannuofu gongzuozhe	Stakhanovite
товариш	杜瓦里希	duwalixi	comrade（同志）
трактор	拖拉机	tuolaji	tractor
троцкизм	托洛斯基主义（托洛茨基主义）	Tuoluosiji zhuyi (Tuo luociji zhuyi)	Trotskyism
троцкист	托派	Tuopai	Trotskyite
ура	乌拉	wula	hurrah, viva（万岁）
фунт	讽脱	fengtuo	俄磅（重量单位）
халат	哈喇呢	halani	"东方式"上等罗纱
хлеба	裂粑（东北方言）	lieba	一种黑面包
царь	沙皇（沙尔）	shahuang (sha'er)	Tsar
Чека	切卡（乞卡，杰克）	qieka (qika, jieke)	Cheka（肃反委员会俄文缩写的音译，即全俄肃清反革命及怠工特设委员会）

373

червонец	丘峰尼支（次尔伏尼雀）	*qiufengnizhi*（*ci'e-rfunique*）	chervonets（1922—1947年间苏联流通的一种银行券，相当于10卢布）
шовенизм	沙文主义	*Shawen zhuyi*	Chauvinism
шовенист	沙文主义者	*Shawen zhuyizhe*	Chauvinist

文献目录

Adorno, Theodor W. *Notes to Literature*. Trans. Shierry Weber Nicholsen. 2 vols. New York: Columbia University Press, 1991.

Ahmad, Aijaz. *In Theory: Classes, Nations, Literatures*. London: Verso, 1992.

——. "Jameson's Rhetoric of Otherness and the 'National Allegory.'" *Social Text* 17 (Spring 1987): 3–25.

——. "'Third-World Literature' and the Nationalist Ideology." *Journal of Arts & Ideas* 17–18. (June 1989): 117–135.

Alitto, Guy S. *The Last Confucian: Liang Shu-ming and the Chinese Dilemma of modernity*. Berkeley: University of California Press, 1979.

Allinson, Robert E., ed. *Understanding the Chinese Mind: The Philosophical Roots*. Hong Kong: Oxford University Press, 1989.

Althusser, Louis. *For Marx*. London: New Left Books, 1977.

Anderson, Benedict. *Imagined Communities: Reflections on the Origin and Spread of Nationalism*. Rev. ed. London: Verso, 1991.

Anderson, Marston. *The Limits of Realism: Chinese Fiction in the Revolutionary Period*. Berkeley: University of California Press, 1990.

——. "Lu Xun's Facetious Muse: The Creative Imperative in Modern Chinese Fiction." In Ellen Widmer and David Der-wei Wang, eds., *From May Fourth to June Fourth: Fiction and Film in Twentieth-Century China*. Cambridge, Mass.: Harvard University Press, 1993: 249–268.

Arakawa Sōbe 荒川惣兵卫. *Gairaigo jiten*《外来语辞典》(*Dictionary of loanwords*). Tokyo: Fukuyamabō, 1941.

——. *Gairaigo ni manabu*《外来语に学ぶ》(*Learning from loanwords*). Tokyo: Shinsensha, 1980.

——. *Japanized English*. Rev. 4th ed. Tokyo: Kenkyūsha, 1931.

Auerbach, Erich. *Mimesis: The Representation of Reality in Western Literature.* Trans. W. R. Trask. Princeton: Princeton University Press, 1953.

Babbitt, Irving.《白璧德中西人文教育谈》(Irving Babbitt's discussion of humanistic education in China and the West). Trans. Hu Xiansu 胡先骕.《学衡》3 (Mar. 1922): 1–12。

——. "Humanistic Education in China and the West." *Chinese Students' Monthly* 17. 2 (1921): 85–91.

Bakhtin, Mikhail. *The Dialogic Imagination.* Trans. Michael Holquist and Caryl Emerson. Austin: University of Texas Press, 1981.

——. *Rabelais and His World.* Trans. H. lswolsky. Cambridge, Mass.: MIT Press, 1968.

Bao Jing 鲍晶, ed.《鲁迅"国民性思想"讨论集》(*Collected discussions of Lu Xun's "concept of national character"*). 天津: 天津人民出版社, 1982。

Barlow, Tani E. "Career in Postwar China Studies." *Positions* I (Spring 1993): 224–267.

——. "Theorizing Woman: *Funü*, *Guojia*, *Jiating* (Chinese women, Chinese state, Chinese family)." *Genders* Io (Spring 1991): 132–160.

Barnard, F. M., ed. *J. G. Herder on Social and Political Culture.* Cambridge, Eng.: Cambridge University Press, 1969.

Barnett, Suzanne W. "Silent Evangelism: Presbyterians and the Mission Press in China, 1807–1860." *Journal of Presbyterian History* 49 (Winter 1971): 287–302.

Barnett, Suzanne W., and John King Fairbank, eds. *Christianity in China: Early Protestant Missionary Writings.* Cambridge, Mass.: The Committee on American-East Asian Relations of the Department of History in Collaboration with the Council on East Asian Studies, Harvard University, 1985.

Barnstone, Willis. *The Poetics of Translation: History, Theory, Practice.* New Haven: Yale University Press, 1993.

Barshay, Andrew E. *State and Intellectual in Imperial Japan: The Public Man in Crisis.* Berkeley: University of California Press, 1988.

Barthes, Roland. *S/Z.* Paris: Seuil, 1970.

Befu, Harumi. "Nationalism and *Nihonjinron.*" In idem, ed., *Cultural Nationalism in East Asia: Representation and Identity.* Berkeley: Institute of East Asian Studies, University of California, 1993, 107–135.

Befu, Harumi, ed. *Cultural Nationalism in East Asia: Representation and Identity.* Berkeley: Institute of East Asian Studies, University of California, 1993.

Benjamin, Walter. *Illuminations.* Trans. Harry Zohn. New York: Schocken Books, 1968.

Benveniste, Emile. *Problems in General Linguistics.* Trans. Mary Elizabeth Meek. Coral Gables, Fla. : University of Miami Press, 1971.

Berlin, Isaiah. *Vico and Herder.* London: Hogarth, 1976.

Berman, Antoine. *The Experience of the Foreign: Culture and Translation in Romantic Germany.* Trans. S. Heyvaert. Albany, N. Y. : SUNY Press, 1992.

Bernal, Martin. *Black Athena: The Afroasiatic Roots of Classical Civilization.* Vol. I. New Brunswick, N. J. : Rutgers University Press, 1987.

——. "Liu Shih-p'ei and National Essence." In Charlotte Furth, ed., *The Limits of Change: Essays on Conservative Alternatives in Republican China.* Cambridge, Mass. : Harvard University Press, 1976: 90–112.

Bhabha, Homi K. *The Location of Culture.* London and New York: Routledge, 1994.

Bhabha, Homi K., ed. *Nation and Narration.* London: Routledge and Kegan Paul, 1990.

Birch, Cyril, ed. *Anthology of Chinese Literature.* 2 vols. New York: Grove Press, 1972.

Blumenberg, Hans. "The Concept of Reality and the Possibility of the Novel." In Richard E. Amacher and Victor Lange, eds., *New Perspectives in German Literary Criticism.* Princeton: Princeton University Press, 1979, 29–48.

Bond, Michael Harris, ed. *The Psychology of the Chinese People.* Hong Kong: Oxford University Press, 1986.

Booth, Wayne. *The Rhetoric of Fiction*. Chicago: University of Chicago Press, 1961.

Borges, Jorge Luis. *Twenty-four Conversations with Borges, Including a Selection of Poems: Interviews by Roberto Alifano, 1981 – 1983*. Trans. Nicomedes Suárez Araúz, Willis Barnstone, and Noemí Escandell. Housatonic, Mass.: Lascaux Publishers, 1984.

Bourdieu, Pierre. *Distinction: A Social Critique of the Judgement of Taste*. Trans. Richard Nice. Cambridge, Mass.: Harvard University Press, 1984.

——. *Homo Academicus*. Paris: Minuit, 1984.

——. *Language and Symbolic Power*. Ed. John B. Thompson; trans. Gino Raymond and Matthew Adamson. Cambridge, Mass.: Harvard University Press, 1991.

——. *Outline of a Theory of Practice*. Trans. Richard Nice. Cambridge, Eng.: Cambridge University Press, 1990.

Breton, André. *Manifestoes of Surrealism*. Trans. Richard Seaver and Helen R. Lane. Ann Arbor: University of Michigan Press, 1969.

Brower, Reuben, ed. *On Translation*. Cambridge, Mass.: Harvard University Press, 1959.

Brown, Arthur. *New Forces in Old China: An Unwelcome but Inevitable Awakening*. New York: Fleming H. Revell, 1904.

Brown, Carolyn T., ed. *Psycho-Sinology: The Universe of Dreams in Chinese Culture*. A conference report. Asian Program, Woodrow Wilson International Center for Scholars, 1987.

Burke, Peter, and Roy Porter, eds. *The Social History of Language*. Cambridge, Eng.: Cambridge University Press, 1987.

Butler, Judith. *Bodies That Matter: On the Discursive Limits of "Sex."* New York: Routledge, 1993.

——. *Gender Trouble: Feminism and Subversion of Identity*. New York: Routledge, 1990.

Cai Yuanpei 蔡元培 et al. 《中国新文学大系导论集》(*Collected introductions to the Compendium of Modern Chinese Literature*). 上海: 良友复兴图书印刷公司, 1940。

Cao Xueqin 曹雪芹. 《红楼梦》(*The dream of the red chamber*, or *The story of the stone*). 3 vols. 北京: 人民文学出版社, 1957。

——. *The Story of the Stone*. Trans. David Hawkes. 5 vols. London: Penguin Books, 1973.

——. *Der Traum der Roten Kammer: Ein Roman aus der Frühen*. Trans. Franz Kuhn. Wiesbaden: Insel-Verlag, 1959.

Carrithers, Michael, Steven Collins, and Steven Lukes, eds. *The Category of the Person: Anthropology, Philosophy, History*. Cambridge, Eng.: Cambridge University Press, 1985.

Cascardi, Anthony J. *The Subject of Modernity*. Cambridge, Eng.: Cambridge University Press, 1992.

Catford, J. C. *A Linguistic Theory of Translation: An Essay in Applied Linguistics*. London: Oxford University Press, 1965.

Certeau Michel de. *Heterologies: Discourse on the Other*. Trans. Brian Massumi. Minneapolis: University of Minnesota Press, 1986.

Certeau, Michel de, D. Julia, and J. Revel. *Une Politique de la langue: la révolution française et les patois*. Paris: Gallimard, 1975.

Chang, Hao. *Chinese Intellectuals in Crisis: Search for Order and Meaning (1890–1911)*. Berkeley: University of California Press, 1987.

——. *Liang Ch'i-ch'ao and Intellectual Transition in China, 1890–1907*. Cambridge, Mass.: Harvard University Press, 1971.

Chatterjee, Partha. *Nationalist Thought and the Colonial World: A Derivative Discourse*. Tokyo and London: Zed Books, 1986.

Chen Bingkun 陈炳坤. 《最近三十年中国文学史》(*Chinese literature in the past thirty years*). 上海: 太平洋书店, 1930。

Chen Duxiu 陈独秀. 《东西民族根本思想之差异》(The fundamental difference between the intellectual traditions of Eastern and Western peoples). 《新青年》

1.4 (1915): 283－287。

——.《独秀文存》(Collected works of Duxiu). 合肥: 安徽人民出版社, 1987。

——.《我之爱国主义》(My kind of patriotism).《新青年》2.2 (1916): 107－112。

——.《虚无的个人主义及任自然主义》(Nihilistic individualism and laissez-faire theory).《新潮》8.4 (1920): 637－638。

Chen Huangmei 陈荒煤, ed.《中国新文艺大系》(A compendium of new Chinese art and literature), 20 vols. 北京: 中国文联出版公司, 1989。

Chen Jia'ai 陈家蔼.《新》(The new).《新潮》1.1 (1919): 35－44。

Chen Pingyuan 陈平原.《中国小说叙事模式的转变》(The transformation of Chinese narrative modes). 上海: 上海人民出版社, 1988。

Chen Shanlong 陈山龙.《日华外来语辞典》(Dictionary of Chinese-Japanese loan-words). 台北: 鸿儒堂, 1989。

Chen Song 陈崧, ed.《五四前后东西文化问题论战文选》(Debates on Eastern and Western cultures around the May Fourth period). 北京: 中国社会科学出版社, 1989。

Chen Xiaomei 陈小眉. Occidentalism: A Theory of Counter-Discourse in Post－Mao China. Oxford: Oxford University Press, 1994.

Cheng Fangwu 成仿吾.《从文学革命到革命文学》(From literary revolution to revolutionary literature). In Rao Hongjing 饶鸿竞 et al., eds.,《创造社资料》(Research materials on the Creation Society), vol. 1. 福州: 福建人民出版社, 1985, 164－170。

Cheyfitz, Eric. The Poetics of Imperialism: Translation and Colonization from "The Tempest" to "Tarzan." New York: Oxford University Press, 1991.

Chinweizu, Onwuchekwa Jemie, and Ihechukwu Madubuike. Toward the Decolonization of African Literature. Washington, D.C.: Howard University Press, 1983.

Chmielewski, J.《以葡萄一词为例论古代汉语的借词问题》(A study of loan-words in classical Chinese: the case of the word "grape").《北京大学学报: 人文科学》1 (1957): 71－81。

Chow, Rey. *Woman and Chinese Modernity: The Politics of Reading Between West and East.* Minneapolis: University of Minnesota Press, 1991.

Chow, Tse-tsung. "The Anti-Confucian Movement in Early Republican China." In Arthur F. Wright, ed., *The Confucian Persuasion.* Stanford: Stanford University Press, 1960, 288 – 312.

——. *The May Fourth Movement: Intellectual Revolution in China.* Cambridge, Mass.: Harvard University Press, 1960.

Ciyuan《辞源》(*A dictionary of etymology*). Rev. ed. 4 vols. 北京: 商务印书馆, 1988。

Clifford, James. "Notes on Travel and Theory." *Inscriptions* 5 (1989): 177 – 188.

Clifford, James, and George E. Marcus, eds. *Writing Culture: The Poetics and Politics of Ethnography.* Berkeley: University of California Press, 1986.

Cohen, Paul A. *China and Christianity: The Missionary Movement and the Growth of Chinese Antiforeignism, 1860 – 1870.* Cambridge, Mass.: Harvard University Press, 1963.

——. *Discovering History in China: American Historical Writing on the Recent Chinese Past.* New York: Columbia University Press, 1984.

Cohen, Paul A., and Merle Goldman, eds. *Ideas Across Cultures: Essays on Chinese Thought in Honor of Benjamin I. Schwartz.* Cambridge, Mass.: Council on East Asian Studies, Harvard University, 1990.

Cohn, Dorrit. *Transparent Minds: Narrative Modes for Presenting Consciousness in Fiction.* Princeton: Princeton University Press, 1978.

Cooke, George Wingrove. *China: Being "The Times" Special Correspondence from China in the Years 1857 – 1858.* London: G. Routledge & Co., 1858.

Cooley, James. "British Quaker Missionary Enterprise in West China: Its Devolution Problem." *Chinese Studies in History* 25. 4 (Summer 1992): 65 – 82.

Cooper, R. L., ed. *Language Spread: Studies in Diffusion and Social Change.* Bloomington: Indiana University Press, 1982.

Dale, Peter. *The Myth of Japanese Uniqueness.* London: Croom Helm, 1986.

Dallenbach, Lucien. *Le Récit spéculaire: essai sur la mise en abyme.* Paris: Seuil,

1977.

Debon, Günther, and Adrian Hsia, eds. *Goethe und China — China und Goethe.* Bern: Peter Lang, 1985.

de Lauretis, Teresa. *Alice Doesn't: Feminism, Semiotics, Cinema.* Bloomington: Indiana University Press, 1984.

Deleuze, Gilles, and Félix Guattari. *Anti-Oedipus: Capitalism and Schizophrenia.* Trans. Robert Hurley et al. Minneapolis: University of Minnesota Press, 1983.

de Man, Paul. *Allegories of Reading: Figural Language in Rousseau, Nietzsche, Rilke, and Proust.* New Haven: Yale University Press, 1979.

——. *Blindness and Insight: Essays in the Rhetoric of Contemporary Criticism.* Minneapolis: University of Minnesota Press, 1983.

——. *The Resistance to Theory.* Minneapolis: University of Minnesota Press, 1986.

——. *The Rhetoric of Romanticism.* New York: Columbia University Press, 1984.

Deng Feihuang 邓飞黄.《个人主义的由来及其影响》(The origin and impact of individualism).《东方杂志》19.7(1922):35-46。

Deng Shi 邓实.《爱国随笔》(Patriotic miscellany).《国粹学报》33(1909):3-4。

——.《爱国随笔》(Patriotic miscellany).《国粹学报》38(1909):6。

——.《国学无用辩》(A rebuttal to the view that national learning is useless).《国粹学报》30(1908):1-3。

——.《国学真论》(On authentic national learning).《国粹学报》27(1908):1-4。

Derrida, Jacques. "Des Tours de Babel." Trans. Joseph F. Graham. In J. F. Graham, ed., *Difference in Translation.* Ithaca: Cornell University Press, 1985, 165-208.

——. *Dissemination.* Trans. Barbara Johnson. Chicago: University of Chicago Press, 1981.

——. *Of Grammatology.* Trans. Gayatri Chakravorty Spivak. Baltimore: Johns Hopkins University Press, 1976.

——. *Positions.* Trans. Alan Bass. Chicago: Chicago University Press, 1981.

——. *The Postcard: From Socrates to Freud and Beyond.* Trans. Alan Bass. Chicago: University of Chicago Press, 1987.

———. *Writing and Difference*. Trans. Alan Bass. Chicago: University of Chicago Press, 1978.

Dhareshwar, Vivek. "Toward a Narrative Epistemology of the Postcolonial Predicament." *Inscriptions* 5 (1989): 135–157.

Dikötter, Frank. *The Discourse of Race in Modern China*. Stanford: Stanford University Press, 1992.

Ding Jingtang 丁景唐. 《从老舍〈骆驼祥子〉原稿的重新发现谈起》(The rediscovery of Lao She's *Camel Xiangzi* and related matters). 《新文学史料》4 (Nov. 1983): 120–128。

Ding Jintang 丁景唐, ed. 《中国新文学大系: 1927–1937》(*Compendium of modern Chinese literature, 1927–1937*). 20 vols. 上海: 上海文艺出版社, 1984。

Ding Ling 丁玲. 《丁玲小说选》(*Selected short stories of Ding Ling*). 2 vols. 北京: 1981。

———. *I Myself Am a Woman: Selected Writings of Ding Ling*. Ed. Tani E. Barlow and Gary J. Bjorge. Boston: Beacon Press, 1989.

———. 《魍魉世界: 南京囚居回忆》(A world of demons and devils: recollections of my confinement in Nanjing). 《新文学史料》1 (Feb. 1987): 4–75。

Dirlik, Arif. *Anarchism in the Chinese Revolution*. Berkeley: University of California Press, 1991.

———. "Culturalism as Hegemonic Ideology and Liberating Practice." *Cultural Critique* 6 (Winter 1987): 13–50.

———. "Culture, Society, and Revolution: A Critical Discussion of American Studies of Chinese Thought." Working Papers in Asian/Pacific Studies, 1. Durham, N. C.: Asian/Pacific Studies Institute, Duke University, 1985.

———. *The Origins of Chinese Communism*. Oxford: Oxford University Press, 1989.

Du Yaquan 杜亚泉 (Cang Fu 伧父, Gao Lao 高劳). 《个人与国家之界说》(The boundary between the individual and the state). 《东方杂志》14.3 (1917): 1–5。

——.《个人之改革》(Reforming the individual).《东方杂志》10. 12 (1914):1 - 4。

——.《静的文明与动的文明》(Lethargic versus dynamic civilization).《东方杂志》13. 10 (1916): 1 - 8。

Duara, Prasenjit. *Rescuing History from the Nation: Questioning Narratives of Modern China.* Chicago: University of Chicago Press, 1995.

——. "Provincial Narratives of the Nation: Centralism and Federalism in Republican China." In Harumi Befu, ed., *Cultural Nationalism in East Asia: Representation and Identity.* Berkeley: Institute of East Asian Studies, University of California, 1993, 9 - 35.

Eagleton, Terry. *The Ideology of the Aesthetic.* Oxford: Basil Blackwell, 1990.

Editors of *Xueheng* (Critical Review).《学衡杂志简章》(The *Critical Review*: a statement of purpose).《学衡》1 (Jan. 1922): i。

Egan, Michael. "Yu Dafu and the Transition to Modern Chinese Literature." In Merle Goldman, ed., *Modern Chinese Literature in the May Fourth Era.* Cambridge, Mass.: Harvard University Press, 1977, 209 - 238.

Eoyang, Eugene. *The Transparent Eye: Reflections on Translation, Chinese Literature, and Comparative Poetics.* Honolulu: University of Hawaii Press, 1993.

Esherick, Joseph W. *The Origins of the Boxer Uprising.* Berkeley: University of California Press, 1987.

Fabian, Johannes. *Language and Colonial Power: The Appropriation of Swahili in the Former Belgian Congo, 1880 - 1938.* Cambridge, Eng.: Cambridge University Press, 1986.

——. *Time and the Other: How Anthropology Makes Its Object.* New York: Columbia University Press, 1983.

Fairbank, John, ed. *The Missionary Enterprise in China and America.* Cambridge, Mass.: Harvard University Press, 1974.

Fan Jun 樊骏.《论〈骆驼祥子〉的现实主义:纪念老舍先生八十诞辰》(On realism in *Camel Xiangzi*: commemorating Lao She's eightieth birthday).《文学评论》1 (1979): 26 - 39。

Fang, Achilles 方志彤, "Some Reflections on the Difficulty of Translation." In Reuben Brower, ed, *On Translation*. Cambridge, Mass.: Harvard University Press, 1959, 111 – 133.

Fanon, Franz. *Black Skin, White Masks*. New York: Grove Press, 1967.

Feng Xuefeng 冯雪峰.《鲁迅生平及其思想发展的梗概》(An outline of Lu Xun's life and the development of his thought).《文艺报》4 (Oct. 1951): 11 – 12。

Feuerwerker, Albert. *The Foreign Establishment in China in the Early Twentieth-Century*. Ann Arbor: University of Michigan, Center for Chinese Studies, 1976.

Feuerwerker, Yi-tsi Mei. *Ding Ling's Fiction: Ideology and Narrative in Modern Chinese Literature*. Cambridge, Mass.: Harvard University Press, 1982.

——. "Text, Intertext, and the Representation of the Writing Self in Lu Xun, Yu Dafu, and Wang Meng." In Ellen Widmer and David Der-wei Wang, eds., *From May Fourth to June Fourth: Fiction and Film in Twentieth-Century China*. Cambridge, Mass.: Harvard University Press, 1993, 167 – 193.

Fodor, István. *Pallas und andere afrikanische Vokabularien vor dem 19. Jahrhundert*. Hamburg: H. Buske, 1975.

Fogel, Joshua. *The Cultural Dimension of Sino-Japanese Relations*. Armonk, N. Y.: M. E. Sharpe, 1994.

——. "The Japanese in Shanghai and the Sino-Japanese War." Paper presented at the Luce Seminar "Wartime Shanghai," University of California, Berkeley, 1994.

——. "Recent Translation Theory and Linguistic Borrowing in the Modern Sino-Chinese Cultural Context." Working Paper Series on Language and Politics in Modern China. Indiana University, East Asian Studies Center, Bloomington, Ind., 1993.

Forsythe, Samuel. *An American Missionary Community in China, 1895 – 1905*. Harvard East Asian Monograph 43. Cambridge, Mass.: Council on East Asian Studies, Harvard University, 1971.

Foucault, Michel. *The Archaeology of Knowledge and the Discourse on Language*. Trans. A. M. Sheridan Smith. New York: Pantheon Books, 1972.

——. *The Order of Things: An Archaeology of the Human Sciences*. New York:

Random House, 1973.

Freud, Sigmund. *Dora: An Analysis of a Case of Hysteria.* New York: Collier Books, 1963.

——. *The Interpretation of Dreams.* The Standard Edition of the Complete Psychological Works of Sigmund Freud, Vols. 4-5. London: Hogarth Press, 1953.

——. "The Uncanny." Standard Edition, Vol. 17. London: Hogarth Press, 1955, 218-253.

Fu Sinian 傅斯年.《人生问题发端》(Introduction to the problem of human life).《新潮》1. 1 (1919): 5-17。

Fujii, James. *Complicit Fictions: The Subject in the Modern Japanese Prose Narrative.* Berkeley: University of California Press, 1992.

Furth, Charlotte. "The Sage as Rebel: The Inner World of Chang Ping-lin." In idem, ed., *The Limits of Change: Essays on Conservative Alternatives in Republican China.* Cambridge, Mass.: Harvard University Press, 1976, 113-150.

Furth, Charlotte, ed. *The Limits of Change: Essays on Conservative Alternatives in Republican China.* Cambridge, Mass.: Harvard University Press, 1976.

Gadamer, Hans-Georg. *Truth and Method.* Trans. Garrett Barden and John Cumming. New York: Crossroad, 1982.

Gálik, Marián. *The Genesis of Modern Chinese Literary Criticism (1917-1930).* London: Curzon Press, 1980.

Gan Yang 甘阳.《自由的理念：五四传统之阙失面》(The ideal of freedom: negative aspects of the May Fourth tradition). In Liu Qingfeng 刘青峰, ed.,《历史的反响》(Reverberations of history). 香港：三联书店, 1990, 62-81。

Gao Mingkai 高名凯.《汉语语法论》(On Chinese grammar). 上海：开明书店, 1948。

Gao Mingkai 高名凯 and Liu Zhengtan 刘正埮.《现代汉语外来词研究》(*Studies of loanwords in modern Chinese*). 北京：文字改革出版社, 1958。

Gao Yihan 高一涵.《国家非人生之归宿论》(The state is not the ultimate goal of human life).《新青年》1. 4 (1915): 287-294。

——.《自治与自由》(Autonomy and freedom).《新青年》1. 5 (1916):

381 – 384。

Gates, Henry Louis, Jr. "Critical Fanonism." *Critical Inquiry* 17. 3 (Spring 1991): 457 – 470.

Gates, Henry Louis, Jr., ed. "*Race*," *Writing*, *and Difference*. Chicago: University of Chicago Press, 1986.

Ge Baoquan 戈宝权.《鲁迅生前〈阿 Q 正传〉的外文译本》(Translations of Lu Xun's "True Story of Ah Q" in foreign languages published before his death). In《鲁迅研究集刊》(*Collected studies of Lu Xun*), vol. 1. 上海：上海文艺出版社, 1979: 371 – 398。

Genette, Gerard. *Narrative Discourse*. Trans. Jane E. Lewin. Ithaca: Cornell University Press, 1980.

Goethe, Johann Wolfgang von. *Conversations with Eckermann*. Trans. John Oxenford. San Francisco: North Point Press, 1984.

Goldblatt, Howard. *Hsiao Hong*. Boston: Twayne Publishers, 1976.

Goldman, Merle, ed. *Modern Chinese Literature in the May Fourth Era*. Cambridge, Mass.: Harvard University Press, 1977.

Gong Mingde 龚明德.《巴金研究论集》(*Studies of Ba Jin*). 重庆：重庆出版社, 1988。

Goody, Jack. *The Domestication of the Savage Mind*. Cambridge, Eng.: Cambridge University Press, 1977.

Graham, Joseph F., ed. *Difference in Translation*. Ithaca: Cornell University Press, 1985.

Grewal, Inderpal, and Caren Kaplan, eds. *Scattered Hegemonies: Postmodernity and Transnational Feminist Practices*. Minneapolis: University of Minnesota Press, 1994.

Guang Sheng 光升.《中国国民性及其弱点》(The national character of the Chinese and its weaknesses).《新青年》2. 6 (1917): 495 – 505。

Guha, Ranajit, and Gayatri Chakravorty Spivak, eds. *Selected Subaltern Studies*. London: Oxford University Press, 1988.

Gunn, Edward. *Rewriting Chinese: Style and Innovation in Twentieth-Century Chinese Prose. Stanford: Stanford University Press, 1991.

Guo Moruo 郭沫若.《沫若文集》(Collected works of Moruo) 17 vols. 北京: 人民文学出版社, 1957。

Hammami, Reza, and Martina Rieker. "Feminist Orientalism and Orientalist Marxism." New Left Review 70 (July/Aug. 1988): 93–106.

Han Bing 寒冰.《驳她字的研究》(A rebuttal to "On feminine ta").《学灯》, Apr. 20, 1920。

Hanan, Patrick. "The Technique of Lu Hsün's Fiction." Harvard Journal of Asiatic Studies 34 (1974): 53–96.

Harootunian, H. D. Things Seen and Unseen: Discourse and Ideology in Tokugawa Nativism. Chicago: University of Chicago Press, 1988.

Hayford, Charles. "Chinese and American Characteristics: Arthur Smith and His China Book." In Susan Barnett and John Fairbank, eds., Christianity in China. Cambridge, Mass.: Harvard University Press, 1985, 153–174.

He Yubo 贺玉波.《中国现代女作家》(Modern Chinese women writers). 上海: 复兴书局, 1936。

Hegel, Robert, and Richard C. Hessney, eds. Expressions of the Self in Chinese Literature. New York: Columbia University Press, 1985.

Heidegget, Martin. Unterwegs zur Sprache. Verlag Günther Neskar, 1959. Trans. Peter D. Hertz. On the Way to Language. San Francisco: Harper & Row, 1971.

Herder, Johann Gottfried von. Outlines of a Philosophy of the History of Man. Trans. T. Churchill. New York: Bergman, 1966.

Hershatter, Gail. "The Subaltern Talks Back: Reflections on Subaltern Theory and Chinese History." Positions: East Asia Cultures Critique 1.1 (1993): 103–130.

Hevia, James. "Leaving a Brand in China: Missionary Discourse in the Wake of the Boxer Movement." Modern China 18.3 (July 1992): 304–332.

Hiraoka Toshio 平冈敏夫.《明治文学史周边》(The background of Meiji literary history). Tokyo: Yuseido, 1976.

Hobsbawn, Eric, and Terence Ranger, eds. The Invention of Tradition. Cambridge, Eng.: Cambridge University Press, 1983.

Hsia, C. T. *A History of Modern Chinese Fiction, 1917 – 1957*. New Haven：Yale University Press, 1961.

Hsia Tsi-an. *The Gate of Darkness：Studies in the Leftist Literary Movement in China*. Seattle：University of Washington Press, 1968.

Hu Jieqing, 胡絜青, ed. 《老舍生活与创作自述》(*An account of Lao She's life and creative work in his own words*). 香港：三联书店, 1980。

Hu Shi 胡适. 《不朽》(Immortality). 《新青年》6. 2 (1919)：113 – 122。

——.《导言》(General introduction). In Zhao Jiabi 赵家璧, ed.,《中国新文学大系》(*Compendium of modern Chinese literature*), vol. 1. 上海：良友图书公司, 1935, 1 – 32。

——.《胡适文存》(*Collected works of Hu Shi*). 4 vols. 上海：亚东图书馆, 1924。

——.《建设的文学革命论》(Toward a constructive theory of literary revolution). In Zhao Jiabi 赵家璧, ed.,《中国新文学大系》(*Compendium of modern Chinese literature*), vol. 1. 上海：良友图书公司, 1935, 127 – 140。

——.《文学改良刍议》(Suggestions for literary reform). In Zhao Jiabi 赵家璧, ed.,《中国新文学大系》(*Compendium of modern Chinese literature*), vol. 1. 上海：良友图书公司, 1935, 34 – 43。

——.《文学进化观念与戏剧改良》(The concept of literary evolution and theater reform). In Zhao Jiabi 赵家璧, ed.,《中国新文学大系》(*Compendium of modern Chinese literature*), vol. 1. 上海：良友图书公司, 1935, 376 – 386。

Hu Xiansu 胡先骕.《说今日教育之危机》(The crisis of today's education).《学衡》4 (1922)：1 – 10。

Huang Jie 黄节.《国粹学报序》(Preface to *National Essence Journal*).《国粹学报》1 (1905)：1 – 5。

Huang Shengzhang 黄盛璋.《古汉语的人身代词研究》(A study of pronouns in classical Chinese).《中国语文》127 (June 1963)：443 – 472。

Huang Yaomian 黄药眠.《非个人主义的文学》(A nonindividualistic literature). In Li Helin 李何林, ed.,《中国文艺论战》(*Debates on Chinese literature and* art). 上海: 中国文艺社, 1932, 298 – 302。

Huang Ying 黄英, ed. 《现代中国女作家》(*Modern women writers in China*). 上海: 北新书局, 1931。

Huters, Theodore. "Blossoms in the Snow: Lu Xun and the Dilemma of Modern Chinese Literature." *Modern China* 10.1 (Jan. 1984): 49 – 77.

——. "Ideologies of Realism in Modern China: The Hard Imperatives of Imported Theory." In Liu Kang and Xiaobing Tang, eds., *Politics, Ideology, and Literary Discourse in Modern China*. Durham, N. C.: Duke University Press, 1993, 147 – 173.

Iggers, Georg G. *The German Conception of History: The National Tradition of Thought from Herder to the Present*. Middletown, Conn.: Wesleyan University Press, 1968.

Isaacs, Harold R., ed. *Straw Sandals: Chinese Short Stories, 1918 – 1933*. Cambridge, Mass.: MIT Press, 1974.

Jakobson, Roman. *Language in Literature*. Ed. Krystyna Pomorska and Stephen Rudy. Cambridge, Mass.: Harvard University Press, 1987.

Jameson, Fredric. "Third – World Literature in the Era of Multinational Capitalism." *Social Text* 15 (Fall 1986): 65 – 88.

JanMohamed, Abdul R. *Manichean Aesthetics: The Politics of Literature in Colonial Africa*. Amherst: University of Massachusetts Press, 1983.

Jay, Martin. *Permanent Exiles: Essays on the Intellectual Migration from Germany to America*. New York: Columbia University Press, 1985.

Jia Yi 家义. 《个位主义》(Individualism). 《东方杂志》13.2 (1916): 6 – 10。

Jia Zhifang 贾植芳 et al., eds. 《文学研究会资料》(*Research materials on the Association for Literary Research*). 3 vols. 郑州: 河南人民出版社, 1985。

Jiang Guangci 蒋光慈. 《蒋光慈文集》(*Collected works of Jiang Guangci*). 上海: 上海文艺出版社, 1982。

Jin Hongda 金宏达. 《鲁迅文化思想探索》(*An inquiry into Lu Xun's thoughts on culture*). 北京: 北京师范大学出版社, 1986。

John, Mary E. "Postcolonial Feminists in the Western Intellectual Field: Anthropologists and Native Informants?" *Inscriptions* 5 (1989): 49 – 53.

Johnson, Barbara. "Taking Fidelity Philosophically." In Joseph F. Graham, ed., *Difference in Translation*. Ithaca: Cornell University Press, 1985, 142 – 148.

Johnson, David, Andrew Nathan, and Evelyn S. Rawski, eds. *Popular Culture in Late Imperial China*. Berkeley: University of California Press, 1985.

Jones, Andrew F. "The Violence of the Text: Reading Yu Hua and Shi Zhicun." *Positions: East Asia Cultures Critique* 2.3 (Winter 1994): 570 – 602.

Jusdanis, Gregory. *Belated Modernity and Aesthetic Culture: Inventing National Literature*. Minneapolis: University of Minnesota Press, 1991.

Kahler, Erich. *The Inward Turn of Narrative*. Trans. Richard and Clara Winston. Princeton: Princeton University Press, 1973.

Kamei, Shunsuke 亀井俊介.《日本ナショナリズムの文学：明治の精神の探求》(*The literature of nationalism: an inquiry into the Meiji spirit*). Tokyo: Kenkyūsha, 1971.

Kang Baiqing 康白情.《论中国之民族气质》(On the national mentality of China).《新潮》1.2 (1919): 197 – 244。

Kang Youwei 康有为.《戊戌变法》(*The 1898 reform movement*), vol. 2. ed. Chinese Historical Association. 上海, 1953。

Kinkley, Jeffrey C. *The Odyssey of Shen Congwen*. Stanford: Stanford Universiry Press, 1987.

Koizumi, Yuzuru 小泉让.《鲁迅と内山完造》(*Lu Xun and Uchiyama Kanzō*). Tokyo: Tosho shuppan, 1989.

Kowallis, Jon. "*On the Power of Mara Poetry* and Other Early Wenyan Essays by Lu Xun." Unpublished manuscript, 1994.

Kwan, Choi Wah 关彩华. *The Right Word in Cantonese*. Hong Kong: Commercial Press, 1989.

Lao She 老舍.《老舍文集》(*Collected works of Lao She*). 16 vols. 北京：人民文学出版社, 1980。

——.《骆驼祥子》(*Camel Xiangzi*). 上海：文化生活出版社, 1949。

——. *Mr. Ma and Son: A Sojourn in London*. Trans. Julie Jimmerson. Beijing:

Phoenix Books, 1991.

———. *Rickshaw*. Trans. Jean M. James. Honolulu: University of Hawaii Press, 1979.

Laroui, Abdullah. *The Crisis of the Arab Intellectuals: Traditionalism or Historicism?* Trans. Diarmid Cammel. Berkeley: University of California Press, 1976.

Larson, Wendy. "The End of '*Funü wenxue*': Women's Literature from 1925 to 1935." In Tani E. Barlow, ed., *Gender Politics in Modern China: Writing and Feminism*. Durham, N. C.: Duke University Press, 1993, 58 – 73.

———. "Female Subjectivity and Gender Relations: The Early Stories of Lu Yin and Bing Xin." In Liu Kang and Xiaobing Tang, eds., *Politics, Ideology, and Literary Discourse in Modern China*. Durham, N. C.: Duke University Press, 1993, 124 – 143.

Lau, Joseph, C. T. Hsia, and Leo Ou-fan Lee, eds. *Modern Chinese Stories and Novellas, 1919 – 1949*. New York: Columbia University Press, 1981.

Leach, Edmund R. "Ourselves and Others." *Times Literary Supplement*, July 6, 1973, 772.

Leary, Charles. "Sexual Modernism in China: Zhang Jingsheng and 1920's Urban Culture." Ph. D. diss., Cornell University, 1993.

Lee, Leo Ou-fan 李欧梵. "In Search of Modernity: Some Reflections on a New Mode of Consciousness in Twentieth-Century Chinese History and Literature." In Paul A. Cohen and Merle Goldman, eds., *Ideas Across Cultures: Essays on Chinese Thought in Honor of Benjamin I. Schwartz*. Cambridge, Mass.: Council on East Asian Studies, Harvard University, 1990, 109 – 135.

———. *The Romantic Generation of Modern Chinese Writers*. Cambridge, Mass.: Harvard University Press, 1973.

———. *Voices from the Iron House: A Study of Lu Xun*. Bloomington: Indiana University Press, 1987.

Lee, Leo Ou-fan, ed. 《新感觉派小说选》(*A selection of Neo-perceptionist fiction*). 台北：允晨文化事业，1988。

Lee, Leo Ou-fan, and Andrew Nathan. "The Beginnings of Mass Culture: Journalism and Fiction in the Late Ch'ing and Beyond." In David Johnson, Andrew Nathan, and Evelyn S. Rawski, eds., *Popular Culture in Late Imperial China*. Berkeley: University of California Press, 1985, 360–395.

Lethcoe, R. J. "Narrated Speech and Consciousness." Ph. D. diss., University of Wisconsin, 1969.

Levenson, Joseph. *Confucian China and Its Modern Fate: A Trilogy*. Berkeley: University of California Press, 1968.

Li Dazhao 李大钊 (Shou Chang 守常).《李大钊文集》(*Collected essays of Li Dazhao*). 北京：人民出版社, 1984。

——.《青春中国之创造》(Creating a youthful China).《晨钟报》, Aug. 15, 1916。

Li Helin 李何林.《鲁迅论》(*On Lu Xun*). 上海：北新书局, 1930。

Li Helin 李何林, ed.《中国文艺论战》(*Debates on Chinese literature and art*). 上海：中国文艺社, 1932。

Li Tuo 李陀.《雪崩何处》(Where does the avalanche fall?). Preface to Yu Hua 余华,《十八岁出门远行》(*Leaving home at the age of eighteen*). 台北：远流, 1990, 5–14。

Li Xifan 李希凡.《红楼梦评论集》(*Critical essays on the Dream of the Red Chamber*). 北京：作家出版社, 1957。

Li Yishi 李亦氏.《人生惟一之目的》(The sole purpose of life).《新青年》1.2 (1915): 125–132。

Li Yiyuan 李亦园 and Yang Guoshu 杨国枢, eds.《中国人的性格》(*The character of the Chinese*). Taipei: Institute of Ethnology, Academia Sinica, 1972.

Li Zehou 李泽厚.《略论鲁迅思想的发展》(An outline study of the evolution of Lu Xun's thought). In《鲁迅研究集刊》(*Collected studies of Lu Xun*), vol. 1. 上海：上海文艺出版社, 1979, 31–61。

——.《中国现代思想史论》(*A study of modern Chinese intellectual history*). 北京：东方出版社, 1987。

Liang Qichao 梁启超.《饮冰室合集》(*Collected works from the ice drinker's studio*). 上海：中华书局, 1936。

Lin Jicheng 林基成.《弗洛伊德的学说在中国的传播,1914 – 1925》(The dissemination of Freudian theory in China, 1914 – 1925).《二十一世纪》4 (Apr. 1991): 20 – 31。

Lin Yusheng 林毓生. *The Crisis of Chinese Consciousness: Radical Anti-traditionalism in the May Fourth Era.* Madison: University of Wisconsin Press, 1979.

——.《鲁迅个人主义的性质与涵义——兼论"国民性"问题》(The nature and meaning of Lu Xun's individualism: also on the question of "National Character").《二十一世纪》12 (Aug. 1992): 83 – 91。

Lin Yutang. *A History of the Press and Public Opinion in China.* Chicago: University of Chicago Press, 1936.

Link, Perry. *Mandarin Ducks and Butterflies: Popular Fiction in Early Twentieth-Century Chinese Cities.* Berkeley: University of California Press, 1981.

Lips, Marguerite. *Le Style indirect libre.* Paris: Payot, 1926.

Liu Fu 刘复 (Liu Bannong 刘半农).《半农杂文二集》(*Random essays by Bannong*), vol. 2. 上海:良友图书公司,1935。

——.《访刘半农》(Interview with Liu Bannong).《世界日报》, Apr. 1, 1931。

——.《她字问题》(The problem of feminine *ta*).《学灯》, Aug. 9, 1920。

Liu Kang 刘康. "Politics and Critical Paradigm: Reflections on the Study of Modern Chinese Literature." *Modern China* 19.1 (Jan. 1993): 13 – 40.

Liu Kang 刘康 and Tang Xiaobing 唐小兵, eds. *Politics, Ideology, and Literary Discourse in Modern China: Theoretical Interventions and Cultural Critique.* Durham, N. C.: Duke University Press, 1993.

Liu, Lydia H. 刘禾.《不透明的内心叙事:有关翻译体和现代汉语叙事模式的若干问题》(Narrating the inner world: problems in translational style and modern Chinese narrative modes).《今天》3 (Fall 1994): 174 – 192。

——. "The Female Body and Nationalist Discourse." In Inderpal Grewal and Caren Kaplan, eds., *Scattered Hegemonies: Postmodernity and Transnational Feminist Practices.* Minneapolis: University of Minnesota Press, 1994, 37 – 62.

——. "Invention and Intervention: The Making of a Female Tradition in Modern Chinese Literature." In Ellen Widmer and David Der-wei Wang, eds., *From*

May Fourth to June Fourth: *Fiction and Film in Twentieth-Century China*. Cambridge, Mass.: Harvard University Press, 1993, 194 – 220.

——. "The Politics of First-Person Narrative in Modern Chinese Fiction." Ph. D. diss., Harvard University, 1990.

Liu Qingfeng 刘青峰.《历史的反响》(*Reverberations of history*). 香港：三联书店，1990。

Liu Xianbiao 刘献彪 and Lin Zhiguang 林治广, eds.《鲁迅与中日文化交流》(*Lu Xun in Sino-Japanese cultural exchanges*). 长沙：湖南人民出版社，1981。

Liu Yizheng 柳诒征.《论中国近世之病源》(On the root of China's illness today).《学衡》3 (Mar. 1922): 1 – 11。

Liu, Yu-ning. *The Introduction of Socialism into China*. New York: Columbia University Press, 1971.

Liu Zaifu 刘再复.《论文学的主体性》(On subjectivity in literature). In《刘再复集》(*Works of Liu Zaifu*). 哈尔滨：黑龙江教育出版社，1988，72 – 125。

Liu Zaifu 刘再复 and Lin Gang 林岗.《传统与中国人》(*Tradition and the Chinese*). 香港：三联书店，1988。

Liu Zhengtan 刘正埮 et al., eds.《汉语外来词词典》(*A dictionary of loanwords in Chinese*). 上海：商务印书馆，1985。

Lowe, Lisa. *Critical Terrains*: *French and British Orientalisms*. Ithaca: Cornell University Press, 1991.

Lu Shuxiang 吕叔湘.《中国文法要略》(*An outline of Chinese grammar*). 上海：商务印书馆，1942。

Lu Xun 鲁迅. *Lu Hsün*: *Complete Poems*. Trans. David Y. Ch'eh. Tempe: University of Arizona Press, 1988.

——.《鲁迅全集》(*Complete works of Lu Xun*). 16 vols. 北京：人民出版社，1981。

——.《鲁迅书信集》(*Collected letters of Lu Xun*). 2 vols. 北京：人民文学出版社，1976。

——. *Selected Stories of Lu Hsün*. Trans. Yang Hsien-yi and Gladys Yang. New York: Norton, 1977.

《鲁迅研究集刊》(Collected studies of Lu Xun), vol. 1. 上海：上海文艺出版社，1979。

Lu Yongheng 陆永恒.《中国新文学概论》(A brief study of modern Chinese literature). 广州：科文印书局，1932。

Lukács, Georg. The Theory of the Novel. Trans. Anna Bostock. Cambridge, Mass.：MIT Press, 1973.

Luo Changpei 罗常培.《语言与文化》(Language and culture). 北京：国立北京大学，1950。

Luo Zhufeng 罗竹风, ed.《汉语大词典》(A dictionary of Chinese). 12 vols. 上海：汉语大词典出版社，1986 – 1994。

Ma Zuyi 马祖义.《中国翻译简史五四以前部分》(A brief history of translation in China prior to the May Fourth period). 北京：中国对外翻译出版公司，1984。

Mackerras, Colin. Western Images of China. Hong Kong：Oxford University Press, 1989.

Mair, Victor H. "Anthologizing and Anthropologizing：The Place of Non-Elite and Non-Standard Culture in the Chinese Literary Tradition." Duke University Working Papers in Asian Pacific Studies, 2. Durham, N. C.：Asian Pacific Studies Institute, 1992.

——. "Buddhism and the Rise of the Written Vernacular in East Asia：The Making of National Languages." Journal of Asian Studies 53. 3（1994）：707 – 751.

——. "East Asian Round-Trip Words." Sino-Platonic Papers, 34. Department of Oriental Studies, University of Pennsylvania, 1992, 5 – 13.

Mani, Lata. "Multiple Mediations：Feminist Scholarship in the Age of Multinational Reception." Inscriptions 5（1989）：1 – 23.

Mao Dun 茅盾（Shen Yanbing 沈雁冰）.《读〈呐喊〉》(Reading Call to Arms). In Le Helin, ed., 《鲁迅论》(On Lu Xun). 上海：北新书局，1930，182 – 189。

——.《茅盾全集》(Complete works of Mao Dun). 22 vols. 北京：人民文学出版社，1991。

——.《一九三四年的文化"围剿"和"反围剿"》(The cultural "siege" and

the "anti-siege" in1934).《新文学史料》4（Nov. 1982）：1 – 26。

——.《一九三五年记事：回忆录十八》（Remembered events in 1935：memoir no. 18）.《新文学史料》1（Feb. 1983）：1 – 23。

Mao Zedong 毛泽东.《毛泽东选集》（*Selected works of Mao Zedong*）. 北京：人民出版社，1964。

Marcus, Steven. *Representations：Essays on Literature and Society*. New York：Random House, 1975.

Marcuse, Herbert. *Eros and Civilization：A Philosophical Inquiry into Freud*. Boston：Beacon Press, 1966.

Marsella, Anthony J., George DeVos, and Francis L. K. Hsu, eds. *Culture and Self：Asian and Western Perspectives*. New York：Tavistock Publications, 1985.

Masini, Federico. *The Formation of Modern Chinese Lexicon and Its Evolution Toward a National Language：The Period from 1840 to 1898*. Berkeley：University of California, Berkeley, Project on Linguistic Analysis, 1993.

Mazrui, Ali. *The Political Sociology of the English Language：An African Perspective*. The Hague：Mouton, 1975.

McDougall, Bonnie. *The Introduction of Western Literary Theory into Modern China, 1919 – 1925*. Tokyo：Centre for East Asian Cultural Studies, 1971.

McHale, Brian. "Free Indirect Discourse：A Survey of Recent Accounts." *Poetics and Theory of Literature* 3.2（Apr. 1978）：249 – 276.

McKinnon, Janice R. *Agnes Smedley：The Life and Times of an American Radical*. Berkeley：University of California Press, 1988.

Mei Guangdi 梅光迪.《论今日吾国学术界之需要》（On what is needed in today's national scholarship）.《学衡》4（Apr. 1922）：1 – 7。

——.《评今人提倡学术之方法》（On the methodology promoted in today's scholarship）.《学衡》2（Feb. 1922）：1 – 9。

——.《评提倡新文化者》（A critique of the advocates of new culture）.《学衡》1（Jan. 1922）：1 – 8。

——.《现今西洋人文主义》（Humanism in the contemporary West）.《学衡》8（Aug. 1922）：1 – 7。

Meng Shen 梦沈.《驳〈她字的研究〉》(A rebuttal to "On Feminine *ta*").《学灯》, Apr. 25, 1920。

Meng Yue 孟悦 and Dai Jinhua 戴锦华.《浮出历史地表》(*Emerging from the horizon of history*). 郑州: 河南人民出版社, 1989。

Meng Zhen 孟真.《心气薄弱的国人》(The demoralized Chinese).《新潮》1. 2 (1919): 342 – 343。

Metzger, Thomas. *Escape from Predicament: Neo-Confucianism and China's Evolving Political Culture*. New York: Columbia University Press, 1977.

Miller, Andrew. *The Japanese Language*. Chicago: University of Chicago Press, 1967.

Min Zhi 民质.《我》(I).《东方杂志》13. 1 (1916): 13 – 16。

Miyoshi, Masao. *Accomplices of Silence: The Modern Japanese Novel*. Berkeley: University of California Press, 1974.

Morohashi Tetsuji 诸桥辙次.《大汉和辞典》(*Morohashi's Chinese-Japanese dictionary*). 13 vols. Tokyo: Taishukan shoten, 1955 – 1960.

Morrison, Robert. *A Dictionary of the Chinese Language in Three Parts*. Macau: East India Company Press, 1815.

Mounin, Georges. *Les Problèmes théorique de la traduction*. Paris: Gallimard, 1963.

Munro, Donald, ed. *Individualism and Holism: Studies in Confucianism and Taoist Values*. Ann Arbor: University of Michigan Center for Chinese Studies, 1985.

Nader, Laura. "Orientalism, Occidentalism, and the Control of Women." *Cultural Dynamics* 2. 3 (1989): 323 – 355.

Najita, Tetsuo, and Irwin Scheiner, eds. *Japanese Thought in the Tokugawa Period, 1600 – 1868: Methods and Metaphors*. Chicago: University of Chicago Press, 1978.

Ng, Mau-sang. *The Russian Hero in Modern Chinese Fiction*. Hong Kong: Chinese University Press, 1988.

Nietzsche, Friedrich. *The Complete Works of Friedrich Nietzsche*. Ed. Oscar Levy. 18 vols. New York: Macmillan, 1911.

——. *The Use and Abuse of History*. Trans. Adrian Collins. Indianapolis: Bobbs-Merrill, 1957.

Niranjana, Tejaswini. *Siting Translation: History, Post-Structuralism, and the Colonial Context*. Berkeley: University of California Press, 1992.

Novotná, Zdenka. "Contributions to the Study of Loan Words and Hybrid Words in Modern Chinese." 3 pts. *Archiv Orientalni* 35.3 (1967): 613 – 648; 36.1 (1968): 295 – 325; 37.1 (1969): 48 – 75.

O'Hanlon, Rosalind. "Recovering the Subject: *Subaltern Studies* and Histories of Resistance in Colonial South Asia." *Modern Asian Studies* 22.1 (1988): 189 – 224.

Ono Kazuko. *Chinese Women in a Century of Revolution, 1850 – 1950*. Ed. and trans. Joshua A. Fogel. Stanford: Stanford University Press, 1989.

Ōta Susumu 太田进.《资料一束》(A piece of historical data). *Yasō* 31 (June 1983): 61 – 62.

Otani Kōtarō 大谷孝太郎.《中国人精神结构研究》(*A study of the psychological structure of the Chinese*). Trans. Yuan Fang 袁方. 上海：东亚同文书院，1935。

Ozawa Masamoto 小沢正元.《内山完造伝：日中友好 につくした伟大な庶民》(*Biography of Uchiyama Kanzō: A great commoner in the establishment of Sino-Japanese friendship*). Tokyo: Banchō shobō, 1972。

Paliakov, Léon. *The Aryan Myth: A History of Racist and Nationalist Ideas in Europe*. Trans. Edmund Howard. London: Sussex University Press, 1974.

Pan Guangdan 潘光旦.《冯小青性心理变态揭秘》(*The secret of the abnormal sexual psychology of Feng Xiaoqing*). Ed. Zhen Xiang 祯祥 and Bo Shi 柏石. 北京：文化艺术出版社，1990。

——. 冯小青：《一件影恋之研究》(*Feng Xiaoqing: studies of a case of narcissism*). 上海：音乐书店，1929。

——.《民族特性与民族卫生》(*National character and national hygiene*). 上海：商务印书馆，1937。

Park, Graham, ed. *Heidegger and Asian Thought*. Honolulu: University of Hawaii Press, 1987.

Parry, Benita. "Problems in Current Theories of Colonial Discourse". *Oxford Literary Review* 9 (1987): 27–58.

Peng Xiaoyan 彭小妍.《超越写实》(*Beyond realism*). 台北：联经，1993。

Plaks, Andrew, ed. *Chinese Narrative: Critical and Theoretical Essays*. Princeton: Princeton University Press, 1977.

Popoviōc, Anton. *A Dictionary for the Analysis of Literary Translation*. Edmonton: Department of Comparative Literature, University of Alberta, 1976.

Prakash, Gyan. "Writing Post-Orientalist Histories of the Third World: Perspectives from Indian Historiography." *Comparative Studies in Society and History* 32.2 (1990): 383–408.

Pratt, Mary Louise. *Imperial Eyes: Travel Writing and Transculturation*. New York: Routledge, 1992.

Průšek, Jaroslav. *The Lyrical and the Epic: Studies of Modern Chinese Literature*. Ed. Leo Ou-fan Lee. Bloomington: Indiana University Press, 1980.

Pusey, James Reeve. *China and Charles Darwin*. Cambridge, Mass.: Harvard University Press, 1983.

Qian Jibo 钱基博.《现代中国文学史》(*A history of modern Chinese literature*). 上海：世界书局，1933。

Qian Xingcun 钱杏邨（A Ying 阿英, Zhang Ruoying 张若英）.《晚清文艺报刊述略》(*An account of late Qing literary periodicals*). 上海：古典文学出版社，1959。

——.《晚清小说史》(*A history of late Qing fiction*). 台北：人人文库，1968。

——.《现代中国文学作家》(*Modern Chinese writers of literature*). 上海：泰东书局，1929。

——.《中国新文学运动史资料》(*Research materials on the history of the modern Chinese literary movement*). 上海：光明书局，1934。

Qian Zhixiu 钱智修.《堕性之国民》(The lethargic character of the Chinese).《东方杂志》13.11 (1916): 1–6。

Qiu Jin 秋瑾.《秋瑾集》(*Collected works of Qiu Jin*). 北京：中华书局，1960。

Rafael, Vicente L. *Contracting Colonialism: Translation and Christian Conversion in*

Tagalog Society Under Early Spanish Rule. Ithaca: Cornell Universiry Press, 1988.

Rankin, Mary Backus. *Early Chinese Revolutionaries*. Cambridge, Mass.: Harvard University Press, 1971.

——. "The Emergence of Women at the End of the Ch'ing: The Case of Ch'iu Chin." In Margery Wolf and Roxane Witke, eds., *Women in Chinese Society*. Stanford: Stanford University Press, 1975, 39–66.

Rao Hongjing 饶鸿竞 et al., eds.《创造社资料》(*Research materials on the Creation Society*). 2 vols. 福州：福建人民出版社，1985。

Robinson, Douglas. *The Translator's Turn*. Baltimore: Johns Hopkins University Press, 1991.

Rorty, Richard. *Philosophy and the Mirror of Nature*. Princeton: Princeton University Press, 1979.

Rosen, Richard Barry. "The National Heritage Opposition to the New Culture and Literary Movements in China in 1920's." Ph. D. diss., University of California, Berkeley, 1969.

Rosenberg, Justine. *The Empire of Civil Society: A Critique of the Realist Theory of International Relations*. London: Verso, 1994.

Rushdie, Salman. *The Satanic Verses*. New York: Viking, 1988.

Russell, Bertrand. *The Problem of China*. New York: Century, 1922.

——. "Some Traits in the Chinese Character." *Atlantic Monthly* 128.6 (Dec. 1921): 771–777.

——.《中国国民性的几个特点》(*Some traits in the Chinese character*). Trans. Yuzhi 愈之.《东方杂志》19.1 (1922): 21–33。

Said, Edward W. *Culture and Imperialism*. New York: Alfred A. Knopf, 1993.

——. *Orientalism*. New York: Vintage Books, 1979.

——. *The World, the Text, and the Critic*. Cambridge, Mass.: Harvard University Press, 1983.

Sanetō Keishū 实藤惠秀.《近代日中交涉史话》(*A history of modern Chinese-Japanese contact*). Tokyo: Shunjusha, 1973.

——.《中国人留学日本史》(History of Chinese students in Japan). Trans. Tan Ruqian (Tam Yue-him) 谭汝谦 and Lin Qiyan 林启彦. 香港: 中文大学出版社, 1982。

Saussy, Haun. *The Problem of a Chinese Aesthetic*. Stanford: Stanford University Press, 1993.

Schneider, Laurence A. "National Essence and the New Intelligentsia." In Charlotte Furth, ed., *The Limits of Change: Essays on Conservative Alternatives in Republican China*. Cambridge, Mass.: Harvard University Press, 1976, 57–89.

Schoenhals, Michael. *Doing Things with Words in Chinese Politics: Five Studies*. Berkeley: University of California, Institute of East Asian Studies, 1992.

Schwarcz, Vera. *The Chinese Enlightenment: Intellectuals and the Legacy of the May Fourth Movement of 1919*. Berkeley: University of California Press, 1986.

Schwartz, Benjamin. *In Search of Wealth and Power: Yen Fu and the West*. Cambridge, Mass.: Harvard University Press, 1964.

Schwartz, Benjamin, ed. *Reflections on the May Fourth Movement: A Symposium*. Cambridge, Mass.: Harvard University Press, 1972.

Scott, David. "Locating the Anthropological Subject: Postcolonial Anthropologists in Other Places." *Inscriptions* 5 (1989): 75–84.

Scott, Paul. "Uchiyama Kanzō: A Case Study in Sino-Japanese Interaction." *Sino-Japanese Studies* 2. 1 (May 1990): 47–56.

Sha Lianxiang 沙莲香, ed.《中国民族性》(The Chinese national character). 2. vols. 北京: 中国人民大学出版社, 1989。

Shan Shi 山石.《他, 她, 它, 不是汉语形态》(Masculine *ta*, feminine *ta*, and neuter *ta* are not Chinese forms).《中国语文》31 (Jan. 1955): 40。

Shen Congwen 沈从文.《记丁玲》(A memoir of Ding Ling). Shanghai: Liangyou, 1934.

——.《沈从文小说选》(Selected stories of Shen Congwen). Ed. Ling Yu 凌宇. 北京: 人民文学出版社, 1982。

Shen Dizhong 沈迪中.《巧合是怎样产生的: 中国白话文运动和日本言文一致运动》(How the coincidence occurred: the Chinese vernacular movement and the Japanese colloquial language movement).《辽宁大学学报》5 (1985): 68 – 70。

Shen Songqiao 沈松侨.《学衡派与五四时期的反新文化运动》(The Critical Review group: a conservative alternative to the New Culture movement in the May Fourth era). 台北: 台湾大学出版社, 1984。

Shi Chengjun 史承均.《试论解放后老舍对〈骆驼祥子〉的修改》(Lao She's revisions of Camel Xiangzi since Liberation).《中国现代文学研究丛刊》4 (1980): 278 – 288。

Shi Heng 侍桁.《个人主义的文学及其他》(Individualistic literature and other concerns). In Li Helin 李何林, ed.,《中国文艺论战》(Debates on Chinese literature and art). 上海: 中国文艺社, 1932, 118 – 124。

Shi Qun 史群.《新编日语外来语词典》(A new dictionary of loanwords in Japanese). 北京: 商务印书馆, 1984。

Shi Zhecun 施蛰存.《梅雨之夕》(An evening in the plum rain). 上海: 新中国书局, 1933。

Silverman, Kaja. *The Subject of Semiotics*. Oxford: Oxford University Press, 1983.

Smith, Anthony D. *Theories of Nationalism*. New York: Holmes & Meier, 1983.

Smith, Arthur H. *Chinese Characteristics*. New York: Revell, 1894.

Spence, Jonathan D. *The Gate of Heavenly Peace: The Chinese and Their Revolution, 1895 – 1980*. New York: Viking, 1981.

Sperber, Dan. *On Anthropological Knowledge*. Cambridge, Eng.: Cambridge University Press, 1985.

Spitzer, Leo. *Stilstudien II*. Munich: M. Hueber, 1922.

Spivak, Gayatri Chakravorty. "Can the Subaltern Speak?" In Cary Nelson and Lawrence Grossberg, eds., *Marxism and the Interpretation of Culture*. Urbana and Chicago: University of Illinois Press, 1988, 217 – 313.

——. *In Other Worlds: Essays in Cultural Politics*. New York: Routledge, 1988.

——. *Outside in the Teaching Machine*. New York: Routledge, 1993.

Steiner, George. *After Babel: Aspects of Language and Translation*. London: Oxford University Press, 1973.

Stirner, Max. *The Ego and His Own*. Trans. Steven T. Byington. London: A.

C. Fifield, 1912.

Strand, David. *Rickshaw Beijing*. Berkeley: University of California Press, 1988.

Strich, Fritz. *Goethe and World Literature*. Trans. C. A. M. Sym. London: Routledge & Kegan Paul, 1949.

Suleiman, Susan Robin. "Nadja, Dora, Lol V. Stein: Women, Madness, Narrative." In Shlomith Rimmon-Kenan, ed., *Discourse in Psychoanalysis and Literature*. London: Methuen, 1987, 124–151.

——. *Subversive Intent: Gender, Politics, and the Avant-Garde*. Cambridge, Mass.: Harvard University Press, 1990.

Sun Yushi 孙玉石.《鲁迅改造国民性思想问题的考查》(A study of Lu Xun's thinking on the question of national character). 见《鲁迅研究集刊》(*Collected studies of Lu Xun*). 上海:上海文艺出版社, 1979, 86–117。

Sun Zhongshan 孙中山.《孙中山选集》(*Selected works of Sun Yat-sen*). 北京:人民出版社, 1956。

Sun Zuji 孙祖基.《她字的研究》(On feminine *ta*).《学灯》, Apr. 18, 1920。

——.《非驳〈她字的研究〉》(Not a rebuttal to "On Feminine *ta*").《学灯》, Apr. 24, 1920。

Tam, Yue-him (Tan Ruqian) 谭汝谦.《近代中日文化关系研究》(*Studies in modern Sino-Japanese cultural relations*). 香港:香港日本研究所, 1986。

——. "Meiji Japan and the Educational and Language Reforms in Late Ch'ing China." In James W. White, Michio Umegaki, and Thomas R. H. Havens, eds., *The Ambivalence of Nationalism: Modern Japan Between East and West*. Lanham, Md.: University Press of America, 1990, 61–78.

Tang Xianzu 汤显祖.《牡丹亭》(*Peony pavilion*). 北京:人民文学出版社, 1963。

——. *Peony Pavilion*. Trans. Cyril Birch. Bloomington: Indiana University Press, 1980.

Taylor, Charles. "The Person." In Michael Carrithers, Steven Collins, and Steven Lukes, eds., *The Category of the Person: Anthropology, Philosophy, History*. Cambridge, Eng.: Cambridge University Press, 1985, 257–281.

——. *Sources of the Self: The Making of the Modern Identity*. Cambridge, Mass.: Harvard University Press, 1989.

Thibaudet, Albert. *Gustave Flaubert*. Paris: Gallimard, 1982.

Todorov, Tzvetan. *The Fantastic: A Structural Approach to a Literary Genre*. Trans. Richard Howard. Cleveland: Press of Case Western University, 1973.

Tu, Wei-ming. *Confucian Thought: Selfhood as Creative Transformation*. Albany: State University of New York Press, 1985.

——. *Humanity and Self-Cultivation: Essays in Confucian Thought*. Berkeley, Calif.: Asian Humanities Press, 1979.

Uchiyama kanzō 内山完造.《鲁迅の思い出》(*Memories of Lu Xun*). Tokyo: Shakai shisōsha, 1979.

——.《一个日本人的中国观》(*A Japanese perspective on China*). Trans. You Bingqi 尤炳圻. 上海：开明书店，1936。

Ullman, Stephen. *Style in the French Novel*. Cambridge, Eng.: Cambridge University press, 1957.

Viswanathan, Gauri. *Masks of Conquest*. New York: Columbia University Press, 1989.

Wakeman, Frederic, Jr., and Wen-hsin Yeh, eds. *Shanghai Sojourners*. Berkeley: University of California Press, 1992.

Wang, David Der-wei 王德威 *Fictional Realism in Twentieth-Century China: Mao Dun, Lao She, Shen Congwen*. New York: Columbia University press, 1992.

Wang Hui 汪晖.《"赛先生"在中国的命运——中国近现代思想中的"科学"概念及其使用》(The fate of "Mr. Science" in China: The concept of *kexue* and its use in modern Chinese thought).《学人》1 (1991): 49 – 123。

Wang Li 王力.《中国语法理论》(*A theory of Chinese grammar*). 上海：商务印书馆，1947。

Wang Lida 王立达.《现代汉语中从日语借来的词汇》(Loanwords from Japanese in modern Chinese).《中国语文》2 (1958): 90 – 94。

Wang Liwei 王力卫.《早期的英华词典与日本的洋学》(Early English-Chinese dictionaries and foreign studies in Japan).《原学》1 (Feb. 1994): 277 – 294。

Wang Xinggong 王星拱.《物和我》(Matter and self).《新潮》3.1 (1921): 1-11。

Wang Xiyan 王西彦.《论阿 Q 和他的悲剧》(*On Ah Q and his tragedy*). 上海: 新文艺出版社, 1957。

Wang Yao 王瑶.《中国新文学史稿》(*A draft history of modern Chinese literature*). 上海: 开明书店, 1951。

Wang Zhefu 王哲甫.《中国新文学运动史》(*A history of the modern Chinese literary movement*). 香港: 远东, 1965。

Watt, Ian. *The Rise of the Novel: Studies in Defoe, Richardson, and Fielding.* Berkeley: University of California Press, 1957.

Wei Shaochang 魏绍昌.《鸳鸯蝴蝶派研究资料》(*Research materials on mandarin ducks and butterfly fiction*). 香港: 三联, 1980。

Werner, Edward T. C. *Autumn Leaves: An Autobiography with a Sheaf of Papers, Sociological, Philosophical, and Metaphysical.* Shanghai: Kelly & Walsh, 1928.

White, James W., Michio Umegaki, and Thomas R. H. Havens, eds. *The Ambivalence of Nationalism: Modern Japan Between East and West.* Lanbam, Md.: University Press of America, 1990.

Whorf, Benjamin Lee. *Language, Thought, and Reality: Selected Writings of Benjamin Lee Whorf.* Ed. John B. Carroll. Cambridge, Mass.: Harvard University Press, 1956.

Widmer, Ellen. "Xiao Qing's Literary Legacy and the Place of the Woman Writer in Late Imperial China." *Late Imperial China* 13.1 (June 1992): 111-155.

Widmer, Ellen, and David Der-wei Wang, eds. *From May Fourth to June Fourth: Fiction and Film in Twentieth-Century China.* Cambridge, Mass.: Harvard University Press, 1993.

Williams, Raymond. *Keywords.* New York: Harper & Row, 1976.

——. *Marxism and Literature.* Oxford: Oxford University Press, 1977.

Witke, Roxane. "Woman as Politician in China of the 1920's." In Marilyn B. Young, ed., *Women in China: Studies in Social Change and Feminism.* Ann Arbor: University of Michigan Center for Chinese Studies, University of Michigan, 1973, 33-45.

Wolf, Margery, and Roxane Witke, eds. *Women in Chinese Society*. Stanford: Stanford University Press, 1975.

Wright, Arthur F., ed. *The Confucian Persuasion*. Stanford: Stanford University Press, 1960.

Wu Huaibin 吴怀斌 and Zeng Guangcan 曾广灿, eds. 《老舍研究资料》(*Research material on Lao She*). 2 vols. 北京: 十月文艺出版社, 1983。

Wu Mi 吴宓. 《论新文化运动》(The New Culture movement). 《学衡》4 (Apr. 1922): 1-23。

Wu, Pei-yi. *The Confucian's Progress: Autobiographical Writings in Traditional China*. Princeton: Princeton University Press, 1990.

Xiao Hong 萧红. *The Field of Life and Death and Tales of Hulan River*. Trans. Howard Goldblatt and Ellen Yeung. Bloomington: Indiana University Press, 1979.

——. 《呼兰河传》(*Tales of Hulan river*). 哈尔滨: 黑龙江人民出版社, 1979。

——. 《生死场》(*The field of life and death*). 上海: 新文艺出版社, 1935。

——. 《萧红代表作》(*Major works of Xiao Hong*). Ed. Xing Fujun 邢富君. 郑州: 河南人民出版社, 1987。

《萧红研究》(*Studies of Xiao Hong*). 哈尔滨: 北方论丛, 1983。

Xiao Jun 萧军. 《八月的乡村》(*Village in August*). 北京: 人民文学出版社, 1980。

Xu Lin 徐麟. 《〈骆驼祥子〉的结尾及其他》(Reflections on the endings of *Camel Xiangzi* and other matters). 《中国现代文学研究丛刊》1 (1984): 255-269。

Xu Shoushang 许寿裳. 《亡友鲁迅印象记》(*Reminiscences of my late friend Lu Xun*). 北京: 人民文学出版社, 1947; 1977 年重印。

——. 《我所认识的鲁迅》(*Lu Xun as I knew him*). 北京: 人民文学出版社, 1978。

Xu Shouwei 许守微. 《论国粹无阻于欧化》(On nationa. essence not being a roadblock to Europeanization). 《国粹学报》7 (1905): 1-5。

Xu Zhiheng 许之衡. 《读国粹学报感言》(Thoughts or reading *National Essence* journal). 《国粹学报》6 (1905): 1-6。

Xu Zidong 许子东. 《郁达夫新论》(*A new study of Yu Dafu*). 杭州: 浙江人民文学出版社, 1984。

Yan Jiayan 严家炎. 《新感觉派小说选》(*Selected Neoperceptionist fiction*). 北京: 人民文学出版社, 1985。

——. 《中国现代小说流派史》(*Diverse strands in modern Chinese fiction*). 北京: 人民文学出版社, 1989。

Yeh, Wen-hsin. *The Alienated Academy*. Cambridge, Mass.: Council on East Asian Studies, Harvard University, 1990.

Yoshino, Kosaku. *Cultural Nationalism in Contemporary Japan*. London and New York: Routledge, 1992.

Young, Marilyn B., ed. *Women in China: Studies in Social Change and Feminism*. Ann Arbor: Center for Chinese Studies, University of Michigan, 1973.

Yu Dafu 郁达夫. 《我对你们却没有失望》(*I am not disappointed with you*). 《星周日报》, Jan. 23, 1939。

——. 《艺术与国家》(Art and the state). In Rao Hongjing 饶鸿竞 et al., eds., 《创造社资料》(*Research materials on the Creation Society*). 福州: 福建人民出版社, 1985, 1: 55-59。

——. 《郁达夫全集》(*The complete works of Yu Dafu*). 4 vols. 上海: 北新书局, 1930。

Yu Guangzhong 余光中, ed. 《中国现代文学大系》. 台北: 巨人出版社, 1972。

Yu Liming 俞理明. 《佛经文献语言》(*The language of Buddhist texts*). 成都: 巴蜀书社, 1993。

Yue Daiyun 乐黛云. 《世界文化对话中的中国现代保守主义》(*Modern Chinese conservativism in the international cultural dialogue*). 《中国文化》1 (Dec. 1989): 132-136。

Yuan Liangjun 袁良骏. 《丁玲研究五十年》(*Studies of Ding Ling in the past fifty years*). 天津: 天津教育出版社, 1982。

Yuan Liangjun, ed. 《丁玲研究资料》(*Research materials on Ding Ling*). 天津: 天津人民出版社, 1982。

Zeitlin, Judith. *Historian of the Strange: Pu Songling and the Chinese Classical Tale.* Stanford: Stanford University Press, 1993.

Zhang Binglin 章炳麟 (Zhang Taiyan 章太炎).《驳中国用万国新语说》(A rebuttal to the proposal for the adoption of Esperanto in China). 2 pts.《国粹学报》41 (1909): 6-10; 42 (1909): 1–10。

——.《章太炎政论选集》(*The political views of Zhang Taiyan*). Ed. Tang Zhijun 汤志钧. 北京:中华书局,1977。

Zhang Jinglu 张静庐.《在出版界二十年》(*My twenty years in the publishing world*). 上海:上海杂志公司,1938。

Zhang Jinglu, ed.《中国出版史料补编》(*Supplement to historical materials on publishing in China*). 北京:中华书局,1957。

——.《中国近代出版史料》(*Historical materials on publishing in the recent history of China*). 2 vols. 北京:中华书局,1957。

——.《中国现代出版史料》(*Historical materials on publishing in modern China*). 4 vols. 北京:中华书局,1957。

Zhang, Jingyuan. "The First Chinese Translation of Sigmund Freud." *Chinese Comparatist* 3.1 (July 1989): 33–35.

——. *Psychoanalysis in China: Literary Transformations, 1919–1949.* Ithaca: CornellEast Asian Series, 1992.

Zhang Mengyang 张梦阳.《鲁迅与史密斯的中国人气质》(Lu Xun and Smith's Chinese Characteristics).《鲁迅研究年刊》2 (1980): 208–217。

Zhang Xichen 章锡琛.《中国民族性论》(On the Chinese national character). Trans. from the Japanese.《东方杂志》14.1 (1917): 1–2。

Zhang Yingjin 张英进. "Building a National Literature in Modern China: Literary Criticism, Gender Ideology, and the Public Sphere." Unpublished paper, 1994.

——. "The Institutionalization of Modern Literary History in China, 1922–1980." *Modern China* 20.3 (July 1994): 347–377.

Zhao Jiabi 赵家璧.《编辑生涯忆鲁迅》(*An editor's reminiscences of Lu Xun*). 北京:人民文学出版社,1981。

——.《编辑忆旧》(An editor's recollections). 2 pts.《新文学史料》1 (Mar.

1978）：61-63；3（May 1979）：172-175。

———.《和靳以在一起的日子》(The days Jin Yi and I worked together).《新文学史料》2（May 1988）：110-133，151。

———.《话说〈中国新文学大系〉》(Speaking of the *Compendium of Modern Chinese Literature*).《新文学史料》1（Feb. 1984）：162-188。

———.《回忆鲁迅给"良友"出版的第一部书》(Recollecting Lu Xun's first book for "Liangyou").《新文学史料》2（May 1981）：172-179。

———.《回忆我编的第一部成套书：〈一角丛书〉》(Recollecting the first series of books I edited: the "tencent book series").《新文学史料》3（Aug. 1983）：227-237。

———.《回忆郁达夫与我有关的十件事》(Recollections of ten incidents relating to myself and Yu Dafu).《新文学史料》3（Aug. 1985）：32-44。

———.《回忆郑伯奇同志在良友》(Recollections of comrade Zheng Boqi at Liangyou).《新文学史料》5（Nov. 1979）：224-232。

———.《回忆郑振铎和他的〈中国版画史〉》(Recollection of Zheng Zhenduo and his *History of Chinese Woodcuts*).《新文学史料》2（*May* 1983）：183-194。

———.《老舍和我》(*Lao She and I*). 2 pts.《新文学史料》(*May* 1986)：116-137；3（Aug. 1986）：93-112。

———.《书比人长寿》(*Books last longer than people*). 香港：三联，1988。

———.《新传统》(*New tradition*). 上海：良友，1936。

———ed.《中国新文学大系》(*Compendiurn of modern Chinese literature*). 10 vols. 上海：良友，1935-1936。

Zheng Boqi 郑伯奇.《国民文学论》(On national literature). In Rao Hongjing 饶鸿竞 et al., eds.,《创造社资料》(*Research materials on the Creation Society*). 福州：福建人民出版社，1985，1：72-95。

Zheng Hailin 郑海麟.《黄遵宪与近代中国》(*Huang Zunxian and modern China*). 北京：三联书店，1988。

Zheng Xinmiao 郑新苗.《文化批判与国民性改造》(*Cultural criticism and the reform of national character*). 西安：陕西人民出版社，1988。

Zheng Zhenduo 郑振铎.《插图本中国文学史》(*An illustrated history of Chinese lit-*

erature). 香港: 商务印书馆, 1961。

《中文大辞典》(*A dictionary of Chinese*). 40 vols. 台北: 中国文化研究所, 1962 – 1968。

Zhou Zuoren 周作人.《人的文学》(A humane literature). In Zhao Jiabi 赵家璧 ed.,《中国新文学大系》(*Compendium of modern Chinese literature*). 上海: 良友, 1935, 1: 193 – 199。

——.《周作人代表作》(*Representative works of Zhou Zuoren*). Ed. Zhang Juxiang 张菊香. 郑州: 黄河文艺出版社, 1987。

Zhu Ziqing 朱自清.《选诗杂记》(Miscellaneous notes on the poetry selection). In Zhao Jiabi 赵家璧, ed.,《中国新文学大系》(*Compendium of modern Chinese literature*). 上海: 良友, 1935, 8: 5 – 19。

《左翼作家联盟第四次全体大会补志》(Supplement to the minutes of the 4th convention of the League of Left-Wing Writers).《红旗日报》, Nov. 22, 1930。

再版后记

《跨语际实践》的英文版（*Translingual Practice*）在1995年由美国斯坦佛大学出版社出版，是我十几年前的一本旧著。此书于2002年由三联书店出了中译本，想不到的是，书出版之后得到了很多读者的关注和支持，并似乎对国内学术和理论的发展也产生了一定的影响，这大约是每个学者对自己的研究和著述的最大期待，所以我感到十分欣慰。

本书今日得以再版，首先要感谢三联书店的热心与支持。本书的责编冯金红女士，三年前就与我联系，希望我将此书作一些必要的订正，以便再版。对任何一位作者而言，自己的著作能有机会再版，这不但是一件令人高兴的事情，而且也是一次宝贵的机会，能够将书仔细订正，剔瑕除疵，使之完善，于是我立刻同意了着手这项工作。不过，显然我对此项工作的艰巨程度估计不足，其中需要付出的劳动量大大超过我的预料，加之我的教学和研究十分繁重，故此书的订正工作一拖再拖，至今方才完成。对此我深感歉疚，趁此机会一则向三联书店致谢，二则向热心于此书再版的读者致歉。

我在此书里提出和处理的理论问题，是跨文化中的翻译问题，而此书的翻译本身，也正是一个跨文化的翻译过程，这使得书的翻译所遇到的困难必然是双重的，译者付出的劳动和艰辛恐怕更是双倍的。我愿意在这里再次感谢为此书的中译本付出劳动的几位学者和朋友：宋伟杰（序、第一章、第四章、第六章、第七章、第九章）、桑梓兰（第二章）、孟悦（第三章）、梁展（第五章）、张林杰（第八章）以及不仅参与了翻译,并为此作了很多组织和协调工作的陈燕谷。

由于种种原因,我没有机会对本书第一版的校样及清样作校订,也未能对所有章节的译文仔细过目。故借这次校订的机会,我努力做了补救;凡涉及中译的表达、排版的错漏、译名和注释规范的不统一以及错字别字等等方面,都做了改正、校对、订正及补遗。这虽然是亡羊补牢,新版本较之旧版,在质量上还是有很大的提升,有了一个新的面貌。这让我非常高兴,也希望关心此书的读者能够比较满意。另外,还要特别说明的是,在这个新版清样的校订中,孟晖、王中忱、鲍昆、黄卉、陈越、任勇胜、李陀诸位都分别参与了书中各章的校阅,这些朋友为此付出了大量的精力和劳动,让我十分感动,在此一并致谢。

此外,还要做一点说明的是,此书的初版未能将英文原版中的若干插图与译文一并刊登,甚为遗憾,趁此次再版机会,将这些图片恢复原貌,希望能对此书的理解有所助益。最后再说一句不算多余的话:由于自己的精力和水平有限,倘有读者发现书中疏忽之处并予以指正,我将不胜感激。

刘　禾
2007 年 11 月于纽约

"当代学术"第一辑

美的历程
李泽厚著

中国古代思想史论
李泽厚著

古代宗教与伦理
儒家思想的根源
陈 来著

从爵本位到官本位（增补本）
秦汉官僚品位结构研究
阎步克

天朝的崩溃（修订版）
鸦片战争再研究
茅海建著

晚清的士人与世相（增订本）
杨国强著

傅斯年
中国近代历史与政治中的个体生命
王汎森著

法律与文学
以中国传统戏剧为材料
苏 力著

刺桐城
滨海中国的地方与世界
王铭铭著

第一哲学的支点
赵汀阳著

生活·讀書·新知 三联书店 刊行

"当代学术"第二辑

七缀集
钱锺书 著

杜诗杂说全编
曹慕樊 著

商文明
张光直 著

西周史（增补二版）
许倬云 著

拓跋史探（修订本）
田余庆 著

近代中国社会的新陈代谢
陈旭麓 著

甲午战争前后之晚清政局
石 泉 著

民主四讲
王绍光 著

心灵秩序与世界历史（增订本）
奥古斯丁对西方古典文明的终结
吴 飞 著

海德格尔与伦理学问题（修订版）
韩 潮 著

生活·讀書·新知 三联书店 刊行

"当代学术" 第三辑

《三松堂自序》
冯友兰

《中国文明起源新探》
苏秉琦

《美术、神话与祭祀》
张光直

《杜甫评传》
陈贻焮

《中国历史通论》
王家范

《清代政治论稿》
郭成康

《无法直面的人生：鲁迅传》（增订版）
王晓明

《反抗绝望：鲁迅及其文学》（修订版）
汪　晖

《竹内好的悖论》（增订版）
孙　歌

《跨语际实践》（修订版）
刘　禾

生活·讀書·新知 三联书店 刊行